rowohlt

Wolf Schneider

Der Soldat – Ein Nachruf

Eine Weltgeschichte von Helden,
Opfern und Bestien

Rowohlt

1. Auflage März 2014
Copyright © 2014 by Rowohlt Verlag GmbH,
Reinbek bei Hamburg
Alle Rechte vorbehalten
Lektorat Frank Strickstrock
Satz aus der Documenta PostScript
bei Pinkuin Satz und Datentechnik, Berlin
Druck und Bindung CPI books GmbH, Leck
Printed in Germany
ISBN 978 3 498 06429 7

Inhalt

1 Wieso ein «Nachruf»?

Weil die Ära des Soldaten, wie wir ihn kennen, zu Ende geht. Drei Jahrtausende lang war der Soldat der große Beweger der Weltgeschichte, das Objekt von Angst, Bewunderung und Entsetzen. Länder hat er verwüstet, Kulturen zerstört und Völker ausgerottet. Einen Ozean hat er mit Blut gefüllt. Mehr Leid hat er zugefügt, oft auch mehr gelitten als alle anderen Menschen. Nur dass nichts besser werden wird ohne ihn.

Schon für Hiroshima wurden Soldaten im überlieferten Wortsinn nicht mehr gebraucht. Nun werden die Bomben durch die Drohnen ersetzt und die Kämpfer demnächst durch Kampfroboter; zum Siegen taugen Soldaten nicht mehr, wir erleben es in Afghanistan; fürs Töten zuständig sind Söldner, Partisanen, Selbstmordattentäter oder eine Handvoll menschlicher Kampfmaschinen wie die Navy Seals. Sogar ohne Blutvergießen könnte der nächste, vielleicht der letzte große Krieg entschieden werden, der Endkampf um die Weltherrschaft: der Cyberwar.

Was war denn das für einer, der Soldat – ein *Held*? Heldentod, Heldenfriedhof, Heldendenkmal: Die Wörter sind ja noch geläufig, doch lebendig längst nicht mehr, sympathisch noch weniger, und realistisch waren sie nie – als hätte die Mehrheit einer Armee je aus «Helden» bestanden, aus vorbildhaften Männern also von unerhörter Tapferkeit! Die waren meist die Ausnahme. Falls wir das Wort «Held» überhaupt bewahren wollen, dann allenfalls für jene Soldaten, die für eine unstreitig gute Sache kämpften und standhielten bis in den Tod.

Ein *Opfer*? Ja, das war er. Millionenfach. In den beiden Welt-

kriegen zumal, den Tiefpunkten der Menschheitsgeschichte – als
die Allgemeine Wehrpflicht die jungen Männer in ein Schlachten
trieb, dem die wenigsten gewachsen waren, einem Feind entgegen, der meist nicht der ihre war: So stolperten sie zu Millionen ins Sterben. Bert Brecht war ihr beredtester Anwalt, mit den
klassischen Zeilen aus den «Fragen eines lesenden Arbeiters»:

Wenn es zum Marschieren kommt, wissen viele nicht,
Dass der Feind an ihrer Spitze marschiert.
Die Stimme, die sie kommandiert,
Ist die Stimme ihres Feindes.

Der kleine Mann als Unschuldslamm, das von den Herrschenden
zur Schlachtbank getrieben wird: Diese Ansicht hat als Gegenpol
zu einem jahrtausendelangen Feldherrn- und Heroenkult ihren
Zweck gehabt; mit der Wahrheit steht sie in keinem Zusammenhang. Die blutige Geschichte der Völker lehrt, dass ruhmreiche
Generale und unbekannte Soldaten einander an Angriffslust
nicht nachstanden, ja oft wurden widerstrebende Feldherren von
kampf- und beutelüsternen Kriegern in eine Schlacht getrieben,
die sie nicht wünschten. Es gibt eben Menschen, die das Kämpfen
lieben. Der amerikanische Reporter Sebastian Junger berichtete
2010 über seine schießenden Landsleute in Afghanistan: «Krieg
heißt Leben – multipliziert mit einem Faktor, von dem keiner eine
Ahnung hat. Zwanzig Minuten Kampf: Das ist mehr Leben, als
man sein Leben lang mit irgendwas anderem zusammenkratzen
kann.»

Haudegen wie diese, Kraftprotze, Kämpfernaturen: Bei Krie-
gervölkern wie Hunnen, Normannen, Mongolen waren sie die
Mehrheit; in den Söldnerheeren der frühen Neuzeit fühlten sie
sich aufgehoben; in den Wehrpflichtarmeen bildeten sie immer
noch den Kern, ohne den die Truppe nichts hätte leisten können.
Sie waren es, die man am ehesten «Helden» nennen konnte in
Schullesebüchern und vaterländischen Gedichten.

Nur dass gerade die Kämpfer oft zu *Bestien* wurden – durch den Militärapparat von aller Menschlichkeit befreit und von ihrem blutigen Umfeld beflügelt: zu Killern, Schlächtern, Folterknechten, die die Besiegten niedermetzelten, Frauen schändeten, Kinder erschlugen – wie die Reiter Dschingis Khans; wie die mordende, plündernde Soldateska des Grafen Tilly 1631 in Magdeburg; wie japanische Soldaten in China, deutsche in der Sowjetunion, sowjetische in Deutschland, amerikanische in Vietnam.

Unter den Schrecken des Krieges ist das einer der schlimmsten: Wer arglose Männer darauf drillt, Bajonette in Menschenleiber zu bohren, der belebt die Steinzeit in uns wieder, der serviert dem Schweinehund in uns ein Fressen. Die Kunst des Militärs bestand von jeher darin, Starke und Schwache, Raufbolde und Schwächlinge allesamt zu Soldaten umzuformen – zu Männern, die sich ihren Feind vorschreiben ließen und bereit waren, vor ihm nicht davonzulaufen, sondern ihn, selbst todesbereit, zu töten. Aus tausend Versuchungen zur Flucht einen Angriffskeil zu schmieden, war in Athen so schwierig wie in Preußen; eine Wunde schmerzte bei Cannae nicht anders als bei Verdun; die Angst würgte die Mazedonier in Indien nicht anders als die Deutschen im Kessel von Stalingrad.

Der Krieg, als «Vortod», mache alle Menschen gleich, schrieb Goethe 1792 als Reisender auf dem französischen Kriegsschauplatz. So lässt sich schlechthin vom Soldaten sprechen, von der geschundenen und blutbeschmierten Kreatur, die uns in ihren Qualen und Triumphen, in ihrer Raffgier und ihrer Frömmigkeit, ihrer Niedertracht und ihrer Größe so viele Rätsel stellt.

Wer das Phänomen des Soldaten ohne Vorurteile untersuchen will, dem schlägt freilich das Misstrauen beider extremen Richtungen entgegen: stolzer Ordensträger wie leidenschaftlicher Pazifisten. «Die größeren Beschwerden und Gefahren des Soldatenstandes sichern ihm in den meisten Staaten eine ehrenvolle Stellung», schrieb der Große Brockhaus von 1847. Lang ist's her!

2012 (in einer Umfrage des Deutschen Beamtenbunds über das Ansehen der Berufsgruppen) rangierte der Soldat auf Rang 15, hinter dem Dachdecker und dem Briefträger.

Der Autor, der es 1945 in der deutschen Wehrmacht zum Unteroffizier gebracht und sich im Krieg in keiner Weise hervorgetan hat, ist entschlossen, sich neugierig und gelassen zwischen den Fronten zu bewegen. Es bleibt ohnehin nur der traurige Schluss: Schön, dass Millionen Männer nicht mehr Soldaten werden müssen – aber weniger schrecklich macht ihr Verschwinden künftige Kriege nicht.

I. Der Krieg braucht keine Soldaten mehr

2 Denn die Drohnen haben übernommen

Als Präsident Obama im Dezember 2009 in Oslo den Friedensnobelpreis entgegennahm, hatte er schon mehr Drohnenangriffe
befohlen als Präsident George W. Bush (der Anstifter der Droh-
neneinsätze) in seiner gesamten Amtszeit. Und er ließ sie weiter
fliegen – und weiter töten.

Drohnen! Sie heißen so, weil *drone* im Englischen «brummen»
bedeutet, das deutsche «Dröhnen» ist verwandt, und der ursprüngliche Wortsinn schwingt mit: Die Drohne, the drone ist
die männliche Biene, die von Arbeiterinnen gefüttert wird und allein den Lebenszweck hat, die Königin zu schwängern; daraus der
übertragene Wortsinn «Müßiggänger, Faulpelz, Schmarotzer». Ja,
müßig kreisen die Drohnen in 9 bis 15 Kilometern Höhe über der
Zielregion, bis zu 40 Stunden lang, von unten unsichtbar, unhörbar – ausgerüstet mit bis zu 14 Raketen, einer hochauflösenden
Videokamera, Infrarotsensoren für die Nacht und Radar sowieso.

Die Entscheidung, welcher mutmaßliche Taliban in Afghanistan umgebracht werden soll, fällt zum Beispiel in *Clovis* im
US-Staat New Mexiko, 12 000 Kilometer entfernt. Dort glaubt
ein «Pilot» auf einem seiner Bildschirme einen Feind zu erkennen,
gibt einem unbemannten Lenkflugkörper mit dem Joystick via Satellit das Signal «Schieß!» und ist Zeuge, wie, fünfzehn Sekunden
später, das «Zielobjekt» zerstört wird – ein Auto, ein Haus, eine
Menschengruppe, ein Partisan, manchmal ein, zwei Kinder. Der
berühmte Satz «Stell dir vor, es ist Krieg, und keiner geht hin» hat
seinen bösen Witz verloren: Es muss gar keiner «hingehen», und
Krieg ist doch.

Die Ziele der «Piloten» sind von zweierlei Art: führende Terroristen, die Washington namentlich zu kennen glaubt und die Präsident Obama persönlich zur Hinrichtung freigegeben hat, und Häuser, Fahrzeuge, Gruppen, Einzelpersonen, die der Tele-Pilot auf Grund ihres Umfelds, ihrer Bewaffnung, ihrer Bewegungen für hinlänglich verdächtig hält – in Pakistan noch häufiger als in Afghanistan, weil viele Taliban sich in der Grenzregion versteckt halten. Umgebracht wurden auf diese Weise (nach dem Stand von 2013):

- mindestens 470, vielleicht 880 Menschen, darunter 176 Kinder (Studie der Universitäten Stanford und New York);
- 2000 bis 3000 Menschen allein in Pakistan (Studie der «New American Foundation»);
- mehr als 3000 Menschen (Ermittlung des «Britischen Büros für investigativen Journalismus»).

Natürlich, verglichen mit den 600 000 Toten des britischen Bombenkriegs gegen Deutschland und den mehr als 100 000 Toten von Hiroshima und Nagasaki ist der Drohnenkrieg von einer Präzision, die ein Menschenfreund insoweit loben könnte; und die US-Soldaten in Afghanistan sind für ihn dankbar in ihrer Hilflosigkeit. Doch die Tötung durch Drohnen verletzt das Kriegsrecht und das Völkerrecht, und für das Ansehen der USA in den betroffenen Ländern (nach Afghanistan auch Jemen und Somalia) ist der Drohnenkrieg verheerend – mit der mutmaßlichen Folge, dass er den Taliban und den Al-Quaida-Kämpfern mehr Anhänger zutreibt als Terroristen tötet.

Und Millionen Menschen in solchen Regionen leben unter einer Wolke der Angst, die unrettbar über ihnen hängt. Viele trauen sich nicht aus dem Haus oder verbieten ihren Kindern, in die Schule zu gehen. Die Deutschen wurden vor den britischen Flächenbombardements doch immerhin gewarnt, und wenn der

Fliegeralarm vorüber war, konnte jeder sich auf die Straße wagen.

Das Völkerrecht? Pakistan ist nicht einmal ein kriegführender Staat. Doch die einheimischen Militärs haben insgeheim nichts dagegen, dass sie unbequeme Stammesführer auf diese Weise loswerden können. Das Kriegsrecht? Es verbietet die Tötung von Menschen, die nicht als «Kombattanten» identifizierbar sind (Seite 47). John Brennan, Präsident Obamas Anti-Terror-Organisator, wandte 2012 dagegen ein: Gerade die gezielte Tötung *Einzelner* optimiere die Verhältnismäßigkeit der Kampfmittel, wie das Kriegsrecht sie fordere: Kosten gering, eigene Verluste keine, feindliche Verluste dramatisch viel kleiner als durch Bomben und Granaten. Auch der Vorwurf der Heimtücke, weil das Opfer nichts ahnt und der Tötende sich nicht dem geringsten Risiko aussetzt, sei, so heißt es in Washington, kurios – wäre es denn moralisch hochwertiger, wenn beide stürben?

Auch ist es ja nicht so, dass die «Piloten», die jenseits des Ozeans die Raketen zünden, *nicht* zu leiden hätten. In ihrem Container fällen sie, gestützt auf eine Dienstanweisung von 275 Seiten, eine Entscheidung, die sie auch unterlassen könnten, und Sekunden später sehen sie, was sie angerichtet haben: Der LKW fliegt in die Luft, das Haus stürzt ein, der Taliban (wenn's denn einer war) ist weg und manchmal nicht nur er. Und dann fahren sie nach Hause zum Abendessen mit Frau und Kind. Das ertragen viele nicht: Sie lassen sich versetzen, und manche leiden an der Soldatenkrankheit des 21. Jahrhunderts: der posttraumatischen Belastungsstörung. Auch deshalb bildet die US Air Force inzwischen mehr «Piloten» als Piloten aus. Und der Verteidigungsminister hat ihnen 2013 eine Ehrenmedaille für «Verdienste im Krieg» *(distinguished warfare)* gestiftet – zum Missfallen vieler Soldaten alten Stils, die noch ihre Haut zu Markte tragen mussten.

Die deutsche Regierung erwog 2013, in den USA Kampfdrohnen zu kaufen – «eine ethisch neutrale Waffe», versicherte

Verteidigungsminister de Maizière, unbedingt erforderlich als Schutz bei plötzlichen Änderungen der militärischen Lage. Hinrichtungen jedoch, wie Präsident Obama sie angeordnet hat, kämen für die Bundeswehr nicht in Frage. SPD, Grüne, Linke und beide christlichen Konfessionen meldeten Bedenken an: Drohnen senkten die Hemmschwelle gegen den Einsatz militärischer Gewalt. Von den deutschen Soldaten in Afghanistan hieß es, sie verstünden solche Ängste nicht. Dass aber der Einsatz von tödlichen Drohnen in Afrika aus dem amerikanischen Luftwaffenstützpunkt in Ramstein bei Kaiserslautern gesteuert wird, hat 2013 in der deutschen Öffentlichkeit zu Protesten geführt. Drohnen *aus* Europa – vielleicht demnächst Drohnen *über* Europa? Eine schreckliche Vorstellung. Wer steuert sie? Telepiloten in China? Vielleicht die Mafia eines Tages? Und dazu die Prognose: Dass immerhin noch ein denkender Mensch sie lenkt, könnte bald von gestern sein.

Schon jetzt trifft der «Pilot» seine Entscheidung «algorithmisch vorgefiltert», und da das Gehirn mit seiner vergleichsweise geringen Rechenkapazität einfach zu langsam ist, wird über kurz oder lang die Software an Bord allein entscheiden. Genau dies streben amerikanische Militärs und Rüstungsfabrikanten an: die Drohne, die die Landschaft unter sich inspiziert, Bewegungen, Menschen, Objekte als verdächtig einstuft, Radarsignale als «unfriendly» erkennt, sogar den möglichen Kollateralschaden kalkuliert und ihn als vertretbar bewertet – und schließlich ihren Auftraggebern jenseits des Ozeans mitteilt, was sie zerstört, wen sie getötet hat.

«Willkommen in der Zukunft des Krieges!», schrieb dazu die «New York Times».[1] Damit entfällt jede Tötungshemmung, wie der Mensch sie doch oft entwickelt hat!, sagen die Gegner in humanitären Organisationen. Ja, sagen die Befürworter in Washington: Aber Drohnen töten nicht in Panik, nicht aus Rache, sie plündern nicht, sie foltern nicht.

Auch an Kampfrobotern zu Lande arbeitet die Rüstungsindustrie der USA und Israels inzwischen: *lethal autonomous robots*, kleinen Kettenfahrzeugen mit Hightech-Sensoren, die den Feind aufspüren und schießen, bis sich nichts mehr bewegt. Das wäre dann der Schlusspunkt unter eine Entwicklung, die mit der Artillerie begann und in der Atombombe kulminierte: Den Feind, den Menschen sieht man nicht, und sich zu wehren hat er keine Chance.

3 Und die Atomraketen warten

So viel ist doch klar: Wenn es zu einem dritten Weltkrieg käme, würden die etwa überlebenden Soldaten allenfalls noch als Aufräumkommandos, Sanitäter, Polizisten agieren; entschieden wäre der Krieg längst ohne sie. Die Weichen zu dieser Entwicklung wurden am 6. August 1945 gestellt: Da klinkten drei Soldaten über Hiroshima jene Bombe aus, die mindestens 66 000 Nichtsoldaten umbrachte, ja an die 200 000 Menschen, wenn man die hinzurechnet, die später an den Folgen starben – «der wichtigste Wendepunkt, seit sich die Menschen zum ersten Mal organisierten vor Zehntausenden von Jahren und mit Stöcken und Steinen in den Krieg zogen».[2]

Warum Präsident Truman die Entscheidung fällte, die furchtbare neue Waffe einzusetzen (und drei Tage später über Nagasaki noch einmal): Dafür werden bis heute zwei Gründe diskutiert. Japan war ja militärisch längst besiegt; aber natürlich, so ließ der Krieg sich noch rascher beenden, und ohne die Bombe wären bis zur Kapitulation noch viele amerikanische Soldaten gefallen – eine klare Rechnung. Dies zumal vor dem Hintergrund, den der amerikanische Soziologe Max Lerner so beschreibt: «Den Kern der amerikanischen Wehrpolitik bildet die intensive Abneigung gegen den Einsatz und Verlust amerikanischer Menschenleben. Deshalb setzte die amerikanische Führung die Atombombe in Japan ein ... Amerika ist seit dem Bürgerkrieg nicht mehr Kampffeld gewesen. Die Amerikaner stellen sich deshalb unter dem Krieg eine sehr technische Operation vor, die tunlichst an fernen Gestaden unter möglichst geringem Einsatz amerikanischer

Truppen und mit massiertem Aufwand von Material und Geld stattfinden soll.»[3]

Der andere Antrieb Trumans war offenbar: Die Rote Armee stand siegreich in Berlin, Stalin schien unersättlich – und da war es an der Zeit, ihm zu demonstrieren, wo die wahre Macht auf Erden lag. So setzte sich Truman über die Bedenken mehrerer Berater hinweg. Admiral William Leahy zum Beispiel, Chef des Stabes von Heer und Marine, hatte eingewandt, er habe es nicht gelernt, Krieg zu führen, indem man Frauen und Kinder tötet; dies sei ein Rückfall in die Barbarei.[4]

Rückfall oder nicht – es bleiben ein erstaunliches Faktum und eine plausible Vermutung. Das Faktum: Auf zwei Weltkriege, zwischen denen nur 21 Jahre lagen, ist eine Ära von bis heute 69 Jahren gefolgt, in der Großmächte keinen Krieg mehr gegeneinander führten, ja in der die beiden Weltmächte zwar Atomsprengköpfe mit der hundertfachen Wirkung von Hiroshima produzierten, also aufrüsteten bis zu dem unsinnigen Grad, dass sie die gesamte Menschheit vernichten könnten, mehrfach angeblich, ein *overkill* – und in der doch der Kalte Krieg ohne einen Schuss zu Ende ging.

Die Vermutung dahinter: Einmal musste die schreckliche Macht des Atoms demonstriert werden, damit die Menschheit genügend Angst vor ihr bekam. Und so hätte denn Truman ahnungslos (wie die meisten Akteure der Weltgeschichte) mit seiner brutalen Tat eine Art Segen gestiftet (wie nicht sehr viele). Die Probe aufs Exempel fand 1962 statt. Da ließ Chruschtschow auf Kuba zwar Abschussrampen für Atomraketen installieren, aber Kennedys souveränes Spiel mit dem Gleichgewicht des Schreckens zwang ihn, sie wieder abzubauen.

Der israelische Historiker Martin van Creveld geht so weit, die Atomwaffen schlechthin zu loben. «Soweit es sich aus heutiger Sicht beurteilen lässt», schrieb er 2007 (in seinem Klassiker «The Changing Face of War»), «haben die Atomwaffen die Welt zu einem viel sichereren Ort gemacht.»[5] So gesehen, hätte Präsident Obama entweder eine fromme Lüge verbreitet oder sich grausam geirrt, wenn er hartnäckig für eine Welt ohne Atomwaffen plädierte.

Für die Berufssoldaten freilich, schreibt Creveld, für die Offiziere, «die seit Jahrhunderten die Kriegskunst immer weiter perfektioniert und von 1939 bis 1945 Millionen Männer in einem gigantischen Kampf befehligt hatten, kam der Wechsel vom Kampf zur bloßen Abschreckung fast der Todesstrafe gleich»[6]. Nicht, andrerseits, für jene Millionen, die nun nicht mehr kämpfen und sterben, ja oft nicht einmal mehr eine Uniform anziehen müssen: Denn vor solchem Hintergrund haben immer mehr Staaten diese massenhafte Freiheitsberaubung, die Allgemeine Wehrpflicht, abgeschafft (über die: Kapitel 11).

Nein, Soldaten in Mengen werden nicht mehr gebraucht. Wenn noch Menschen überhaupt, dann «Piloten» für die Drohnen; Techniker für die Abschussrampen; hochgezüchtete menschliche Kampfmaschinen zum Kampf gegen Terroristen (Kapitel 6) und gegen Söldner dort, wo früher Soldaten agierten. Die *Blauhelme* der UNO könnten noch Nutzen stiften, aber sie tun es selten (in Kapitel 41 mehr darüber).

Hatte die Massentötung von Zivilisten in Hiroshima und Nagasaki möglicherweise eine positive Folge, nämlich ein heilsames Erschrecken auch der späteren Atommächte – die Flächenbombardements auf Japan, Deutschland, Vietnam brachten Menschen in Massen um und sonst nichts; und da das Niederbrennen ganzer Großstädte eben nicht zum Sieg der Alliierten beitrug, ließ der Verstoß gegen das Völkerrecht sich nicht einmal militärisch rechtfertigen.

In Tokio waren ja im März 1945 durch amerikanische Brandbomben 100 000 Menschen umgekommen, das größte Luftkriegsmassaker der Geschichte fand ohne Atombomben statt – in der Form also, dass wenige, seit 1944 fast unbedrohte Soldaten die Massentötung von Nichtsoldaten vollzogen: in Deutschland 600 000 Bombentote, darunter etwa 250 000 Frauen und 100 000 Kinder.[7] «Mit dem Rücken an der Wand hatte das britische Volk beschlossen, nicht zur Kenntnis zu nehmen, dass es sich auf das Niveau des Feindes begab», resümierte der englische Historiker John Keegan. «Nie geriet die Moral der deutschen Zivilbevölkerung dadurch ins Wanken»[8] – entgegen der Behauptung, mit der der Krieg gegen Frauen und Kinder in London gerechtfertigt worden war.

Und keineswegs, fügt Sir Basil Liddell Hart hinzu, sei der Krieg dadurch verkürzt worden: Dafür hätten sich die Bomber beizeiten auf das Verkehrsnetz und die Benzinversorgung konzentrieren müssen.[9] Spätestens 1944 (nun wieder Keegan) sei das in London auch allen Beteiligten klar gewesen – «außer den Dogmatikern im *Bomber Command*».[10]

Anders als in Deutschland und Japan, wo das Flächenbombardement den späteren Siegern bloß nichts nützte, hat es in Vietnam nicht einmal verhindert, dass die Bombardierten die Sieger wurden. Der Bombenkrieg war ein rundum sinnloses und ruchloses Kapitel der Kriegsgeschichte – Menschenjagd, Massenmord von oben. Zugleich verstieß er gegen einen uralten Grundsatz, eine Art Ehrenkodex des Soldatentums, selten wörtlich genommen, oft mutwillig durchkreuzt, oft aber durchaus praktiziert: dass bewaffnete Männer nur gegen bewaffnete Männer kämpfen sollten.

Überdies beraubte die Tötung vom Himmel herab den Soldaten der Chance, zu zögern, ehe er ein Leben zerstörte, dem er ins Auge sah. «Es wäre schwer», schrieb George Bernard Shaw 1944 während des Bombenkriegs gegen deutsche Städte, «einen Mann von normaler Gutmütigkeit dazu zu bringen, dass er eine Frau mit einem Baby im Arm mit einer Handgranate in Stücke reißt, wenn er sie sieht. Aber derselbe junge Mann wird, tausend Meter hoch im Flugzeug, eine Bombe auslösen, die eine ganze Straße mit Einfamilienhäusern in Trümmer legt.»[11]

Die Schreie der Opfer nicht hören zu müssen, nicht zu sehen, wie sie sterben, erweitert den Spielraum menschlicher Grausamkeit. Noch in dem mörderischen Krieg, den der Irak und der Iran von 1980 bis 1988 gegeneinander führten, kam es vor, dass der irakische Maschinengewehrschütze vor Entsetzen innehielt, wenn ihm die dritte, die vierte Angriffswelle iranischer Kindersoldaten entgegentaumelte.[12]

Jeder Anflug von Mitgefühl, solange Soldaten noch sahen, was sie taten: Im Atomzeitalter ist er dahin. Zwischen dem Techniker, der auf den Startknopf für die Atomrakete drücken würde, und den Millionen Menschen, die sie vernichten soll, läge ein Ozean. So furchtbar gewütet haben Soldaten nie. Und dass der Knopfdruck irgendwann stattfindet – wer wollte das ausschließen? Es waren *zwei* Atommächte, die 1962 auf den Einsatz ihrer Raketen zähneknirschend verzichteten. Inzwischen gibt es acht oder neun.

Kann eine Gesellschaft überleben, wenn ein Einzelner die Macht hat, Abermillionen seiner Artgenossen umzubringen?, fragte Peter Atkins, renommierter Chemiker in Oxford, 2003 in seinem Buch «Galileos Finger». «Die Fähigkeit, sich selbst zu vernichten, ist offenbar ein unvermeidlicher Bestandteil des Fortschritts, und leider geht sie der Einsicht voraus.»[13]

4 Die Selbstmordattentäter warten nicht

Ein Selbstmordattentat hätte Deutschland brauchen können an jenem 20. Juli 1944, an dem ein Soldat, Oberst Graf Schenk von Stauffenberg, zweierlei auf einmal wollte: Hitler umbringen und dann den Staatsstreich durchziehen. Und so misslang ihm beides. Das wirksamste aller Kampfmittel ist das Attentat, das der Täter *nicht* zu überleben sucht. Noch nie haben sich so wenige Menschen so umstürzend in die Weltgeschichte eingeschrieben wie die zehn, die am 11. September 2001 die beiden Türme des World Trade Center in New York rammten und vernichteten.

Töten mit der klaren Einsicht, ja der Absicht, dabei getötet zu werden: Diese vorsätzliche Durchkreuzung des Selbsterhaltungs-triebs ist zuerst aus dem 12. Jahrhundert von den *Assassinen* über-liefert, «Haschisch-Rauchern». So wurden die meist jugendlichen Anhänger eines fanatischen schiitischen Geheimbunds genannt, den der Wanderprediger Hasan Ibn Sabbah seit dem Jahr 1090 in einer persischen Bergfestung um sich versammelt hatte. Sie be-trachteten sich als Vorkämpfer des wahren Islams, und im Auftrag ihres Meisters ermordeten sie nicht nur christliche Kreuzfahrer (seit 1096), sondern auch hochgestellte Muslime: Gouverneure, Generale, zwei Kalifen sogar.

Dies stets in der Form, dass sie sich anschlichen mit dem Dolch im Gewande – und dann, das war das Unheimlichste für die Zeit-genossen, *nicht* zu fliehen versuchten, sondern gleichsam darauf warteten, von den Leibwächtern erstochen zu werden. Was für die Selbstmordattentäter von heute bloß unvermeidlich ist (die Opfer und sich selbst durch dieselbe Tat zu vernichten): Das führten sie mutwillig herbei. Im Englischen und in den romanischen Sprachen haben sie ihre Spuren bis heute hinterlassen: assassinate, assassiner, assassinare heißt «einen Meuchelmord begehen».

Als Marco Polo 1292 auf der Heimreise Persien querte, hatten die Mongolen die Bergfestung der Sekte längst erobert und sie zerstört – aber der Venezianer ließ sich noch etwas erzählen, was wahr sein könnte: Hasan Ibn Sabbah habe seinen Jüngern ein paar Tage lang jenes Paradies vorgegaukelt, das nach ihrer Tat auf sie warte. Sie seien in einen Haschisch-Rausch versetzt worden und in einem schattigen Garten erwacht, der in der Burg verborgen war; in Seide gekleidet, mit Honig, Milch und Wein verwöhnt und von schwarzäugigen Jungfrauen erwartet, wie im Koran verheißen. Nach neuerlichem Haschisch-Rausch hätten sich die Jünger in ihren alten Kleidern wiedergefunden, und der Meister habe ihnen erklärt: Das sei nur ein kurzer Vorgeschmack auf jenes Paradies gewesen, in das sie nach ihrer Tat einziehen würden für immer.

Eine Variante auf die Assassinen (Fliehe nicht!) demonstrierten zwei britische Staatsbürger nigerianischer Herkunft, 28 und 22 Jahre alt, im Mai 2013 in London. Auf offener Straße zerhackten sie einen britischen Soldaten – und blieben, die blutigen Fleischerwerkzeuge in der Hand, zehn Minuten am Tatort stehen, bis die Polizei sie überwältigte; von einer unerschrockenen Londoner Hausfrau ins Gespräch verwickelt, erklärten sie, dies sei die Rache für die vielen Muslime, die von britischen Soldaten getötet worden seien.

Zwischen den Meuchelmördern des 12. Jahrhunderts und den Terroristen unserer Zeit, denen das Leben von Christen und Juden nichts gilt, steht historisch das Unternehmen *Kamikaze*, «göttlicher Wind». So nannten die Japaner den Taifun, der im Jahr 1281 eine mongolische Invasionsflotte vernichtet und damit Japan gerettet hatte – und dann den verzweifelten Versuch von 1944/45, die Niederlage doch noch abzuwenden oder wenigstens ein Zeichen des Stolzes zu setzen. Dies aber, anders als früher die Assassinen und später die Al-Quaida-Terroristen, auf soldatische Weise: bewaffnete Männer gegen bewaffnete Männer.

Das Korps der Selbstmordflieger wurde im Oktober 1944 von Admiral Takijiro Ohnishi gegründet, dem Befehlshaber der japanischen Marineluftwaffe auf den Philippinen. Damals drohten die Philippinen verlorenzugehen, Japans letzte überseeische Bastion. Das wirksamste Kampfmittel der Amerikaner waren die Flugzeugträger; die Reste der japanischen Luftwaffe befanden sich ihnen gegenüber in hoffnungsloser Position.

Ohnishi machte die Rechnung auf: Wenn eines meiner Flugzeuge einen Träger angreift, so hat es geringe Chancen, zurückzukehren, geringe Chancen, einen Treffer zu erzielen, und fast keine Chancen, mit der 250-Kilo-Bombe, die die allein verfügbaren Zero-Jäger tragen können, das Riesenschiff ernstlich zu beschädigen. Verzichtete man dagegen bewusst auf die geringe Chance der Rückkehr, so wurden die beiden anderen Chancen erheblich erhöht: Ein Pilot, der sich mitsamt seinem Flugzeug auf das Schiff stürzte, konnte sein Ziel schwerlich verfehlen, und die Bombenwirkung wurde durch Aufprall und Explosion des Flugzeugs wesentlich verstärkt. Die verletzlichen Stellen eines Flugzeugträgers waren seine Aufzugschächte, durch die die Flugzeuge an Deck befördert wurden; gelang es, sie durch Kamikaze-Piloten zu zerstören, so war er wochenlang lahmgelegt.

Nach dem Verlust der Philippinen starteten weitere Selbstmordpiloten von Okinawa, schließlich vom Mutterland aus. Sie stürzten sich auch auf Transporter und Kriegsschiffe aller Art, und ihre relative Rolle in der zusammenbrechenden japanischen Verteidigung wuchs noch dadurch, dass der Sturz ins Ziel eine viel kürzere Ausbildungszeit erforderte als der herkömmliche Bombenabwurf.

Was wurde mit dem Unternehmen Kamikaze ausgerichtet? 1428 Flugzeuge kehrten nicht zurück. Da sich darunter auch abgeschossene Begleitmaschinen sowie solche Selbstmordflieger befanden, die abgeschossen wurden, ehe sie ins Ziel stürzen konnten, dürften etwa 1100 Piloten ihr Ziel erreicht und den Kamikaze-Tod gefunden haben, unter ihnen zwei Admirale.

Diesen Piloten gelang es, 34 amerikanische Kriegsschiffe zu versenken, darunter drei Flugzeugträger und 14 Zerstörer, sowie 288 feindliche Schiffe zu beschädigen, davon 36 Flugzeugträger und 15 Schlachtschiffe. Es kann als sicher gelten, dass dieselben überwiegend schlecht ausgebildeten Piloten in ihren veralteten Maschinen mit der spärlichen Bombenlast einen ungleich geringeren Erfolg erzielt hätten, hätten sie in herkömmlicher Weise angegriffen, und dass wahrscheinlich die Hälfte von ihnen dennoch gefallen wäre.

«Das Kamikaze-Korps hat uns ungeheuren Schaden zugefügt», bestätigte der amerikanische Vizeadmiral C. R. Brown in seinem Vorwort zur amerikanischen Ausgabe der offiziösen japanischen Geschichte von den Selbstmordfliegern. «Es hat Tausende unserer Männer getötet und verwundet, ja unseren Schiffsbesatzungen vor Okinawa größere Verluste zugefügt als das japanische Heer unseren gelandeten Truppen in den fast dreieinhalb Monate dauernden Kämpfen an Land.»[14]

Dass die Japaner aus ihrer noch vorhandenen Luftwaffe das Beste zu machen verstanden, steht also nicht in Zweifel. Was Admiral Brown und mit ihm den meisten Abendländern und auch vielen Japanern dennoch missfiel, ist, dass die Kamikaze-Angriffe trotz ihrer Erfolge nichts mehr an Japans Niederlage zu ändern vermochten, dass die japanischen Militärs dies auch gewusst hätten, dass die Unternehmung also sinnlos gewesen sei. «Selbst wenn wir militärisch keinen Sieg erringen konnten», halten die Verfasser der Kamikaze-Geschichte dem entgegen, «war es unsere Pflicht, zu den Waffen zu greifen, um dem japanischen Geist treu zu bleiben.» Und Admiral Ohnishi verkündete im Januar 1945: «Selbst wenn wir geschlagen werden, wird der Opfergeist dieses Kamikaze-Korps unsere Heimat vor dem völligen Zerfall bewahren.»[15] Bei Kriegsende beging Ohnishi Harakiri.

Harakiri – ja, lieber glorreich sterben als in Schande untergehen! Zur rituellen Selbsttötung hatte Japans Adel ein ungewöhnliches Verhältnis; sie galt als Ausdruck von Mut, Demut, Reue, Selbstbeherrschung. Harakiri hieß, sich mit einem Dolch den Bauch aufschlitzen von links nach rechts, und wenn die Eingeweide herausgequollen waren, schlug der Freund, der hinter dem Selbstmörder stand, ihm mit einem Schwert den Kopf ab. Diesen unsäglichen Tod wählte der Samurai entweder, um einer Strafe zu entgehen oder sich von einer Sünde zu befreien, die seine Familie oder den Kaiser entehrt hätte; oder weil der Kaiser ihm einen juwelenbesetzten Dolch zuschickte, mit der höflichen Bitte, von ihm Gebrauch zu machen. Damit war alle Schande getilgt.

Vor dem Hintergrund dieses Todeskults ist es glaubhaft, dass Admiral Ohnishi 1944 zunächst nur Freiwillige annahm, dass viele ihn bestürmten – die Flugzeuge reichten nicht für die opferwilligen Piloten. «Liebe Eltern, ihr könnt mir gratulieren!», schrieb der Feldwebel Isao Matsuo nach Hause. «Ich habe eine glänzende Gelegenheit zum Sterben bekommen ... Möge unser Ende schnell sein und glatt wie zerbrechendes Glas!»[16]

Sie waren fröhlich zwischen der Entscheidung und dem Einsatz, die Piloten, sie feierten Feste, sie machten, bei allem Respekt vor dem Leben nach dem Tode, an das die Mehrheit von ihnen fest geglaubt haben dürfte, zugleich ihre Witze darüber, indem sie sich etwa darum stritten, wer von ihnen Kantinenchef werden solle im Yasukuni-Schrein beim Kaiserpalast in Tokio, in dem sich die Geister der Gefallenen versammeln.

Im Frühjahr 1945 genügte die Zahl der Freiwilligen dem Admiral Ohnishi nicht mehr; Druck wurde ausgeübt, sich «freiwillig» zu melden, und schließlich wurden Piloten auch ohne Umstände zum Kamikaze-Korps abkommandiert. Es heißt, dass sie anfänglich einen verstörten Eindruck gemacht, sich aber bald ins Unvermeidliche gefügt hätten – manche getröstet von dem Hochgefühl, dass sie die Auserwählten waren und dass auch der Besiegte noch Macht ausüben kann; vielleicht auch mit jenem Rest von Hoffnung, den Ohnishi zu wecken versuchte: Diese Demonstration der Entschlossenheit zum Äußersten werde die Kampfmoral des Feindes schwächen. Ja, entsetzt waren die betroffenen Schiffsbesatzungen durchaus.

Die letzten Selbstmordpiloten stürzten sich noch auf ihre Opfer, als die erste der beiden Atombomben auf Japan schon gefallen war – der Anfang vom Ende der Ära des Soldaten. Sein Zeitalter beendeten sie nicht ohne Würde: Sie raubten nicht, sie plünderten nicht, sie gaben den Tod nicht, ohne ihn zu erleiden; um eine kleine Sekunde gingen sie den Opfern voraus.

An Hymnen auf den Tod herrscht in Lied und Sinnspruch Überfluss: «Der schwarze Schatten des Todes» sei so kostbar wie das Sonnenlicht, verkündete Tyrtäus, Spartas Kriegspropagandist im 7. Jahrhundert v. Chr. *«Morituri te salutant!»*, riefen die Gladiatoren dem römischen Kaiser zu. «Glücklich und frei die Toten!», sang Theodor Körner, der Dichter der Befreiungskriege, bevor er 1813 fiel. «Unsere Braut ist der Tod», hieß die Hymne der spanischen Fremdenlegion. «Sterben fürs Vaterland, das ist Leben!», sangen Fidel Castros Kubaner. Merkwürdig nur: Die Ersten, die solche vaterländischen Gesänge bis zur letzten Konsequenz ernst genommen haben, waren die japanischen Todesflieger.

Nichts außer dem Selbstmord bei der Tat verbindet sie mit den Fanatikern, die seit 1982 ausdrücklich auch Zivilisten, Frauen, Kinder töten wollen, um Macht zu demonstrieren und Entsetzen zu verbreiten: zumal die *Hisbollah* im Libanon, die *Tamil Tigers* auf Sri Lanka und schließlich *Al-Quaida* überall und nirgends.

1991 war das Sowjetimperium zusammengebrochen, die USA hatten sich als einzige Weltmacht etabliert, und 1992 prophezeite der amerikanische Politikwissenschaftler Francis Fukuyama «das Ende der Geschichte»: Nichts stehe nun einer liberalen Gesellschaftsordnung in aller Welt unter Führung der USA noch im Wege. Den ewigen Frieden versprach Fukuyama nicht, und insofern behielt er sogar recht. Schon 1993 aber sah sein Kollege Samuel Huntington den *Clash of Civilizations* kommen, den Krieg der Kulturen, nicht mehr der Staaten: Die abendländische werde auf die chinesische, japanische, hinduistische, slawische und lateinamerikanische Kultur prallen – und auf die islamische, natürlich.

Mit ihr fing es an am 11. November 1982. Da raste ein mit Sprengstoff beladenes Auto, von einem 17-Jährigen gesteuert, ins Hauptquartier der israelischen Armee im südlichen Libanon und brachte mindestens 60 Israelis um. Die USA traf es zuerst im April 1983 (Selbstmordanschlag auf die amerikanische Botschaft in Beirut) und mit vernichtender Wucht im Oktober: 241 tote Marines in deren Hauptquartier – und kaum eine Minute später 58 tote französische Fallschirmjäger. Im Februar 1984 zogen die USA ihre sämtlichen Truppen aus dem Libanon ab; die *Hisbollah*, die «Partei Gottes», die militante schiitische Organisation, die die Attentate organisiert hatte, konnte in der Geschichte der arabischen Selbstmordkrieger den ersten militärischen Erfolg verbuchen.

1987 riefen die Palästinenser zur *Intifada* auf, der Erhebung, dem «Abschütteln von Staub». Im Gazastreifen, im Westjordanland und in Israel selbst kam es zu Aufruhr, Streik und Boykott. Mörderisch wurde erst die zweite Intifada: Sie brach los, als der ehemalige israelische Verteidigungsminister Ariel Scharon im September 2000 die in islamischen Augen ungeheuerliche Provokation begangen hatte, in Jerusalem demonstrativ mit mehr als tausend Polizisten auf den Tempelberg zu ziehen. Nun begann die große Serie der Selbstmordattentate, meist durch Einzeltäter, die den Sprengstoff am Leib trugen; nach israelischer Statistik waren es insgesamt 143, überwiegend Jugendliche, vermehrt auch Frauen; 513 Israelis brachten sie um. Noch schlimmer wirkte in Israel der Schrecken, im eigenen Land, auf keinem Platz, in keinem Omnibus mehr sicher zu sein.

Was trieb sie an, die Selbstmordwilligen? Überwiegend junge Männer aus dem Volk, das Paradiesversprechen nahmen sie wörtlich, sie wurden gefeiert, viele mit einer Videoaufzeichnung vor der Tat, den Koran in der einen Hand und die Bombe in der anderen; sie sprachen von Allah, von der Freiheit Palästinas, von ihrem Stolz, ein Märtyrer zu sein. Ihre Eltern wurden von den Nachbarn geachtet, sie waren stolz auf ihr Kind; ein Vater sagte: «Ich danke Gott, dass er die Güte hatte, mich zum Mitglied einer Familie von Märtyrern zu machen.»[17]

Zwar ist der Selbstmord im Koran verboten – «doch die für Allahs Religion kämpfen und sterben» (die Märtyrer also), «deren Taten werden nicht verloren sein». So in Sure 47, und in der heißt es auch: «Wenn ihr im Krieg mit den Ungläubigen zusammentrefft, dann schlagt ihnen die Köpfe ab!» Und an weiteren 24 Stellen ruft der Koran dazu auf, die Ungläubigen zu töten.

Die libanesischen und die palästinensischen Selbstmordaktionen waren eines der beiden Vorbilder für Osama Bin Laden, das andere die *Tamil Tigers* auf Sri Lanka: die Kämpfer der Tamilen, der hinduistischen Minderheit im Nordosten der Insel, gegen die Mehrheit der buddhistischen Singhalesen. Nicht die Religion jedoch entzweite sie, sondern der Umstand, dass die Singhalesen sich als das Herrenvolk verstanden und die Minderheit diskriminierten.

Die Morde der Tamilen begannen 1983 mit der Tötung des singhalesischen Verteidigungsministers, 1993 brachten sie den Staatspräsidenten um, im Juli 2001 legten sie mit Bomben den Flughafen von Colombo lahm (ein furchtbarer Schlag gegen die Tourismus-Industrie) – fast durchweg mit demselben Erfolg wie ihre Brüder im Nahen Osten: Ein Einzelner raubte vielen das Leben und verbreitete Horror.

Osama Bin Laden, geboren 1957, Erbe eines Multimillionärs in Saudi-Arabien, begab sich 1979 nach Afghanistan, um sich am Kampf gegen die sowjetische Invasion zu beteiligen – in ei-

ner merkwürdigen Koalition mit amerikanischen Flugabwehr-
raketen, arabischem Geld und dem pakistanischen Geheimdienst.
In Pakistan richtete Bin Laden eine Sammelstelle für freiwillige
Kämpfer aus arabischen Staaten ein. Als die Sowjets 1989 abgezogen waren, kehrte er nach Saudi-Arabien zurück, ließ sich 1991
sein Erbe von angeblich 300 Millionen Dollar auszahlen und begab sich dann in den Sudan, wo er im Bürgerkrieg des islamischen
Nordens gegen den christlichen Süden mitmischte.

1996 ging er wieder nach Afghanistan, fand dort eine Terror-
gruppe namens Al-Quaida vor, setzte sich an ihre Spitze und erklärte allen Christen und Juden den Krieg. 1998 schlug er zu: Am
selben Tag brachten Selbstmordattentäter in den US-Botschaften
in Kenia und in Tansania mehr als 200 Menschen um, und in
Videobotschaften rief Bin Laden zum Kampf gegen den «Großen
Satan», die USA, und den «Kleinen» auf, den Staat Israel.

Damit hatte Al-Quaida zugleich demonstriert: Wir wollen
gar nicht ein Territorium befreien wie Palästinenser und Tamilen – wir haben in vielen Ländern unsere Zellen und agieren global. Fasst uns, wenn ihr könnt! Da half es nicht viel, dass Präsident
Clinton vermutete Ausbildungsstätten der Al-Quaida in Afghanistan mit Raketen beschießen ließ – so wenig, wie drei Jahre später Präsident Bush die Wurzel des Übels packen konnte, als er die
Invasion von Afghanistan befahl.

Es geschah 1999, dass Mohammed Atta, Student an der Technischen Universität Hamburg-Harburg, mit drei gleichgesinnten
Kommilitonen nach Afghanistan reiste, um dort mit Osama Bin
Laden einen Plan zu besprechen, den sie in Hamburg ausgeheckt
hatten: im Kampf gegen «die jüdische Weltverschwörung» den
Märtyrertod zu sterben und sich dafür ein großes Ziel zu setzen,
zum Beispiel das World Trade Center in New York. Osama akzep-
tierte, bestärkte die vier und leitete sie in einem Trainingslager an.
Im Januar 2000 hinterlegten sie bei ihm ihr Testament, kehrten
nach Hamburg zurück und beantragten Visa für die USA. Im Mai

durften sie einreisen, lernten fliegen und erwarben erstaunlicherweise schon im Dezember die Lizenz zum Führen von Düsenflugzeugen. Von Osama ferngesteuert, koordinierten sie sich für den 11. September 2001 mit 15 weiteren Selbstmordkandidaten, die meisten aus Saudi-Arabien.

Am Morgen dieses Tages bestiegen die 19, mit Teppichmessern bewaffnet, in Boston vier Passagierflugzeuge, schnitten den Piloten die Kehle durch und steuerten das World Trade Center sowie in Washington das Kapitol und das Verteidigungsministerium an; das Kapitol wurde durch den selbstmörderischen Einsatz beherzter Passagiere gerettet.

Um 8.46 Uhr rammte das Flugzeug, das Mohammed Atta steuerte, den Nordturm des World Trade Center, um 9.03 Uhr das nächste den Südturm – und machte nun erst schrecklich klar, dass es sich wirklich um ein Attentat handelte. Um 9.59 Uhr stürzte der Südturm, um 10.28 Uhr der Nordturm ein – für Milliarden Augenzeugen auf Erden das Äußerste an Grauen.

Was trieb sie an, diese 19 überwiegend gebildeten jungen Männer aus gutem Hause, ganz andere also als ihre naiven Vorläufer im Libanon und in Palästina? Wahrscheinlich nicht, dass sie das Paradiesversprechen des Korans wörtlich genommen hätten – aber offenbar doch die Hoffnung, in ein erhabenes Reich jenseits aller Vorstellung einzutreten. «Öffne dein Herz, heiße den Tod im Namen Allahs willkommen!», hieß es in seiner «Fibel für Selbstmordattentäter», die am Flughafen Boston in Attas zu spät aufgegebener Reisetasche gefunden wurde. «Nur einen Augenblick bist du entfernt vom ewigen Leben in der Gesellschaft der Märtyrer ... Dies ist die Stunde, in der du Allah treffen wirst. Engel rufen deinen Namen.»

Dazu muss echter, tiefer Hass auf die Ungläubigen gekommen sein, speziell auf die USA mit ihrem Größenwahn, die Vorstellung also, der gerechten, einer erhabenen Sache zu dienen – und ein Rausch der Macht in den letzten Sekunden, während der

Turm auf sie zuraste und die Schreie der Passagiere ihnen in den Ohren gellten: Ich bin stärker als der Tod, ich bin der Mittelpunkt der Welt, ich schreibe Geschichte.

Erst drei Jahre später bekannte Osama Bin Laden in einer Videobotschaft, was er bis dahin bestritten hatte: der Urheber der Anschläge zu sein, und zu neuen Terrorakten rief er seine Anhänger in aller Welt auf, falls die USA ihre Politik nicht radikal veränderten.

Wir aber müssen wohl den Gedanken ertragen, dass dieser Osama Bin Laden nicht nur ein Scheusal war, sondern zugleich ein brillanter Kopf. Er hat mehr Macht ausgeübt und die Welt stärker verändert als je ein Einzelner zuvor. Er entdeckte das Passagierflugzeug als Waffe und ließ die beiden fliegenden Bomben für das World Trade Center vom Feind mit 58000 Litern Flugbenzin auftanken. Er fand 19 Sterbewillige und für zehn von ihnen jenes Ziel, dessen Zerstörung die verstörendste Symbolwirkung entfalten, das irdische Optimum an Verblüffung und Entsetzen produzieren würde: das Wahrzeichen der Welthauptstadt New York, den Inbegriff amerikanischer Macht und Herrlichkeit. Damit schuf er zugleich die dramatischsten Bilder des Fernsehzeitalters; im Abendland ließen sie die Adern frieren.

Aus Osamas Attacke folgte eine Erschütterung des amerikanischen Lebensgefühls (Soldaten hatten das Territorium der USA zuletzt 1815 bedroht), der Kollaps amerikanischer Liberalität, die milliardenverschlingende Invasion in Afghanistan mit ihrem unrühmlichen Ende, schließlich die Belästigung von Milliarden Flugpassagieren seit nunmehr dreizehn Jahren. Um den Preis von 3000 toten Zivilisten hatte er einen Sieg errungen, der mit den Millionen Bombentoten von Deutschland, Japan und Vietnam nicht zu erzielen gewesen war.

Am 2. Mai 2011 wurde Osama umgebracht von Navy Seals. Reguläre Soldaten haben gegen solche Strategen des Selbstmords keine Chance mehr.

5 Die Partisanen siegen

Mit Messern und mit Sensen waren sie 1808 in Spanien gegen die französischen Besatzer aufgestanden, Napoleon schäumte: «Meine Garde von Bauern aufgehalten? Von bewaffneten Räuberbanden?»[18] Im Zweiten Weltkrieg konnte die Wehrmacht die Partisanen in Jugoslawien nicht besiegen. 1973 kapitulierten die USA schmählich vor den Vietcong; 2003 wurden sie im Irak der Rebellen nicht Herr. Was zurzeit in Afghanistan geschieht, hat noch keinen endgültigen Namen.

Offensichtlich hatte die gewaltigste Streitmacht auf Erden zu wenig gelernt aus der Forderung, die Präsident Kennedy 1962, im Jahr nach dem Debakel an Kubas «Schweinebucht», erhoben hatte: Die US Army müsse sich für den Krieg gegen Partisanen wappnen – «diese älteste Form der Kriegführung wird gerade im Zeitalter der modernsten Waffen eine entscheidende Bedeutung gewinnen».[19]

Was Kennedy jedoch selbst 1961 eingefädelt hatte, war die Entsendung von «Kriegsberatern» nach Südvietnam, um das westlich orientierte Land vor den Drohungen des kommunistischen Nordens und der Infiltration von Partisanen zu schützen. Dem Präsidenten Johnson erteilte der amerikanische Kongress 1964 die Vollmacht, in den großen Krieg gegen Nordvietnam einzutreten (der freilich nie so heißen durfte). Auf unglaubliche 540 000 Soldaten stockte Johnson die amerikanische Präsenz in Südvietnam auf – doppelt so viele, wie nordvietnamesische Soldaten und Vietcong im Einsatz waren, die unsichtbaren und allgegenwärtigen, mit dem Dschungel verwachsenen Partisanen.

«Dieses blutige, unheimliche, wahnsinnigmachende Land!», schrieb der amerikanische Kriegsreporter Michael Herr 1968 aus Vietnam. «Wir waren einfach an einem Ort, an den wir nicht gehörten, und die Vietcong brachten uns um, einfach weil wir da waren.»[20] Die Invasionsarmee versuchte es mit Stoßtrupps nach der Devise *Search and destroy*, aufspüren und vernichten: mit überfallartigen Aktionen also, bei denen ein Stück Land durchsucht und wieder preisgegeben wurde. Per *body count* (der Zählung von Feindleichen) teilte das Hauptquartier in Saigon die angeblichen militärischen Erfolge mit. 4000 Vietcong in der Schlucht von Dak to getötet!, hieß eine dieser Siegesmeldungen. Hunderte, schreibt Michael Herr, seien es ja wahrscheinlich gewesen; gefunden worden seien vier.[21]

Mit *Agent Orange* zerstörten die Amerikaner auf riesigen Flächen das Laubdach des Dschungels, das die Vietcong vor den Hubschraubern verbarg. In Feuerstürme von Napalm wurden sie eingehüllt. Auf Nordvietnam ging ein wüsterer Bombenhagel nieder als im Zweiten Weltkrieg auf Deutschland. «Zieht eure Hörner ein, ihr Nordvietnamesen!», ließ sich 1965 General Curtis Lemay vernehmen, der ehemalige Stabschef der Air Force – «oder wir bomben euch in die Steinzeit zurück».[22]

Die Unsinnigkeit des Bombenkriegs zeigte sich im Juni 1965 bis zur Groteske: Da starteten auf der Insel Guam dreißig der überschweren Bomber vom Typ B-52 zu einem fast 4000 Kilometer langen Flug, mit dem Auftrag, fünfzig Kilometer nördlich von Saigon vier Quadratkilometer Dschungel, halb so viel wie der Tegernsee, mit 400 Tonnen Bomben umzupflügen; der südvietnamesische Geheimdienst hatte dort eine bedrohliche Ansammlung von Vietcong ausgemacht. Kaum hatten die B-52 abgedreht, stießen Jagdbomber mit Napalm nach. Dann setzten achtzehn amerikanische Hubschrauber 150 südvietnamesische Soldaten ab, die das Areal durchkämmten.

Sie fanden nicht einen Vietcong, keinen lebenden und keinen

toten, wohl aber einen Kessel mit heißem Tee – und wurden damit, schrieb die «New York Times», zum Gespött der halben Welt.[23] Das amerikanische Oberkommando machte geltend, der Tee sei immerhin ein Zeichen, dass dort kurz zuvor noch Menschen gewesen seien. Acht Soldaten übrigens kamen bei dem Einsatz nachweislich um – amerikanische: Beim Auftanken auf den Philippinen waren zwei Bomber zusammengestoßen.

Bomben sind eben eine lächerliche Waffe gegen Partisanen, und an Geduld sind diese ohnehin allen regulären Armeen voraus. «Der Schlüssel zum Sieg ist, den Krieg in die Länge zu ziehen», schrieb Dang Xuan Khu, Berater von Ho Chi Minh. «Wir müssen die feindlichen Kräfte zermürben, demoralisieren, entmutigen.»[24] Und das gelang. Wer überhaupt war ein Vietcong – woran sollte man ihn erkennen? Unter amerikanischen Soldaten galt die Faustregel: Er war einer, «wenn er tot ist und Vietnamese». Oft folterten sie, oft töteten sie auf Verdacht; in dem Dorf My Lai brachten sie 1968 mehr als 300 Vietnamesen um.

Ein unauffindbarer, undefinierbarer, zum Äußersten entschlossener Feind, Jahr um Jahr durch keine Übermacht zu besiegen, und die zunehmende Kritik aus der Heimat, wo Studenten den Namen «Ho-Tschi-minh» in einen rhythmischen Triumphgesang verwandelten, bald auch in Paris und Westberlin – das hielt kein Soldat lange aus. Präsident Nixon sah keine andere Wahl, als Vietnam seinem Schicksal zu überlassen. 1973 zogen die Amerikaner ab, zu Hause nirgends mit Konfetti, oft mit Schmähungen empfangen. Dazu das schimpfliche Ende vom 30. April, von Fernsehkameras festgehalten, die Welt sah zu: Wie die letzten Amis zum letzten Helikopter rannten, der vom Dach der US-Botschaft in Saigon startete, und Vietnamesen, die in amerikanischen Diensten gestanden hatten, klammerten sich verzweifelt an die Kufen.

Erbarmungswürdiger hat sich eine große Armee niemals verabschiedet. Seit 1982 sind die Namen der 58256 gefallenen amerikanischen Soldaten in eine fünfzig Meter lange Mauer von

schwarzem Granit gemeißelt, das *Vietnam Memorial* in Washington – «eine klaffende Wunde der Schande» nennen viele es bis
heute; ein Kriegerdenkmal jedenfalls ohne die Heldenpose, die
jahrtausendelang zu ihm gehörte; ein Epitaph auf das Soldatentum.

Der sechswöchige Golfkrieg um Kuwait (1991) war vermutlich der letzte simple Krieg einer Übermacht alten Stils. Die
Wüste von Irak ermöglichte den Einsatz von Bomberflotten und
Panzerarmeen, und die richteten unter den längst geschlagenen
irakischen Soldaten ein Massaker an: mehr als 100 000 Tote. Gefallene oder tödlich verunglückte amerikanische Soldaten: 138.

Als die USA 2003 zum zweiten Mal gegen den Irak in den
Krieg zogen (unter einem dreisten Vorwand, siehe Kapitel 17), da
glaubten sie offensichtlich, das Siegen würde ihnen ähnlich leicht
wie zwölf Jahre zuvor – und Präsident Bush leistete sich eines
der törichtsten Vorurteile, die in einem Krieg je öffentlich gefällt
worden sind: «Mission accomplished!», bellte er am 1. Mai 2003,
dem 42. Tag der Invasion, in die Fernsehkameras, als er in maß-
geschneidertem Kampfanzug auf dem Flugzeugträger «Abraham
Lincoln» gelandet war.

Nun erst begann ja das Desaster: der Kleinkrieg von Fanati-
kern, Partisanen, Terroristen, Selbstmordattentätern gegen die
US Army, ihre Söldner, ihre Verbündeten, dazu die Bomben von
Sunniten auf Schiiten und umgekehrt, da kein Diktator mehr den
Frieden zwischen ihnen erzwang. Mindestens 4500 amerikanische Soldaten und 200 000 irakische Zivilisten starben dabei.
Allein im April 2006 brachten laut BBC 1091 Iraker einander
um, mehr als dreißig jeden Tag; 2013 waren es bis Oktober 7000.
Im Juli flogen in Bagdad zwölf Autos gleichzeitig in die Luft und
töteten 71 Menschen, und islamistische Gotteskrieger pendelten
zum Bürgerkrieg nach Syrien hinüber.

Für die Amerikaner wenigstens konnte Präsident Obama 2012
am *Memorial Day* verkünden: Zum ersten Mal seit neun Jahren

kämpfen und fallen im Irak keine unserer Soldaten mehr[25] – wohl aber Hunderte von Irakern im anhaltenden Bürgerkrieg der Konfessionen. Was Obama dabei nicht in Erinnerung rief: Die «New York Times» hatte 2010 rundheraus festgestellt, die USA seien im Irak *geschlagen* worden.[26] Der Versuch, mit 150 000 Soldaten 30 000 Rebellen zu besiegen, war gescheitert.

«Andere werden unserm Leben hier einen Sinn zuschreiben, einen edlen oder auch nicht», hielt ein amerikanischer Second Lieutenant 2004 in seinem Tagebuch fest. «Für uns aber gibt es nichts als die allgegenwärtige Gemeinheit des Kampfes. Wir kämpfen mit einer rivalisierenden Bande um dasselbe Revier, während die Einheimischen sich ducken – und abwarten, auf welche Seite sie sich schlagen sollen.»[27]

Die amerikanische Niederlage ging freilich nicht nur darauf zurück, dass Soldaten keine Kriege mehr gewinnen können. Erschwerend kam die amerikanische Strategie «des jähen Wechsels vom Morden zur Freundlichkeit» hinzu, wie die «Washington Post» sie beschrieb[28]: das redliche Bemühen um eine irakische Demokratie bei anhaltendem rüden Kampf gegen erlittene oder bloß befürchtete Gewalt. Und dazu das Image-Debakel, die Folterungen und Demütigungen gefangener irakischer durch amerikanische Soldaten, 2004 gingen die Fotos um die Welt: Zwei Amis grinsend hinter einem Haufen nackter Leiber, die Militärpolizistin Lynndie England einen nackten Iraker an einer Hundeleine über den Boden schleifend; dieselbe vor fünf nackt dastehenden Männern, auf deren Geschlecht sie wie mit einer Pistole fröhlich zielt, eine Zigarette im Mundwinkel. (Dass auch Frauen in Kriegen zuweilen die schieren Bestien sind, wird Kapitel 27 demonstrieren.)

Für die Zunft der Soldaten aber war die amerikanische Niederlage im Irak noch nicht so schmählich wie das Fiasko, das Amerika in *Afghanistan* erlitt – dem wüsten Land der wilden Krieger, an denen drei Weltmächte scheiterten: das britische Weltreich (1842 wurde dort eine britisch-indische Armee vernichtet), die Sowjetunion (nach neunjähriger Invasion zog sie 1988 ab, mit amtlich 13 000, vermutlich viel mehr gefallenen Soldaten und mindestens einer Million getöteten Afghanen) und schließlich die USA.

Woran zerbrachen die scheinbar weit überlegenen Mächte? Zunächst am Land selbst: einer Hochregion der Steppen, Wüsten, wilden Schluchten, von Siebentausendern überragt – «ein so achsenbrechendes, hubschrauberzertrümmerndes, kampfmoraltötendes Gelände», schrieb Sebastian Junger 2010, «dass militärische Pläne nicht einmal eine Stunde überleben»[29]. Dazu das extreme Kontinentalklima: bis zu 40 Grad im Sommer, im Winter bis zu minus 25 Grad.

Vielleicht zerbrachen die Eindringlinge auch an den Menschen – den untereinander vielfach verfeindeten Stämmen, die doch einiges gemeinsam haben: im kargen Land an Entbehrungen gewöhnt, an permanenten Kleinkrieg auch, zum Teil von religiösem Fanatismus befeuert. Es war wohl nicht falsch, was der Große Brockhaus 1843 geschrieben hatte, dem Jahr nach der britischen Katastrophe: «Die Taktik des Afghanen ist die Geburt des einfachen Mutes oder der unversöhnlichen Rache; angreifen, überfallen und nicht angegriffen werden ist sein Motto; sein Schwert die Furcht des Feindes.»

Kaum waren die Sowjettruppen abgezogen, griffen die einheimischen Glaubenskämpfer, die *Mudjaheddin*, nach der Macht; 1992 riefen sie die «Islamische Republik» aus. Schon 1994 aber wurden sie von den noch radikaleren *Taliban* bekämpft, den «Erkenntnissuchenden», überwiegend Koranschülern aus Pakistan. Von dort und von Saudi-Arabien unterstützt, hatten die Taliban schon 1998 den größten Teil Afghanistans unter Kontrolle und errichteten ihre islamische Diktatur: Tod allen Andersgläubigen (die islamischen Schiiten eingeschlossen), Ausschluss aller Frauen von Schule und Beruf.

Nach der Katastrophe vom 11. September 2001 hatten die USA sogleich Osama Bin Laden in Verdacht, wie schon 1998 nach den Selbstmordattentaten auf die amerikanischen Botschaften in Kenia und Tansania (Kapitel 4). Am 7. Oktober 2001 rief Präsident Bush die Operation *Enduring Freedom* aus, Freiheit für immer! Bomben und Raketen also auf die vermuteten Zentren und Ausbildungslager der Taliban in Afghanistan. Am selben Tag zeigte der arabische Fernsehsender Al-Djazira Osama teetrinkend vor einer Höhle sitzend, von Kalaschnikows flankiert – für die islamische Welt das Signal: Hatte vor einer Höhle nicht auch Mohammed auf der Flucht aus Mekka gerastet in höchster Gefahr, beim Aufbruch zum grandiosen Sieg?

Tags darauf wurden die ersten amerikanischen und britischen Bodentruppen abgesetzt; schon am 13. November 2001 zogen sie, mit den richtigen Stammesfürsten verbündet, in Kabul ein, im Dezember schienen die Taliban besiegt, und der Weltsicherheitsrat beschloss, «zur Wahrung des Friedens» eine internationale Sicherheitstruppe nach Afghanistan zu entsenden, die ISAF.

Sogar die deutsche Bundeswehr war dabei: 1955 gegründet, seit 1960 bei Naturkatastrophen helfend auch im Ausland unterwegs, 1995 in Bosnien zum ersten Mal in militärischem Einsatz, wurden im November 2001 vom Bundestag «zunächst für ein Jahr» deutsche Soldaten nach Afghanistan geschickt, maximal 3900 Mann – zum Aufbau, nicht zum Kampf.

Die Taliban reorganisierten sich unterdessen in Pakistans Grenzregionen, und 2003 begannen sie mit dem Partisanenkrieg, der die Bundeswehr zum Kämpfen zwang und die Amerikaner allmählich zur Verzweiflung trieb. Sie töteten mit Sprengfallen, Granaten und Raketen, als Heckenschützen und als Selbstmordattentäter. Kein Landstrich wurde je befriedet, kein ISAF-Soldat erlebte je die Genugtuung, einen Sieg errungen zu haben.

Und immer weniger war den meisten klar, wofür sie eigentlich kämpften und starben in diesem wüsten, dreckigen Land. «Es gab Soldaten, die einsahen, dass die Army sich einer Selbsttäuschung hingab», schrieb Sebastian Junger. ««Wir werden diesen

Krieg nicht gewinnen, bis wir zugeben, dass wir dabei sind, ihn zu verlieren», sagte einer zu mir im Frühjahr 2008.»[30] Im Dezember 2009 waren 68000 amerikanische Soldaten in Afghanistan stationiert, und die Entsendung von weiteren 33000 kündigte Präsident Obama an.

Das deutsche Kontingent, auf 4900 Soldaten gewachsen, sah sich nun auch in Kämpfe verwickelt, und bis 2013 waren 19 von ihnen gefallen oder tödlich verunglückt – jeder einzelne geehrt, in die Heimat überführt, beerdigt (merkwürdig anzusehen für einen, der an Tausende von Toten pro Tag gegen Ende des Zweiten Weltkriegs gewöhnt war). Die Lager? «Unwirtliche Orte aus Zelten, Sandsäcken, Stacheldraht und bemerkenswert rudimentären Sanitäranlagen», schrieb ein Besucher von der «Süddeutschen Zeitung» 2012, «mit Staub, Skorpionen, bissigen Spinnen größer als eine Hand; die Berge glutheiß, feindlich, ohne Baum und Strauch.»[31] Und mit Ausnahmen (Kapitel 24 stellt sie vor). In Feldpostbriefen deutscher Soldaten las sich das so: «Afghanistan, hier stinkt's. Überall Wracks, Ruinen, Einschusslöcher. Hier gibt es schon lange keinen Gott mehr.» Oder: «Alles Verbrecher hier – ich traue niemandem!» Und: «Eigentlich ist Schießen ja das Tollste, was die Bundeswehr zu bieten hat.»[32]

Im Juni 2010 ernannte Präsident Obama den General David Petraeus zum Oberbefehlshaber in Afghanistan, mit dem klaren Auftrag, sich auf die Niederringung der Taliban zu konzentrieren – also sich von ebenjener Doktrin zu verabschieden, die er als Oberbefehlshaber im Irak vom Januar 2007 bis Oktober 2008 gepredigt und praktiziert hatte: «Soldaten müssen zugleich kämpfen und Nationen aufbauen», und dort mit leidlichem Erfolg. Nun verkündete Petraeus: «Wir haben dem Feind die Zähne in den Hals gerammt, und loslassen werden wir nicht»[33] – und ließ die Drohnen kommen. Schon nach gut einem Jahr, im September 2011, wurde er abgelöst und zum CIA-Direktor ernannt.

Die Taliban töteten weiter – die Drohnen auch. Durch Selbstmordattentate kamen nach Zählung der UNO in den Jahren 2010 und 2011 in Afghanistan 659 Menschen um. Osama Bin Laden starb im Mai 2011 unter den Kugeln der Navy Seals – und nichts änderte sich. In die afghanischen Polizei- und Sicherheitstruppen hatten sich mehr und mehr Taliban oder deren Gesinnungsgenossen eingeschlichen; solche sogenannten «Innentäter» töteten 2012 dreizehn «Kameraden» und 61 ISAF-Soldaten.

In amerikanischen Uniformen, mit Sturmgewehren und Panzerfäusten bewaffnet, überfielen sechzehn Taliban im September 2012 das größte britische Militärlager in Afghanistan, zerstörten sechs Jagdbomber und schossen um sich, bis nur noch einer am Leben war. Im Januar 2013 griffen Selbstmordattentäter mitten in Kabul die Hauptquartiere der Polizei und des Geheimdienstes an. Sicherheit, schrieb die «New York Times», gebe es nirgends in Afghanistan.[34]

In seiner Rede zur zweiten Amtseinführung, im Januar 2013, sagte Präsident Obama, «ein Jahrzehnt des Krieges» gehe nun zu Ende: Aus dem Irak wurden 2011 die amerikanischen Soldaten abgezogen, in Afghanistan werde es 2015 nur noch amerikanische Ausbilder und Berater geben (die Drohnen nicht gerechnet). Wie viele? General John Allen, der Oberbefehlshaber, bezeichnete 20 000 Mann als erforderlich – der Sicherheits- und Versorgungstruppen wegen. Dabei sei der Widerstand der Taliban ungebrochen, stellte das Pentagon im Januar 2013 fest.[35] Ryan Crocker, US-Botschafter in Kabul vom Juli 2011 bis Juli 2012, hatte zu seinem Abschied verkündet: «Dass die Taliban besiegt sind, glaube ich erst, wenn ich meine Stiefel auf die Gurgel des letzten von ihnen setzen kann.»[36] Und unbestritten war es töricht, diesen zähen Feind wissen zu lassen, dass er nur zu warten brauchte, um dann doch zu siegen. Die Stammesfürsten, die «Warlords», wetzten ihre Messer, die meisten Afghanen warteten ab, auf wessen Seite sie sich schlagen sollten, die afghanischen Angestellten der ISAF-Truppen bangten um ihr Leben.

Über die 350 000 Afghanen in Uniform, die dann die Sicherheit allein garantieren sollten, sagte 2012 der deutsche Verteidigungsminister, er sehe Probleme mit ihrer Mentalität: Fahrzeuge und Geräte benutzten sie, bis sie kaputt sind, «und dann wissen sie nicht mehr recht weiter»[37], und ein deutscher General: «Es fehlt ihnen an allem, was übers Gewehrhalten hinausgeht.»[38] Monate in gemeinsamen Lagern mit der Bundeswehr schafften wenig Vertrauen, Kameradschaft fast nie; und immer wieder kam es vor, dass Mitglieder der afghanischen Sicherheitskräfte entweder Taliban waren oder zu den Taliban überliefen.

Wie also weiter? «Zehnjährige Kriege haben es an sich, dass man manchmal nicht mehr genau weiß, warum sie stattfinden.» In Afghanistan, schrieb der Journalist Joachim Käppner weiter, «haben wechselnde Regierungen versucht, ein bisschen Krieg zu führen – aber bloß so viel, wie man der Gesellschaft zumuten zu können glaubte.» Nun stehe der Westen vor der Alternative, «die zurückgebliebenen Soldaten hastig aus einem Staat herauszuholen, der wieder in die Bürgerkriege der Vergangenheit zurückfällt – oder er wird erneut intervenieren müssen. Ein Albtraumszenario».[39]

«Ein bisschen Krieg», das war einer der drei Gründe für das Scheitern des Westens; die Taliban führten diesen Krieg total. Den zweiten Grund hat einer von denen selbst auf die Formel gebracht: «Ihr mögt die Uhren haben. Wir haben die Zeit.»[40] Für Partisanen arbeitet die *immer* – vom Urtrieb der Selbstverteidigung befeuert, im eigenen Land gut versorgt, vom Hass der meisten auf die Besatzer getragen und nicht auf ein rasches Ende angewiesen – anders als die Soldaten, die endlich nach Hause wollen, bezahlt von Regierungen, die an ungeduldige Wähler denken müssen.

Ein Drittes kam in Afghanistan dazu: Diesem Krieg fehlte eigentlich der Kriegsschauplatz. Die großen Kriegstreiber waren einst über Land gezogen, um es sich einzuverleiben, Alexander der Große nach Osten, Dschingis Khan nach Westen; die Alliierten des Zweiten Weltkriegs mussten ein Reich niederwerfen, um die Nazis zu besiegen. Präsident Bush aber hatte 2001 nicht Afghanistan den Krieg erklärt, nicht einer Region – sondern «dem Terrorismus». Das war, sagte 2004 Zbigniew Brzezinski, vormals Präsident Carters Sicherheitsberater, «als würde man sagen: Der Zweite Weltkrieg wurde nicht gegen die Nazis geführt, sondern gegen den ‹Blitzkrieg›».[41] Der Philosoph Peter Sloterdijk sagte es 2013 so: «Die USA haben den Globus zum Fahndungsgebiet und zum Schlachtfeld ohne Grenzen erklärt.»[42] Den Terror als solchen verfolgen sie, und siehe: Sie finden ihn nicht.

Im Mai 2013 legte Präsident Obama nach: Dem amerikanischen Kongress versprach er «eine maßvollere Antwort auf den Terrorismus. Dieser Krieg muss irgendwann enden, wie alle Kriege. Wenn wir unser Denken und Handeln nicht disziplinieren, können wir in immer mehr Kriege hineingezogen werden, die wir nicht führen müssten.» Spät genug, schrieb Robert Cohen, Kolumnist der «New York Times», habe Obama damit die Verantwortung übernommen für die Zukunft «dieser unersättlichen Bestie, die wir den globalen Krieg gegen den Terror nennen.»[43]

Terror fand und findet längst im Jemen statt, in Mali, in Somalia. Wie man in Afghanistan seiner Herr werden solle, blieb ungeklärt, und wo er als Nächstes aufflammen wird, weiß keiner. Prinz Harry wenigstens, der Bruder des britischen Thronfolgers, hatte als Schütze in seinem Kampfhubschrauber auch seinen Spaß: «Wenn da Leute sind, die unsern Jungs was Böses wollen, dann ziehen wir sie aus dem Verkehr», erzählte er der BBC.[44] An Computerspielen habe er sich geschult: «Ich glaube, mit meinem schnellen Daumen bin ich ziemlich nützlich.»

Wie nennen wir wen?

Soldat: einer, der den regulären Streitkräften eines Staates angehört, im Unterschied einerseits zu *Kriegern*, andererseits zu Partisanen, Piraten, Terroristen. Im Englischen ist *soldier* einerseits auch ein tapferer, tüchtiger Krieger (warrior) sowie einer, der seine Arbeit perfekt verrichtet, andrerseits einer, der eine Schau aus seiner Arbeit macht; und *to soldier* heißt im Slang: faulenzen, sich drücken.

Söldner: eigentlich einer, der für Sold zum Kämpfen bereit ist, also auch der *Soldat*. Im engeren Sinn: einer, der sich befristet und ohne Bindung an ein Land zum Kämpfen verpflichtet hat. Mit dem Aufkommen der Stehenden Heere im 18. Jahrhundert und später der Allgemeinen Wehrpflicht wurde der Söldner begrifflich vom Soldaten abgetrennt. Als Söldnertruppe bestehen blieb die französische *Fremdenlegion*. Etwa seit 1990 verdingen sich Söldner (überwiegend frühere Berufssoldaten) bei den Bürgerkriegen in Afrika. Eine bedeutende Rolle spielen sie wieder in den sogenannten *Sicherheitsfirmen* im Irak und in Afghanistan (Kapitel 41).

Kämpfer: ein Soldat, der im Kampf steht (Duden) – im Unterschied zu Soldaten in der Etappe und im Stab. Im engeren Sinn: ein Soldat, der in Nahkämpfe verwickelt ist. In der Militärpsychologie: der Soldat, der sich kämpfend bewährt, mindestens wirklich auf den Feind schießt, ein fighter – und nicht, wie sehr viele, in die Luft (Kapitel 24).

Krieger: 1. Veraltetes, pathetisches Wort für Soldat («Kriegerdenkmal»). 2. Übliche historische Bezeichnung für die Männer einer Horde, eines Stammes, eines Volkes, wenn *alle* in den Kampf zogen wie in primitiven Kulturen oder bei Hunnen und Mongolen (während die Soldaten eine spezialisierte Auswahl der Männer sind).

Kombattant (eigentlich nur «Kämpfer»): im Völkerrecht ein Angehöriger der regulären Streitkräfte eines Staates (ohne Sanitäter und Seelsorger), im Unterschied zu den Zivilisten. Nach den Genfer Konventionen sind Kombattanten als Kriegsgefangene «mit Menschlichkeit» zu behandeln und nach Friedensschluss unverzüglich zu entlassen, als Verwundete auch vom Feind ärztlich zu versorgen. *Partisanen* gelten als Kombattanten, wenn sie bestimmte Regeln einhalten – *Terroristen* nicht. Zur Kritik gegen den Einsatz bewaffneter *Drohnen* durch die USA gehört, dass sie unmöglich zwischen Kombattanten und Nichtkombattanten unterscheiden können.

Partisan, auch Freischärler, Guerillero, Guerillakämpfer: einer, der nicht zu den regulären Streitkräften eines Staates gehört und gegen einen eingedrungenen Feind aus dem Hinterhalt kämpft. Den Status eines *Kombattanten* hat er seit 1949 dann, wenn er einem verantwortlichen Führer untersteht, die Waffen offen führt, die Gesetze der Kriegführung beachtet und bei Kampfhandlungen ein Zeichen trägt, das ihn auch aus größerer Entfernung kenntlich macht.

Guerillero: ein Kämpfer nach Art der Guerilla, des Kleinkriegs der Spanier gegen die französische Besatzung (1808 bis 1814) – völkerrechtlich ein *Partisan*.

Pirat, Seeräuber (historisch auch: Freibeuter, Flibustier, Korsar, Bukanier): einer, der das uralte Gewerbe des Ausplünderns von Schiffen betreibt. Im 15. bis 18. Jahrhundert oft: einer, den der «Kaperbrief» einer Regierung halbwegs legalisierte, wenn er seine Beute mit der Regierung teilte. Nach der Seerechtskonvention von 1982 begeht der Pirat einen Gewaltakt, der von allen Staaten zu verfolgen und nach deren Gesetzen zu bestrafen ist.

Terrorist: ein Fanatiker, der Anhänger einer politisch oder religiös begründeten Gewaltkriminalität, der durch Verbreitung von Entsetzen Macht zu gewinnen versucht. Seit 1982 oft ein *Selbstmordattentäter*.

Warlords: rivalisierende militärische Machthaber in Regionen mit schwacher Staatsgewalt – ein zentrales Problem in Afghanistan, verbreitet in mehreren Staaten Afrikas, historisch in China 1920 bis 1928 bis zum Sieg Tschiang Kai-schecks.

Deserteur: ein Soldat, der seine Truppe mutwillig verlässt, um sich dem Dienst, zumal dem Kampf zu entziehen (dann volkstümlich «Drückeberger») oder zum Feind überzuwechseln («Überläufer»). Die Militärstrafgesetzbücher sprechen von *Fahnenflucht*. Das Desertieren ist ein Zentralproblem aller Heere seit der Antike (Kapitel 40).

Marodeur (von frz. *maraud*: Lump, Taugenichts): ein Soldat, der dem Kampfeinsatz auszuweichen versucht und hinter der Front faulenzt und plündert – ein Zentralproblem im Dreißigjährigen Krieg, auch bei Napoleons Russlandfeldzug von 1812 (Kapitel 38).

50

6 Und die Computer übernehmen

Vorbei die Zeit, in der ein Diktator acht Millionen Männer zu den Waffen rief, weil er Europa erobern wollte. Vorbei die Zeit, in der in gigantischen Fabriken und Montagehallen Millionen Tonnen Stahl in Schlachtschiffe, Panzer und Kanonen verwandelt wurden. Der nächste, vielleicht der letzte Kampf um die Macht auf Erden könnte unhörbar sein, Soldaten würden nicht gebraucht, Blut müsste nicht fließen, die Völkerrechtler würden streiten, ob das überhaupt «Krieg» heißen sollte – und verheerend wäre er doch.

Der *Cyberwar* nämlich: ein Wettstreit der Computer um die Weltherrschaft – ein Duell der *Hacker* und Strategen, mit dem Ziel, den Gegner auszuspionieren, ihn zu verwirren, ihn einzuschüchtern, zu lähmen, ja zu ruinieren; mit viel Geist, viel Geld, viel Tücke und ohne eine einzige Kanone. Wenn die «New York Times» recht hat, ist der elektronische Machtkampf zwischen den USA und China längst im Gange: «Der kalte Cyber-Krieg zwischen den beiden größten Volkswirtschaften der Welt verschlimmert sich», schrieb sie 2013. «In mancher Hinsicht ist er weniger gefährlich als in den vergangenen Jahrzehnten, aber komplexer und *more pernicious* (bösartiger, verruchter, verderblicher).»[45]

Dem möglichen letzten Krieg um die Macht auf Erden, dem elektronischen, haben sich die Hacker-Strategen bereits in vier Stadien angenähert.

Stadium 1: *Verwirrung, Belästigung.* Estland, April 2007. In der Hauptstadt Tallinn war ein sowjetisches Kriegerdenkmal an einen weniger prominenten Platz versetzt worden, und vermutlich russische Hacker legten daraufhin überall im Land die

Server lahm und infizierten die Websites von Behörden, Banken und Medien. Verwirrung 2, August 2008: Russland und Georgien führten Krieg um Südossetien und beharkten einander elektronisch; den russischen Hackern gelang es, das Gesicht des georgischen Präsidenten in eine Hitler-Fratze zu verwandeln. Belästigung 2, März 2013: Vermutlich durch Nordkorea wurden 30 000 Computer in Südkorea vorübergehend stillgelegt.

Stadium 2: *Wirtschaftsspionage.* Dem japanischen Konzern Sony wurden 2011 hundert Millionen Kundendaten gestohlen. In Deutschland seien 70 Prozent aller großen Unternehmen bedroht oder schon betroffen, teilte das Bundesinnenministerium 2013 mit. Auch der Luft- und Raumfahrtkonzern EADS wurde ausspioniert. Die «New York Times» und das «Wallstreet Journal» berichteten, sie seien das Objekt von Hacker-Angriffen, vermutlich aus China; die «New York Times» im August 2013 noch einmal, und zwar mit erkennbarem Absender: Syriens «Elektronische Armee»! Offenbar hatte sie den doppelten Auftrag, an die umfassendsten Informationen über den Stand der inneramerikanischen Debatten heranzukommen, ob gegen Syrien ein Militärschlag geführt werden solle – und den US-Militärs zu signalisieren: Vorsicht, den Cyberwar beherrschen auch wir schon!

Stadium 3: *Militärische Spionage.* Das amerikanische Verteidigungsministerium teilte im Mai 2013 förmlich mit, es sei von Cyber-Aktionen aus China betroffen; Experten fügten hinzu, sie hätten ein Cyber-Zentrum in Shanghai identifiziert. Nirgends zeigen sich die Chancen des Computers drastischer als hier: Mit welchem Aufwand wurden Spione einst rekrutiert, platziert, geführt, entlarvt in den Zeiten von Richard Sorge, Mata Hari oder Allan Pinkerton!

Stadium 4: *Sabotage,* Ausübung physischer Macht. Ihre erste Demonstration war der *Stuxnet* von 2010 – vordergründig gegen die iranischen Atomanlagen gerichtet, denn in der Tat befiel er dort die Zentrifugen zur Uran-Anreicherung. Sie drehten durch und wurden auf Jahre unbrauchbar. Die Fachleute waren sich rasch einig, dass dieses komplizierte, hochprofessionelle Attentat nur von einer großen, vermutlich also staatlichen Organisation unternommen worden sein konnte; überwiegend aber bezweifeln sie inzwischen, dass der Iran das alleinige oder auch nur das vordringliche Ziel war: Denn das Schadprogramm drang in Tausende von Systemen in aller Welt ein, darunter bei fünfzehn Kunden von Siemens.

Was aber wäre dann das Ziel des Angreifers gewesen? Vielleicht ein Feldversuch, ein Probelauf, ein Test unter realen Bedingungen: Was leistet der Wurm, wie können wir ihn streuen, wie lange bleibt er unentdeckt? (Im Iran offenbar monatelang, verzweifelt suchten die Ingenieure nach der Ursache des technischen Versagens.) Welche Abwehrreaktionen rief er dann hervor, wann begannen sie zu greifen, wurde der Urheber je identifiziert? Beim Stuxnet offiziell bis heute nicht. Die «New York Times» bestätigte jedoch im Juni 2012 die Vermutung, dass er aus den USA und aus Israel kam.[46]

Da hatte die erste Demonstration der Macht im Cyberspace stattgefunden. Dass ihr auch die USA selbst zum Opfer fallen könnten, darauf wies kurz danach der Verteidigungsminister Leon Panetta hin: «Unser nächstes Pearl Harbor», sagte er, «könnte eine Cyber-Attacke sein, die unsere Versorgungsnetze, unser Sicherheitssystem und unser Finanzsystem ruiniert.»[47] Im Frühjahr 2013 wurden 500 elektronisch gesteuerte Türen eines amerikanischen Gefängnisses von Unbekannt geöffnet.

Stadium 5 also: *der Cyber-Krieg.* Er wird kommen, fürchten die Experten – zu groß ist die Versuchung, sich einer mutmaßlich überlegenen Elektronik zu bedienen. Überdies mit drei erstaunlichen Vorzügen, die der Krieg mit Panzern und Soldaten niemals hatte: Kein Geheimdienst könnte das ausgewählte Opfer Wochen vorher vor einem Truppenaufmarsch an der Grenze warnen, denn der findet nicht statt. Kein Satellit könnte eine gestartete Atomra-

kete orten, mit einer Viertelstunde Zeit, sie auf ihrer Flugbahn abzuschießen – denn sie startet nicht. Monatelang könnten tausend
Hacker den Angriff vorbereitet haben, und ohne auch nur eine Sekunde Vorwarnzeit bräche plötzlich im angegriffenen Land oder
in seiner größten Stadt das Stromnetz zusammen, mit ihm die
Wasserversorgung und das meiste an Kommunikation. U-Bahn-
Züge würden stehen, Lifte steckenbleiben, Pipelines lägen still,
Staudämme öffneten ihre Schleusen, nach drei Stunden explodiert
die erste Chemiefabrik, nach zwei Tagen kollabiert die Börse. Und
vielleicht hätten sich schon Schadprogramme eingeschlichen, die
die Attackierten in ahnungslose Handlanger verwandeln.

Dies alles von tausend zumeist jungen Hackern in 10 000 Kilometern Entfernung als eine Art Computerspiel betrieben – stolz
und vermutlich guten Gewissens, denn Blut vergießen sie nicht,
und wie sauber bleiben ihre Hände! In israelischen Gymnasien
werben staatliche Informatiker für eine Cyber-Karriere. Indien
bildet angeblich 500 000 Experten für Cyber-Sicherheit aus.[48]
Hacker – die Krieger der Zukunft! Sie schießen nicht. Aber zerstören können sie mehr als ganze Armeen.

Auch und gerade die Militärs würden der Katastrophe hilflos
gegenüberstehen: Den Feind kennen sie nicht, und vielleicht hat
er sogar die Steuerung ihrer Raketen, Drohnen, Kampfflugzeuge,
Satelliten in Regie genommen, alle GPS-Systeme umgepolt, militärische Einheiten in einen Hinterhalt gelockt, ja dem General
auf seinem Monitor ein Gefechtsfeld vorgegaukelt, das nicht existiert.[49]

Wo alle Computer verrücktspielen, könnten gerade technisch
rückständige Länder noch einmal eine Chance bekommen – eben
weil ihre total unvernetzten Soldaten kein Computer erreicht.
Von Russen und Chinesen wird vermutet, dass sie gerade wegen
des drohenden Cyber-Krieges eine kleine mechanische Armee in
Vorrat halten. Sandro Gaycken, Cyber-Experte an der Freien Universität Berlin, rät allen hochtechnisierten Staaten daher an, ein

Gleiches zu tun: eine ausdrücklich nicht vernetzte Truppe aufzustellen, mit Soldaten, die noch eigenverantwortlich handeln,
den Kompass lesen und sich nachts im Gelände orientieren können.[50]

Die das in der US Army schaffen, heißen *Special Forces*: ein
Verband von maximal 10 000 Einzelkämpfern, 1952 aufgestellt
und zunächst vor allem dazu ausgebildet, mit dem Fallschirm hinter der Front zu landen, um dort «Zielpersonen» zu töten oder zu
entführen, Sabotageakte zu verüben oder Gefangene zu befreien;
dazu mussten sie ein Überlebenstraining absolvieren, gewaltsame
Verhöre überstehen lernen und mindestens eine Fremdsprache
beherrschen, zum Beispiel Russisch, Chinesisch, Arabisch, aber
auch Sprachen wie Tschechisch oder Urdu. In Vietnam wurden
die Special Forces mehr und mehr bei der kämpfenden Truppe
eingesetzt. Einem von ihnen machte der amerikanische Kriegsreporter Michael Herr das Kompliment: «He was a good killer, one
of our best.»[51]

Bekannter sind heute die *Navy Seals*, die ultimativen
Hightech-Kampfmaschinen. Von denen spricht man, seit sie am
2. Mai 2011 Osama Bin Laden erschossen, auch seinen Sohn, drei
weitere Männer und eine Frau. Ausgerüstet waren sie mit den raffiniertesten Waffen, Nachtsichtgeräten, Kopfhörern, Mikrophonen und einer Videokamera; so machten sie Präsident Obama im
9000 Kilometer entfernten Washington zum Augenzeugen der
Hinrichtung. Ins Leben gerufen wurden die *Navy Seals* 1962 von
Präsident Kennedy, weil er den Guerillakrieg als die eigentliche
Bedrohung der Zukunft erkannt hatte; beauftragt mit Spezialeinsätzen auch zu Lande; *Seal* ist die Abkürzung von «sea, air, land»
(und erinnert doch an die Marine, weil Seal zugleich «Seehund»
bedeutet).

Gemeinsam ist beiden Truppen, dass sie nur Freiwillige nehmen, die bereits mehrere Jahre Soldat waren. In einer «Höllenwoche» werden sie getestet, gejagt, geschunden bis zum Zu

sammenbruch, mit zu wenig Essen und zu wenig Schlaf bei
Gewaltmärschen mit 25 Kilo Gepäck. 60 bis 80 Prozent der Bewerber kapitulieren oder fallen durch. Bei den Navy Seals heißt
der Leitspruch derer, die es geschafft haben: «Der einzige leichte
Tag war gestern.» Gerade sie freilich – von Daten überschwemmt
und gegängelt – wären im Cyber-Krieg als Erste total entwaff-
net. Dann würde wieder die Stunde der *Special Forces* schlagen.
Hinter der Front waren sie immer auf sich allein gestellt, von aller
Elektronik abgekoppelt.

Da aber auch solche Soldaten einen Cyber-Krieg nicht mehr gewinnen könnten – was bliebe den Staaten zu tun, die sich bedroht
fühlen? Gerade den USA stellt sich diese Frage: Denn sie besitzen
nicht nur das mutmaßlich größte Zerstörungspotenzial, sie sind
auch der bei weitem verletzlichste Staat – in einem Maße von
Computern gesteuert wie kein anderer. «Ein potenzieller Gegner
kann uns also mehr verwunden als wir ihn», resümiert Richard
A. Clarke, Sicherheitsberater der Präsidenten Clinton und Bush.[52]

Folglich genüge es nicht, das zu tun, was das Nachrichtenma-
gazin «Time» schon 1995 meldete: «Die USA beeilen sich, die
Computer in die Zerstörungswaffen von morgen zu verwandeln.»[53] Vielmehr müssten die USA ihre Verletzlichkeit vermin-
dern, vor allem durch Etablierung eines zweiten Internets unter
staatlicher Kontrolle *(Govnet)*, nur der Regierung, der Energiever-
sorgung, der Luftfahrt, Raumfahrt und Forschung zugänglich, der
Informationsfreiheit also ausdrücklich entzogen.[54]

Sandro Gaycken rät in seinem Buch «Cyberwar – Das Internet
als Kriegsschauplatz» den Industriestaaten, die großen Netzwerke
mit ihrer zentralen Verwundbarkeit zurückzufahren – «Entnet-
zung» heiße die Parole! «Die vollvernetzten Militärs haben nahezu
all ihre Fähigkeiten an ein einziges System gehängt, ein Supersys-
tem. Und das ist verwundbar.» Wahrscheinlich sei «nicht einmal
das Konzept eines freien Internets als Medium einer politischen
Öffentlichkeit» zu retten.[55] Natürlich werde ein so radikales Um-

denken schwierig sein. Ein Anfang wäre, alle wichtigen Unterlagen *auszudrucken*, um sie so vor dem Cyber-Sturm zu bergen.

Auf einer Fachtagung der *German European Security Association* (GESA) wurde 2013 zusätzlich empfohlen, bei aller künftigen Stadtplanung das Risiko der Sabotage mitzubedenken – und die Bürger (am besten, in Rollenspielen, schon die Kinder) auf den Notfall einzustimmen: «Resilienz» (von resilire – zurückspringen, abprallen) müssten sie einüben, Elastizität, Spannkraft, Robustheit im Umgang mit technischen Katastrophen.[56]

Den USA bleibe schließlich noch, schreibt Clarke, mit Vergeltung zu drohen – «so, wie wir es in Ansehung der Provokation für angemessen halten»[57]. Das könnten Atomraketen sein. An eine noch ältere Vergeltung, die durch Soldaten, glaubt heute keiner mehr.

Die Krieger von morgen: Nerds und Geeks

Die «Soldaten» des Cyber-Krieges sind *Fans* oder *Freaks* des Computers. Unter Eingeweihten heißen sie seit Jahren *Nerds* und in jüngster Zeit auch *Geeks*.

Ein *Fan* ist laut Duden ein begeisterter Anhänger; ein *Freak* ein Narr, Spinner, Süchtiger, Ausgeflippter. Der NERD taucht erst in Duden online auf und wird dort definiert als «sehr intelligenter, aber sozial isolierter Computer-Fan» (fast ein *Freak* also). Das Online-Wörterbuch «leo» übersetzt ihn ähnlich mit Computer-*Freak*, Fachidiot, hochintelligente, aber kontaktarme Person, auch «Langweiler» oder «Sonderling».

Dem Wort GEEK, das im amerikanischen Jargon ziemlich dasselbe bedeutete («leo»: Computerfreak, Streber, Stubengelehrter), hat Christopher Coker, Professor für Internationale Beziehungen an der London School of Economics, 2013 eine neue Bedeutung gegeben (in seinem Buch «Warrior Geeks. How 21st Century Technology is

Changing the Way We Fight and Think about War»): Er grenzte den
Geek vom *Nerd* ab, indem er ihn als denjenigen Nerd bezeichnet, «who
gets it done» – der anpackt, der ein Macher ist; den Typus also, nach
dem die Militärstrategen und die Spionagezentren der Industriena-
tionen fahnden: der imstande ist und Lust hat, im Dienst seines Auf-
traggebers gezielte, hochdotierte, im Grenzfall zerstörerische Arbeit
zu leisten.

So wollte das amerikanische Verteidigungsministerium 2013 die
Zahl der angestellten *Hacker*, der Code-Knacker, von 900 auf 5000
erhöhen. Die National Security Agency (die berühmte NSA) schrieb
2013 für Highschool-Absolventen, die sich schon für gute Hacker
hielten, einen Wettbewerb aus. 700 bewarben sich und wurden getestet auf ihr Talent, Passwörter und fremde Codes zu knacken und
überall im Netz Schwachstellen aufzuspüren; 40 wurden genommen.

Sie, zumeist Männer unter 30, werden irgendwann möglicherweise den Auftrag bekommen, in einem anderen Land Industriespionage
zu betreiben, militärische Geheimnisse auszuforschen, vielleicht auch
die Stromversorgung lahmzulegen, die Fluttore von Staudämmen zu
öffnen, Flugzeuge abstürzen zu lassen – und schließlich einen Gegner
in die Knie zu zwingen, ohne dass ein Schuss gefallen wäre.

II. Wie alles anfing

7 Die Menschenjagd

> Der Hass ist das bei weitem anhaltendste Vergnügen. Die
> Menschen lieben in Eile; beim Hassen lassen sie sich Zeit.
>
> *Byron*, Don Juan

Dass der Frieden der Naturzustand des Menschen wäre, dass er
von Natur aus gut und nur verdorben worden sei durch Eigentum,
durch Sesshaftigkeit, durch den Fortschritt, wie Rousseau einst
im Überschwang behauptete – dies ist falsch bis zur Lächerlich-
keit. Kampf, Totschlag, Krieg begleiten uns, seit wir uns von den
Affen abgespalten haben. Und gerade die «Wilden», die Rousseau
auf den Thron hob, haben einander in höherem Grade umgebracht als die Europäer in den beiden Weltkriegen. Im Amazonas-
gebiet sind *vor* Kolumbus vermutlich an die dreißig Prozent der
Eingeborenen (nicht nur der Männer) gewaltsam umgekommen;
so hat es der amerikanische Anthropologe Robert Walker 2012
nach Auswertung aller einschlägigen Studien ermittelt.[58] «Der
Urmensch», sagt Freud, «war gewiss grausamer und bösartiger als
andere Tiere. Er mordete gern und wie selbstverständlich.»[59]
   Der Mensch jagt Tiere, Tiere jagen andere Tiere. Es sind aber
nur zwei biologische Arten bekannt, die auch Artgenossen jagen:
die Menschen und die Ratten. Kennzeichen der Jagd sind das Auf-
lauern, die Heimtücke, die Unterlassung jedes Versuchs, dem
Opfer eine Chance einzuräumen – denn Jäger wie Karl XII. von
Schweden, der gegen Bären mit Netz und hölzernem Dreizack an-
trat, also sogar aus der Jagd einen Zweikampf machte: solche Jäger
sind die Ausnahme.
   Wer der Menschenjagd auf die Spur kommen will, der muss
alles vergessen, was er aus dem Religionsunterricht, aus der amerikanischen Verfassung, aus der Französischen Revolution oder
aus dem deutschen Grundgesetz über die «Gleichheit der Menschen» weiß. Wenn die Weltgeschichte über lange Epochen hin

nur ein Wechselspiel von Völkermorden war, so deshalb, weil die Mehrheit der Menschen es noch nie vermocht hat, die Angehörigen anderer Stämme, Völker oder Rassen als Menschen gleichen Rechts anzusehen. «Wir sind mehr als die andern, ja strenggenommen sind wir allein die Menschen – die anderen aber sind Un- oder Untermenschen, Barbaren, Tiere, jagdbares Wild, das auszurotten ein Verdienst ist» – erdrückend ist das Beweismaterial dafür, dass unzählige Völker so gedacht und gehandelt haben, von der Altsteinzeit mindestens bis zum Jahre 1945.

Auch nur den Begriff *Mensch* zu bilden und ihn auf alle Mitglieder der biologischen Art anzuwenden setzt eine gewisse Kulturstufe voraus. Die Wallalua von Neuguinea unterscheiden nicht nach Menschen und Tieren, sondern nach Wallalua und Nicht-Wallalua, wobei ein menschlicher Nicht-Wallalua den Tieren verwandter ist als den Wallalua. Dies, und dies allein, ist die Art, wie der Mensch bis zur Schwelle der höheren Kulturen die Mitglieder aller anderen Horden und Stämme eingestuft hat und wie die letzten unberührten Primitiven von heute (auf Neuguinea und im Amazonas-Urwald) sie noch immer einstufen. Dass der Nachbarstamm die gleiche Sprache und die gleichen Gebräuche haben mag, ändert nichts daran, dass er aus Fremden, also Feinden oder Tieren besteht.

«Nur unsere eigene Vertrautheit mit dem Krieg verleitet uns zu der Meinung, dass im Verkehr eines Stammes mit dem andren unbedingt Krieg und Frieden miteinander abwechseln müssten», schreibt die amerikanische Ethnologin Ruth Benedict. «Aber es gibt Völker, die sich die Möglichkeit eines Friedenszustandes überhaupt nicht vorstellen können. Friede wäre für sie gleichbedeutend mit der Zuerkennung menschlicher Natur an die Feindstämme, die für sie natürlich keine Menschen sind.»[60]

Nicht immer waren die Europäer klüger. Die griechische Kultur gedieh auf dem Boden einer doppelten Verachtung der «Anderen»: In Griechenland waren sie als Sklaven für die Arbeit da, nach außen schirmte sich die griechische Welt durch den Begriff *Barbaren* ab. Barbaren (eigentlich «Stammelnde») – das waren alle, die nicht Griechisch sprachen und die daher ungebildet, roh und grausam waren, die Fremden, die Feinde.

Im 16. Jahrhundert, nach der Entdeckung Amerikas, fanden in Europa wissenschaftliche Untersuchungen darüber statt, ob die Indianer wohl als Menschen zu betrachten seien. Die Indianer hatten ebenfalls ihren Stolz: Sie bezeichneten die ersten Negersklaven in Amerika als «schwarze Affen». Die Sklaverei wiederum, die in der Antike und bei der Entwicklung der Neuen Welt eine so ungeheure Rolle spielte, bewies, dass die Sklavenhalter weit davon entfernt waren, in jedem Mitglied der Menschenart den Menschen zu achten; ein Nachhall dieser Einstellung gegenüber den Schwarzen findet sich in den Vereinigten Staaten noch heute. Dabei haben es die Amerikaner verstanden, ihre Menschenjagd auf die Indianer in die Vergessenheit zu drängen.

Ist aber der «Andere» überhaupt kein Mensch oder ein Mensch vierter Klasse, so kann man ihn jagen, wie man Tiere jagt. Man lauert ihm auf wie einem Raubtier, man fängt ihn in Fallgruben, man tötet ihn mit vergifteten Pfeilen. Die Horden der Frühzeit gingen auf Menschenjagd, wie sie auf Raubtierjagd zogen.

Wie üblich, taten es ihnen noch in der Neuzeit die Europäer nach. 1492 landete Kolumbus auf Haiti, 1533 waren die indianischen Urbewohner der Insel teils an den Pocken gestorben, teils niedergemacht. Die Guantschen, die Eingeborenen von Teneriffa und den übrigen Kanarischen Inseln, waren schon um 1500 bis auf kleine Reste vernichtet, vorzugsweise dadurch, dass die spanischen Herren sich ein Vergnügen daraus machten, sie wie Tiere – «als Tiere» – abzuschießen. Als Brasilien ausreichend mit Sklaven versehen war, wurden die nun vollends überflüssigen Indianer ebenfalls eine Quelle des Jagdvergnügens mit Flinten und Bluthunden, und zwar bis in die zweite Hälfte des 19. Jahrhunderts. Ähnlich kam es in Australien vor, dass die weiße Jugend von Forts und Farmen sonntags auf Menschenjagd ging; auch Gift wurde gegen die Uraustralier ausgelegt. Die größte Menschenjagd der Geschichte schließlich war das Einfangen der Schwarzen für den amerikanischen Sklavenmarkt: Zehn bis fünfzehn Millionen Schwarze wurden vom 16. bis 19. Jahrhundert aus Afrika verschifft.

1904 fand in Deutsch-Südwestafrika eine der wenigen großen Erhebungen des Kolonialzeitalters gegen die Unterdrücker statt: Die Herero, ein Volk von Rinderhirten, auf 80 000 Köpfe geschätzt, übernahmen im halben Land die Gewalt und brachten etwa hundert deutsche Siedler um. Der Große Generalstab in Berlin und der Kaiser persönlich waren entsetzt und schickten mit klarem Vorsatz einen ortsfremden Kommandeur nach Windhuk, den Generalleutnant Lothar von Trotha. Der tat, was von ihm erwartet wurde: Mit Kanonen und Maschinengewehren schoss er die 6000 Herero-Kämpfer zusammen, drängte das Volk in die Wüste und riegelte sie mit einer Postenkette ab. Mehr als 60 000 Herero verdursteten und verhungerten. Nun hatten die deutschen Kolonialherren an Brutalität mit den englischen gleichgezogen, ja vielen Historikern gilt der Herero-Krieg als der erste, sogar als der beispielgebende Holocaust des 20. Jahrhunderts.

Nur eines kann der europäische Menschenjäger der Neuzeit sich seinem primitiven Jagdgenossen gegenüber zugutehalten: Er jagte nach Arbeitssklaven, oder in der Überzeugung, tierisches Gesindel auszurotten, oder zum Spaß – niemals aber in der Absicht, sich Menschenfleisch zu verschaffen. Der *Kannibalismus* war einst in allen Erdteilen, noch im 19. Jahrhundert in allen Kontinenten außer Europa verbreitet. Seine Ursprünge waren bei den einzelnen Stämmen höchst verschiedenartig. Die einen wollten sich die Kraft oder die Tapferkeit des verspeisten Feindes einverleiben oder Zauberkräfte gewinnen, andere dem toten Feind das Äußerste an Schimpf antun, wieder andere im Gegenteil einen verstorbenen Verwandten durch Verzehren *ehren* und viele schließlich einfach Menschenfleisch genießen; in solchen Fällen wurde ein Gefangener oft gemästet, ja liebevoll behandelt und mit einer Art Ehefrau versehen. «Der Hunger tut weh», erzählte ein Indianer vom Amazonas einem europäischen Forscher. «Wenn ich einen Feind erschlagen habe, so ist es wohl besser, ihn zu essen, als ihn verderben zu lassen.»[61]

Der «Geheimen Geschichte der Mongolen» zufolge prahlte ein abtrünniger Feldherr Dschingis Khans, sein ehemaliger Herr sei mit Menschenfleisch aufgezogen worden: «Wenn er einen ganzen Mann herunterschluckt, stillt ihm das noch nicht den Appetit!»[62] Die Azteken bezeichneten ihre Gefangenen mit dem Sammelnamen «Menschenfleisch». Den Gefangenen wurde zu Ehren des Sonnengottes das Herz aus der Brust gerissen, dann wurde ihnen die Haut abgezogen («die zogen sich manche Leute an und tanzten darin zwanzig Tage»), und das Fleisch wurde verspeist. Der Abordnung, die der Aztekenkönig Montezuma den Spaniern entgegenschickte, damit sie besiegt, verzaubert oder wenigstens versöhnt werden sollten, gab er auch Gefangene mit, «falls die Spanier vielleicht deren Blut trinken wollten».[63]

Dass die schrecklichen Fremden Kannibalen seien, war für die Vorstellungswelt der Azteken also ein naheliegender Gedanke. Umgekehrt haben sich gebildete Abendländer wiederholt bemüht, dem Kannibalismus ein gewisses Verständnis entgegenzubringen. «Ich stoße mich an den Wilden nicht so sehr, wenn sie die Leichen der Verstorbenen braten und aufessen, als wenn sie ihre Feinde lebendig quälen und peinigen», schrieb Montaigne in seinen Essays.[64] Der deutsche Afrikaforscher Leo Frobenius meinte in seiner 1903 erschienenen, zu Unrecht vergessenen «Weltgeschichte des Krieges»: «Wenn dem Menschen der niedersten Kultur der Nachbar jenseits eines Flusses eine ‹andere Art› ist, welches Bedenken hindert ihn, jenen gerade so gut aufzuessen wie ein anderes erlegtes Wild?»[65] Die noch nicht ausgestorbene Sitte der Blutsbrüderschaft bedeutet schließlich auch nichts anderes, als dass man ein paar Tropfen Blut, also ein Stück vom Körper eines anderen Menschen sich einverleibt.

Der griechischen und germanischen Sage war der Kannibalismus *aus Rache* wohlvertraut – nicht in der primitiven Form, dass man sich an einem Feind rächen wollte, indem man ihn verspeiste, sondern in der unsäglich gemeinen Abart, Vergeltung an einem Mann dadurch zu üben, dass man dessen Söhne ermordete und den arglosen Vater das Fleisch als Speise vorsetzte. Die Königstochter Prokne rächte sich so an ihrem ehebrecherischen Mann Tereus, indem sie ihrer beider Sohn schlachtete, und Sophokles fand den Stoff eines Dramas wert (*Tereus*, nicht erhalten). Ähnlich handelte im *Alten Atli-Lied* der Edda, der ältesten Fassung des Nibelungenstoffs, Attilas Frau Gudrun, um sich für die Tötung ihrer Brüder durch Attila zu rächen; nach dem Mahl offenbart sie ihm:

Deiner beiden Söhne
blutige Herzen,
Hüter der Schwerter,
hast du mit Honig gekaut.[66]

Große Dichter haben der Menschenfresserei immerhin in der Phantasie Raum gegeben. Homer lässt Achilles zu Hektor sagen: «Dass doch Zorn und Wut mich erbittere, roh zu verschlingen dein zerschnittenes Fleisch!»[67] In den Satiren des irischen Pfarrers Jonathan Swift kehren mit einer gewissen Hartnäckigkeit kannibalische Motive wieder: Gulliver baut sich auf seiner letzten Reise ein Segelboot, das mit Menschenfett abgedichtet ist und ein Segel aus Menschenhaut besitzt.[68] Wenn Swift an anderer Stelle vorschlägt, man möge die sozialen Probleme von Dublin dadurch lösen, dass man die Kinder der Armen für den Tisch der Reichen mäste, so ist das wohl zunächst eine ätzende soziale Ironie; aber im genussvollen Verweilen des Autors bei den Einzelheiten scheinen doch urzeitliche Motive mitzuschwingen: «Ein Kind kann bei der

Bewirtung von Freunden zwei Gerichte bilden; speist die Familie allein, so wird das Vorder- oder Hinterviertel eine gute Schüssel abgeben und, mit Pfeffer und Salz gewürzt, sich noch am vierten Tage, besonders während des Winters gut kochen lassen.»[69]

Menschenfresserei *aus Not* ist unter Europäern in historischer Zeit häufig vorgekommen. In der von Cäsar belagerten gallischen Stadt Alesia sprach (Cäsars Bericht zufolge) der Gallier Critognatus: «Was nun rate ich: zu tun, was unsere Vorfahren bereits getan haben ... In die Städte zurückgetrieben und von gleichem Mangel bedroht, haben sie mit den Leichen derer, die infolge ihres Alters kriegsuntauglich schienen, ihr Leben gefristet.»[70] In den entsetzlichen Leiden des Dreißigjährigen Krieges geschah es nicht selten, dass hingerichtete Verbrecher verspeist wurden, und in einem verbürgten Fall wurden im Elsass Gefängnisinsassen sogar getötet, weil es sonst nichts zu essen gab. 1847 kam es nachweislich unter weißen Amerikanern zur Menschenfresserei: Eine Gruppe von Einwanderern – die sogenannte Donner-Reed-Party – zog aus Utah auf einem neuen Weg durch die Salzwüste und über die Sierra Nevada ins gelobte Kalifornien, wobei viele von ihnen den Hungertod starben und andere mit Hilfe der Toten zu überleben suchten.

Nun, das sind Grenzfälle und äußerste Extreme der Menschenjagd, von denen man meinen könnte, sie stünden in keiner Beziehung zum Krieg. Der Zusammenhang, so peinlich er ist, zeigt sich jedoch auf zweifache Weise: Erstens ist die Jagd auf Menschenfleisch die älteste und hässlichste Form, in der sich das abspielte, was wir in späteren Entwicklungsstufen Krieg nennen; zweitens zeigt der Kannibalismus als ein Extremfall auf, bis zu welchen Handlungen gegenüber seinesgleichen der Mensch sich hinreißen lassen kann. Und Taten von nicht viel geringerer Scheußlichkeit wurden in allen Kriegen, auch in den modernen, begangen. Die Unfähigkeit oder die bescheidene Anstrengung der meisten Menschen, in den Angehörigen anderer Kulturkreise ebenfalls

Menschen zu sehen, heißt in der krassesten Ausprägung Kannibalismus und ist in milderer, aber doch erkennbar verwandter Form
bis in die Gegenwart hinein im Schwange.

Merkwürdigerweise haben drei große Religionen – Judentum,
Christentum und Islam – diese gefährliche Neigung mitunter
noch gefördert. «Denn du bist ein heiliges Volk dem Herrn, deinem Gott», spricht Jahve zu Israel. «Dich hat der Herr, dein Gott,
erwählet zum Volk des Eigentums aus allen Völkern, die auf Erden sind ... Gesegnet wirst du sein über allen Völkern ... Du wirst
alle Völker *verzehren*, die der Herr, dein Gott, dir geben wird. Du
sollst ihrer nicht schonen ... Der Herr ... wird dir ihre Könige in
deine Hände geben, und du sollst ihren Namen *umbringen* unter
dem Himmel. Es wird dir niemand widerstehen, bis du sie *vertil-
gest.*»[71]

Luther verkündete 1529, wer gegen die Türken kämpfe, streite
«gegen Gottes Feinde und Christi Lästerer, ja gegen den Teufel
selbst ... sodass er also nicht zu befürchten braucht, dass er un-
schuldiges Blut vergießt»[72]. Die Moslems ihrerseits sehen alle
Nichtmohammedaner als «Ungläubige» an, und der Koran ruft
auf, sie zu töten (Kapitel 22). Zwischen 1894 und 1896, bis zum
letzten Kind schließlich 1915, schlachteten die Türken die christlichen Armenier ab.

Einen neuen Höhepunkt erlebte die Abwertung der «Anderen»
und damit der ideologische Unterbau für Menschenjagden mit der
Heraufkunft des Nationalstaats in der Französischen Revolution.
Es war nicht leicht, Hass auch zwischen solchen Völkern zu säen,
die sich in der Religion nicht unterschieden oder für die der Glaube keine entscheidende Rolle mehr spielte; aber es gelang. «Zeigt
der Welt, dass Fluch die Rasenden trifft, die den Boden der Großen Nation zu beschimpfen wagen!», rief der Erste Konsul Bonaparte im Jahre 1800 in Mailand seinen Soldaten zu[73]; die Rasenden – das waren die Österreicher. Den Franzosen ihrerseits schlug
1809 Kleists Hassgesang «Germania an ihre Kinder» entgegen[74]:

Alle Triften, alle Städte
Färbt mit ihren Knochen weiß;
Welchen Rab' und Fuchs verschmähte,
Gebet ihn den Fischen preis!
Dämmt den Rhein mit ihren Leichen,
Laßt, gestaucht durch ihr Gebein,
Schäumend um die Pfalz ihn weichen
Und ihn dann die Grenze sein!
    Chor:
Eine Treibjagd, wie wenn Schützen
Auf der Spur dem Wolfe sitzen!
Schlagt ihn tot! Das Weltgericht
Fragt euch nach den Gründen nicht.

Die Treibjagd, da ist sie wieder. Der Nachbar ist der Wolf, den es zu töten gilt. «Selbst die Wissenschaft hat ihre leidenschaftslose Unparteilichkeit verloren», klagte Sigmund Freud 1915. «Ihre aufs tiefste erbitterten Diener suchen ihr Waffen zu entnehmen, um einen Beitrag zur Bekämpfung des Feindes zu leisten. Der Anthropologe muss den Gegner für minderwertig und degeneriert erklären, der Psychiater die Diagnose seiner Geistes- oder Seelenstörung verkünden...»[75]

Reichspropagandaminister Goebbels predigte 1943: «Halte dir stets vor Augen, dass du ein Kind des tapfersten und fleißigsten Volkes der Erde bist!»[76], und gleichzeitig strebte eine der entsetzlichsten Menschenjagden der Geschichte ihrem Höhepunkt zu, die auf die Juden – eine Jagd, die so bürokratisch vollzogen wurde und in solchem Grade auf Perfektion abzielte wie keine andere der Geschichte.

Den Alliierten fehlte es nicht an Talent, umgekehrt die Deutschen so einzustufen, dass sie ein Objekt für Jagd und Vertilgung werden konnten. «Präsident Roosevelt sagte, er sei sehr beeindruckt gewesen von dem Umfang der deutschen Verheerungen auf der Krim und sei daher in Bezug auf die Deutschen blutdürstiger als noch vor einem Jahr, und er hoffe, dass Marschall Stalin wieder einen Toast auf die Hinrichtung von 50 000 Offizieren der deutschen Armee ausbringen werde», berichtet Roosevelts Dolmetscher Charles Bohlen, später amerikanischer Botschafter in Moskau, über die Konferenz von Jalta im Februar 1945. «Marschall Stalin erwiderte, jeder sei blutdürstiger als vor einem Jahr, weil im Kampf gegen die Deutschen ehrliches Blut fließe ... Die Deutschen seien Wilde und anscheinend von einem sadistischen Hass auf die schöpferischen Leistungen menschlicher Wesen besessen. Der Präsident stimmte dem bei.»[77]

Wenn dies das Niveau von Gipfelkonferenzen war, so nimmt der Aufruf an die Rote Armee, der Ilja Ehrenburg zugeschrieben wird, nicht wunder: «Tötet, Soldaten der glorreichen Roten Armee, tötet, tötet! Es gibt nichts, was an den Deutschen unschuldig ist, die Lebenden nicht und die Ungeborenen nicht! Folgt den Weisungen des Genossen Stalin und zerstampft für immer das faschistische Tier in seiner Höhle!» Ein harmloser Ausdruck der gleichen Gesinnung war das Fraternisierungsverbot der westlichen Alliierten gegenüber den Deutschen noch nach dem Waffenstillstand von 1945. *Don't fraternize* – zu Deutsch: Die Deutschen sind *nicht* unsere Brüder, also nicht Menschen im engeren Sinn.

Und wie steht es denn mit jenem Argument, das in Deutschland in den fünfziger Jahren des 20. Jahrhunderts oft zu hören war, als die beiden Teile des gespaltenen Landes mit der Wiederaufrüstung begannen? «Das kann dazu führen, dass Deutsche auf Deutsche schießen!», hieß es damals oft. Richtig, dazu hätte es führen können, und es wäre schrecklich, wenn Deutsche auf Deutsche schössen. Doch ist dies nur die halbe Wahrheit. Wer so argumentiert, unterstellt nämlich, dass es weniger schrecklich wäre, wenn Deutsche auf Franzosen, Polen oder Russen schießen müssten. Er räumt also ein, dass «die Anderen» diejenigen wären, auf die man ohne solche Skrupel schösse – dass mithin Mensch *nicht* gleich Mensch sei.

Dem Jäger noch heute deutlich verwandt ist der *Scharfschütze*: «Zielgenau töten aus dem Hinterhalt», heißt sein Auftrag. Solche Schützen, zunächst in der Tat vorwiegend aus Jägern und Förstern rekrutiert, wurden zuerst im 18. Jahrhundert in Frankreich, Bayern, Brandenburg eingesetzt, als die *Büchse* (englisch «rifle») erfunden worden war: das Gewehr mit gezogenem Lauf, das nun einen Menschen noch aus 200 Metern Entfernung treffen konnte. 1805, in der Schlacht bei Trafalgar, wurde dem Admiral Nelson das Rückgrat zerschmettert von der Kugel eines Schützen, der auf dem Mast eines französischen Schiffes saß. Am Col di Lana in Südtirol hatten sich 1915 österreichische und italienische Gebirgsjäger nur 80 Meter voneinander entfernt eingegraben, und die Essensträger des Feindes wurden im Dutzend kaltgemacht.

Aus Afghanistan berichtete ein deutscher Oberfeldwebel mit Scharfschützen-Ausbildung 2011 dem «Spiegel»: «Wenn ich den Auftrag bekomme, eine Zielperson auszuschalten, ist das für mich kein Mensch – es ist ein Auftrag.» Schießen, das sei wie die Arbeit eines Feinmechanikers, und aus «dem Schmutzdorf in dieser ganzen verkackten Provinz würde ich gern mal einen wegmachen». Diese Chance jedoch bekam er nicht. Nach 62 Tagen ohne Abschuss wurden die deutschen Scharfschützen abgezogen und schossen (verärgert? übermütig?) in die Luft.[78]

Der gelungene Schuss erfreut eben nicht nur den Jäger auf dem Hochstand – auch Soldaten hat er befriedigt. Ein britischer Hauptmann knallte 1914 bei Ypern Deutsche ab «wie Federwild», und wenn ein weiterer deutscher Soldat auftauchte, rief ihm einer seiner Männer zu: «Ihr Vogel, Sir!»[79] Ernst Jünger, Leutnant und Stoßtruppführer im Ersten Weltkrieg und einer der wenigen deutschen Soldaten, die sich den *Pour le Mérite* nicht als Flieger, U-Boot-Kommandanten oder Truppenkommandeure, sondern im Nahkampf holten, berichtet: «Mit metallischem Knacks springt die Sicherung der Pistole zurück; ein Ton, der wie ein Messer durch die Nerven geht. Die Zähne knirschen auf der Zündschnur der Handgranate ... Man zittert unter zwei gewaltigen Gefühlen: der gesteigerten Aufregung des Jägers und der Angst des Wildes.»[80]

Jäger waren und sind nicht alle Soldaten. Viele sind eher Treiber, sie schießen gar nicht oder nur zum Schein (Kapitel 28). Und daneben hat sich eine andere, eine späte, eine «ritterliche» Art der Kriegführung behauptet: der Zweikampf – von Mann zu Mann oder von Heer zu Heer in verabredeter Schlacht. Ein Kuriosum eigentlich.

8 Der Zweikampf

> Das Unglück der Erde war bisher, dass zwei den Krieg
> beschlossen und Millionen ihn ausstanden; indes es
> besser, wenn auch nicht gut gewesen wäre, dass Millio-
> nen beschlossen und zwei gestritten hätten.
>
> *Jean Paul*

«Der Krieg ist nichts als ein erweiterter Zweikampf», schreibt
Clausewitz. «Wollen wir uns die Unzahl der einzelnen Zweikämpfe, aus denen er besteht, als Einheit denken, so tun wir
besser, uns zwei Ringende vorzustellen. Jeder sucht den anderen
durch physische Gewalt zur Erfüllung seines Willens zu zwingen.»[81]

Aber da hat Clausewitz einen kleinen Ausschnitt der Weltgeschichte verselbständigt: Zwischen der Menschenjagd der Ur-
zeit, von der er freilich wenig wusste, und dem Trommelfeuer des
Ersten Weltkriegs, von dem er noch nichts wissen konnte, gab es
in der Tat den Kampf Mann gegen Mann – auch ihn aber nur als
Ausnahme von der Regel. Hunnen und Awaren, Mongolen und
Kosaken *maßen* sich nicht mit ihren Feinden, sondern ritten sie
nieder. Die Söldner des Dreißigjährigen Krieges metzelten und
mordeten. Und mit schierer Menschenjagd unterwarfen sich die
Europäer ganz Amerika, Afrika, Australien und Sibirien.

Dass aus solchem Massaker überhaupt eine ritualisierte Form
des Kämpfens und Tötens entstehen konnte, ist erstaunlich genug. Vermutlich geht sie auf die Kriegstänze und Spielkämpfe
zurück, die uns aus vielen primitiven Kulturen überliefert sind:
Nach strengen Regeln und oft in tänzerischer Form führten zwei
Angehörige desselben Stammes Scheinkämpfe auf oder maßen
mit Knüppeln ihre Kräfte – fortentwickelt zu den olympischen
Ringkämpfen der Griechen und den Ritterturnieren des späten
Mittelalters. Noch heute lebendig sind der Boxkampf und die

studentische Mensur; beide mit Vorkehrungen, die ernstliche Verletzungen verhindern sollen, und einem Zeremoniell, das den Kämpfern die Reihenfolge Höflichkeit, Blutigkeit, Höflichkeit vorschreibt.

Ein Zweikampf auf Leben und Tod ist uns zuerst aus der Bibel überliefert, um 1000 v. Chr. könnte er stattgefunden haben – und zwar wahrhaftig *anstelle* des Krieges, wie von Jean Paul gefordert (im Motto dieses Kapitels). Der Philister Goliath bot dem Heer Israels an: «Erwählet einen unter euch, der zu mir herabkommen soll ... Erschlägt er mich, so wollen wir eure Knechte sein.» (1. Samuel 17) Livius berichtet, der Krieg zwischen den Römern und Albanern (im 6. Jahrhundert v. Chr.) sei durch einen Zweikampf zweier Drillingspaare entschieden worden, der das Ergebnis hatte, dass von den sechs Kämpfern ein Römer allein überlebte und das Volk der Albaner sich unterwarf.

Nicht selten bildete der Zweikampf den *Auftakt der Schlacht* und wurde als Omen für ihr Ergebnis angesehen. So heißt es bei Tacitus: «Die Germanen trachten danach, einen Mann aus dem feindlichen Lager irgendwie in ihre Hände zu bekommen, und lassen ihn dann mit einem ausgesuchten Streiter aus ihren eigenen Reihen kämpfen, jeden in den Waffen seiner Heimat. Den Sieg des einen oder anderen betrachten sie als bedeutungsvoll für den Ausgang des ganzen Krieges.»[82] Der Trojanische Krieg (um 1200 v. Chr.) wurde Homer zufolge durch einen Zweikampf zwischen Menelaos, König von Sparta, und Paris, dem Entführer seiner Frau Helena, eröffnet und löste sich dann seinerseits in eine Reihe von Zweikämpfen auf: «Ähnlich den Wölfen sprangen sie wild aneinander und Mann für Mann sich erwürgend.»[83]

Von der Idee, die Kriegsentscheidung nicht in die Hände der Massenheere, sondern nur die von zwei Menschen zu legen, haben große Geister sich immer wieder angezogen gefühlt. Tolstoi stellte 1855 während des Krimkriegs in der belagerten Festung Sewastopol als 27-jähriger zaristischer Offizier die Überlegung an: «Wie, wenn die eine kriegführende Partei der anderen den Vorschlag machte, aus jeder Armee einen Soldaten zu entlassen? ... Dann auf jeder Seite einen zweiten nach Hause zu schicken, einen dritten, vierten und so weiter, bis in jeder Armee nur noch ein Soldat vorhanden wäre ... Und dann, wenn tatsächlich verworrene politische Fragen durch Kampf entschieden werden müssen, sollten diese zwei Soldaten miteinander raufen – der eine die Stadt belagern und der andere sie verteidigen.»[84]

Winston Churchill hatte ähnliche Ideen: «Ich frage mich, warum unsere Staatsmänner nicht eine internationale Konvention herbeiführten, wonach im Kriegsfall jedes Land, wie bei den Olympischen Spielen, durch eine Mannschaft von begrenzter Größe vertreten wäre», schrieb er 1949 über einen Einfall aus seiner Jugend. «England würde ein einziges komplettes Armeekorps entsenden, das aus seinen besten Männern bestehen müsste. So ließe sich die Macht auf der Welt verteilen. Aber den Ministern der Viktorianischen Zeit fiel einfach gar nichts ein ...»[85]

Auch wo die Könige ganze Heere aufmarschieren ließen, sahen sie selber den Krieg oft als eine Art Zweikampf an, weit über die theoretische Abhandlung von Clausewitz hinaus: Viele Heere der Antike und des Mittelalters waren eigentlich nur die Sippen oder Stämme, die sich um den Häuptling oder Herzog scharten, um ihm in seinem Zweikampf beizustehen. Diejenige Partei gab sich geschlagen, deren König gefallen war: «Als die Alemannen ihren König getötet sahen, unterwarfen sie sich Chlodwig» (König der Franken, 466–511) «und sprachen: ‹Lass, wir bitten Dich, nicht noch mehr des Volkes umkommen, wir sind ja dein!›»[86]

Umgekehrt galt dem Dschingis Khan ein Sieg so lange nichts, als er nicht des unterlegenen Königs habhaft wurde. 1218 ließ er den König des Riesenreichs Chorasm (Chiwa) über Tausende von Kilometern von zwei Armeen jagen, die jede Stadt zerstörten, die es gewagt hatte, dem Flüchtenden Obdach zu gewähren. Die Erbfolgekriege des Barocks machten noch in der Neuzeit deutlich, bis zu welchem Grade die Könige ihre Heere als bloße Hilfsmittel zur Austragung privater Streitigkeiten ansahen.

Das Heer selbst aber als Träger und Ausfechter des Zweikampfs: Dieses merkwürdige Modell hatten die griechischen Stadtstaaten ersonnen. Zwei feindliche Heere *verabredeten* sich zur Schlacht: Sie legten Ort und Zeit fest, stürmten in Blöcken – zumal in der *Phalanx*, von der in Kapitel 14 noch ausführlich die Rede sein wird – aufeinander zu und rammten ihre langen Lanzen in möglichst viele Feinde. War der gegnerische Block gesprengt und waren viele Feinde tot oder am Boden, so war der Kampf beendet – und der Sieger nicht willens, den Besiegten auszuplündern oder völlig zu vernichten. So erfanden die Griechen «die Ethik des Zweikampfes bis zum Tod»[87]: ritterlich, ohne Mordlust, ohne Hinterlist – für die klassischen Menschenjäger, die Reitervölker, ein Rätsel, ein Witz.

Der Erste Weltkrieg sah zwar die bis dahin größten Massenheere der Geschichte und entfernte den Krieg der Zahl nach weiter vom Zweikampf als jeder andere zuvor: Aber der Zweikampf zwischen Männern, die den Weltkonflikt auf die Entscheidung «Einer von uns muss sterben» reduzierten, hatte in ihm noch immer seinen Platz. «Unter allen erregenden Momenten des Krieges ist keiner so stark wie die Begegnung zweier Stoßtruppführer zwischen den engen Lehmwänden der Kampfstellung», berichtet Ernst Jünger. «Da gibt es kein Zurück und kein Erbarmen. Das weiß jeder, der sie in ihrem Reich gesehen hat, die Fürsten des Grabens mit den harten, entschlossenen Gesichtern, tollkühn, geschmeidig vor- und zurückspringend, mit scharfen, blutdürstigen Augen, Männer, die ihrer Stunde gewachsen waren, und die kein Bericht nennt.»[88]

Auf einem anderen Feld begünstigte der Erste Weltkrieg den Zweikampf sogar und schuf eine neue, atemberaubende Form: den Kampf zweier Jagdflieger, die einander umkreisen und beschossen, oft auf nur dreißig oder vierzig Meter Distanz – bis einer von ihnen stürzte. Ernst Udet, im Ersten Weltkrieg einer der erfolgreichsten Kampfflieger und im Zweiten Generaloberst der Luftwaffe, berichtete über seinen ersten Luftsieg: «An mir vorbei saust wie eine riesige vom Himmel geschleuderte Fackel der Rumpf in die Tiefe ... Ein Mann mit ausgebreiteten Armen und Beinen wie ein Frosch stürzte vorüber ... Im Augenblick habe ich nicht das Gefühl, dass das Menschen sind, ich fühle nur eines: Sieg, Triumph, Sieg! Das Blut jagt in freien, mächtigen Stößen durch den Körper.» Udet erzählte auch von einem französischen Gegner, der winkte und abdrehte, als er merkte, dass das Maschinengewehr des Deutschen eine Ladehemmung hatte.[89]

Nicht zufällig wurde diese Art von Zweikampf ungeheuer populär. Die schnoddrigen Kampfberichte des Rittmeisters Manfred Freiherr von Richthofen, der 81 Gegner «vom Himmel holte», erreichten unter dem Titel «Der rote Kampfflieger» in Deutschland eine Auflage von 1,2 Millionen Stück. Als Richthofen gefallen war, schossen australische Flieger an seinem Grab eine Ehrensalve, und ein britisches Flugzeug warf über dem Flugplatz des roten Kampffliegers in einem Kanister ein Foto vom Begräbnis ab.

Die Sprache des Zweikämpfers ist freilich der Durchleuchtung wert, Richthofens Memoiren sind eine Fundgrube unfreiwilliger Enthüllungen. «So räumten wir flott und munter unter unseren Feinden auf», heißt es da. Oder: «Wenn ich einen Engländer abgeschossen habe, so ist meine Jagdpassion für die nächste Viertelstunde beruhigt: Ich bringe es also nicht fertig, zwei Engländer unmittelbar hintereinander abzuschießen.» Und: «Das Wetter ist eigentlich sehr schlecht geworden, sodass wir nicht annehmen konnten, noch Weidmannsheil zu haben.»[90] Da ist sie, die Sprache der Menschenjagd. Immer wieder durchdringen sie einander, die beiden extremen Ausprägungen des Krieges.

Für die Soldaten war es auch ein geringer Trost, dass die Generale Ulysses Grant und Robert Lee am 9. April 1865 einander als edle Ritter begrüßten, um den fürchterlichen Amerikanischen

Sezessionskrieg mit seinen 620000 Toten zu beenden. Lee bot die Kapitulation des Südens an, und Grant schrieb darüber: «Ich fühlte mich alles andere als erfreut über die Niederlage dieses Gegners, der sich so lange und tapfer geschlagen hatte ... Wir kamen sogleich in ein Gespräch über die alten Zeiten bei der Armee ... Unsere Unterhaltung war so erfreulich, dass ich fast den Zweck dieses Treffens vergaß, bis General Lee darauf zurückkam und erklärte, dass er um dieses Gespräch gebeten habe, um von mir die Übergabebedingungen zu erfahren. Ich sagte ihm, ich erwartete lediglich, dass seine Truppen die Waffen niederlegten.»[91]

Einen späten Höhepunkt erlebte der Krieg als ritterlicher Kampf in den Afrika-Feldzügen der beiden Weltkriege, an die die Überlebenden mit nur wenig getrübter Freude zurückzudenken scheinen. In der Kolonie Deutsch-Ostafrika entspann sich 1916 eine seltsame Freundschaft zwischen den gegnerischen Kommandeuren, Paul von Lettow-Vorbeck und dem südafrikanischen General Jan Smuts. Der ließ den deutschen Oberst wissen, dass er zum Generalmajor befördert worden sei und dass er den *Pour le mérite* erhalten habe; Lettow-Vorbeck setzte gefangene britische Offiziere gegen das Ehrenwort, nicht wieder zu kämpfen, in Freiheit und hinterließ dem nachrückenden Smuts seine Schwerverwundeten, in der Zuversicht, dass sie die beste Pflege erhalten würden.

Die Wüstenkrieger von 1942, Bernard Montgomery und Erwin Rommel, begegneten sich nicht – aber auch zwischen ihren Armeen herrschte eine Fairness, wie es sie sonst im Zweiten Weltkrieg nie gegeben hat. Nach der Schlacht hielten beide Seiten ganz selbstverständlich eine Feuerpause ein, um die Verwundeten zu bergen. Als Rommel hörte, einem englischen Lazarett sei das Trinkwasser ausgegangen, schickte er einen deutschen Tankwagen mit weißer Fahne hinüber, und die Engländer revanchierten sich mit einem Lastwagen voll Whisky und Corned Beef. Abends erklang aus den Zelten beiderseits der Front das Lied von der «Lili Marleen». Und noch 2012 trafen sich, wie alljährlich, britische und deutsche Veteranen, nun alle um die 90, auf dem Schlachtfeld von El-Alamein in Ägypten, um ihres noblen Krieges zu gedenken.

Rommel selber aber, der sich bei Freund und Feind so ungeheurer Popularität erfreute, wollte den fairen Kampf der Gleichen miteinander in einer Aufwallung durch eine gemeinsame Menschenjagd auf die «Anderen» ersetzt sehen; einen gefangenen neuseeländischen General schrie er an: «Wissen Sie was, es ist ein Verbrechen, dass wir, die besten nordischen Völker und Soldaten, uns hier in der Sauwüste gegenseitig kaputtmachen! Ihr als Schrittmacher der Bolschewiken und wir im Bund mit den Japsen! Anstatt dass wir beide zusammen Front machen gegen die gelbe Gefahr! Eine Affenschande ist das, jawohl, eine Affenschande!»[92]

Jedenfalls war es ein Lehrfall ersten Ranges: Der für seine ritterliche Kampfführung berühmte deutsche Feldmarschall ist des Krieges nach Spielregeln überdrüssig; es gelüstet ihn nach Menschenjagd: auf die Bolschewiken, die Japsen, die Gelben. «Die menschliche Natur mag noch so sehr bestrebt sein, die Gewalt … in Schranken zu halten», schrieb der holländische Kulturhistoriker Johan Huizinga: «der Wunsch, zu gewinnen, beherrscht die Kämpfenden doch so stark, dass die menschliche Bosheit sogleich wieder freie Hand bekommt, sich alles zu erlauben, was sich zur Steigerung der Gewalt nur erdenken lässt».[93]

Im Inneren Afrikas hat sich die Menschenjagd unterdessen zu einer Orgie des Abschlachtens gesteigert: In Ruanda wurden 1994 fast eine Million Menschen gefoltert, verstümmelt, zerhackt, und in der sogenannten Demokratischen Republik Kongo tobt seit 1998 ein brutaler Kleinkrieg, den rivalisierende Milizen und verwahrloste ehemalige Soldaten gegen alles führen, was Mensch ist.

9 Seit wann gibt es «Kriege»?

> Wenn ich jetzt die Nationen im Kriege gegeneinander
> begriffen sehe, so ist es, als ob ich zwei besoffene Kerle
> erblickte, die sich in einem Porzellanladen mit Prügeln
> herumschlagen. Denn nicht genug, dass sie an den Beu-
> len, die sie sich gegenseitig machen, lange zu heilen ha-
> ben, müssen sie hinterher noch den Schaden bezahlen,
> den sie angerichtet haben.
>
> *David Hume*

«Kriege» gibt es, seit wir sie so nennen. Seit *wann* tun wir das –
und wenn, warum? Sobald Zweikampf und Menschenjagd nicht
nur Horden und Stämme erfassen, sondern Staaten und Völker.
Eine allseits anerkannte Definition gibt es nicht. Clausewitz nahm
eine historische oder begriffliche Abgrenzung des Krieges nicht
vor; eine klare Grenze haben auch die Haager Abkommen von
1907 nicht gezogen; die UNO hat den Begriff ebenfalls nicht definiert, sondern in ihrer Charta von 1945 in der Präambel lediglich
die Entschlossenheit verkündet, «die kommenden Generationen
vor der Geißel des Krieges zu bewahren».

So hieß der Koreakrieg von 1950 im Sprachgebrauch der Ver-
einten Nationen «bewaffnete Polizeiaktion». In Vietnam wurde
der amerikanische Präsident 1964 vom Kongress nicht etwa zur
Kriegführung ermächtigt, sondern nur dazu, «alle notwendigen
Maßnahmen zu ergreifen, um jeden bewaffneten Angriff auf die
Streitkräfte der USA zurückzuweisen» – nachdem im Golf von
Tongking vor Nordvietnam ein amerikanischer Zerstörer beschos-
sen worden war; 58 000 amerikanische Soldaten und zweieinhalb
Millionen Vietnamesen kamen durch diese «Maßnahmen» um.

Die Bombardierung Serbiens im Jahr 1999 hieß «humanitäre
Intervention», die amerikanische Landung in Afghanistan Operation *Enduring Freedom*, Freiheit für immer – freilich im Rahmen

des «Krieges gegen den Terror», den Präsident Bush ausgerufen hatte. Deutschland beteiligte sich in Afghanistan zunächst an einer «Friedensmission», dann an einem «Stabilisierungseinsatz», mit der Folge, dass die Bundeswehr nicht über Panzer und Kampfhubschrauber verfügte – bis Verteidigungsminister zu Guttenberg 2010 tollkühn von «Krieg» sprach.

Wo nicht politische Rücksichten die Begriffe vernebeln, bietet sich das Wort *Krieg* für jene dramatische Steigerung der Menschenjagd an, die vor gut 7000 Jahren an Euphrat und Tigris im heutigen Irak mit dem Ackerbau begann, und das hieß: mit der Sesshaftigkeit, mit der unwiderruflichen Inbesitznahme eines Stückes Land – ein Novum in der Erdgeschichte. Der Bauer kann nicht fliehen wie der Jäger und darf ihm nicht weichen; gegen ihn und die wandernden Hirten musste er sein Territorium verteidigen, später auch gegen die Bauern des Nachbarvolkes im Kampf um das fruchtbare Land, die Flussufer, die Oasen.

Das «Hirtenleben», schrieb Immanuel Kant, «ist nicht allein gemächlich, sondern gibt auch, weil es in einem weit und breit unbewohnten Boden an Futter nicht mangeln kann, den sichersten Unterhalt. Dagegen ist der Ackerbau oder die Pflanzung sehr mühsam, vom Unbestande der Witterung abhangend, mithin unsicher, erfordert auch bleibende Behausung, Eigentum des Bodens und hinreichende Gewalt, ihn zu verteidigen; der Hirte aber hasst dieses Eigentum, welches seine Freiheit der Weiden einschränkt.»[94]

Welcher Hass also auf die Landbesetzer! In der Bibel hallt er wider: Ackerbaustädte wollten den Israeliten den Weg ins Gelobte Land versperren, und so schlugen sie alle Menschen und alle Tiere tot in Jericho, und die Stadt verbrannten sie und alles, was darin war (Josua 6).

War die Ernte eingebracht, so traten zwei neue Kriegsanreize auf: Bauern wurden überfallen, weil ihre Vorräte Begehrlichkeit weckten; und umgekehrt hatten Bauern im Winter mehr Zeit und

Kraft übrig als Jäger, ihrerseits kriegerisch zu werden. Jedenfalls zogen die Heere der Antike meist bei gefüllten Scheunen los, und Friedrich der Große brach seine drei Kriege zweimal Ende August und einmal im Dezember vom Zaun. Blieb jedoch die Scheune leer wegen einer Missernte oder einer Klimaverschlechterung oder weil die Zahl der Esser gar zu schnell gewachsen war, so entstand die Versuchung, einen halben Kontinent mit Krieg zu überziehen, wie die Germanen bei ihrer Völkerwanderung.

So war der «Krieg» in der Welt: die organisierte Massentötung mit gutem Gewissen – eine Entwicklung, «die aller menschlichen Vernunft und aller Menschennatur ins Gesicht schlägt», schrieb Tolstoi über das Kriegsjahr 1812. «Millionen von Menschen verübten gegeneinander eine so unübersehbare Menge von Übeltaten, Betrug, Verrat, Diebstahl, Raub, Brandstiftung und Mord, wie sie sonst die Akten aller Gerichte der Welt in Jahrhunderten nicht zu verzeichnen haben.»[95]

Der Abstieg zum Krieg vollzog sich im Gleichschritt mit dem Aufstieg zur Kultur. Es habe keine gegeben, sagt der englische Geschichtsphilosoph Arnold Toynbee, «in der der Krieg nicht bereits im frühesten Stadium ihrer Geschichte ... eine feste und vorherrschende Einrichtung war»[96]. Mit anderen Worten: In dem Augenblick, da eine Menschengruppe aus dem primitiven Zustand in denjenigen eintritt, den wir Kultur nennen, blähen sich ihre Zweikämpfe und Menschenjagden zu dem auf, was wir Krieg nennen. Krieg und Kultur führen eine Ehe, die bisher niemand hat scheiden können. Ja mehr als das: In dem Maße, wie die Kultur sich verfeinert, vergröbern sich die Kriege. Mehr Kultur heißt ja mehr Wissenschaft, mehr Wissenschaft heißt mehr Technik, mehr Technik heißt noch schrecklichere Waffen.

Bei den Stadtstaaten Mesopotamiens im 4. Jahrtausend v. Chr. war der Krieg längst eine bekannte Einrichtung. Im 2. Jahrtausend bis zur Zerstörung Ninives im Jahre 612 v. Chr. überzogen die Assyrer – eines der klassischen Kriegsvölker der Geschichte wie Spartaner und Römer, Normannen und Mongolen, Azteken, Türken, Schweizer oder Preußen – ihre sämtlichen Nachbarn mit grausamen Kriegen, den größten, die die Erde bis dahin gesehen hatte. Sie waren auch die Ersten, die ein System von Kasernen und Depots für Waffen und Proviant errichteten.

Das römische Heer war zunächst eine Bürgerwehr, überwiegend von Bauern, in Hundertschaften (Zenturien) gegliedert, von *Zenturionen* geführt, Legionären, die sich jahrelang hochgedient hatten – «die erste bekannte Gruppe kämpfender Berufsoffiziere. Generationen von Soldaten vermittelten sie die Disziplin und die Kampftechnik, die nötig waren, um in fünf Jahrhunderten fast ununterbrochener Kriege Roms Waffen zum Sieg zu führen ... Ihr ganzer Ehrgeiz galt dem Erfolg innerhalb eines Berufsstandes, der zum ersten Mal in der Geschichte Ansehen erwarb».[97]

Das werdende Römische Imperium war bis zum Triumph des Augustus in einer nicht abreißenden Kette von äußeren und inneren Kriegen verfangen, die mehrfach seine nackte Existenz bedrohten. Auch was sich später *Pax Romana* nannte, der römische Friede der beiden ersten Jahrhunderte unserer Zeitrechnung, war um den Preis eines permanenten Krieges an den germanischen und asiatischen Grenzen des Imperiums erkauft. Der Zerfall des Weltreichs seit dem 3. Jahrhundert beschwor dann ein Chaos des ewigen Krieges herauf, das Jahrhunderte währte. Der Krieg großen Stils, der Krieg als verheerende Epidemie, konnte mit der Antike als eingeführt gelten.

Schon im Altertum zeichneten sich dabei zwei Arten von Kriegen ab, die erst im 20. Jahrhundert ihre Namen erhielten: der *begrenzte Krieg* und der *totale Krieg* (absolute war, guerre absolue, guerre sans restriction). Im ersten erkennen wir den Zweikampf, im zweiten die Menschenjagd wieder.

Der erste historische Fall einer völkerrechtlichen Vereinbarung, sich im ritterlichen Geist des Zweikampfs auf begrenzte Kriege zu beschränken, war die sogenannte *Amphiktyonie*: ein kultisch-politischer Verband von zwölf Stämmen Griechenlands, der sich im 7. Jahrhundert v. Chr. zum Schutz des Heiligtums von Delphi bildete. Die Mitglieder führten zwar mitunter Kriege gegeneinander, hatten sich jedoch durch Eid verpflichtet, eine dem Bündnis angehörende Stadt nicht zu zerstören, ihr das Wasser nicht abzuschneiden und ihre Ölbäume nicht zu fällen.

Auch Alexander der Große beschränkte sich gegenüber den Persern auf einen strikt begrenzten Krieg. Er hätte niemals mit seiner kleinen Heerschar ein Weltreich erobern und es immerhin bis zu seinem Tode zusammenhalten können, hätte er nicht die einheimische Bevölkerung geschont und um sie geworben. Er zog die Großen Persiens an seinen Hof, machte sie zu Statthaltern, nahm ihre Sitten an; ja 324 v. Chr. veranstaltete er in der alten Perserhauptstadt Susa eine griechisch-persische Massenhochzeit: Er vermählte zehntausend mazedonische Soldaten mit einheimischen Mädchen, seine Feldherren mit den Töchtern des persischen Adels und sich selbst mit der Tochter des Großkönigs.

Ein Zeitalter begrenzter Kriege erlebte Europa vom 9. Jahrhundert bis zum Ausbruch des Dreißigjährigen Krieges – mit Ausnahme derjenigen Kämpfe, die der Erdteil gegen die Völker anderer Kontinente austrug. Der Krieg war das Handwerk der Ritter und der Söldner; beide waren gering an Zahl, und selbst Konflikte wie der *Hundertjährige Krieg* zwischen Frankreich und England (1338–1453) bedeuteten nicht, dass der Kriegsschauplatz Frankreich dabei verwüstet oder das Land in seiner Substanz bedroht worden wäre.

Noch einmal war das Abendland mit einer Epoche begrenzter Kriege gesegnet: zwischen 1648 und der Französischen Revolution. Dann wurden die Volksmassen bewaffnet und ein neues Buch der Kriegsgeschichte aufgeschlagen (wovon in Kapitel 11 ausführlich die Rede sein wird). Dazwischen gab es Ausnahmen wie den begrenzten Deutschen Krieg von 1866, und noch in die Weltkriege waren Kriegsschauplätze und Kampfhandlungen eingestreut, bei denen der ein wenig humanere Geist des begrenzten Krieges obwaltete; etwa der Afrika-Feldzug von 1942 oder eine jener Episoden, wie Ernst Jünger sie aus dem Jahr 1915 schildert:

Anhaltender Regen hatte so viel Schlamm in den Schützengräben angesammelt, dass Deutsche wie Engländer auf die Brustwehren kletterten. «Und schon hatte sich zwischen den Drahtverhauen ein lebhafter Verkehr und Austausch von Schnaps, Zigaretten, Uniformknöpfen und anderen Dingen angebahnt... Plötzlich fiel drüben ein Schuss, der einen unserer Leute tot im Schlamm versinken ließ, worauf beide Parteien maulwurfartig in den Gräben verschwanden.» Leutnant Jünger bat nun einen englischen Offizier ins Niemandsland und machte ihm Vorhaltungen, dass dies ein hinterhältiger Schuss gewesen sei. Der Engländer verwies bedauernd darauf, dass die Schuld daran eine Nachbarkompanie trage. «Wir erzählten uns noch viel in einer Weise, die eine fast sportsmännische Achtung ausdrückte, und hätten am Schluss zum Andenken gern ein Geschenk ausgetauscht. Um wieder klare Verhältnisse zu bekommen, erklärten wir uns feierlich den Krieg binnen drei Minuten nach Abbruch der Verhandlungen, und nach einem ‹Guten Abend› von seiner und einem ‹Au revoir› von meiner Seite gab ich trotz dem Bedauern meiner Leute einen Schuss gegen seinen Schutzschild ab.»[98]

Ein Krieg, der erklärt wird, ist meist ein begrenzter Krieg, die Kriegserklärung ein Ausdruck der Zweikampfmoral. Die mittelalterliche *Fehde*, der Privatkrieg eines Ritters oder einer Sippe gegen eine andere, wurde durch das Hinwerfen eines Handschuhs oder die Absendung eines Fehdebriefs eröffnet. Diese Mischform zwischen Duell und Krieg diente der Blutrache, der Selbsthilfe bei Rechtsverletzungen und Ehebruch oder schlicht der Räuberei, jedoch im Allgemeinen unter Wahrung ritterlicher Formen. (Dass uns das Wort «Raubritter» so glatt von den Lippen geht, macht deutlich, als wie nahe Verwandte wir das Ritterliche und das Räuberische empfinden.)

Die Kirche versuchte das Netz der Fehden, das sich ständig über große Teile Europas spannte, seit dem 11. Jahrhundert wenigstens tageweise dadurch zu zerreißen, dass sie zunächst für die Wochenenden, später für die Zeit von Mittwochabend bis Montag früh den *Gottesfrieden* verkündete; wer ihn brach, war mit Exkommunikation bedroht. Krieg wird nur von Montag bis Mittwoch geführt, an diesen Tagen aber regelmäßig – für das Mittelalter eine selbstverständliche Vorstellung. Auch viele primitive Völker, Israeliten und Germanen erlegten sich in ihrem permanenten Krieg einige religiöse Einschränkungen auf, ähnlich die Griechen während der Olympischen Spiele.

Der weltliche Versuch, den Krieg aller gegen alle zu beschränken, war der *Königsfrieden*, später der Landfrieden: das Verbot von Gewaltanwendung an bestimmten Orten (Märkten, Kirchen) oder gegen bestimmte Personen (Geistliche, Kaufleute, Inhaber von Geleitbriefen). Mit dem *ewigen Landfrieden*, den Maximilian I. 1495 auf dem Reichstag zu Worms verkündete, wurde das Recht zur privaten Kriegführung schließlich aufgehoben – während in Mittelamerika die Menschenjagd auf die von Kolumbus aufgespürten Indianer gerade ihren Anfang nahm.

Selbst bei manchen kriegerischen Völkern, die mehr die Menschenjagd als den Zweikampf praktizierten, gab es einen Ritus der Kriegserklärung: Ehe Kubilai, der mongolische Großkhan von China, 1274 einen Invasionsversuch auf Japan unternahm, hatte er dem japanischen Kaiser in acht Jahren sechs briefliche Aufforderungen zugeschickt, sich freiwillig zu unterwerfen. Die Azteken pflegten ihren Nachbarvölkern drei Ultimaten mit einer Laufzeit von je 20 Tagen zu stellen, bevor sie sie überfielen.

Auf die Eröffnung von Feindseligkeiten ohne Kriegserklärung spezialisierten sich dagegen im 20. Jahrhundert die Japaner: Sie zerstörten ohne Ankündigung 1904 die russische Flotte in Port Arthur und 1941 die amerikanische in Pearl Harbor. Hitler griff 1941 ohne Kriegserklärung die Sowjetunion an, wie Napoleon

1812. Aus der Perspektive des totalen Krieges, der wirksamen Menschenjagd betrachtet, ist die vorherige Warnung des Gegners in der Tat ein Unfug, der die eigene Seite eines entscheidenden Vorteils beraubt.

Die Tatsache, dass der Begriff des *absoluten Krieges* 1903 von dem späteren Marschall Foch und der vergleichbare des *totalen Krieges* für den deutschen Sprachraum erst 1935 mit der gleichnamigen Schrift Erich Ludendorffs geprägt wurde, könnte zu der Meinung verführen, dass auch der totale Krieg selbst eine Entwicklung des 20. Jahrhunderts wäre, wie Ludendorff dies behauptete. Clausewitz hatte jedoch ähnlich schon den *Volkskrieg* definiert, der im kultivierten Europa eine Erscheinung des 19. Jahrhunderts sei, vor allem «durch die Anschwellung der Heere zu ungeheuren Massen»[99]. Aus den Worten des preußischen Theoretikers spricht Genugtuung über diese Entwicklung; noch mehr an anderer Stelle, wo Clausewitz über die «menschenfreundlichen Seelen» spottet, die da meinten, «es gebe ein künstliches Entwaffnen oder Niederwerfen des Gegners, ohne zu viele Wunden zu verursachen, und das sei die wahre Tendenz der Kriegskunst»[100].

Clausewitz kannte seinen größten Gegner nicht, den Chinesen Sun Tzu (Sun Ze), der im 4. Jahrhundert v. Chr. lebte, außerhalb Chinas jedoch erst im 20. Jahrhundert eine gewisse Verbreitung gefunden hat. In seinem Buch «Die Kriegskunst» empfiehlt er: alle Risiken vermeiden – die Schlacht nur suchen, wenn der Sieg gewiss ist –, den Feind einschüchtern ist besser als ihn bekämpfen – «ihn kampflos unterwerfen ist der Gipfel der Geschicklichkeit»[101].

Über Sun Tzu sagt der britische Militärhistoriker Sir Basil Liddell Hart: «Er hatte einen klareren Blick und eine tiefere Einsicht als Clausewitz … Der Zivilisation hätte vielleicht ein großer Teil der Zerstörungen durch die beiden Weltkriege erspart bleiben können, wenn der Einfluss von Clausewitzens monumentalem Werk ‹Vom Kriege› … durch die Kenntnis von Sun Tzus Werk ins Gleichgewicht gebracht worden wäre.»[102]

Ludendorff dagegen fand selbst Clausewitz noch zu zimper-
lich: Alle seine Theorien seien «über den Haufen zu werfen»,
schrieb er 1935 martialisch. «Krieg und Politik dienen der Lebens-
erhaltung eines Volkes, der Krieg aber ist die höchste Äußerung
des völkischen Lebensgefühls. Darum hat die Politik der Kriegs-
führung zu dienen»[103] – nicht umgekehrt.

Das Totale sollte man bei alldem nicht nur am Aufwand messen – ebenso an den Toten, Verstümmelten, Unterworfenen. In
dieser Bedeutung ist der totale Krieg so alt wie der Krieg überhaupt und ohne Zäsur aus der Menschenjagd hervorgegangen.
Die assyrischen Soldaten zerstörten die Palmenhaine, obwohl
oder vielmehr weil die Dattel für Mensch und Vieh das wichtigste
Nahrungsmittel war; sie säten im Feindesland Unkraut und Salz,
wie im Dritten Punischen Krieg (149–146 v. Chr.) die Römer auf
die Ruinen Karthagos.

Die fränkischen Heere der Merowingerzeit (5. bis 8. Jahrhundert) pflegten alles zu zerstören, was sie nicht als Beute mitschleppen konnten: «Diejenigen aber, die Nîmes angegriffen hatten,
verwüsteten die ganze Umgebung, steckten die Häuser in Brand,
zündeten die Saaten an, hieben die Ölbäume nieder, zerstörten
die Weinberge.»[104] Die Sachsenkriege (772–804) führte Karl der
Große total: Zwangstaufe, Zwangsumsiedlung, Hinrichtung von
4500 sächsischen Geiseln.

Die totale Ausrottung betrieben die mongolischen Reiterhor-
den Dschingis Khans und seiner Nachfolger. Alle Gefangenen
und die meisten Zivilisten schlachteten sie ab, als Symbol für je
zehntausend Getötete stellten sie eine Leiche mit dem Kopf zum
Boden auf. Noch heute spiegelt die Armut des Iraks den totalen
Krieg von 1258 wider, als die Mongolen die letzten der jahrhun-
dertealten Bewässerungskanäle aus der großen Zeit Babyloniens
zerstörten.

Der spanische Eroberer Hernando Córtez vernichtete mit Hilfe
von 15 Reitern, 400 Mann zu Fuß und sechs Kanonen 1520/21

binnen anderthalb Jahren die aztekische Kultur – der Extremfall eines totalen Krieges mit minimalem Aufwand und zugleich ein trauriges Lehrbeispiel dafür, dass der Kriegführende, der sich an Spielregeln hält, dem Verfechter des totalen Krieges unrettbar unterlegen ist. Denn nicht in erster Linie die Pferde und die Feuerwaffen der Spanier und nicht einmal so sehr das Entsetzen der mexikanischen Indianer vor diesen Ausgeburten der Hölle führten den Zusammenbruch des Aztekenreichs herbei; es war vor allem der Zusammenprall einer Kriegsmacht, die nur heilige Kriege nach strengen Regeln kannte, mit einer Handvoll Abenteurern, die von kaltem Willen zur totalen Eroberung und Zerstörung erfüllt waren.

Die Europäer wandten die gleiche Grausamkeit, die sie den Indianern gegenüber an den Tag legten, in den Religionskriegen des 16. und 17. Jahrhunderts auch gegen sich selbst. Wenn der *Dreißigjährige Krieg* mit seinem schrecklichen Aderlass zumal an den Deutschen kein totaler Krieg gewesen sein soll, welcher Krieg wäre dann total? Die Hälfte der Deutschen wurde umgebracht. Nicht besser als die Landsknechte trieben es die Türken, die brennend, schändend, mordend gegen Wien und Prinz Eugen marschierten. 1689, im Pfälzischen Erbfolgekrieg, ließ Ludwig XIV. die gesamte Kurpfalz mit ihrer blühenden Hauptstadt Heidelberg in eine brennende Wüste verwandeln, um die Zusammenziehung größerer Truppenverbände an dieser für Frankreich gefährlichen Front unmöglich zu machen.

Einem Vertilgungskrieg fiel 1793/94 die *Vendée* zum Opfer, eine Landwirtschaftsregion in Westfrankreich südlich der Mündung der Loire: Die dortigen Bauern, von katholischen Priestern angefeuert, erhoben sich gegen die Diktatur in Paris – worauf der Konvent beschloss, ihnen zwei Armeen entgegenzuschicken, mit dem Auftrag, die Männer hinzurichten, Frauen, Kinder, Vieh zu vertreiben und die Wälder niederzubrennen. Mehr als 100 000 Männer wurden umgebracht, viele, zu zweien aneinandergebunden, in der Loire ersäuft, an einem Tag 500 Kinder ermordet – ein Schandmal der französischen Geschichte.

Auch Kriege, die *vom Aufwand her* total waren, hat es nicht erst in der Neuzeit gegeben. Das verzweifelte Aufgebot Athens im Peloponnesischen Krieg (432–404 v. Chr.) oder Roms im Zweiten Punischen Krieg (jahrelang zehn Prozent aller freien Römer unter Waffen) hätte eigentlich sogar Ludendorff befriedigen müssen. Wenn mit der Französischen Revolution und der Volksbewaffnung, die sie im Gefolge hatte, dennoch ein neues Zeitalter totaler Kriege anbrach, so deshalb, weil die Völker größer und die technischen Mittel schrecklicher geworden waren.

Nietzsche meinte 1888, die Nachwelt werde unsere Zeit «einmal mit scheuer Ehrfurcht das klassische Zeitalter des Krieges nennen»[105]. Und Tolstoi stimmte ein Triumphlied auf den Volkskrieg an, in dem Augenblick jedenfalls, als der sich *gegen* Napoleon kehrte und die Russen eine Armee, die gewissen Spielregeln verhaftet blieb, dadurch vernichteten, dass sie eine unerbittliche Menschenjagd gegen sie veranstalteten: «Der Knüppel des Volkskrieges hatte sich in all seiner drohenden und großartigen Kraft erhoben und erhob sich immer von neuem ... mit törichter Einfalt, aber völliger Zweckmäßigkeit; und er drosch, als gelte es einen Nagel einzuschlagen, immer wieder auf die Franzosen ein, bis die ganze Invasionsarmee hin war. Wohl dem Volke, das nicht wie die Franzosen im Jahre 1813 nach allen Regeln der Kunst salutiert ... und seinen Degen mit einer graziösen Bewegung dem großmütigen Sieger überreicht! Wohl dem Volk, das vielmehr im Augenblick der Prüfung ... mit selbstverständlicher Leichtigkeit den ersten besten Knüppel in die Hand nimmt und mit ihm ... losdrischt.»[106]

Der *Amerikanische Bürgerkrieg* (1861–1865) brachte eine totale Mobilmachung auf beiden Seiten, die im Süden schließlich auch Knaben und Greise erfasste. General William T. Sherman wandte 1864 gegen die Südstaaten die Taktik der verbrannten Erde an: Er vernichtete Städte, Brücken, Häuser, Scheunen, ließ die Felder zertrampeln, die Baumwolle verbrennen, das Vieh abschlachten und jede Eisenbahnschiene einzeln verbiegen; «Shermans Schildwachen» nannte man die einsam aufragenden schwarzen Schornsteine, die er hinterließ.

Von 1864 bis 1870 führten Brasilien, Argentinien und Uruguay ihren Ausrottungskrieg gegen *Paraguay* – auf dem sprichwörtlichen Schauplatz von Operetten-Revolutionen ein Schlachtfeld mit 1,3 Millionen Toten, darunter zwei Drittel der gesamten Einwohnerschaft des einst blühenden Landes Paraguay, das bis heute die Kriegsfolgen nicht überwunden hat. Und merkwürdig: Der Amerikanische Bürgerkrieg hat sich beiderseits des Atlantiks als Quelle unzähliger Romane, Filme und romantischer Vorstellungen erwiesen – vom blutigsten Krieg Amerikas seit der Menschenjagd auf die Indianer spricht kein Mensch.

Kriegstote in der Neuzeit

	Getötete Soldaten	Kriegstote insgesamt einschließlich der Todesfälle von Zivilisten
Dreißigjähriger Krieg (1618–1648)		mind. 5 000 000
Siebenjähriger Krieg (1756–1763)	850 000	
Napoleonische Kriege (1803–1815)	1 500 000	
Krimkrieg (1853–1856)	700 000	
Amerikanischer Bürgerkrieg (1861–1865)	620 000	
Paraguayischer Krieg (1864–1870)	500 000	1 300 000
Deutscher Krieg (1866)	30 000	
Deutsch-Französischer Krieg (1870/71)	188 000	
Russisch-Japanischer Krieg (1904/05)	145 000	
Erster Weltkrieg (1914–1918)	10 000 000	
Spanischer Bürgerkrieg (1936–1939)	320 000	600 000

	Getötete Soldaten	Kriegstote insgesamt einschließlich der Todesfälle von Zivilisten
Zweiter Weltkrieg (1939–1945)	17 000 000	60 000 000
Sowjetunion	11 000 000	26 000 000
Deutschland	4 000 000	7 500 000
Japan	1 400 000	
USA	290 000	
Koreakrieg (1950–1953)	1 000 000	5 000 000
Vietnamkrieg (1964–1973)	2 500 000	
Erster Golfkrieg (Irak-Iran, 1980–1988)	900 000	

Laut John Keegans Geschichte des Zweiten Weltkriegs kamen 3,6 Millionen deutsche Zivilisten um: 2 Millionen bei der Vertreibung, 1 Million 1945 bei der Flucht im Osten, 600 000 durch den Bombenkrieg.[107]

Im *Burenkrieg* (1899–1902) gelang den Engländern unter Herbert Kitchener eine neue Steigerung der Totalität: Sie brannten nicht nur das Land der Buren nieder, sondern sie machten sich auch daran, sämtliche Frauen und Kinder in «Konzentrationslager» zu pferchen, wobei sie das Vorbild der Spanier, die 1896 auf Kuba zum ersten Mal eine solche Maßnahme ergriffen hatten, weit übertrafen. Nur 4000 Buren fielen im Kampf, aber an Hunger und Krankheit starben in den Lagern über 20 000 Menschen.

Vom Aufwand her übertraf schließlich der *Erste Weltkrieg* alle vorangegangenen totalen Kriege, doch blieb mit Ausnahme der Hungerblockade gegen Deutschland die Zivilbevölkerung außerhalb der Kampfgebiete verschont. Im Russischen Bürgerkrieg (1918–1921), im Spanischen Bürgerkrieg (1936–1939) und im Chinesischen Bürgerkrieg (1946–1949) kam es zu Massenhinrichtungen und blutigen Menschenjagden, wie es sie seit den Mongolenkriegen nicht mehr gegeben hatte.

In Spanien wurden von Februar bis Juni 1936 insgesamt 160 Kirchen niedergebrannt, 269 politische Morde und 1287 nicht tödliche Attentate verübt, 69 Parteibüros zerstört und 113 Generalstreiks ausgerufen – dies aber war nicht etwa der Bürgerkrieg, sondern der politische Zustand *vor* Francos Rebellion, an den Spanien sich gewöhnt hatte. 269 politische Morde – das reicht nicht zum Kriege. 280 000 politische Morde und 320 000 getötete Soldaten (die Bilanz des Spanischen Bürgerkriegs): Das ist dann das, was wir Krieg nennen. Ernest Hemingway berichtete aus Spanien lakonisch: «Dies ist eine neue Art von Krieg, bei der man immer noch dazulernt.»[108]

Die grässlichste Lektion erteilte indessen erst der *Zweite Weltkrieg*, in dem die Gaskammern, die Flächenbombardements, die Atombomben erfunden wurden. «Wir sind von Teufeln besessen, schrecklicher als alle, die je unsere Vorfahren gequält haben», resümiert Toynbee.[109]

Korea, Vietnam, Afghanistan – und heute? Im Osten der sogenannten Demokratischen Republik *Kongo* herrscht, nach Jahrzehnten des Chaos im ganzen Land, seit 1998 ein brutaler Kleinkrieg, den rivalisierende Milizen, zum Teil mit bewaffneten Kindern, und verwahrloste reguläre Soldaten gegeneinander führen, vor allem aber gegen alles, was Mensch ist, mit bisher über drei Millionen Toten und einem Exzess von Vergewaltigungen. «Mitleid», schrieb der Schweizer Journalist Eugen Sorg 2007, «ist eine kulturelle Leit-Emotion in Afrika. Der Verlierer wird verachtet, der Sieger gefürchtet und verehrt. Rache ist ein Gebot des Stolzes und verleiht Respekt.»[110] Nicht gemordet wird nur in der Mittagshitze.

Wie nennen wir was?

Krieg: ein mit Waffengewalt ausgetragener Konflikt zwischen Staaten oder Völkern – im überwiegenden Sprachgebrauch jedoch nur dann, wenn er sich mit einer gewissen Dauer zwischen Mächten ähnlicher Stärke abspielt. Beide Bedingungen sind völkerrechtlich nicht definiert; die Abgrenzung liegt weithin im Belieben von Politikern, Historikern, Journalisten. Fehlt es an Dauer oder an vergleichbarer Macht, so sprechen wir von Invasion, Intervention, Unterwerfung, Überfall (parteilich von «Befreiung», «Strafexpedition» oder «Polizeiaktion»). Die Computer-Attacke ist eine Gewaltausübung *ohne* Waffen und in Sekundenschnelle; doch hat der Begriff *Cyberwar* sich schon durchgesetzt.

Heraklit nannte den Krieg «aller Dinge Vater, aller Dinge König», Montaigne ihn eine Seuche der Menschheit, Friedrich der Große «ein Rendezvous des Ruhmes», Jean Paul «die stärkende Eisenkur der Menschheit», Clausewitz «eine Fortsetzung des politischen Verkehrs mit anderen Mitteln», Oswald Spengler den Grundzustand, dessen Fortsetzung durch geistige Mittel Politik heiße, Ernst Jünger «ein prächtiges, blutiges Spiel». Hegel riet dem Staat gelegentliche Kriege an, da die Selbständigkeit des Individuums von Zeit zu Zeit einer Erschütterung bedürfe. Dieses Buch definiert den Krieg als *wechselseitige Massentötung mit gutem Gewissen.*

Aggression: im Völkerrecht die einseitige *Anwendung* von Gewalt eines Staates gegen einen anderen, der rechtswidrige militärische Angriff; geächtet im Briand-Kellogg-Pakt von 1928. In der UNO-Charta von 1945 wurde auch die *Androhung* von Gewalt gegen einen anderen verboten.

Angriffskrieg: im Völkerrecht überwiegend mit *Aggression* gleichgesetzt. Dies hat zwei Nachteile: Die Invasion einer weit überlegenen Macht, ein klassischer Akt der Aggression, wird überwiegend gerade nicht als *Krieg* bezeichnet; und in der Definition von Clausewitz (VI,7) entsteht «der eigentliche Begriff des *Krieges* nicht mit dem Angriff, sondern erst mit der Verteidigung ... Der Eroberer ist immer friedliebend, er zöge ganz gern ruhig in unsern Staat ein; damit er das nicht könne, darum müssen wir den Krieg wollen.» So gilt Hitlers Invasion in der Tschechoslowakei in der Tat nicht als «Krieg»: Die Tschechen schossen nicht. Der *Cyberwar* weicht den Begriff «Angriffskrieg» vollends auf.

Asymmetrischer Krieg: ein bewaffneter Konflikt zwischen Mächten von *nicht* ähnlicher Stärke (also gerade kein «Krieg» nach der üblichen Definition). Fall 1: USA gegen den Irak 1991 (rund 100 000 gefallene irakische, 382 gefallene oder tödlich verunglückte amerikanische Soldaten). Fall 2: Militärmacht gegen Partisanen oder Terroristen, wie seit 2001 in Afghanistan.

Bürgerkrieg: Bewaffneter Kampf innerhalb eines Staates um die Herrschaft, von Aufständischen gegen die Regierung oder von verfeindeten Parteien um die Macht – durch kein Völkerrecht begrenzt und daher oft grausamer als Staatenkriege. Die Grenzen sind nicht definiert – nicht die nach unten zu Aufruhr und Revolte, nicht die nach oben zum *Krieg*: Der Spanische Bürgerkrieg (1936–1939) wurde von ausländischen Mächten unterstützt und hatte klare Fronten. Die besaß auch der Amerikanische Bürgerkrieg (1861–1865). Da sich die Südstaaten für unabhängig erklärt hatten, ist die Bezeichnung «Bürgerkrieg» überdies eine Parteinahme für die Behauptung der Nordstaaten, dazu hätten die Südstaaten kein Recht gehabt. Die früher weithin übliche Bezeichnung «Sezessionskrieg» ist treffender.

Gerechter Krieg: im engeren Sinn (nach der Lehre des Augustinus und des Thomas von Aquin) ein Krieg, wenn er das Gute fördert und von der rechtmäßigen Obrigkeit erklärt worden ist. In der DDR: «der Krieg zur Verteidigung des sozialistischen Vaterlandes gegen imperialistische Aggressoren; der nationale Befreiungs- und Verteidigungskrieg gegen imperialistische Fremdherrschaft, Kolonialismus und Neokolonialismus; der revolutionäre Bürgerkrieg gegen reaktionäre und konterrevolutionäre Kräfte»[111]. Im weiteren Sinn: die Unterstellung fast aller kriegführenden Parteien, dass ihr Krieg ein gerechter sei; zugespitzt von Präsident George W. Bush (2001–2009) durch die Definition von «Schurkenstaaten» (Irak, Iran, Nordkorea).

Heiliger Krieg: ein Krieg, den der Angreifer so benennt wie die Kreuzzüge; dazu jeder Krieg, zu dem ein Volk sich im Namen Gottes aufgerufen fühlt. In der Bibel: «Du bist ein heiliges Volk dem Herrn, deinem Gott ... Du wirst alle Völker vertilgen, die der Herr dir geben wird» (5. Mose 7). Im Koran (9/5): «Tötet die Ungläubigen, wo ihr sie findet! Ergreift sie, belagert sie, lauert ihnen auf!» Der *Djihad* (ursprünglich nur der totale Einsatz für die Sache Allahs) wird erst seit der sowjetischen Invasion in Afghanistan (1979) als Aufforderung zum Heiligen Krieg definiert. 2001 riefen die Taliban zum Heiligen Krieg gegen die USA auf.

Totaler Krieg: unscharfer Oberbegriff für drei Arten der Kriegführung – geprägt 1903 vom späteren Marschall Foch *(guerre absolue)*, für den deutschen Sprachraum 1935 von Erich Ludendorff:
1. für die totale Mobilisierung ganzer Völker und Volkswirtschaften wie in den beiden Weltkriegen;
2. für die Massentötung auch von Zivilisten (Dreißigjähriger Krieg, britisches Flächenbombardement 1942 bis 1945, Hiroshima);
3. für das Kriegsziel der totalen Unterwerfung (die Kolonialkriege der europäischen Mächte, Hitler in Osteuropa) oder der Ausrottung (der Indianer in Nordamerika).

Vom totalen Krieg wird der *begrenzte Krieg* unterschieden, wie er von 1648 bis 1913 dominierte – in Europa. Der Völkerrechtler Carl Schmitt sprach 1927 vom «gehegten Krieg».

10 Seit wann gibt es «Soldaten»?

> Nächst der Todesstrafe ist das Vorhandensein des Sol-
> daten das schmerzlichste Überbleibsel der Barbarei,
> das unter den Menschen noch besteht; es gibt aber auch
> nichts, was der Anteilnahme und der Liebe der Nation
> würdiger wäre als diese hingeopferte Sippe, die ihr bis-
> weilen so viel Ruhm einträgt.
>
> *Albert de Vigny* (1835)

Sind Soldaten Mörder? Ja, schrieb Kurt Tucholsky 1931 in der
«Weltbühne». Ein deutscher Sozialpädagoge klebte diesen Spruch
1991 auf sein Auto, wurde in drei Instanzen wegen böswilliger
Verächtlichmachung und Volksverhetzung verurteilt, legte Ver-
fassungsbeschwerde ein und bekam am 25. August 1994 vom
Bundesverfassungsgericht bestätigt, dass es sich um «eine zuläs-
sige Meinungsäußerung» gehandelt habe.

Ein General der Bundeswehr sprach von einem absurden und
ehrabschneidenden Fehlurteil zu Lasten nicht nur der Bundeswehr, sondern aller 15 Millionen lebender deutscher Männer, die
Soldaten waren oder sind; und 76 Prozent der Deutschen fanden
das Urteil falsch.[112] Das Völkerrecht sagt: Der Soldat ist kein Mörder, sofern er sich ans Kriegsrecht hält. Das aber ist erst seit 1907
halb und halb kodifiziert, es hat viele Schlupflöcher, und Millionen Soldaten haben sich eben nicht daran gehalten; noch weniger
all die Krieger und die Söldner, die Piraten und die Partisanen, die
gegen den Soldaten abzugrenzen historisch, praktisch, juristisch
ziemlich schwierig ist:

Piraten – je nach Zeit und Meer auch Freibeuter, Korsaren, Vi-
talienbrüder, Flibustier, Bukanier genannt – waren in der längsten
Zeit der Menschheitsgeschichte die Herren der Meere. Noch im
1. Jahrhundert v. Chr. hatte das Römische Reich Mühe, sich ihrer
im Mittelmeer zu erwehren, noch 1816 tauchten algerische Kor-

saren vor der Elbmündung auf. Die Normannen (Wikinger) betrieben vom 8. bis zum 11. Jahrhundert die blutigste Seeräuberei der Geschichte, an der Zahl ihrer Staatengründungen zwischen Island und dem Kaspischen Meer gemessen auch die erfolgreichste – vorausgesetzt, man rafft sich zu dem Entschluss auf, dass die Art von Seekrieg, die zur Errichtung der holländischen Überseebesitzungen und des britischen Weltreichs führte, *keine* Piraterie gewesen sei.

Der Entschluss setzt vielen guten Willen voraus, da die Linie, die Holländer und Engländer von der Seeräuberei trennte, dünn wie Papier ist. Das Papier hieß *Kaperbrief* und verwandelte Piraten wie Francis Drake und Walter Raleigh in treue Diener der englischen Krone – wie ein Jagdschein aus dem Wilderer den Jäger macht, ohne dass sich am Jagen etwas ändern müsste. Königin Elisabeth I. (Regierungszeit 1558–1603) stellte dem Besitzer eines bewaffneten Schiffes, der bis dahin Seekrieg auf eigene Faust geführt hatte, also Pirat gewesen war, eine Bescheinigung aus, dass er im Auftrag der kriegführenden Macht England handle. Drake brachte nun wie zuvor spanische Schiffe auf, teilte jedoch seine Beute mit der Krone, die auf diese Weise die spanische Weltmacht zu erschüttern begann, ohne sich auf einen offenen Krieg gegen sie einzulassen.

«Der Meisterdieb der unbekannten Welt, wie seine spanischen Zeitgenossen Drake nannten, wurde der Schrecken ihrer Häfen und Schiffsbesatzungen», schreibt Churchill in seiner «Geschichte der englischsprachigen Völker».[113] Da der Inhaber der Bescheinigung einen ansehnlichen Anteil der Beute behielt, war er nach heutigen Begriffen ein Seeräuber (denn die Kommandanten der Blockadeschiffe und U-Boote der beiden Weltkriege bereicherten sich für gewöhnlich nicht); da er einen Kaperbrief besaß, betrieb er jedoch nicht Seeräuberei, sondern Kaperei. Was immer der Unterschied sein mochte: In der Pariser Seerechtsdeklaration von 1856 wurde die Kaperei zur Piraterie erklärt.

Davon unbeeindruckt stellte im Amerikanischen Bürgerkrieg der Präsident der Südstaaten, Jefferson Davis, Kaperbriefe für die Blockadebrecher aus; der Besatzung stand nach altem Brauch die Hälfte der Beute zu. Ein Marineleutnant der Südstaaten berichtet über die Offiziere dieser Schiffe: «Es war eine unbekümmerte Gesellschaft, die in Essen, Trinken und Fröhlichkeit schwelgte, aus Angst, morgen zu sterben und etwas versäumt zu haben. Ihre Orgien erinnerten mich an die Art, wie die Piraten der westindischen Inseln in ihren geheimen Häfen die Zeit verbracht haben müssen.»[114] Nicht nur im Süden der USA, auch in England und Frankreich wurden die todesmutigen Halbflibustier mit Begeisterung begrüßt.

Und was tat noch 1917 der bei Freund und Feind für seinen Mut und seine Ritterlichkeit berühmte «Seeteufel» Graf Felix von Luckner? Er hisste auf seinem Hilfskreuzer «Seeadler» zusammen mit der deutschen Kriegsflagge einen roten Wimpel mit weißem Totenkopf, den «rotweißen Freibeuter», und rühmte sich: «Wir waren das einzige Schiff des Weltkriegs, das unter Piratenwimpel fuhr.»[115] Ein vorbildlicher Soldat also, der von alten Seeräuberzeiten träumte.

Dass die Seeräuber nach dem Zweiten Weltkrieg wiederkommen würden, darauf war keine Flotte gefasst. Handelsschiffe überfielen sie zunächst in den Gewässern der Philippinen und in der Straße von Malakka (zwischen Sumatra und Singapur). 1982 verpflichtete die UNO in ihrer Seerechtskonvention alle Staaten, die Piraterie zu bekämpfen, Piratenschiffe zu beschlagnahmen, ihre Besatzungen zu inhaftieren und sie im Heimatland des überfallenen Schiffs vor Gericht zu stellen. Es half nicht viel: Von 2001 bis 2012 wurde am Horn von Afrika (vor den Küsten Somalias, zumal im Golf von Aden, also an der Zufahrt zum Roten Meer und zum Suezkanal) die Piraterie zu einer Plage wie seit Jahrhunderten nicht. Schwerbewaffnete Somalier, in Schnellbooten heranpreschend, enterten und kaperten Hunderte von Handelsschiffen, 42 allein 2008, darunter einen Supertanker, und von den Reedereien kassierten sie Lösegelder von angeblich 30 Millionen Dollar in diesem Jahr.

Erst 2011 ließen ihre Erfolge nach: Die Handelsflotten hatten ihr Warnsystem koordiniert, amerikanische Marines eroberten gekaperte Schiffe zurück, viele Reeder zogen Stacheldraht um die Reling und nahmen bewaffnete Sicherheitskräfte an Bord. Gefangene Piraten in Europa juristisch zu belangen erwies sich jedoch als ein kaum lösbares Problem: Zehn Somalier standen 2011 fast zwei Jahre lang in Hamburg vor dem Landgericht – schwierige Beweislage, 6000 Kilometer vom Tatort entfernt, und die Angeklagten einem Rechtssystem ausgeliefert, das auf quälende Armut, auf äußerste Not nicht zugeschnitten ist. Kein Staatsmann, der je einen Krieg begonnen hat, könnte so viele mildernde Umstände für sich ins Feld führen.

Also: Soldaten waren sie nicht, die Piraten, und so schrecklich wie viele Soldaten haben sie in unserem Jahrhundert nicht gewütet. Als Kämpfer zum eigenen Vorteil und auf eigene Faust fallen sie ohnehin aus dem Begriff.

Schwieriger ist die Grenzziehung nicht nur bei den Partisanen (Kapitel 5), sondern auch bei den *Franctireurs*, den *Freischärlern*, dem *Freikorps*: Verbänden von Freiwilligen, die im Auftrag eines Heerführers oder mit seiner Billigung einen Kleinkrieg führten, oft im Rücken des Gegners – so bei Friedrich dem Großen oder bei Giuseppe Garibaldi, der mit Freikorps 1848 gegen Österreich zog, 1860 gegen Neapel und Sizilien, 1862 gegen Rom, 1870 in Frankreich gegen Preußen.

Deutschen Ruhm erwarb sich das Freikorps des preußischen Majors Freiherr von Lützow, freilich weniger durch seine Erfolge als durch prominente Mitkämpfer wie Eichendorff und den «Turnvater» Jahn sowie durch die Popularität von Theodor Körners Lied «Das ist Lützows wilde, verwegene Jagd». Berühmt und berüchtigt wurden die Freikorps, die sich 1919 bis 1921 aus den Resten des

geschlagenen deutschen Heeres bildeten: Sie kämpften im Baltikum gegen die Russen, in Oberschlesien gegen die Polen, schlugen in Deutschland kommunistische Erhebungen nieder und
halfen der jungen NSDAP beim Aufbau ihrer «Wehrverbände».
Unter hemmungsloser Verletzung alles Kriegsrechts focht die
irische *Republikanische Armee* von 1919 bis 1921 gegen die Engländer, die *Organisation de l'Armée Secrète* (OAS), die Geheim-
organisation nationalistischer Algerien-Franzosen, von 1961 bis
1963 gegen die Verzichtpolitik de Gaulles. Glücklicher als diese
beiden Gruppen, die völkerrechtlich geächtet blieben, waren die
jüdischen Geheimarmeen *Haganah* und *Irgun Zwai Leumi*, ohne
die der Staat Israel wahrscheinlich nicht hätte ins Leben treten
können. In dem Augenblick, als Israel gegründet war, hatten sich
die Terroristen ganz ohne ihr Zutun in reguläre Soldaten verwandelt. Am 13. Mai 1948 noch weniger als Partisanen, am 14. Mai
Mitglieder einer Staatsarmee – hier zeigt sich besonders deutlich:
Es ist nicht sinnvoll und kaum möglich, die regulären Soldaten gegen all die anderen Männer in Schutz zu nehmen, die sich in einer
Gruppe dem Kampf gegen eine andere Gruppe widmen – und die
beim Töten weder Gewissensbisse haben noch Strafverfolgung
zu fürchten brauchen. Ihre Motive sind ähnlich, ihre Leiden sind
dieselben, und ihr blutiges Wüten ist es auch.

Von *Soldaten* im engeren Wortsinn sprechen wir, wenn nicht
mehr alle Männer eines Stammes in den Krieg ziehen, sondern
wenn sich ein Teil der männlichen Bevölkerung im Auftrag eines Staates auf die Kriegführung spezialisiert, sich also durch die
Ausbildung, die Ausrüstung, den Kampfauftrag von den übrigen
Männern abhebt. Soldaten gibt es demnach, seit wir große Kämpfe «Kriege» nennen, wie im vorigen Kapitel dargetan. Die ältesten
Reliefs, auf denen Soldaten in Kampfformation mit Helmen,
Speeren und Schilden dargestellt sind, stammen aus der Zeit um
4000 v. Chr. im alten Babylonien.

Bleibt noch das Problem, die Soldaten gegen die *Söldner* abzugrenzen. Der Herkunft des Wortes nach ist der Soldat ja einer, der Sold empfängt, und den bezieht der Wehrpflichtige auch. Unter «Söldnern» verstehen wir jedoch primär diejenigen Männer, die sich gegen eine für sie lohnende Bezahlung einem Dienstherrn für eine bestimmte Zeit als Kämpfer verpflichten, ohne innere Bindung an ihn, an ein Heimatland oder gar an ein Ideal – im Unterschied zu «Ausgehobenen», den zwangsweise Rekrutierten, von denen man eine solche Bindung erwartet oder als Ausgleich für den schäbigen Sold erhofft.

Wo nun aber die Allgemeine Wehrpflicht «ausgesetzt» worden ist wie 2012 in Deutschland, wird ja aufs Neue um Freiwillige geworben, und die müssen den Sold für angemessen halten. «Soldaten» heißen sie weiter, solange sie sich ihrem Vaterland verpflichten; «Söldner» heißen die, die sich jedem verkaufen (wie aufs schrecklichste in Zentralafrika) oder bei einer jener «Sicherheitsfirmen» angestellt sind, die für die US Army im Irak und in Afghanistan die Drecksarbeit machen – ein großes Thema in Kapitel 41.

Die erste *Wehrpflicht* gab es schon im 2. Jahrtausend v. Chr. in Assyrien: Eine bestimmte Anzahl von Herren und Sklaven wurde ausgehoben, wenn der König Krieg zu machen wünschte. Dazu traten Nomadenstämme als Hilfstruppen und im 8. Jahrhundert v. Chr. ein Stehendes Heer von Berufssoldaten – «Symptom eines fortgeschrittenen Stadiums des gesellschaftlichen Verfalls», wie Toynbee schreibt.[116]

Die konsequenteste und furchtbarste allgemeine Wehrpflicht, die es je gegeben hat, dachten sich die *Spartaner* aus: Jeder Spartiate war vom siebenten bis zum sechzigsten Lebensjahr Soldat. Vorzeitig den Waffendienst verlassen durfte nur der Mann, der einen dritten Sohn bekam. Einen solchen Preis zahlte die kleine Herrenkaste der Spartiaten dafür, dass sie mit rund 4000 wehrfähigen Männern (im 6. Jahrhundert v. Chr.) fast 300 000 Sklaven (Heloten) oder Freie minderen Rechts (Periöken) beherrschte.

Die permanente Kriegspflicht aller Männer, die bei den meisten primitiven Kulturen selbstverständlich war und noch heute ist, wurde in Sparta durch eiserne Gesetze bis zur äußersten Möglichkeit gesteigert und einem Kulturvolk aufgezwungen.

Über die Stärke antiker Heere haben phantasiebegabte Zeitgenossen zum Teil phantastische Zahlen in Umlauf gesetzt. So behauptete Herodot, der Perserkönig Xerxes habe 4,2 Millionen Mann nach Griechenland geführt, Cornelius Nepos, bei Marathon (490 v. Chr.) hätten 110000 Perser gekämpft – während Hans Delbrück in seiner großen «Geschichte der Kriegskunst» ausgerechnet hat, dass das Perserheer in dieser Schlacht höchstens 6000 Mann umfasst haben kann und mithin den Griechen an Zahl nicht überlegen war.

Bei Ausbruch des Peloponnesischen Krieges (431 v. Chr.) verfügte Athen nach Darstellung des Thukydides über rund 32000 Mann, und zwar 13000 Schwerbewaffnete, 1200 Reiter, 1600 Bogenschützen sowie 16000 Jugendliche und alte Männer, die die Stadtmauer bewachten. Zur Sizilischen Expedition im Rahmen dieses Krieges schickten die Athener 415 v. Chr. 6400 Soldaten aus, «darunter 1500 Athener, die man nach den Listen ausgehoben hatte».[117] Die Übrigen waren Söldner aus anderen Teilen Griechenlands und aus Kleinasien. Durch Nachschub von Athenern und Söldnern und den Zustrom von sizilischen Verbündeten schwoll das athenische Heer vor Syrakus auf über 40000 Mann an – eines der größten, das die Erde bis dahin gesehen hatte.

401 v. Chr. trat ein griechisches Söldnerheer von 13000 Mann in die Dienste des persischen Thronprätendenten Kyros des Jüngeren. Den grausamen Rückzug des geschlagenen Heeres machte Xenophon in seiner *Anabasis* berühmt. Zunächst hatten sich die Griechen, als Kyros gefallen war, mit einer uns verblüffenden Selbstverständlichkeit dem Sieger Artaxerxes II. angeboten: «Sie hätten Kyros *treu* gedient und würden wohl auch dem Großkönig

wichtige Dienste leisten können», erklärten sie dem Unterhänd-
ler[118] – treue Dienste heute für den Soldherrn und morgen für
dessen Todfeind.

Der erste große Heeresorganisator, den die europäische Geschichte kennt, war König Philipp II. von Mazedonien (Regierungszeit 359–336 v. Chr.), der Vater Alexanders des Großen.
«Mein Vater übernahm euch, als er König wurde, umherziehend,
mittellos, die meisten in Felle gekleidet, auf den Bergen Schafe
weidend und elend genug zu deren Schutz gegen die Illyrer, Thra-
ker und Triballer kämpfend», sagte Alexander später in einer Rede
an seine Truppen. «Er hat euch den Mantel der Soldaten gegeben,
euch in die Ebene hinabgeführt, euch gelehrt, den benachbarten
Barbaren im Kampf gewachsen zu sein.»[119] Mit Hilfe der mazedonischen Tradition, dass alle Männer waffenpflichtig waren und
das Heer zugleich die Volksversammlung bildete, schuf Philipp II.
ein diszipliniertes Nationalheer von annähernd 40 000 Mann, in
dem der Adel die Offiziere und die Reiter, die Bauern die Soldaten
stellten.

Rom begann mit einem Bauernheer. Als dieses durch die immer
längere Einberufung zum Wehrdienst und seinen Einsatz in immer
entfernteren Gegenden seinen ursprünglichen Charakter als eine
Art Bürgerwehr verloren hatte, ersetzte es der Konsul und Feldherr
Marius (156–86 v. Chr.) durch ein Stehendes Heer von Berufssoldaten – überwiegend besitzlosen Bürgern, darunter solche Bauern,
die durch Roms ewige Kriege entwurzelt worden waren.

Augustus (Regierungszeit 27 v. Chr. bis 14 n. Chr.) verklei-
nerte das Stehende Heer auf rund 330 000 Mann – nicht viel für
ein Imperium, in dem der Rhein und der Euphrat flossen und das
an seinen Grenzen nie ganz zur Ruhe kam. Die römischen Bürger
wurden unter Augustus nach und nach aus dem Heer entlassen;
«barbarische» – großenteils germanische – Söldner traten an ihre
Stelle. Die Barbaren waren billiger, und sie waren immerfort bereit, sich zu schlagen – eine Eigenschaft, die die Römer mehr und

mehr verloren. Im 4. Jahrhundert n. Chr war das Stehende Heer schließlich auf annähernd 750 000 Mann angewachsen, eine riesige Barbarenhorde, die weniger außerhalb des Imperiums als vielmehr innerhalb seiner Grenzen kämpfte, raubte und plünderte und das Reich mit Schwert und Habgier zugrunde richten half.

Die byzantinische Armee griff auf die griechische und römische Übung zurück, altgedienten Soldaten oder verbündeten «Barbaren» im Grenzland Ackerboden zur Verfügung zu stellen. Das war eine rundum zweckmäßige Methode: Man hatte stets Soldaten an der Grenze, ohne für ihren Unterhalt aufkommen zu müssen. Die Soldaten kämpften nicht mehr für Sold oder für einen König, sondern um ihren Grund und Boden, um ihre nackte Existenz.

Die *Militärkolonie*, das mit Wehrbauern besiedelte Grenzland, ist die älteste Form der Kolonie (das Wort kommt vom römischen *colonus*, dem Landmann). Alexander der Große versuchte sein riesiges Reich durch Ansiedlung von Bauernsoldaten unter Kontrolle zu halten; Römer, später Spanier, Portugiesen, Türken bedienten sich des gleichen Systems; die Kosaken wurden nach ihrer Unterwerfung durch den russischen Zaren im Kaukasus und in Sibirien als Wehrbauern angesiedelt. In Nordamerika sprach man im 18. Jahrhundert von den *minutemen*: Farmern, die beim Pflügen das Gewehr umgehängt trugen und die gewöhnt waren, in Minutenschnelle das Handwerkszeug zu wechseln, um sich der Indianer zu erwehren.

Nicht Soldaten, sondern Krieger waren die Hunnen, da bei ihnen jeder Mann kämpfte: «Im Frühling zogen sie ein so großes Heer zusammen, dass das Hunnenland leer ward von streitbaren Männern», berichtet die Edda über die Schlacht auf den Katalaunischen Feldern (451 n. Chr.). Alle Männer von zwölf und alle Pferde von zwei Jahren an seien aufgebrochen, eine Streitmacht von 165 000 Mann – gewiss übertrieben. Mit den Hunnen

kämpften die Ostgoten, mit den siegreichen Römern die Westgoten.

Das *Rittertum* im Frankenreich entstand im 8. Jahrhundert dadurch, dass sich einerseits das fränkische Heer mehr und mehr
auf eine Kerntruppe schwerbewaffneter Reiter stützte, andrerseits der Unterhalt von Pferd und Rüstung einen gewissen Wohlstand ihres Besitzers voraussetzte. Das Aufgebot aller freien waffenfähigen Männer zum Kriegsdienst – der *Heerbann* – war also
nicht mehr zweckmäßig. So gingen die fränkischen Könige dazu
über, ihre Gefolgsleute (Vasallen) mit Grundbesitz zu belehnen
und dadurch die königliche Hofhaltung zu entlasten. Mit anderen
Worten: Der König, als der oberste Grundherr, lieh Land an seine
Ritter aus, die ihm dafür Treue und Kriegsdienst schuldig waren;
1037 wurden die Lehen erblich. Die Beleihung oder Belehnung
konnte nur im Fall eines Treubruchs rückgängig gemacht werden.

Mit dem Lehnssystem war allen gedient: Der Ritter kam zu
Wohlstand (und brauchte im Allgemeinen nur 40 Tage Kriegsdienst im Jahr zu leisten); der König kam kostenlos zu einem
starken Reiterheer. Es waren Ritter, die 732 bei Poitiers die Araber, 955 auf dem Lechfeld die Ungarn besiegten und sich 1241
bei Liegnitz dem Mongolensturm entgegenstellten, und es waren
Ritter, die in den Kreuzzügen Palästina eroberten.

Im 15. Jahrhundert wurden die Ritter nach und nach durch die
Landsknechte abgelöst: Söldner, die zu Fuß kämpften und Harnisch, Schwert und Spieß selber stellten; Maximilian I. warb sie
seit 1487 unter Bauern und Bürgern des Kaiserreichs an. Seit dem
16. Jahrhundert waren es überwiegend Arme und Herumtreiber,
die sich als Söldner verdingten. So verdrängten die mit Geld Be-
zahlten die mit Land Belehnten. Das geschah vor allem aus vier
Gründen.

Erstens verminderte das Aufkommen der Feuerwaffen die
Wirksamkeit der Rüstung und beraubte die Reiterei ihrer Überlegenheit über das Fußvolk. Zweitens zeigten sich einige Spezial-

truppen von hochqualifizierten Söldnern auch ohne Feuerwaffen den Rittern überlegen, die für Disziplin und eine schwierige Ausbildung nicht zu haben waren und mehr dem Turnier als dem Kampf anhingen. Drittens übersäte das Aufblühen der Städte – in Deutschland seit dem 13. Jahrhundert – das Land mit einer Fülle von Stadtfestungen, denen mit Reiterei nicht beizukommen war; die Bürgerschaft bildete einen Wehrverband, der reihum die Wachen für die Stadtmauer stellte und im Belagerungsfall in kurzer Zeit vollständig mobilisiert werden konnte («Spießbürger» oder «Spießer» hießen dabei jene armen Bürgersoldaten, die nur mit einem Spieß und ohne Rüstung antraten).

Und schließlich hatte der Söldner gegenüber dem Ritter den Vorzug, dass er genau so lange unter Waffen blieb, wie man ihn besoldete, und genau *so* lange Sold empfing, wie er Waffen trug, weder kürzer noch länger. Weder zog es ihn vorzeitig zur Burg zurück wie häufig die Ritter, noch empfing er Sold, wenn man ihn nicht mehr brauchte – während der Ritter nach dem Kampf sein Lehen behielt. Dazu kam, dass das Land immer rarer wurde, das Geld jedoch dank der städtischen Geldwirtschaft immer reichlicher floss, dass die Zahl der Ritter also kaum zu vermehren war, während sich mit Krediten ein Söldnerheer über Nacht aufstellen ließ.

Heeresstärken (bis 1700)

	Zeit	Heer in Aktion	Heer insgesamt
Perserheer bei Marathon	490 v. Chr.	6000	
Athenisches Heer auf Sizilien	413 v. Chr.	40 000	
Heer Alexanders des Großen beim Aufbruch nach Asien	334 v. Chr.	50 000	
Karthager bei Cannae	216 v. Chr.	50 000	

	Zeit	Heer in Aktion	Heer insgesamt
Heer der Sueben (nach Cäsar)	1. Jh. v. Chr.		100 000
Roms Stehendes Heer	10 n. Chr.		330 000
Roms Stehendes Heer	4. Jh. n. Chr.		750 000
Ritterheer bei Poitiers	732	8000	
Heer Wilhelms des Eroberers beim Einfall in England	1066	50 000	
Kreuzfahrerheer	1204	33 000	
Mongolenheer beim Angriff auf Europa	1237	120 000	
Französisches Heer bei Azincourt	1415	50 000	
Spanisches Heer in den Niederlanden	1566	11 000	
Türkische Janitscharen	1591		49 000
Wallensteins Heer	1626	40 000	
Schwedens Stehendes Heer	17. Jahrh.		15 000
Frankreichs Stehendes Heer	1690		220 000

Soldaten, die beliebig lange unter Waffen standen, ein Stehendes Heer – war, wie im Altertum, nur auf zweierlei Art zu erreichen: entweder durch Sold oder durch Zwang. Das Osmanische Reich entschied sich frühzeitig für den Zwang. Als Kerntruppe seiner Armee (neben Spahis und Söldnern) stellte der türkische Sultan 1330 das *Janitscharenkorps* auf, das als Machtinstrument nach außen und innen und noch danach als Geburtsstätte vieler militärischer Traditionen eine weltgeschichtliche Rolle spielte. Die Soldaten wurden zunächst aus Kriegsgefangenen und Sklaven, später vor allem durch den sogenannten Knabenzins rekrutiert: Der Sultan nahm den Christen unter seinen Untertanen halbwüchsige Söhne weg und ließ sie zum Waffendienst und zu barbarischer Disziplin erziehen. So mächtig wurden die Janitscharen, dass sie zwischen 1521 und 1703 vier Sultane stürzten; erst Sultan Mahmud II. brachte 1826 die Kraft auf, das Korps gewaltsam aufzulösen.

Europa entschied sich zunächst für die *Freiwilligkeit*: Soldat zu werden brauchte nur der, der es wollte – oder der auf die Tricks der Anwerber hereinfiel. Die Ausplünderung ferner Kontinente, wie sie im 16. Jahrhundert vor allem Spanier und Portugiesen, später auch Franzosen, Holländer und Engländer betrieben, brachte Gold und Silber in solchen Mengen nach Europa, dass die Könige es sich leisten konnten, große Söldnerheere ständig unter Waffen zu halten. So war die Armee der führenden Kolonialmacht Spanien im 16. Jahrhundert die stärkste und beste der Welt (woran das spanische Wort *Infanterie* noch heute erinnert).

Für die Zivilbevölkerung war das Söldnerwesen ein Rückschritt, da noch jeder Söldner seinen Sold durch das Beutemachen aufzubessern suchte; und gerade in den Anfängen des neuzeitlichen Söldnerwesens gab es Soldatenhaufen, die auch für die Regierenden zur Plage wurden, weil sie, wenn es an Aufträgen fehlte, auf eigene Faust Beutezüge unternahmen. Die Berüchtigtsten von ihnen waren die Armagnaken und die Condottieri.

Condottieri (von condotta, Sold) hießen jene Söldnerscharen und besonders ihre Führer, die sich im 14. und 15. Jahrhundert in den Sold der italienischen Stadtstaaten begaben und sich bald darauf spezialisierten, nach Ablauf des Soldvertrages nach eigenem Gutdünken zu plündern, zu brandschatzen oder Tribute zu erpressen. Die Führer waren oft deutsche Ritter; der Übergang vom Raubrittertum zum Bandenunwesen vollzog sich also in derselben Brust – woraus aufs Neue erhellt, wie schwer es ist, zwischen edlen Rittern und üblen Räubern, zwischen vorbildlichen und verabscheuungswürdigen Soldaten eine klare Unterscheidung zu treffen.

Schlechter erging es den *Armagnaken*. Es handelte sich dabei zunächst um die Truppen, die der Graf von Armagnac seit 1410 anwarb, die aber allmählich verwilderten und den Krieg in niemandes Auftrag als Erwerb betrieben. Nach den weißen Armbinden, die sie als Kennzeichen trugen, wurden sie auch *les bandes* genannt, eigentlich nur «die Binden» – aber unsere Wörter *Bande* und *Bandit* sind daraus entstanden. 1439 verwüsteten sie das Elsass. König Karl VII. von Frankreich, der von Österreich um 5000 Mann Hilfstruppen gegen die Schweiz gebeten worden war, schickte stattdessen alle 40 000 Armagnaken gegen die Eidgenossen vor, die zu seiner großen Erleichterung 1444 in der Schlacht von St. Jakob fast 15 000 Armagnaken niedermachten. Die Reste wurden teils von französischen Truppen planmäßig zerstreut, teils hausten sie versprengt im Elsass und in der Pfalz, wo die Bauern sie erschlugen, sodass sie nun die «Armen Gecken» hießen.

Das klassische Gegenstück zu den Banditen waren ihre Überwinder, die *Schweizer*, zum ersten Mal 1476 in den Burgunderkriegen (in Kapitel 14 werden sie vorgestellt). Erst dann aber kam die übelste Zeit der mordenden, plündernden Soldateska, zumal im Dreißigjährigen Krieg (1618–1648). Mit ihr verglichen waren die späteren Wehrpflichtheere durchaus ein Fortschritt.

Dies aber nicht so sehr, weil Söldner immer Wüstlinge wären, sondern umgekehrt: gerade weil die Kriegführenden sich den Sold und alle sonstigen Kosten der Unterhaltung eines Heeres sparen wollten. Der Genuese Ambrosio Spinola (1569–1630) hatte als spanischer General in den Niederlanden den verhängnisvollen Grundsatz aufgestellt: «Der Krieg ernährt den Krieg», und der kaiserliche Generaloberst-Feldhauptmann Albrecht von *Wallenstein* zog daraus die radikale Konsequenz: Er gewann durch Erbschaft, Einheirat, Konfiskation und kaiserliche Belehnung einen riesigen Landbesitz, der ihm die Menschen und die Mittel zur Aufstellung und Ausrüstung eines Heeres von 40 000 Mann verschaffte; für Unterhalt und Besoldung sorgte dieses Heer selber mit Hilfe seiner Waffen – ein teuflischer Rückgriff auf die Spätzeit Roms, der die Kriegführung bei leeren Kassen ermöglichte und das Anrücken eines Regiments für Feind und Freund gleichermaßen zur Katastrophe machte.

Wie wenig der Söldner eines Vaterlands bedurfte, zeigen am deutlichsten gerade die deutschen Söldner, die noch viel weiter über die Erde ausgestreut waren als die schweizerischen. Seit 1500 dienten deutsche Matrosen in der englischen Flotte, seit 1527 deutsche Landsknechte unter dem König von Frankreich. 1635 trat Herzog Bernhard von Sachsen-Weimar, einer der bedeutendsten Feldherrn seines Jahrhunderts, mit 18000 Mann in französische Dienste. 1665 führte Bernhard von Galen, der Fürstbischof von Münster, den *Handel* mit Soldaten ein: Er vermietete seine Truppen an England, Frankreich und Spanien. 1688 kämpften brandenburgische Soldaten in Irland, 1704 halfen hessische Söldner Gibraltar für England erobern, 1716 schlugen sich drei deutsche Regimenter in venezianischem Dienst auf Korfu mit den Türken. Landgraf Friedrich II. von Hessen-Kassel verpachtete 1776 für 21 Millionen Taler 17000 Landeskinder an England, die in Amerika gegen die Unabhängigkeitsbewegung kämpfen mussten; 1791 verblutete ein württembergisches Regiment in holländischem Dienst auf Java. Der brandenburgische Generalfeldmarschall Reichsfreiherr Georg von Derfflinger, der 1675 bei Fehrbellin gegen die Schweden kämpfte, stammte aus Österreich und war früher Söldner in schwedischen Diensten gewesen.

Derfflinger kam damit aus der besten Armee seiner Zeit und wechselte in diejenige über, die ein halbes Jahrhundert später die beste werden sollte. König Gustav Adolf von Schweden (Regierungszeit 1611–1632) baute auf der Basis einer fast allgemeinen Wehrpflicht für Männer von fünfzehn Jahren aufwärts ein gut ausgerüstetes und hart geschultes Heer auf, das durch schottische und deutsche Söldner ergänzt wurde. Es gab ein schriftliches Dienstreglement, eine Feldgerichtsbarkeit, ein streng gegliedertes Offizierskorps und – die größte Revolution in jenem Jahrhundert – ein geordnetes Nachschubwesen. Die Soldaten waren damit nicht mehr aufs Plündern angewiesen, was Plünderungen zwar nicht verhinderte, aber sie von einer täglichen Notdurft zu einem Übergriff machte.

Ihren Höhepunkt und ihren Niedergang zugleich erlebte die schwedische Armee unter Karl XII., der im Jahre 1700 als Achtzehnjähriger die Russen, die Polen und die Dänen schlug und 1709 von Peter dem Großen bei Poltawa eine Niederlage hinnehmen musste, die der militärischen Großmachtstellung Schwedens für alle Zeit ein Ende setzte. Die stärkste Armee Europas hatte inzwischen Frankreich erhalten. Der Kriegsminister Ludwigs XIV., Marquis de Louvois, brachte das Stehende Heer auf 220 000 Mann. Nach schwedischem Vorbild sorgte er für Disziplin und ein umfassendes Nachschubwesen.

In Schweden, Frankreich, Preußen und später den meisten anderen europäischen Staaten trat so an die Stelle der Obersten, die als eine Art Unternehmer dem Kriegsherrn die Regimenter stellten und innerhalb dieser Einheit nach eigenem Gutdünken schalteten, das königliche Offizierskorps; und den Platz des plündernden Landsknechts, der sich heute hier und morgen dort verdingte, nahm allmählich der langdienende, streng reglementierte Söldner ein – die Kreatur, die mehr noch als von den Feinden, den Flöhen und den Pocken von den eigenen Vorgesetzten geschunden wurde und die ihr Leben nicht mehr zwischen Schlacht und Feldlager teilte, sondern überwiegend auf dem Kasernenhof verbrachte. Für die Zivilisten war das ein großer Fortschritt, für die Könige ein außerordentlicher militärischer Vorteil – für die betroffenen Söldner freilich ein böser Schritt zurück.

11 Carnots Soldatenfabrik

> Jede Regierung soll das Kriegsheer bloß aus Bürgern,
> keinen ausgenommen, bilden ... Von der Einstellung
> sollen nur die Ehrlosen, die Wahnsinnigen und die
> Krüppel ausgeschlossen werden sowie solche, die sich
> durch einen sklavischen Dienst ernähren; sonst soll
> jedermann für das Vaterland kämpfen und niemand
> Bürger werden dürfen, bevor er nicht die Waffen führen
> lernte und gelobt hat, sich den vom Staate verordneten
> jährlichen Übungen zu unterziehen.
>
> *Spinoza*, Tractatus Politicus (1677)

Keine Armee wurde mehr gedrillt und im Ausland mehr geschmäht als die des Königs von Preußen – obwohl die preußischen
Drillmeister mit weit weniger barbarischen Strafen auskamen als
etwa die englische Marine und später die französische Fremdenlegion. Es war Preußen, das die Folter für Soldaten abschaffte und
die Altersversorgung für Soldaten einführte. Und es war gerade
die übel beleumundete preußische Armee, die der halben Welt als
Vorbild diente.

Nichts schien noch im 17. Jahrhundert für eine solche Entwicklung zu sprechen: Kurfürst Friedrich Wilhelm von Brandenburg
fand bei seinem Regierungsantritt im Jahre 1640 nur einen militärisch völlig untauglichen Haufen von ein paar tausend Söldnern vor, den er durch Auslese der brauchbaren Elemente noch
auf 2500 Mann verminderte. Beim Tod des Großen Kurfürsten
im Jahre 1688 war daraus ein Stehendes Heer von 30 000 Mann
geworden.

Sein Enkel, König *Friedrich Wilhelm I.* (Regierungszeit
1713–1740), brachte die preußische Armee auf 83 000 Mann,
womit sein Staat, der nach der Einwohnerzahl in Europa an
dreizehnter Stelle stand, über das viertstärkste Heer des Erdteils

verfügte (nach Frankreich, Russland und Österreich). Um diese Zahl zu halten, führte Friedrich Wilhelm 1733 das *Kantonsystem* ein: Jedem preußischen Regiment wurde ein Landesteil (Kanton) zur Deckung seines Bedarfs an Rekruten zugewiesen. Alle jungen Männer dieses Militärbezirks wurden registriert und waren dienstpflichtig. Ausgehoben wurde jedoch nur eine Minderheit von ihnen, da Preußen an dem Grundsatz festhielt, dass die Armee überwiegend aus Söldnern zu bestehen habe, die vorzugsweise außerhalb der Landesgrenzen angeworben wurden; der Kanton hatte nur die Differenz zu decken, wenn es nicht genügend Freiwillige gab. So traf die theoretisch bestehende allgemeine Wehrpflicht praktisch nur die Landarbeiter.

«Die Kantons machen die Regimenter unsterblich, da sie deren Verluste immerfort ersetzen», rühmte Friedrich der Große nach den Erfahrungen des Siebenjährigen Krieges. Doch wollte auch er den Kanton nur als «letzte Zuflucht» verstanden wissen und riet in seinem Testament seinen Nachfolgern, im Kriegsfall vor allem in Sachsen Truppen auszuheben und die Regimenter im Übrigen durch Überläufer aufzufüllen; von den 160 000 Soldaten, die Preußen brauche, sollten nicht mehr als 70 000 aus Preußen sein.[120]

Wie mit dem Kantonsystem für die Quantität, so sorgte Friedrich Wilhelm I. durch einen genialischen Einfall für die Qualität seines Heeres: Er erweckte die Verpflichtung des Ritter-, das heißt nun des Adelsstandes, dem König Kriegsdienst zu leisten, zu neuem Leben. Während die Ritter jedoch das Heer *darstellten* (es wurde bloß durch Knappen und Knechte ergänzt), bildete der preußische Adel nur die Spitze eines Heeres, das aus Söldnern und Ausgehobenen bestand. Während die Ritter dem König einige Wochen im Jahr dienten, war das adlige Offizierskorps nur einige Urlaubswochen lang *nicht* im Dienst.

So waren die Vorteile des Ritterheeres und des Söldnerheeres, des Stehenden Heeres und der Vasallentreue in derselben Armee

vereint. Dazu kam noch, dass die selbstverständliche Unterordnung des Landarbeiters unter seinen Gutsbesitzer sich nur in die
militärische Hierarchie hinein fortzusetzen brauchte: Die Landarbeiter stellten die Mannschaften und die Gutsbesitzer die Offiziere, wie einst in der Armee Philipps II. von Mazedonien. Für die
strenge preußische Disziplin war das eine vorzügliche Grundlage.

Gezwungen wurde der Adel nicht, die Uniform anzuziehen;
aber der Soldatenkönig verstand es, ihn moralisch unter Druck zu
setzen. Er zwang *sich*, seiner Familie und seinem Staat eine spartanische Lebensführung auf und trug als erster König nach Karl XII.
in der Öffentlichkeit immer Uniform – er machte «aus allen Königen Korporale», spotteten die Zeitgenossen. Eine Tracht, die seit
dem Niedergang der Ritterheere die Landsknechte, die Banditen,
die «Ungläubigen» gekennzeichnet hatte, hob er damit zu königli-
chem Rang empor. Das Offizierskorps reservierte er für den Adel,
Offiziere ernannte er zu Kammerjunkern, Kadetten stellte er als
Pagen an. Es wurde für einen jungen Adligen nahezu unmöglich,
nicht «des Königs Rock» zu tragen.

So stand nun an der Spitze einer Armee, die ein Söldnerheer
und damit weit größer als die alten Ritterheere war, ein Offiziers-
stand von der Königstreue und Begeisterungsfähigkeit des alten
Ritterstandes. Dass auch der einfache Soldat sich für das Vaterland
begeistern sollte, erschien den Königen des absolutistischen Zeitalters als überflüssig, ja als kaum vorstellbar. Seinen Sieg im Ersten
Schlesischen Krieg (1740–1742) führte Friedrich der Große auf
die «bewundernswerte Mannszucht» des preußischen Heeres
und auf «wahrhaft patriotische Offiziere, erfahrene und unbe-
stechliche Staatsdiener» zurück.[121] Da Patriotismus allein bei Offizieren zählte, hatte Friedrich keine Bedenken, nach dem Zweiten Schlesischen Krieg (1744/45) seine Armee «größtenteils aus
österreichischen und sächsischen Gefangenen» zu ergänzen.

Noch 1806 befanden sich unter den 7000 Offizieren Preußens
nur 695 Bürgerliche, und sie dienten vorwiegend in der Artil-

lerie und in anderen weniger angesehenen Waffengattungen.
Doch war die Zeit nur in Preußen stehengeblieben. Der adlige
Offizier Friedrich Wilhelm von Steuben, der siebzehn Jahre lang
im preußischen Heer gedient hatte, 1762 Hauptmann im Gefolge
Friedrichs war und 1778 Generalinspekteur des amerikanischen
Heeres im Unabhängigkeitskrieg wurde, schrieb 1779 einem
deutschen Freund: «Übrigens muß ich ihnen aufrichtig gestehen,
das Mir hier 6 Außländische Officiers mehr zu schaffen machen
als 200 Americanische ... Eine große anzahl Teutscher Barons
und Frantzösische Marquis sind bereits wieder abgeseglet und ich
bin allemahl besorgt wan sich ein Baron oder Marquis melden läst.
Wir seind hier in einer republic und der Herr Baron gilt nicht einen Heller Mehr als Meister jakob oder Meister Peter und hierzu
können sich die Freyherrlichen Naasen schwehrlich gewöhnen.
Unser General der artillerie war Buchdrucker in Boston.»[122]

   1784, nach dem Sieg im Unabhängigkeitskrieg, entließ der
amerikanische Kongress die gesamte Armee mit Ausnahme von
achtzig Mann, die die Magazine in West Point und Fort Pitt be-
wachen sollten (womit das Stehende Heer der USA nur wenig
größer war als zur gleichen Zeit das weimarische Husarenkorps,
das dem herzoglichen Kriegs-, Finanz- und Straßenbaukommis-
sar Geheimrat Dr. von Goethe die Liebesbriefe beförderte). Gegen
den dringenden Rat George Washingtons unternahm das Parlament des ersten Staates der Geschichte, der in seiner Verfassung
die Gleichheit der Menschen verankerte, den ebenso heroischen
wie weltfremden Versuch, auf dieser Erde wenigstens im Frieden
ohne Soldaten auszukommen. Bereits drei Jahre später wurden
ein Stehendes Heer und eine Bürgermiliz ins Leben gerufen.

   Es geschah nur wenige Jahre danach, 1793, dass die Französische Revolution ihr rotes Segel voll entfaltete und der Welt zwei
Schläge versetzte, von denen sie sich bis heute nicht völlig erholt
hat: die Hinrichtung Ludwigs XVI. und die *levée en masse*, gesteuert durch den Ingenieuroffizier *Lazare Nicolas Carnot*, der

französischer Kriegsminister von 1793 bis 1795 und Vorgesetzter des jugendlichen Generals Bonaparte war. Eine Reihe von Militärhistorikern vertritt die Meinung, an den vielbewunderten Siegen Napoleons habe Carnot einen größeren Anteil als Napoleon selbst. So viel ist sicher: Ohne das Massenheer, das Carnot aus dem Boden stampfte, hätte Napoleon Europa nicht erobern können; und jeder Wehrpflichtige, der später widerwillig zum «Kommiss» oder zum «Barras» einrückte, würde treffender den «Carnot» beschimpfen.

In verzweifelter Angst vor der Vergeltung, die Europas Monarchen für die Hinrichtung eines der Ihren zu üben begannen, verabschiedete die französische Nationalversammlung am 23. August 1793 ein Gesetz, das alle gesunden unverheirateten Männer von 18 bis 25 Jahren zu Soldaten machte, die Verheirateten dieser Altersgruppe in die Kriegswerkstätten rief und die waffenfähigen Männer von 26 bis 40 Jahren zum Kriegsdienst bei Bedarf verpflichtete. «Die jungen Männer haben in den Kampf zu ziehen, die verheirateten Männer Waffen zu schmieden und für den Transport der lebensnotwendigen Güter zu sorgen; die Frauen haben Zelte und Kleider anzufertigen und in den Lazaretten Dienst zu tun; die Kinder haben Verbandsmaterial herzustellen; die Alten sollen auf die Straßen gehen, den Mut der Krieger anfeuern und Hass gegen die Könige und gegen die Feinde der Republik predigen.»[123]

Das war die *Aushebung in Massen* – nach Plänen, die Carnot schon 1788 (also ohne Revolution und ohne drängenden Anlass) vorgelegt und seit 1792 gegenüber dem Wohlfahrtsausschuss energisch vertreten hatte. Frankreich rüstete sich zur großen Treibjagd auf Europas Fürsten und Völker. Die Allgemeine Wehrpflicht, die die Welt verwandelt hat, war eingeführt.

Was war nun daran neu? Schon bei den Assyrern gab es Aushebungen, alle männlichen Spartiaten standen unter Waffen, der fränkische Heerbann erstreckte sich auf alle freien Männer, die städtische Bürgerwehr auf alle Stadtbürger; in Österreich-Ungarn bestand seit dem 16. Jahrhundert die Verpflichtung, sich im Notfall dem Landsturm einzureihen; Gustav Adolf hatte die Wehrpflicht für Männer sogar ab fünfzehn Jahren, Friedrich Wilhelm I. das Kantonsystem eingeführt. Neu war in Frankreich dreierlei.

Erstens: Die bis dahin üblichen Wehrpflichtsysteme hatten einen erheblichen Teil der waffenfähigen Männer ausdrücklich ausgenommen. Die Spartiaten waren im eigenen Lande eine winzige Minderheit. Das römische Heer stützte sich zunächst allein auf Besitzende und seit Marius überwiegend auf Besitzlose. Für den Ausgehobenen gab es ferner fast überall die Möglichkeit, einen Ersatzmann zu stellen oder sich freizukaufen.

Zweitens: Von den theoretischen Möglichkeiten der Aushebung wurde vor 1793 meist bloß bedingt Gebrauch gemacht, fast immer wurde nur eine Minderheit der Wehrpflichtigen eingezogen. Das preußische Kantonsystem war ausdrücklich als Reserve für die Rekrutierung, nicht etwa als deren Grundlage gedacht. Auch Frankreich rief nicht sämtliche Wehrpflichtigen unter die Waffen, jedoch einen sehr erheblichen Teil von ihnen.

Drittens: Frankreich war um 1800 mit 27 Millionen Einwohnern das volkreichste Land Europas, auf der Erde nur von China und Indien übertroffen. In Österreich-Ungarn lebten 14 Millionen, in Großbritannien elf Millionen, in den USA fünf Millionen Menschen. Als ausgerechnet der größte zivilisierte Staat der Welt dazu überging, das Volk zu bewaffnen – 1795: 1,2 Millionen französische Soldaten –, da musste er einfach Europa überrennen.

Freilich, dem ersten Millionenheer der Geschichte, das auf diese Weise zustande kam, fehlte es an Ausbildung und Ausrüstung. Über die französischen Truppen, die 1796 unter Bonaparte in Mailand einrückten, schrieb ein italienischer Augenzeuge: «Der Anblick, den dieses Heer bot, musste jeden überraschen, der die Soldaten Friedrichs gesehen hat. Die Franzosen biwakierten ohne Zelte, sie marschierten ohne bestimmte Ordnung. Ihre Uniformen waren aus verschiedenfarbigen zerrissenen Fetzen zusammengesetzt. Viele Soldaten hatten überhaupt keine Waffen. Sie besaßen wenig Artillerie, die Kavallerie hatte keine Pferde. Die Schildwachen setzten sich während des Dienstes ruhig nieder.»[124]

Das neue Element, das damit auf den Schlachtfeldern Europas auftauchte, brachte Alexis de Tocqueville 1839 auf die treffende Formel: «Wenn ich mich frage, warum die Schweizerische Eidgenossenschaft des 15. Jahrhunderts die größten und mächtigsten Nationen Europas erzittern ließ, während heute ihre Macht genau ihrer Einwohnerzahl entspricht, so finde ich als Antwort, dass die Schweizer ihren Nachbarvölkern ähnlich geworden sind und diese wiederum den Schweizern; da nun die Zahl allein den Unterschied zwischen ihnen ausmacht, gehört den größten Bataillonen der Sieg. Eines der Ergebnisse der demokratischen Revolution, die sich heute in Europa vollzieht, besteht also darin, auf allen Schlachtfeldern die größere Zahl entscheiden zu lassen … Da die Zahl für den Sieg ausschlaggebend ist, muss jedes Volk alle Kräfte anspannen, so viel Menschen wie möglich aufs Schlachtfeld zu führen.»[125]

Rücksichtslos machte Napoleon von der Zahl Gebrauch. «Ein Wort von mir», brüstete er sich 1805 vor den gefangenen österreichischen Generalen aus der Festung Ulm, «und 200 000 Mann stehen bereitwillig unter den Waffen und werden in sechs Wochen gute Soldaten sein. *Ihre* Rekruten dagegen gehorchen nur der Gewalt und werden erst in Jahren zu brauchbaren Soldaten herangebildet.»[126] Seine Vorliebe für den verschwenderischen Umgang mit Menschenmassen hinderte ihn jedoch nicht, den Freikauf und die Ersatzgestellung wieder zuzulassen – in Anbetracht der so weit überlegenen Volkszahl Frankreichs, der vielen Hilfsvölker und des höchst willkommenen Geldes. Damit waren praktisch die Wohlhabenden erneut vom Militärdienst befreit.

Bei den Gegnern Napoleons waren unterdessen heftige Debatten darüber entbrannt, ob man den Franzosen in der Volksbewaffnung nacheifern müsse, wenn man sie schlagen wolle. Die Zweckmäßigkeitserwägungen wurden dabei weithin von weltanschaulichen Fehden überlagert. Luther hatte am Söldnerwesen nichts auszusetzen gefunden. Dagegen schrieb Rousseau 1762, jeder Mann solle in seiner Eigenschaft als Bürger Soldat sein, keiner solle das Soldatsein als Beruf ausüben. 1795, offenbar unter dem Eindruck des Menschenhandels, den die Engländer im Amerikanischen Unabhängigkeitskrieg getrieben hatten, und zwei Jahre nach Carnots *levée en masse* verurteilte Immanuel Kant im preußischen Königsberg das Söldnerwesen aufs heftigste: «Zum Töten oder getötet zu werden in Sold genommen zu sein scheint einen Gebrauch von Menschen als bloßen Maschinen und Werkzeugen in der Hand eines anderen, des Staats, zu enthalten, der sich nicht wohl mit dem Rechte der Menschheit in unserer eigenen Person vereinigen lässt.»[127]

Neithardt von Gneisenau, einst Söldner in österreichischen, ansbachischen und englischen Diensten (1782/83 in Amerika gegen die Amerikaner und damit gegen seinen Landsmann Steuben), meinte 1808 als Mitglied der preußischen Kommission zur Reorganisation des Heerwesens, das Stehende Heer habe den Kampfgeist der Nation und ihr Zusammengehörigkeitsgefühl untergraben, da es große Teile der Bevölkerung von der Pflicht der Vaterlandsverteidigung befreie[128]; vielleicht hatten die Erfolge des amerikanischen Volksheeres auf seine Meinung Einfluss. Freiherr vom Stein schrieb im selben Jahr, die Verbindung des Stehenden Heeres mit einer Volksmiliz werde es möglich machen, «einen hochherzigen, kriegerischen Nationalcharakter zu bilden, langwierige entfernte Eroberungskriege zu führen und einem übermächtigen feindlichen Anfall einen Nationalkrieg entgegenzusetzen».[129]

König Friedrich Wilhelm III. von Preußen, der lieber am Berufsheer festgehalten hätte, wurde von den «Reformern» überspielt: Noch 1808 begann auch Preußen mit der Volksbewaffnung. Dass sie militärisch nötig war, wenn man ein Volk in Waffen schlagen wollte, ist ziemlich sicher – ganz sicher nicht, denn die Engländer, die größten Nutznießer von Napoleons Niederlage, hielten am Söldnerheer fest; und selbst Hitler, gewiss ein leidenschaftlicher Streiter für die Volksbewaffnung, räumte ein, dass dieses Söldnerwesen sein Gutes haben könne: «England hat in seiner Söldnertruppe und seinem eigentümlichen Milizsystem die Heeresorganisation besessen, die bei seiner insularen Lage für die Durchfechtung der englischen Lebensinteressen genügte, ja passend schien ... England kämpfte mit Söldnern, solange die Söldner für die Verfechtung englischer Interessen genügten. Es rief Freiwillige, sowie der Kampf einen größeren Einsatz erforderte. Es führte die allgemeine Wehrpflicht ein, sowie die Not des Vaterlandes es gebot.»[130]

Gut, auf dem Kontinent, wo Napoleons Soldaten standen, dürfte die Wehrpflicht von der Not geboten worden sein – in der kühlen Analyse Clausewitzens: «In der Allgemeinheit der Fälle würde dasjenige Volk, welches sich des Volkskriegs mit Verstand bediente, ein verhältnismäßiges Übergewicht über diejenigen bekommen, die ihn verschmähen. Ist dem also, so kann nur die Frage sein, ob diese neue Verstärkung des kriegerischen Elements der Menschheit überhaupt heilsam ist oder nicht; eine Frage, die sich wohl ganz so beantworten dürfte wie die Frage über den Krieg selbst – wir überlassen beide den Philosophen.»[131]

Aber Carnot hatte 1793 die Weichen gestellt, nur wer es ihm nachtat, konnte ihn zu überwinden hoffen, und so war das Spiel mit dem immer höheren Einsatz mehr als hundertfünfzig Jahre lang im Gange. Preußen ging sogleich einen Schritt weiter als Frankreich, Carnot fand seinen Meister in dem preußischen General Gerhard von *Scharnhorst*, der seit 1807 Vorsitzender einer Militär-Organisationskommission war. Er führte einen Ausbildungsmodus ein, für den sich bald der Spottname *Krümpersystem* durchsetzte. Ein Krümper oder Kremper ist so viel wie ein Krummer oder Krüppel – und so nannte man die preußischen Rekruten, die nach der Scharnhorst'schen Methode zu einer kurzfristigen Ausbildung einberufen und dann der Reserve (seit

1814: der Landwehr) zugewiesen wurden. Auf diese Weise gab es immer nur 42 000 *uniformierte* Soldaten, aber eine wachsende Zahl *ausgebildeter* Soldaten, die jederzeit die Uniform wieder anziehen konnten, wenn der König es befahl.

Dieses Verfahren hatte Carnot schon in seiner Denkschrift von 1788 vorgeschlagen, es in Frankreich aber nicht verwirklichen können: Dort blieb es dabei, dass unausgebildete Männer eingezogen wurden, wenn der Staat sie brauchte. Preußen praktizierte zum ersten Mal die Idee eines Stehenden Heeres, bei dem ein Rekrutenkontingent nach dem andern durchläuft, sodass das Heer erstens eine Kampftruppe und zweitens eine Kriegsschule des ganzen Volkes ist. Aus der Not des Pariser Vertrags machte Scharnhorst eine preußische Tugend.

Als im Amerikanischen Bürgerkrieg, dem Beispiel der Südstaaten folgend, 1863 auch der Norden die Allgemeine Wehrpflicht einführte, kam es in der Stadt New York zu einem Aufruhr: Registrierungsbüros wurden niedergebrannt, Lagerhäuser gestürmt, und der Mob setzte ein Waisenhaus für schwarze Kinder in Flammen, was offenbar eine Rache dafür sein sollte, dass es die schwarzen Sklaven waren, deretwegen nun jedermann Soldat werden musste. Die New Yorker Zeitungen nahmen großenteils für die Aufrührer Partei, und soweit sie dagegen waren (wie die «New York Times»), bewaffneten sie ihre Redakteure mit Gewehren. Aus Gettysburg rückte die Armee an, die den Aufruhr blutig niederschlug (die halbamtlichen Schätzungen über die Zahl der Todesopfer gehen von 75 bis 1200). Die Wehrpflichtigen, die nun einrückten, nannte der Volksmund «Freiwillige in Handschellen». Im Übrigen konnte man sich für 300 Dollar vom Wehrdienst freikaufen. «Des reichen Mannes Krieg, des armen Mannes Kampf!», sagte der arme Mann dazu.

1871 schlug zum ersten Mal das deutsche Massenheer ohne Verbündete die Franzosen – eine Weltsensation. Dostojewskij schrieb 1877 über die Deutschen: «Dieses Volk, das ungewöhnlich selten gesiegt hat, dafür aber bis zur Seltsamkeit oft besiegt worden ist – dieses Volk besiegte plötzlich einen Feind, der fast immer und überall Sieger gewesen war ... Infolge der mustergültigen Organisation seiner großen Armee und der eigenartigen Umgestaltung derselben nach völlig neuen Grundsätzen konnte es gar nicht umhin, zu siegen.»[132]

Fast alle Staaten Europas und dazu Japan bemühten sich nun, nach deutschem Vorbild ein Massenheer und einen Generalstab ins Leben zu rufen. «Es sind vergangene Zeiten», schrieb der Chef des deutschen Generalstabs, Moltke, «als für dynastische Zwecke kleine Heere von Berufssoldaten ins Feld zogen, um eine Stadt, einen Landstrich zu erobern, dann in Winterquartiere rückten oder Frieden schlossen. Die Kriege der Gegenwart rufen die ganzen Völker zu den Waffen.»[133]

Daneben hatten sich noch gegen Ende des 19. Jahrhunderts Reste mittelalterlicher Zustände erhalten. In der Türkei wurde erst 1878 ein Freikorps von mordenden und plündernden Banditen aufgelöst, dessen sich die reguläre Armee bis dahin als Hilfstruppe bedient hatte. Sie wurden *Baschi-Bosuk* (bashi-bosuq) genannt, was eigentlich «Querkopf» bedeutet und ursprünglich einen Bettler bezeichnete; später wandten die türkischen Soldaten das Wort auf alle türkischen Nichtsoldaten an (ein schöner Akt militanten Hochmuts), und schließlich hießen die kurdischen und tscherkessischen Abenteurer so, die auf eigene Rechnung im Namen des Sultans kämpften (in Ägypten gegen Bonaparte, im Krimkrieg gegen Russland) und 1876 sechzigtausend aufständische Bulgaren niedermetzelten. Bettler, Zivilisten, irreguläre Soldaten: Auf alle trifft nach türkischem Feingefühl das Wort «Querkopf» zu.

Mit Hilfe von allerlei Querköpfen führten auch die zivilisatorisch weiter fortgeschrittenen Vereinigten Staaten 1898 ihren Krieg auf Kuba: Das kleine und wenig leistungsfähige Berufsheer wurde durch Freiwilligenverbände wie die *Rough Riders* ergänzt – ein Kavallerieregiment, das der spätere Präsident Theodore Roosevelt aus Cowboys und Playboys, Jägern und Taugenichtsen anwarb und selbst befehligte, wie einst ein Landsknechtsoberst. 1917 führten die USA eine beschränkte Wehrpflicht ein *(selective service)*, die genügte, um im entscheidenden Sommer 1918 monatlich 250 000 Soldaten an die französische Front zu werfen.

Nach 1918 hofften die Völker, dass die Zeit des Wettrüstens und der Massenheere, die die Welt in ein so entsetzliches Unglück gestürzt hatte, nun endlich vorüber sein werde: Doch Frankreich unterhielt ein Stehendes Heer von 740 000 Mann, das größte der Erde. Vierzehn Jahre später war das «Nie wieder!» auch in Deutschland vorbei: Hitler brach 1935 den Vertrag von Versailles und führte die Wehrpflicht wieder ein. Vier Jahre später begann die zweite, die noch schlimmere Jahrhundert-Katastrophe: 45 Millionen Soldaten unter Waffen – Carnots größter Triumph.

Der schwedische Militärhistoriker Torsten Holm schreibt über die französische Revolution des Soldatentums: «Das Volk war dabei, sich an den größten und schicksalsschwersten Eingriff in seine Freiheit zu gewöhnen: die Leibeigenschaft, die in der vom Gesetz festgelegten Verpflichtung zum Kriegsdienst bestand.»[134] Dem Desertieren in Massen, das daraus folgte, wird sich mit viel Verständnis das Kapitel 40 widmen.

«Staatsbürger in Uniform» hieß das Schlagwort, mit dem die Wiederbewaffnung Deutschlands seit 1950 den betroffenen Bürgern schmackhaft gemacht werden sollte: «Ihr werdet nicht mehr wie einst zu Marionetten degradiert, wenn ihr beim Militär seid», sollte das heißen; «auch in Uniform bleibt ihr Bürger.» Das war ein vernünftiger und an sich schon Scharnhorst vertrauter Gedanke. Merkwürdig ist dabei nur, wie rasch die Völker vergessen: Denn vor anderthalb Jahrhunderten war es eine Revolution, dass ausgerechnet die Bürger Uniform anlegen sollten, was man doch nicht ohne Erfolg fast zwei Jahrtausende lang einerseits dem Adel und andrerseits den Banditen überlassen hatte. Und seit die Bundeswehr in Afghanistan einrückte, ist es um den «Bürger in Uniform» still geworden.

Millionen-Armeen unterhalten heute nur noch China und Russland. Innerstaatlich sind sie eine gewaltige Macht. Kleine Nachbarn könnten beeindruckt sein. Im Atomkrieg aber würden die Soldaten-Massen wenig bedeuten, und im Cyberwar machen sie sich lächerlich.

Heeresstärken (seit 1740)

	Zeit	Heer in Aktion	Streitkräfte insgesamt
Englisches Landheer	1740		30 000
Preußisches Heer	1745		156 000
Österreicher bei Leuthen	1757	72 000	
Hessisches Korps in Amerika	1776	17 000	
Stehendes Heer Österreich-Ungarns	1792		305 000
Französisches Volksheer	1795		1 200 000
Napoleons Große Armee	1812	450 000	
Preußisches Heer	1815		385 000
Armee der Nordstaaten (USA)	1865		1 500 000
Preußen bei Königgrätz	1866	220 000	
Deutsches Feldheer	1870	219 000	
Japanisches Feldheer	1904	270 000	
Frankreichs Stehendes Heer	1913		827 000
Deutsches Feldheer	1918	8 100 000	
Republikanisches Heer (Spanien)	1937		450 000
Deutschlands Stehendes Heer	1939		1 000 000
Deutsches Feldheer	1941	4 200 000	
"	1942	8 000 000	
Alliierte Invasionsarmee	1944	2 630 000	
Armee der Sowjetunion	1944		27 000 000
US Army gegen Deutschland und Japan	1945		8 290 000
US Army in Vietnam	1973	540 000	
US Forces	2013		2 400 000

III. Womit sie kämpften

1 Traurig blickt er in die Welt, der unbekannte deutsche Soldat von 1918 – noch zuletzt in einen Krieg gestoßen, in den die Weltmächte «hineingeschlittert» waren (meinte Lloyd George, britischer Premierminister von 1916 bis 1922). Ob er getötet hat, ob er getötet wurde – wir wissen es nicht. Nur dass Millionen von seiner Art grässlich und sinnlos starben, das wissen wir.

2 Alexander der Große (Mosaik in Pompeji). Mit 35000 Soldaten war er 326 v.Chr. nach Indien gezogen – mit 10000 kehrte er nach einem Schreckensmarsch von 11 Jahren zurück.

3 Römische Legionäre haben 173 n.Chr. wieder die Germanen besiegt und enthaupten deren Anführer – überliefert auf der Marc-Aurel-Säule in Rom.

4 Ein Hoplit: der griechische Schwerbewaffnete, der in der unbesiegberen Phalanx kämpfte, mit Schwert, Schild und Panzer aus Bronze, 30 Kilo schwer; dazu ein Helmbusch aus Pferdehaar. Dieser Hoplit (aus dem 6. Jahrhundert v. Chr.) ist 13 cm hoch und steht in Berlin.

5 Bis zu 5 Meter lang waren die Lanzen oder Piken, mit denen Söldner und Landsknechte einander den Garaus zu machen versuchten – um 1530 von Hans Holbein dem Jüngeren ge-

zeichnet (Albertina, Wien). Nicht im Bild: das Blut, das in Hektolitern geflossen sein muss. Und das Elend, das diese Männer über sich, ihre Opfer, ihre Angehörigen brachten.

6 Der Maler war nicht dabei, aber er könnte ihn getroffen haben, den Furor der Attacke, das Gemetzel zwischen Triumph und Entsetzen: brandenburgische Husaren in der Völkerschlacht

bei Leipzig, um 1900 in Szene gesetzt von dem seinerzeit berühmten Richard Knötel.
Das Pferd: fast drei Jahrtausende lang der arglose, willige Helfer beim Töten.

7 Berlin, 1806: Napoleon schreitet die Front der Garde ab, die ihn bis zur Verblendung liebte – und die er in Russland 1812 gnadenlos verheizte.

8 Gettysburg am 4. Juli 1863, dem Morgen nach der Schlacht. Stumm liegen die Toten – zum ersten Mal in der Geschichte der Kriege fotografiert.

12 Mit Pfeil und Schwert

> Hierauf gedachten sie der Zeit der alten Kriege, und
> Schwejk wies ernsthaft nach, dass es früher, als man
> Stinktöpfe in eine belagerte Burg geworfen habe, auch
> kein Honiglecken gewesen sei, in so einem Gestank zu
> kämpfen.
>
> *Jaroslav Hašek*, Der brave Soldat Schwejk

«Soldaten sind Waffen des Bösen», sprach vor über zweitausend Jahren Laotse.[135] Und was sind die Waffen des Soldaten? Mit welchen Hilfsmitteln wird er seiner Funktion gerecht? Mit welchen Gegenständen glaubte er dem Gegner den größten Schaden zuzufügen, wie versuchte er den ähnlichen Waffen des Feindes zu entgehen, welcher Tiere und Fahrzeuge hat er sich im Lauf der Geschichte bedient, welche Kampftaktik angewandt?

Es ist kaum ein Ding denkbar, das nicht unter bestimmten Umständen zur Waffe werden könnte. Die Sonne war eine Waffe, wenn man es so einzurichten verstand, dass sie den angreifenden Gegner blendete, oder wenn Archimedes von Syrakus mit Hilfe der Sonne und eines großen Brennspiegels römische Kriegsschiffe angeblich in Flammen setzte. Das Wasser war eine Waffe, als die Holländer 1674 die Truppen Ludwigs XIV. vertrieben, indem sie die Deiche durchstachen und das Land überfluteten, und ähnlich wurde in beiden Weltkriegen in Flandern mit Überschwemmungen operiert. Mistgabeln waren Waffen, wo immer Bauern Krieg führten, so 1705 in der Bauernschlacht von Sendling (heute München) während des Spanischen Erbfolgekrieges und in den Kämpfen der Tiroler gegen die Franzosen im Jahre 1809.

Stacheldraht, von texanischen Viehzüchtern erfunden, erwies sich als eine wirksame Waffe im Stellungskrieg – aber schon die gallischen Nervier hatten Cäsars Vormarsch durch Verhaue aus Dornengestrüpp aufgehalten. Taxis waren ein Kriegsmittel: Der

Militärgouverneur von Paris, General Joseph Simon Galliéni, warf 1914 mit 5000 Taxis und Omnibussen Soldaten an die Marne-front und trug damit zur großen Kriegswende bei.

Sogar das Flugzeug, ein anfänglich beinahe selbstmörderisches Instrument, wurde zur Waffe gegen andere gemacht: 1911 warfen italienische Aeroplane Ein-Kilo-Bomben auf das türkische Tripolis; im Herbst 1914 schoss der Pilot eines britischen Aufklärungsflugzeugs mit seiner Pistole auf einen deutschen Luftfahrer, der erschrocken niederging, und 1915 wurde im Wettlauf zwischen Frankreich und Deutschland der Kampfflieger geboren, der mit einem Maschinengewehr durch den eigenen Propeller feuerte.

Die wirksamste Waffe der Europäer bei der Eroberung Amerikas waren nicht die Pferde und nicht die Arkebusen, sondern die Pocken. Diese damals auch in Europa noch schreckliche Krankheit, von den Soldaten Córtez' mitgebracht, rottete die Indianer Mexikos, die nie mit ihr in Berührung gekommen waren, zur Hälfte aus. Aus späterer Zeit sind sogar einige Fälle von bewusster *bakteriologischer Kriegführung* überliefert: Britische Kolonialoffiziere machten mit klarer Absicht den Indianern Decken aus Pockenlazaretten zum Geschenk: *Chemische Kampfmittel* gehören sogar zu den allerältesten Waffen; zunächst in Gestalt vergifteter Holzspitzen, die man auf dem Pfad des Feindes so vergrub, dass sie kaum sichtbar aus der Erde ragten; später in der Form vergifteter Pfeile, einer Spezialität der südamerikanischen Indianer.

In unzähligen Kriegen wurden überlegene feindliche Streitkräfte mit der *List* ausmanövriert. «Alle Kriegführung beruht auf Täuschung», lehrte Sun Tzu rigoros.[136] Ein hohes Holzpferd soll den Griechen zum Sieg über Troja verholfen haben. Im Winter vor Cannae entrann Hannibal einer drohenden römischen Einschließung dadurch, dass er zweitausend Ochsen zusammentreiben und ihnen dürres Reisig auf die Hörner binden ließ; in der Nacht wurde das Reisig angezündet, und die vor Angst und Schmerz halb wahnsinnigen Tiere jagten die entsetzten römischen Posten in die Flucht.[137]

Bei Cannae selbst liefen 500 numidische Söldner Hannibals scheinbar zu den Römern über, warfen ihre Waffen weg – und durchschnitten mit Dolchen, die sie unter den Rüstungen verborgen hatten, den kämpfenden Römern von hinten die Kniekehlen.[138] Die Wikinger waren für ihre fingierten Rückzüge berüchtigt, die sich als Fallen erwiesen. Einer ihrer Anführer ließ den Bischof einer belagerten Stadt zu sich rufen, mit der Begründung, dass er im Sterben liege und christlich zu sterben wünsche. «Der ehrwürdige Kirchenmann war hocherfreut über die Bekehrung und willfahrte dieser Bitte. Als aber der Leichnam des verstorbenen Wikingers für das christliche Begräbnis in die Stadt gebracht wurde, stellte sich plötzlich heraus, dass das Gefolge aus wohlerprobten bewaffneten Kriegern bestand, die sich als Leidtragende verkleidet hatten und sich nun ohne weitere Umschweife ans Brandschatzen und Morden machten.»[139]

Einer auf keine Weise klassifizierbaren Verteidigungswaffe schließlich rühmt sich das alte württembergische Städtchen Crailsheim: Bei einer Belagerung im Jahre 1380 soll die Bürgermeisterin den Feind dadurch in die Flucht geschlagen haben, dass sie ihm von der Mauer herab ihre gewaltige Kehrseite nackt darbot.

Unter den regulären Waffen sind die ältesten und einst überall verbreiteten der Knüppel und der Stein. Der Knüppel wurde entweder zum Schlagen benutzt und in dieser Eigenschaft meist von der wirksameren *Keule* abgelöst; oder er wurde als Wurfholz verwendet, dessen letzte Verfeinerung wir heute noch in der Form des Bumerangs vor uns haben.

Nicht minder vielseitig war der Stein. Als *Faustkeil* machte er die Hand zum Hammer. Felsbrocken wurden im Gebirge auf den Feind hinabgewälzt, später von Festungsmauern auf die Angreifer hinabgeworfen, Wurfsteine auch im Kampf Mann gegen Mann geschleudert – sogar noch von den Helden der Ilias: «Beide Brauen zerknirscht' ihm der Fels, nicht wehrte des Hauptes Knochen ihm, sondern die Augen entflossen zur Erd' in den Staub.»[140]

Eine wirksame, gefürchtete und noch im klassischen Altertum sehr verbreitete Waffe war die *Schleuder*, mit der David den gepanzerten Goliath besiegte: «Und er wählte fünf glatte Steine aus dem Bach ... und nahm die Schleuder in seine Hand ... und traf den Philister an seine Stirn, dass der Stein in seine Stirn fuhr und er zur Erde fiel auf sein Angesicht.» (1. Samuel 17,49) Perser, Griechen, Karthager, Römer, Azteken bedienten sich der Schleuder. Die berühmtesten Schleuderer des Altertums kamen von der Insel Rhodos: Die Athener zogen mit 700 rhodischen Schleuderern nach Sizilien.

Eine von den Indianern Südamerikas noch heute benutzte Nebenform der Schleuder ist die *Bola*. Bei ihr fliegt der zu schleudernde Stein nicht aus der Schlinge, sondern nimmt die Schlinge mit: Mehrere Stein- oder Metallkugeln sind mit Stricken oder Riemen fest verbunden und werden dem Opfer – Pferden, Menschen, Wild – um die Beine geschleudert, sodass es unfehlbar zu Fall kommt.

Die zwei klassischen Waffen des Nahkampfs, des Zweikampfs bildeten sich in der Bronzezeit heraus: der *Spieß* und das *Schwert*. Im Unterschied zur Keule und zum Stein setzten sie eine sorgfältige Bearbeitung und meist die Kombination von zwei Werkstoffen voraus, nämlich von Holz oder Bambus mit einem härteren Material – Knochen, Stein, Metall – für Schneide oder Spitze. Das durchweg eiserne *Schwert* ist nur das letzte Glied einer Entwicklungsreihe, die mit der Keule beginnt: In die Keulen wurden Steinsplitter oder, in Ozeanien, Haifischzähne eingesetzt, sodass eine Waffe ähnlich dem mittelalterlichen Morgenstern entstand – womit der Krieger nunmehr in der Position war, grässliche Wunden zuzufügen oder zu erleiden.

Es war die Bronzezeit, die das Schwert im heute geläufigen Sinne formte und es zu einer dominierenden Waffe erhob. Mit

Bronzeschwertern schlugen sich die homerischen Helden: «Und es krachte das starrende Erz um die Leiber unter dem Stoß der Schwerter und zwiefach schneidenden Lanzen.»[141] Das eiserne Schwert, das im Mittelmeerraum im Lauf des 1. Jahrtausends v. Chr. das bronzene verdrängte, wurde dann die Hauptwaffe der Römer und der Ritter und das Sinnbild der Königsmacht. Zwischen den kurzen, meist 50 bis 70 Zentimeter langen Schwertern der Frühzeit und dem *Dolch* waren die Übergänge fließend, zumal da das Kurzschwert häufig – wie der germanische Sax – gleich dem Dolch als Stoßwaffe verwendet wurde. Als frühe Messer und Dolche dienten Rochenstacheln (in Ozeanien) und Feuersteinmesser (wie sie noch die aztekischen Priester benutzten, um den Gefangenen die Brust zu zerschneiden).

Mit Knochen- oder Steinspitzen an einer Holz- oder Bambusstange war anfänglich auch der *Spieß* versehen, die verbreitetste Jagd- und Kriegswaffe der Geschichte. Zur Jagd und teilweise auch zum Kampf wurde er als kurzer *Wurfspieß* ausgebildet, der bei den Germanen *Ger*, bei den Römern *Pilum*, bei den Merowingern *Ango* hieß (höchstens zwei Meter lang). Zur Kriegführung überwog jedoch der drei bis fünf Meter lange Stoßspieß, die *Lanze* (mazedonisch *Sarisse*, römisch *Hasta*, später bei den Landsknechten *Pike*).

Der Wurfspieß hatte den Nachteil, dass er nur ein Mal eingesetzt werden konnte. Nur wenn die Werfer nach dem Wurf vordrangen und Zeit hatten, ihre Speere aufzulesen oder aus den durchbohrten Feinden zu ziehen, konnten sie sie von neuem verwenden. Auch die Lanze musste oft mit Gewalt aus dem Leib des Gegners gezerrt werden; so heißt es von Hektor, nachdem er Patroklos getötet hat: «Und den ehernen Speer aus der Wund' ihm zog er, die Fers' anstemmend, und warf ihn zurück von dem Speere.»[142]

Die häufigste, bei vielen Völkern die einzige Schutzwaffe gegen Spieß und Schwert war der *Schild*: aus Weidenruten geflochten, aus massivem Holz, aus Holz mit Filz- oder Lederbelag, aus Rindshaut, aus Bronze, aus Eisen. Bei Homer trägt Aias einen «türmenden Schild ... aus sieben Häuten feistgenährter Stiere», mit Bronze umkleidet.[143] Die Schilde waren teils mannshoch (im alten Kreta), teils rund (bei den Römern, später bei den Wikingern). Nächst dem Schild war der *Helm* am stärksten verbreitet, aus Filz, Leder, Bronze, Eisen gefertigt – die einzige Schutzwaffe, die auch heute noch getragen wird.

Schon primitive Völker versuchten darüber hinaus, den Rumpf mit einem Schutz zu umgeben. Mehrere Filz-, Leinen- oder Lederschichten dienten diesem Zweck. Die Assyrer kannten bereits den *Schuppenpanzer*, der durch das Befestigen kleiner Metallplättchen auf einer Tuch- oder Lederschicht entsteht. Die Perser entwickelten diesen Harnisch seit dem 4. Jahrhundert v. Chr. zur Vollkommenheit und panzerten damit den Krieger und sogar Brust und Stirn seines Pferdes. *Beinschienen* waren bei Griechen wie Römern in Gebrauch – oft als einzige Körperpanzerung, da die Brust ja durch den Schild geschützt war.

Weit größere Entfernungen als mit Steinschleudern, Wurfhölzern und Wurfspießen wurden mit der dritten klassischen Waffe vor Erfindung des Pulvers überwunden, ja erst Jahrhunderte nach dieser Erfindung gelang es, mit Gewehren auf noch größere Schussweiten zu kommen: mit dem *Bogen*. «Er ist eine hinterlistige Waffe, die aus dem Versteck wirkt», schreibt Spengler. «Sie erspart es, dem Gegner ins Auge zu sehen.»[144] Das ist wahr, die Menschenjagd erhielt mit dem Bogen das wirksamste Instrument, über das sie vor Einführung des Gewehrs verfügte. Mit ihm ließ sich Muskelkraft in mechanische Energie umsetzen, und der Schwächere erlangte die Macht, den Stärkeren zu töten.

Älter als der Bogen ist der Pfeil: Das *Blasrohr*, mit dessen Hilfe man aus dem Hinterhalt kleine Giftpfeile auf Tiere oder Menschen schoss, gehört zu den primitiven Waffen in Südamerika und Indonesien. Und Pfeile wurden sogar noch verwendet, als der

Bogen längst ausgedient hatte: 1914 ließen deutsche Flugzeuge Stahlpfeile auf französische Soldaten fallen.

Der Bogen war in zwei verschiedenen Formen auf der Erde verbreitet. Auf der südlichen Halbkugel herrschte der mannshohe Bogen vor, der aus einem Holzstab und einer Sehne aus Pflanzenfasern bestand. In Asien und Nordamerika waren die Bogen kürzer, jedoch von unvergleichlich höherer Leistungskraft: Der Pfeil wurde auf eine Tiersehne gelegt, das hochelastische Holz auf der Außenseite mit Hornstreifen verstärkt und mit Rinde und Faden, in höheren Entwicklungsstufen mit Leder und weiteren Sehnen umwickelt. Entfernte man die Sehne vom Bogen, so blieb beim südlichen Typ nur ein gerades Stück Holz, während beim nördlichen der Bogen in eine der Spannungsrichtung entgegengesetzte Krümmung schnellte.

Einen solchen Bogen mit der Sehne zu *bespannen* war allein schon ein Vorgang, der Kraft und Kunstfertigkeit erforderte; ihn zum Schuss zu *spannen*, ist unzähligen Männerarmen, ganz unabhängig vom Ziel, ein Vergnügen gewesen. Man höre, wie Odysseus seinen Bogen prüfte: «Sobald er den großen Bogen betastet und von allen Seiten betrachtet hatte – wie ein Mann, kundig der Leier ..., leicht eine Saite spannt um einen neuen Wirbel und fasst an beiden Seiten den gutgedrehten Darm des Schafes: so ohne Mühe spannte den großen Bogen Odysseus. Und griff und prüfte mit der rechten Hand die Sehne, und sie sang schon unter ihr, einer Schwalbe an Stimme ähnlich ... Da traf den Antinoos Odysseus mit dem Pfeil in die Kehle, auf die er gezielt, und bis nach hinten gegenüber drang durch den weichen Hals die Spitze.»[145]

Der Bogen war vor allem die Waffe Asiens. Die Assyrer verwandten ihn, die Skythen in der südrussischen Steppe und die Perser waren Meister. Pompejus hatte sich dreitausend Bogenschützen aus Griechenland und dem Orient verschrieben, und Cäsars Truppen «hatte große Furcht vor dem Pfeilbeschuss befallen».[146] Die arabischen Sarazenen – als Söldner im byzantinischen Heer begehrt – galten als die besten Bogenschützen der Welt.

Spieß, Schwert und Bogen: Diese drei Grundwaffen der pulverlosen Zeit kehren bis weit in die Neuzeit hinein bei fast allen kriegführenden Völkern wieder. Es gab Varianten wie das sogenannte *Wurfbrett*, das bei Primitiven und noch im klassischen Altertum den Wurfspieß weiter schleudern helfen sollte, indem es die Muskelkraft durch Hebelwirkung unterstützte, und den Wurfspieß, der mit einer Leine zum Zurückziehen verbunden war; es gab unzählige Nebenformen, alle geeignet, anderen Menschen den Schädel zu zertrümmern oder das Herz zu durchbohren: Streithämmer zum Beispiel, eine Schlagwaffe von vielfältiger Gestalt, oder Streitäxte, die teils als Hieb-, teils als Wurfwaffen (Tomahawks) verwendet wurden.

Auch mit *weichen Waffen* kann man Feinde überwältigen – mit Seilen und Netzen, die den mutigsten Fechter in eine hilflose, lächerliche, ohnmächtig wütende Figur verwandeln und ihn der Gnade des listigen Werfers ausliefern. Bei den römischen Gladiatorenkämpfen war meist der eine Partner mit Schwert und Schild, der andere mit Fangnetz, Dreizack und Dolch bewaffnet; gelang es dem Zweiten, dem Schwertfechter das Netz überzuwerfen, so war dieser fast immer verloren. Einer ähnlichen Methode bedienten sich in offener Feldschlacht die Azteken, da sie ja ihre Feinde nicht töten, sondern sie zum Zweck der kultischen Opferung einfangen wollten. Die verbreitetste Waffe zum Fangen von Tieren und Menschen ist der *Lasso* – schon Ägyptern und Hunnen bekannt, von den Spaniern den Guantschen auf Teneriffa abgeschaut und nach Amerika gebracht.

Noch mehr an die Jagd als der Lasso erinnern Fußangeln und Menschenfallen, die bei nahezu allen primitiven Völkern verbreitet waren und noch von den Römern gegen die Gallier angewandt wurden. Das belagerte Alesia ließ Cäsar von folgender ringförmiger Menschenfalle umgeben, um einen Ausbruch der Belagerten oder ihre Entsetzung zu verhindern: «Es wurden Baumstämme und ausreichend dicke Äste abgesägt. Ihre Enden wurden von der Rinde befreit und vorn zugespitzt. Dann wurden fortlaufende, fünf Fuß tiefe Gräben gezogen. In diese wurden die Pfähle eingeschlagen und ragten ... aus dem Astwerk hervor.» Davor wurden Fußangeln mit eisernen Widerhaken eingegraben. Die Falle bewährte sich: «Als die Gallier näher herangerückt waren, gerieten sie ahnungslos in die Fußangeln, stürzten in die Gräben und wurden dort durchbohrt.»[147]

So sehen wir bereits zu Beginn der geschichtlichen Zeit alle Völker mit fast allen Waffen vertraut: Keulen, Schwertern, Lanzen für den Nahkampf; Wurfhölzern, Steinschleudern, Wurfspießen, Pfeilen für den Kampf aus der Entfernung, der der Jagd verwandt ist; Fangseilen und Fallen, die zwischen Mensch und Tier keinen Unterschied machen und die an Bösartigkeit erst in der Neuzeit durch Tretminen übertroffen worden sind.

13 Zu Pferde

> Den Kaiser – diese Weltseele – sah ich durch die Stadt
> zum Rekognoszieren hinausreiten; es ist in der Tat eine
> wunderbare Empfindung, ein solches Individuum zu
> sehen, das hier auf einen Punkt konzentriert, auf einem
> Pferde sitzend, über die Welt übergreift und sie be-
> herrscht.
>
> *Georg W. F. Hegel* (1806 in Jena)

Wirksamer als alle Waffen, die der Mensch bis dahin ersonnen
hatte, war eine Idee, die Krieger und Völker in Panik versetzte
und Weltgeschichte machte: sich zum Kampf eines Tieres zu
bedienen, das bis dahin nur Objekt der Jagd gewesen war – des
Pferdes. Und zwar zunächst nicht etwa des Reitpferdes (es kam
viel später), sondern des Zugpferdes. Zwei oder drei Pferde, vor
einen zweirädrigen Karren gespannt, auf dem ein Wagenlenker,
ein Kämpfer und ein oder zwei Schildträger standen – das war der
Streitwagen, von dem Oswald Spengler in einer Spezialunter-
suchung über dieses Fahrzeug meinte: «Das Tempo als Waffe tritt
damit in die Kriegsgeschichte ein.»[148]

An sich schon im 3. Jahrtausend v. Chr. – das heißt nicht lange
nach Erfindung des Rades durch die Sumerer – in Vorderasien
bekannt, wurde der Streitwagen um 1720 v. Chr. zum ersten Mal
im großen Stil eingesetzt, und zwar von den aus Kleinasien an-
stürmenden Hyksos bei der Eroberung Ägyptens. Dort fanden
sie das flache, baumlose, trockene Gelände vor, auf das der Streitwagen angewiesen war. Hier konnte er seine Stärken ausspielen:
den raschen Angriff und die Verfolgung von Flüchtenden mit
überlegener Schnelligkeit, den mächtigen Anprall der Pferde,
den Kampf mit Schwert und Lanze aus überlegener Höhe, den
sicheren Schutz der unteren Körperhälfte der Besatzung durch die
Wagenwand und die gute Bedeckung von Kopf und Brust durch

Schilde, deren Gewicht, anders als beim Fußkämpfer, nicht an der Kampfkraft zehrte.

So setzte sich der Streitwagen um 1500 v. Chr. bei Hethitern, Assyrern, Griechen und im fernen China als die erste schnelle Waffe der Geschichte durch. Nach Sun Tzu waren zum Kriegführen nötig: «Tausend schnelle Streitwagen mit vier Pferden, tausend Trosswagen mit vier Pferden und hunderttausend gepanzerte Soldaten.»[149] Fürchterlich wütete Achilles vom Streitwagen herab unter den Trojanern: Wie ein Flammenwirbel, heißt es bei Homer,

so rings flog mit der Lanze der Wütende, stark wie ein Dämon,
Folgend zu Mord und Gewürg', und Blut umströmte das Erdreich...
So vor Achilles dort, dem Erhabenen, trabten die Rosse,
Stampfend auf bäuchige Schilde und Leichname; unten besudelt
Troff die Achse von Blut und die zierlichen Ränder des Sessels.[150]

Inzwischen war jedoch der Streitwagen von einer viel wirksameren Waffe überholt: vom *Reitpferd*. Nachdem der Mensch das Pferd jahrtausendelang nur gejagt und gegessen hatte, scheint er es seit seiner Zähmung für ein weiteres Jahrtausend nur als Zugtier verwendet zu haben. Damit es ein Reittier werden konnte, musste vor allem ein brauchbares Zaumzeug geschaffen, aber auch eine neue Art zu kämpfen ersonnen werden – und dann blieb immer noch das Hindernis, dass das Wildpferd viel kleiner war als unsere heutigen Pferderassen und einen Mann nicht zu tragen vermochte; die Züchtung eines so schweren Schlags gelang erst im Laufe mehrerer Jahrhunderte.

Die sesshaften Völker machten von dem neuen Kriegsmittel unterschiedlichen Gebrauch. Die Assyrer führten zunächst nur eine berittene Infanterie ein, das heißt eine Truppe von Soldaten, die zu Pferd anrückten und zu Fuß kämpften (wie in der Neuzeit die Dragoner). Die griechischen Heere bestanden zu höchstens zehn Prozent aus Reitern. Alexander der Große nahm zu seinen

30 000 Mann Fußvolk schon 5000 Reiter mit nach Asien, und meist war es die Reiterei, an deren Spitze er kämpfte und die seine Schlachten entschied. Die Karthager bedienten sich einer starken Reitertruppe aus numidischen Söldnern (Numidien hieß im Altertum das von Reiternomaden bewohnte östliche Algerien). Numidische Reiter trugen entscheidend zur Katastrophe der Römer bei Cannae (216 v. Chr.) – und 14 Jahre später als Söldner Roms zur Katastrophe der Karthager bei Zama bei.

Das Reitpferd war indessen nicht nur noch schneller, sondern vor allem ungleich beweglicher und weit weniger vom Gelände abhängig als der Streitwagen. Auch seine einschüchternde Wirkung scheint noch stärker als die des Wagens gewesen zu sein: im Nahkampf, da dem Reitpferd viel schwerer als dem im Wenden schwerfälligen Zugpferd auszuweichen war; im Allgemeinen, da nun mitten im Frieden immer ein Überraschungsangriff drohte. Von dem mongolischen Feldherrn Subutai ist nachgewiesen, dass er im Jahre 1241 mit seinem Heer in drei Tagen 480 Kilometer zurücklegte. Der Mensch hatte sich im 1. Jahrtausend v. Chr. das schnellste Kampf- und Fortbewegungsmittel untertan gemacht, das ihm bis zur Mitte des 19. Jahrhunderts zur Verfügung stand.

Wie des Bogens, so hatten sich die Römer auffallenderweise auch des Pferdes nur in geringem Maße bedient. In der römischen Legion waren unter 6000 Soldaten meist nur etwa 300 Reiter, oft germanische Söldner. Das entsprang indessen nicht so sehr einer taktischen Absicht als vielmehr dem Umstand, dass es in Italien nicht viele Pferde gab.

Wer den Umgang mit Pferden nicht von Kindesbeinen an gewöhnt ist, neigt aber dazu, dieses Tier sehr groß und schwer berechenbar zu finden. «Vielleicht ist einer von euch mutlos, weil wir keine, die Feinde aber sehr viele Reiter haben», sprach Xenophon zu den griechischen Söldnern in Mesopotamien. «Bedenkt, in der Schlacht ist bisher noch keiner von einem Pferde totgebissen oder totgeschlagen worden ... Die Reiter hängen auf ihren

Pferden und fürchten sich nicht nur vor uns, sondern auch vor dem Herunterstürzen. Wir aber stehen auf sicherem Boden und werden viel kräftiger zuschlagen.»[151] Der persischen Mentalität entsprach dies wahrscheinlich nicht, Griechen könnte es eingeleuchtet haben. Wie schrieb noch Friedrich der Große? «Mein Vater hinterließ mir eine schlechte Kavallerie ... Die Reiter hatten Angst vor ihren Pferden, bestiegen sie fast nie und konnten nur zu Fuß exerzieren.»[152] Und schließlich: Dschingis Khan, der mit dem Pferd Weltgeschichte gemacht hat wie kein anderer Mensch, starb daran, dass er vom Pferde fiel.

Kein anderes Tier hat im Kampf eine dem Pferd auch nur entfernt vergleichbare Rolle gespielt. Kamele traten seit etwa 1100 v. Chr. als Lasttiere, später auch als Reittiere auf. Von den nomadischen Midianitern in Palästina heißt es im biblischen Bericht: «Und ihre Kamele waren nicht zu zählen vor der Menge wie der Sand am Ufer des Meeres.»[153] Das klassische Lasttier der alten Welt wie heute noch vieler südlicher Länder war der Esel.

Nicht das wirksamste, aber das berühmteste Kampftier der Antike war der *Elefant*, dessen Verwendung als eine Art Panzerkampfwagen, entgegen einer verbreiteten Vorstellung, keineswegs auf die Karthager zurückgeht: Er diente ursprünglich den Indern und den Chinesen als Einschüchterungswaffe, erst von den Griechen wurde die Elefantentaktik zum Mittelmeer gebracht. Nachdem die Soldaten Alexanders des Großen 331 v. Chr. in der Schlacht bei Gaugamela zum ersten Mal auf Kriegselefanten gestoßen waren (nur fünfzehn, die im Kampf keine bedeutende Rolle übernahmen), stellte ihnen 326 v. Chr. der indische König Paurava in der Schlacht am Hydaspes jenseits des Indus seine 200 Elefanten entgegen, und viel fehlte nicht zu einer Katastrophe für die Mazedonier. Die heulenden und trompetenden Kolosse machten die Pferde scheu und konnten auch ein abgebrühtes Soldatenherz noch mit Entsetzen erfüllen. Sie trampelten die Griechen nieder, spießten sie mit ihren spitz zugefeilten Stoßzähnen auf und hoben Krieger in voller Rüstung mit dem Rüssel hoch, entweder um sie zu Boden zu schmettern oder um sie der Besatzung auf ihrem Rücken hinaufzureichen: den Speerwerfern und Bogenschützen in gepanzerten Türmchen, die sich auf keine andere Weise niederkämpfen ließen als dadurch, dass der Elefant unter seinen Wunden zusammenbrach.

Die ersten Wunden pflegten das Ungetüm nur noch wütender zu machen, freilich mit der Chance für den Gegner, dass es zwischen Freund und Feind nicht mehr unterschied. So verhalfen die Elefanten am Hydaspes zuletzt Alexander sogar zum Sieg: Mit Hunderten von Pfeilen und Lanzen gespickt, zerstampften sie brüllend die Inder, die sich vor der weit überlegenen mazedonischen Reiterei und der schrecklichen Phalanx in ihren Schatten geflüchtet hatten. Mazedonier, die sich von hinten an die Elefanten schlichen und ihnen mit Äxten die Fersen durchhieben, besiegelten den Sieg – über hundert Elefanten wälzten sich in ihrem Blut und in dem der indischen Soldaten.

Achtzig Elefanten führte Alexander auf seinem Rückzug mit, mit einigen erreichte er Babylon. 280 v. Chr. zog Pyrrhus II., König des griechischen Epirus, mit Elefanten nach Italien, sodass auch die Römer diese Tiere nicht erst bei den Karthagern kennenlernten. Die Karthager waren es jedoch, die den Römern mit Elefanten – afrikanischen, die sie auf die Nachrichten aus Babylon hin für den Kampf abzurichten begannen – die furchtbarste Niederlage beibrachten: Im Ersten Punischen Krieg wurden die Legionen des Regulus bei Tunis vor den Toren Karthagos vernichtend geschlagen (255 v. Chr.).

Hannibal zog 218 v. Chr. mit etwa vierzig Elefanten über die Alpen; die wenigsten überlebten diesen Marsch. An der Schlacht von Cannae war kein Elefant mehr beteiligt. Bei Zama siegten die Römer zum ersten Mal über die karthagischen Riesen: Während sich die Truppen des Regulus angstvoll zusammengedrängt hatten und zerstampft wurden, ließen die Soldaten des Scipio Gas-

sen für die Tiere frei, kreisten sie ein und schleuderten so lange
Spieße und Pfeile gegen sie, bis sie zusammenbrachen. Dennoch
fanden die Römer die Elefanten gefährlich genug, um Karthago
nach dessen Niederlage im Zweiten Punischen Krieg (201 v. Chr.)
diese «schwere Waffe» zu verbieten; die vorhandenen Elefanten
mussten ausgeliefert, neue durften nicht mehr gezähmt werden.

Im 2. Jahrhundert v. Chr. setzte Rom seinerseits Elefanten
gegen Mazedonier, Spanier und Gallier ein. Dann fand man nur
noch bei Triumphzügen und im Zirkus von Rom Gefallen an ihnen. Delbrück kommt in seiner «Geschichte der Kriegskunst» zu
dem Schluss: «Die Bilanz der Siege und Niederlagen ... spricht gegen die Elefanten.»[154] Soldaten, die sich von ihnen nicht verblüf-
fen ließen, waren ihnen überlegen. Da sich die Tiere unter dem
Eindruck von Schmerz und Schlachtenlärm nicht selten gegen die
eigenen Reihen wandten, war ihre Verwendung sogar ein Risiko:
Den Indern wurde es gegen Alexander zum Verhängnis; die Karthager verminderten es, indem sie dem Elefantenführer einen
Meißel mitgaben, den er dem Tier im Notfall mit einem Hammer
ins Gehirn trieb.

Es war das *Reitpferd*, das dreimal Weltgeschichte gemacht hat.
Dreimal donnerten seine Hufe tief nach Europa hinein: Zunächst
kamen die *Hunnen* unter Attila; erst östlich von Paris (auf den Katalaunischen Feldern, 451 n. Chr.) konnten Römer und Germanen sie besiegen. Von 552 bis 626 n. Chr. waren es die *Awaren*,
die sich schließlich im heutigen Ungarn niederließen, nachdem
sie jahrzehntelang als unbesiegbar gegolten hatten – nicht zuletzt,
weil sie etwas mitbrachten, was Europas Reiter nicht kannten:
den metallenen, fußumfassenden *Steigbügel*, der fest am ledernen
Sattel hing. Er veränderte dramatisch die militärische Wirksamkeit des Pferdes: Nicht mehr frei aus dem Arm warf der Reiter
seine Lanze, sondern im Steigbügel stehend, das Ende der Lanze
in die Achselhöhle eingeklemmt, stieß er zu und übertrug so die
Schwungkraft des Pferdes in den Leib des Feindes – «die wichtigs-

te Erfindung der Waffengeschichte vor Erfindung des Schießpulvers», sagt die Encyclopaedia Britannica.

Und schließlich, von 1216 bis 1241, die *Mongolen* unter Dschingis Khan und seinen Söhnen. In diesem Vierteljahrhundert stampften sie ein Weltreich aus der Steppe, sie eroberten einen Land-Ozean von Korea bis zur Halbinsel Krim und zum Thüringer Wald. Das Pferd galt ihnen als Lebensinhalt und zuweilen als Heiligtum. Als ein Mongolen-Khan, von seinen Feinden in einen Sumpf gedrängt, ohne sein Pferd herauswatete, ließen die Verfolger ihn laufen, da ein Mann ohne Pferd kein Feind mehr war. Der arabische Historiker Ibn-al-Athir (1160–1234) berichtete in seiner «Weltgeschichte», beim Anblick mongolischer Reiter habe die Menschen ein derart lähmendes Entsetzen gepackt, dass einer allein ein ganzes Dorf eroberte und ein anderer achtzehn Arabern befehlen konnte, sich gegenseitig zu fesseln und ihm zu folgen.

Zur Schlacht formierten sich die Mongolen in fünf Linien. Die Reiter der beiden vorderen, bewaffnet mit Lanze und Säbel, trugen lederne Brustpanzer, ihre Pferde ebenso. Die drei hinteren Reihen, ungepanzert, führten Bogen und Wurfspeer. Zur Attacke scherten sie seitlich aus, überfielen den Feind mit einem Pfeilhagel und schleuderten ihre Speere nach. Dann galoppierten sie hinter die Gepanzerten zurück, und die führten mit Lanze und Säbel den tödlichen Schlag.

Städte waren Dschingis Khan verhasst; zerstören ließ er alle. Doch konnten die Bewohner wenigstens ihr Leben retten, wenn sie kampflos kapitulierten, wie in Panik die islamischen Zentren Buchara und Samarkand: Aus dem Nichts war im Galopp das Entsetzen herangerast.

Die größte Bedeutung des Pferdes lag jedoch offenbar weder in seiner und des Reiters Kampfkraft und Schnelligkeit noch in der psychologischen Wirkung auf die Angegriffenen. Sie lag in der psychologischen Wirkung auf den Reiter selbst. Er lenkte nicht nur sein Pferd – er wurde auch vom Pferd verwandelt. So viel mühelose Schnelligkeit unter dem Gesäß zu haben war eine Verführung zu Jagd, Raubzug und Metzelei vom Pferderücken hinab. Zu allen Zeiten sind die Reiternomaden die waghalsigsten und gewalttätigsten Völker gewesen: «Ein berittenes und hiemit kriegerisches Volk», sagte Kant lakonisch von den Mongolen.[155]

Bei denen kam ein weiterer Antrieb hinzu, Elias Canetti hat in seinem Standardwerk «Masse und Macht» auf ihn hingewiesen: Dschingis Khan hatte seine Reiter einer Disziplin von beispielloser Härte unterworfen (in Kapitel 30 wird sie vorgestellt). Aber diesen «Befehlsstachel» ertrugen sie, weil sie ihn sofort an ein Objekt *ihrer* Befehle – das Pferd eben – weiterleiten, ja ihn so in militärisch nützlichen Vorwärtsdrang umsetzen konnten.

Im Jahr 1241 wurde das einzige christliche Reiterheer, das sich den Mongolen je entgegenzustellen wagte, bei Liegnitz in Schlesien vernichtend geschlagen. Vermutlich hätten sie nun ganz Europa überrennen können – sie wollten nicht. Das Heer zog südwärts, plünderte Brünn, verheerte Ungarn und zog sich dann ins heutige Polen und Rumänien zurück.

Im 14. Jahrhundert kamen die *Feuerwaffen*. Der Kavallerie setzte sie mehr zu als dem Fußvolk – aber ausgespielt war die Rolle des Pferdes keineswegs. Die verbliebene Reiterei versuchte zumindest, sich geeignete Feuerwaffen zu verschaffen: Schon im 15. Jahrhundert kam das kurze Faustrohr (Fäustling, «Reiterkanone») auf, im 16. Jahrhundert dann jene Pistole mit abgerundetem Schaft, die noch heute viele deutsche Heime schmückt.

Der Dreißigjährige Krieg gab der Reiterei wenigstens einen Teil ihrer früheren Bedeutung zurück: Es war die Taktik Gustav Adolfs (wie einst Alexanders des Großen), der Kavallerie als der «Schockwaffe» den ersten Angriff zu überlassen. Dazu kam gegen Ende der schrecklichen Kriegszeit der Umstand, dass die verwüsteten Länder, in denen es nichts mehr zu requirieren gab, nur von Reitern noch rasch genug durchquert werden konnten. Im Englischen Bürgerkrieg von 1642 bis 1651 (der *Great Rebellion*) erkämpfte zum ersten Mal seit dem Verfall der Ritterheere wieder eine Reitertruppe die Entscheidung; es waren die hart geschulten und fanatischen *Ironsides* des Generals und späteren Diktators Oliver Cromwell.

In der Erkenntnis, dass der Angriffsschwung der Kavallerie-Attacke auch vier Jahrhunderte nach Erfindung der Feuerwaffen bei planvollem Einsatz noch immer die Schlacht entscheiden konnte, wandte Friedrich der Große der Reiterei seine martialische Liebe zu – in der feurigen Darstellung Thomas Manns: «Ein Angriffsgeist, ein Wille zum raschen und vifen Austrag ward diesen Truppen mit allen Mitteln ins Blut geimpft, der gegen allen Geschmack der Zeit war und ans Barbarische grenzte ... Die Schlacht um jeden Preis! Angriff! Angriff! *Attaquez donc toujours!* ... Nicht überflüssig schießen, vor allem nicht zu früh! Auf zwanzig, auf zehn Schritt vom Feinde ihm ‹eine starke Salve in die Nase geben und darauf sofort demselben mit den Bajonetts in die Rippen sitzen›. Die Kavallerie: ‹Es verbietet der König hierdurch allen Offizieren von der Kavallerie bei infamer Kassation, sich ihrer Tage in keiner Aktion vom Feinde attackieren zu lassen, sondern die Preußen sollen alle Mal den Feind attackieren.› Im Galopp? Nein, in Karriere. ‹Alsdann sollen sie, gut geschlossen, die Pferde aus vollem Halse hereinjagen und so einhauen.› ‹Aus vollem Halse.› ‹In die Nase.› ‹Mit den Bajonetts in die Rippen.› Das alles hat etwas Wildes, Radikales, Bösartiges, Unbedingtes, Gefährliches.»[156]

Mit der Kavallerie entschieden General Seydlitz die Schlachten von Roßbach (1757) und Zorndorf (1758), General Ziethen die Schlacht von Torgau (1760). *Husaren*, wie Ziethen sie befehligte, hießen ursprünglich die ungarischen leichten Reiter, 1721 in Preußen eingeführt und unter Friedrich zu einer berühmten Truppe geworden; er selbst verglich sie mit den numidischen und parthischen Reitern der Römerzeit.

Den größten Teil der gesamten geschichtlichen Zeit hindurch

blieb das Pferd der wichtigste Verbündete oder Gegner des Soldaten. «Die Pferde – gerade mehr als die Hälfte der Reiterei! – gehen auch tapfer ins Feuer und bleiben», schrieb Jean Paul 1811.
«Aber man redet von ihnen so wenig im Bulletin als vom Fuß-
volke. Die Ehre gehört den Offizieren.»

Der große Krieg, den die Vereinigten Staaten von 1865 bis
1891 zur endgültigen Ausrottung oder Unterwerfung der Indianer führten, wurde noch einmal überwiegend zu Pferde ausgetragen. Die Weißen, von einem sparsamen Kongress beschränkt,
besaßen weniger Pferde als die Roten, denen das Pferd erst von
den Europäern gebracht worden war; sie hatten die ersten spanischen Rosse und Reiter für ein gemeinsames Lebewesen, eine
Art Zentaur gehalten. Dreihundert Jahre später waren die Prärie-
Indianer wie Sioux und Komantschen nach dem Urteil eines amerikanischen Militärhistorikers «die beste leichte Kavallerie der
Welt».[157]

Der letzte große Zusammenprall des Pferdes mit den mörderischen Feuerwaffen fand 1898 in der Schlucht von Omdurman
im Sudan statt. Die englisch-ägyptischen Truppen unter Herbert
Kitchener mähten am Nil die dreifach überlegene Armee des
Mandi mit ihren Maschinengewehren nieder und vernichteten
sie fast vollständig. Durch einen Höhenzug von der Hauptmacht
getrennt, fand am Rande des Kampffeldes gleichzeitig eine Reiter-
schlacht statt, in der ein Regiment britischer Lanzenreiter (unter
ihnen Leutnant Winston Churchill) Attacke ritt, ganz als ob die
Zeit um ein Jahrhundert zurückgedreht gewesen wäre.

«Die andere Schlacht mag ein Massaker gewesen sein», schrieb
Churchill ein Jahr danach, «hier fand ein fairer Kampf statt, denn
auch wir fochten mit Schwert und Spieß.»[158] Das Massaker nannte Churchill später «einen wohl einzigartigen Triumph der Waffen der Wissenschaft über Barbaren»[159]; über den gleichzeitigen
Reiterkampf schrieb er an anderer Stelle: «Etwas wie die Schlacht
von Omdurman wird es nie wieder geben. Sie war das letzte Glied

in der langen Kette jener dramatischen Kämpfe, deren strahlende und majestätische Pracht so viel dazu beigetragen hat, den Kriegen Glanz zu verleihen.»[160]

Mit dem Glanz war es in den beiden Weltkriegen vollends vorbei. Ja, 1914 zogen noch deutsche Husaren, Ulanen, Kürassiere in den Krieg, und Wilhelm II. verkündete am 6. August 1914: «Wir werden uns wehren bis zum letzten Hauch von Mann und Ross!» Für die Zeitgenossen klang das *nicht* absurd, und das *Zugpferd* wurde in der Tat so wichtig wie nie zuvor in der Kriegsgeschichte: Es rollten ja mehr Kanonen, Munitionswagen, Nachschub aller Art für die Massenheere an die Front als je zuvor; über 700 000 Pferde wurden 1914 allein in Deutschland mobilisiert.

Zum letzten, verzweifelten Aufbäumen der Reiterherrlichkeit kam es im September 1939: Da ritten polnische Ulanen gegen deutsche Panzer in den Tod. Aber auch der Zweite Weltkrieg rief noch nach Millionen Pferden – in Deutschland seit 1943 immer mehr in dem Maße, wie die Treibstoffversorgung zusammenbrach. Und 1945 waren es Zehntausende von Pferdewagen, die die Flüchtlinge aus Ostpreußen in den Westen brachten.

Vielleicht, dass der Cyber-Krieg noch einmal nach den Pferden ruft: diesen treuen, kostbaren, sozusagen analogen Tieren, die kein Computer zum Narren halten kann.

14 Zu Fuß und im Karree

Kotverkrustet, ausgemergelt, wankt in wundenmüdem Tritt
Graues Heer durch graue Straßen, und ich wanke mit…
Lippen, schmerzesmüd zerbissen, Haar zerrauft und stur der Blick,
Lumpeneingehüllt zerrissen – stumm wanke ich mit…

Ernst Jandl, Briefe aus dem Krieg (1943)

Das Maschinengewehr also hatte das Ende der Kavallerie besiegelt. Das heißt aber nicht, dass vor dieser Zeit die Reiter jederzeit dem Fußvolk überlegen gewesen wären. An der griechischen *Phalanx* war einst jede Attacke zerschellt, am Schweizer *Gewalthaufen* scheiterten 1315 die österreichischen Ritter, die französischen 1346 an den englischen *Bogenschützen*. In der richtigen Kampfformation, mit der richtigen Kampftaktik und mit der höheren Kampfmoral konnte der Infanterist Pferd und Reiter besiegen.

Die *Phalanx* war der höchstorganisierte Zweikampf der Kriegsgeschichte, vermutlich an die Rituale der Olympischen Spiele (seit 776 v. Chr.) angelehnt oder von ihnen befruchtet, im 7. Jahrhundert von den Spartanern eingeführt – und mehr als vier Jahrhunderte lang allein von einer anderen Phalanx zu besiegen. Die Feinde verabredeten sich zu einem *Treffen* (wir kennen es noch in Redensarten wie «ins Hintertreffen geraten»), dem koordinierten Zusammenprall der Truppenkörper, deren jeder so beschaffen war: Schwerbewaffnete (Hopliten), gerüstet mit Lanze und Kurzschwert, geschützt durch Brustpanzer, Helm, Beinschienen und Schild, zusammen etwa 25 Kilo schwer, stellten sich in mindestens acht, manchmal zwanzig Gliedern auf, trabten auf den Gegner zu und versuchten, dessen vorderste Reihen zu fällen.

Was kurios klingt, funktionierte (in der anschaulichen Darstellung Delbrücks) so: «Zum eigentlichen Fechten können in einer Phalanx höchstens zwei Glieder kommen, indem das zweite Glied im Augenblick des Zusammenstoßes in die Lücken des ersten tritt. Die weiteren Glieder dienen dazu, die Fallenden und Verwundeten sofort zu ersetzen, vor allem aber einen physischen und moralischen Druck auszuüben … Da die hinteren Glieder der Phalanx fast niemals zum Gebrauch der Waffen gelangen, so könnte es überflüssig erscheinen, etwa über das vierte Glied hinaus alle Krieger mit der vollen Schutzrüstung zu versehen. Doch ein Ungepanzerter ist nicht imstande, gegen einen Gepanzerten wirklich zu fechten. Die Aufstellung von einigen Reihen Ungepanzerter hinter den Gepanzerten würde also nicht viel mehr als eine Art Demonstration gewesen sein. Das Bewusstsein, von diesen Hintermännern doch keine wahre Unterstützung zu bekommen, würde den Druck, das Vorwärtsschieben der vorderen Glieder, worin ja der Wert der hinteren Glieder besteht, sehr stark abgeschwächt haben.»[161] Und wer sich nicht schnell genug schieben ließ, lief Gefahr, totgetrampelt zu werden.

Der entscheidende Vorteil bestand also darin, dass der Einzelne durch seine Einreihung in einen massiven Block Mut gewann und der Block seinerseits nicht darauf angewiesen war, dass jedes einzelne seiner Glieder Angriffsgeist besaß. Sich in einer Masse zu drängen ist für ängstliche Lebewesen aber nicht nur ein Trost, sondern ein objektiver Zuwachs an Sicherheit: Gänse können einen Fuchs entmutigen, sobald sie eine Front bilden, und die schweren Kanada-Gänse formieren sich sogar zu einer Art Phalanx, die ihnen die Keckheit verleiht, gegen Füchse die Offensive zu ergreifen. Die Phalanx kann Hasenfüße in Wölfe verwandeln; mindestens verbirgt sie dem Wolf, dass er es vielleicht mit lauter Hasen zu tun hat.

Philipp II. von Mazedonien machte die spartanische Phalanx auf zweierlei Art noch wirksamer: Er sorgte für den Schutz der empfindlichen Flanken durch sogenannte Leichtbewaffnete (Bogenschützen, Schleuderer, Speerwerfer) sowie durch Reiter, und er hatte die simple Idee, die Front der Phalanx dadurch nahezu unangreifbar zu machen, dass er die bis dahin meist nur zwei Meter langen Lanzen auf rund fünf Meter verlängerte. Damit war der Feind im Bereich der mazedonischen Spieße, ehe er mit den Seinen ein Ziel fand. Vermutlich hatte, wie so oft, eine Not diese Tugend geboren: Mazedonien war nicht reich genug, um die Mehrzahl seiner Soldaten mit der schweren Hoplitenrüstung zu versehen; also ließ Philipp sich etwas einfallen, was den Harnisch entbehrlich machte – und zugleich die feindlichen Hopliten aus-manövrierte.

Mit der langen Lanze – Sarisse, Sarissa – in ihrer vollen Länge wurden anscheinend allerdings erst die Soldaten des dritten Glie-des und der folgenden Reihen ausgerüstet. In den beiden ersten Gliedern war der Spieß um so viel kürzer, dass die Lanzenspitzen der ersten drei Glieder eine Linie bildeten. Auch die Sarissen des vierten und fünften Gliedes wurden noch zwischen den Vorder-männern hindurch auf den Gegner gerichtet und ragten über das erste Glied hinaus – der Feind wurde also im ersten Anprall von einer drei- bis fünfmal so großen Menge tödlicher Spieße getrof-fen wie bei der früheren Taktik. Die Männer der hinteren Glieder legten die Lanzen auf die Schultern der Vordermänner: Das ergab physisch und moralisch im Angriff einen ständigen Schub von hinten nach vorn (die *Kämpfer* hatten die *Treiber* hinter sich) und beim Manövrieren Zusammenhalt und feste Abstände. Dies war die Angriffsmaschine, die Alexander dem Großen die halbe Welt erobern half.

Anderthalb Jahrhunderte lang galt die lanzenstarrende maze-donische Phalanx als unüberwindlich. Der römische Konsul Ae-milius Paullus berichtete, sie sei «der furchtbarste und schrecken-erregendste Anblick gewesen, den er je gehabt habe».[162] Gespannt hatte die Welt den entscheidenden Waffengängen der unbesieg-ten mazedonischen Phalanx und der unbesiegten römischen Le-gion entgegengesehen: Sie fanden 197 v. Chr. in der Schlacht von

Kynoskephalä und 168 v. Chr. in der Schlacht von Pydna statt, und beide Mal siegten die Römer.

«Die Phalanx mit ihrer einzigartigen und durchschlagenden Technik gibt ... die Gewähr, dass sie jede andere Formation ... aus dem Felde schlägt», schrieb der zeitgenössische Historiker Polybios. «Ihrem Angriff kann nichts widerstehen. Aber wie ist dann der Triumph der Römer zu erklären? Die Schwierigkeit der Phalanx liegt in ihrer mangelnden Anpassungsfähigkeit. Der Krieg hat seinem Wesen nach etwas Unberechenbares an sich ... Die Phalanx aber setzt für ihre erfolgreiche Anwendung eine besondere Lage und ein bestimmtes Gelände voraus. Gräben, Schluchten, Felsspitzen und Wasserläufe genügen vollkommen, um sie auseinanderzureißen ... Ferner müssen Truppen durch die verschiedenartigsten Länder marschieren, lagern, dem Feind beim Beziehen von Schlüsselstellungen zuvorkommen, Belagerungen vornehmen und unvorhergesehene widrige Umstände gewärtigen. Für all solche Operationen ist die mazedonische Kriegstechnik zu unbeholfen. Die römische Kriegstechnik ist bei all solchen Operationen gleichermaßen wirksam, da jeder römische Soldat ... imstande ist, sich jedem Gelände, jeder Lage und jedem Umstand gleich gut anzupassen.»[163]

Das Geheimnis der römischen Erfolge lag in der größeren Beweglichkeit der Truppenkörper – und in der viel härteren Ausbildung der Soldaten. Nach der schrecklichen Lehre von Cannae wurde die starre Phalanx von den Römern in Manipeln (Kompanien zu 200 Mann) aufgelöst, die wohl eine gemeinsame Front nach mazedonischer Art bilden, aber auch selbständig Lücken schließen, Wendungen vollziehen und einzeln operieren konnten.

Statt der langen Stoßlanze verwendeten die Römer den kurzen Wurfspieß (pilum), von dem der Soldat meist zwei bei sich trug. Das Schwert, das die Griechen nur als Hilfswaffe mitführten, machten sie zu ihrer Hauptwaffe: Sie schleuderten dem Feind auf eine Entfernung, die die Länge der mazedonischen Sarissen noch erheblich übertraf, ihre Spieße entgegen und brachen dann in die erschütterte Front mit Schwerthieben ein.

Entscheidend kam hinzu, dass der römische Soldat zu Strapazen und Arbeitsleistungen gezwungen wurde wie keiner vor ihm und wenige nach ihm. Die Legionäre wurden darauf trainiert, große Entfernungen im Geschwindschritt zurückzulegen, zum Beispiel 30 bis 35 Kilometer in fünf Stunden, mit einer Ausrüstung im Gewicht von 30 Kilogramm behangen. Niemals hatte der römische Soldat nach den langen Märschen und Kämpfen eines Tages Ruhe: Wenn die Umstände es irgend erlaubten und geraten scheinen ließen, wurde nach dem Marsch sofort mit dem Bau eines befestigten Lagers begonnen.

Dazu mussten die Soldaten Spaten, Beile und Sägen mitführen, und zogen sie in ein baumloses Gelände, so schlugen sie Schanzpfähle auf Vorrat und schleppten auch diese noch mit sich. Als die Römer 134 v. Chr. das spanische Numantia belagerten und dabei zunächst eine Niederlage einstecken mussten, bestrafte ihr Feldherr Scipio Aemilianus die Soldaten damit, dass er alle Lasttiere verkaufte und jedem Legionär sieben Schanzpfähle sowie die Lebensmittel für 30 Tage aufpackte.

«Virtus, opus, arma» – Mut, Mühsal und Waffen: Das waren nach Livius die Mittel, den Feind zu überwinden[164]; wobei die Schanzarbeit unter allen Anstrengungen eines Römers eine so überragende Rolle spielte, dass das Wort opus den Nebensinn «Lagerbefestigung» annahm. «Das ‹opus›, die mühselige, ruhmlose Schanzarbeit, hat keinen geringeren Teil an der römischen Weltbesiegung als die Tapferkeit und die Waffen», schreibt Delbrück.[165] Und so ist es geblieben: Selbst während eines Krieges werden Mut und Waffen nur ausnahmsweise gebraucht. Es regiert die Plackerei.

Jahrhundertelang hatten die römischen Legionäre so, mit geringer Reiterunterstützung, über fast alle Völker der damals bekannten Welt gesiegt. Es waren die gepanzerten Lanzenreiter der Goten, die 378 n. Chr. bei Adrianopel der römischen Legion den Todesstoß versetzten. «Wie ein Donnerschlag gegen ein Gebirge, so brach die gotische Reiterei ... auf das römische Heer los ... und raffte in einem fürchterlichen Gemetzel alle Römer dahin, deren sie habhaft werden konnte», schrieb ein römischer Zeitgenosse.[166] Kaiser Theodosius I. (Regierungszeit 379–395) nahm daraufhin die Goten in seinen Sold und schaffte die Legionen, die fast 600 Jahre lang überall zwischen Schottland und Persien siegreich gewesen waren, ab.

Von nun an beherrschten rund 800 Jahre lang die schweren Reiter Europas Kriegsschauplätze – niemals in dem Sinne, dass die Reiterei dem Fußvolk an Zahl überlegen gewesen wäre. Ihre Übermacht rührte vor allem davon her, dass es vom Niedergang der römischen Legion bis zum Siegeszug der Schweizergarden ein kampfkräftiges Fußvolk gar nicht gab. Die Legionäre, die bei Adrianopel zusammengeschlagen wurden, hatten es längst aufgegeben, befestigte Lager zu errichten, und zogen aus Bequemlichkeit zum Teil ohne Helm und Harnisch in den Kampf. «Mir scheint», schrieb Montesquieu 1734, «je mehr sich eine Nation die Kriegskunst aneignet, umso mehr operiert sie mit Fußtruppen, und je weniger sie von der Kriegskunst versteht, desto mehr vergrößert sie die Reiterei. Das hat seinen Grund darin, dass die ... Infanterie ohne Disziplin wertlos ist, während die Reiterei selbst in der Unordnung ihre Wirksamkeit behält.»[167]

Die Siegesserie des Fußvolks begann 1302 mit der Niederlage der französischen Ritter gegen die flandrischen Zünfte bei *Kortrijk* (Courtrai): Die hängten die goldenen Sporen der gefallenen Reiter in der Kathedrale auf. 1314 schlugen weniger als 10 000 schottische Lanzenträger in der Schlacht am *Bannockburn* ein englisches Heer von 25 000 Mann, an dessen Spitze 3000 Panzerreiter Attacke ritten. «Niemals mehr wurden an einem einzigen Tag so viele englische Ritter niedergemacht», schreibt Churchill.[168] 1315 besiegten die schweizerischen Urkantone Schwyz, Uri und Unterwalden am Morgarten die an Zahl weit überlegenen österreichischen Ritter; sie begründeten damit eine Militärtradition, die die Schweizer jahrhundertelang zu fast unüberwindlichen Soldaten und den meistbeschäftigten Söldnern machte.

Am Anfang ihrer Erfolge stand, ähnlich wie bei den Mazedoniern Philipps II., die Armut. Nur eine Minderheit der Schweizer konnte sich Pferd und Rüstung leisten. So griffen sie auf die lange Lanze der Mazedonier zurück, die nun *Pike* hieß (Länge 3,85 bis 5,15 Meter), und ergänzten sie durch die *Hellebarde* (Helmbarte). Dies war eine kombinierte Hieb- und Stoßwaffe, die zu beiden Seiten ihrer Lanzenspitze ein Beil und mehrere eiserne Haken trug; die Haken dienten zum Eingreifen in die Fugen der Ritterrüstung, also zum Herabreißen der Reiter von den Pferden.

Die Kampfformation der Schweizer war wieder eine Art Phalanx: der sogenannte *Gewalthaufen* (Gevierthaufen, Karree) in Tiefe von zwanzig oder noch mehr Gliedern, aufgelockert durch eine Vorhut, die das Gefecht eröffnete, und eine Nachhut, die den Tross schützte – beide *schräg* vor beziehungsweise hinter dem Gewalthaufen marschierend, damit die etwaige Flucht der Vorhut oder des Haufens nicht die folgenden Treffen mitriss. Um Disziplin und Kampfschulung bemüht wie in Europa keine Truppe mehr seit der römischen Legion, machten die Schweizer ein Jahrtausend nach Adrianopel das Fußvolk wieder zu einer Angriffswaffe.

Ob sie ihre Heimat verteidigten oder als «Reisläufer» in fremden Diensten standen: Sie waren diszipliniert, dem Soldherrn treu, von hoher Kampfkraft und selbst in den schlimmsten Zeiten des 16. und 17. Jahrhunderts von vergleichsweise mäßiger Habgier und Grausamkeit. Frankreich unterhielt noch im 18. Jahrhundert eine Schweizergarde von 15 000 Mann, zu deren Aufgaben die Bewachung des Königsschatzes in der Bastille gehörte und die 1792 beim Sturm auf die Tuilerien das Leben Ludwigs XVI. mit ihrem eigenen Leben verteidigten. 1859 verbot die Schweiz den Eintritt in fremden Kriegsdienst, doch wurde davon die Schweizergarde des Papstes ausgenommen, die seit 1505 besteht – Soldaten, die fast mit Sicherheit niemals kämpfen werden. Das ist das, was an diesen letzten Schweizer Söldnern bemerkenswert und vielleicht zukunftsträchtig ist. Die Kampfkraft und die Treue auch der früheren Schweizergarden sollte überdies all denen zu denken geben, die unterstellen, dass Wehrpflichtheere fortschrittlicher, würdiger, zuverlässiger oder einfach unersetzlich wären.

Ein weiteres Plus für das Fußvolk war die *Armbrust* (verballhornt aus «arcubalista», der Bogenschleuder) – das wirksamste Schussgerät bis weit in die Ära der Feuerwaffen hinein. In China vermutlich schon seit dem 4. Jahrhundert v. Chr. in Gebrauch (zur Zeit Sun Tzus also, der sie erwähnt), wurde sie um 1100 von den Kreuzfahrern aus dem Orient mitgebracht: ein Bogen aus Fischbein oder Stahl, der nicht unmittelbar mit der Muskelkraft, sondern mit Hilfe eines Hebels oder einer Winde mit Hand oder Fuß gespannt wurde. Statt des Pfeiles verschoss die Armbrust einen kürzeren und dickeren Bolzen, der auf kurze Entfernung die meisten damals bekannten Rüstungen durchschlug. In einer anderen Ausführung trug der Holzschaft der Armbrust einen verdeckten Lauf, aus dem Blei-, Marmor- oder Tonkugeln verschossen wurden, die noch auf 200 Meter einen Harnisch durchdrangen. Auf dem Laterankonzil von 1139 wurde der Gebrauch der Armbrust verboten, weil sie eine zu schreckliche Waffe sei.

Ein Erfolg war dieser ersten förmlichen Waffenächtung der Geschichte nicht beschieden. Richard Löwenherz wurde 1199 bei der Belagerung einer Burg in Frankreich durch einen Armbrustbolzen tödlich verwundet. Armbrustschützen aus Genua, Venedig und der Gascogne waren im 14. und 15. Jahrhundert überall in Europa als Söldner zu finden. Noch Córtez nahm 1519 Armbrustschützen nach Mexiko mit, und die Eingeborenen waren von dieser Waffe kaum weniger als von den Arkebusen und den Pferden der Spanier beeindruckt: «Es war eine Pein zu hören, wie die Bolzen summten, wie sie sausten.»[169]

In England war unterdessen etwas Seltsames geschehen: Die Armbrust, eine Waffe mit solcher Wirkung, dass sie den frühen Gewehren noch lange überlegen blieb, wurde dort im 13. Jahrhundert durch die jahrtausendealte Waffe verdrängt, aus der sie einst hervorgegangen war – durch den Bogen. Die Engländer schickten ihre Söldner aus der Gascogne nach Hause und entwickelten eine Technik und Taktik des Bogenschießens, die ihnen vom 13. bis 16. Jahrhundert bedeutende Siege über Reiter sowie über Armbrust- und Musketenschützen bescherte und die englischen Bogenschützen zu begehrten Söldnern machte, die beispielsweise vom Deutschen Orden zum Kampf gegen die Polen angeworben wurden.

Wie hatten die Engländer das erreicht? Sie griffen auf den walisischen Langbogen aus Eibenholz zurück und erhöhten seine Durchschlagskraft dadurch, dass sie die Sehne bis zum Ohr spannten und nicht nur bis zur Brust, wie dies bei Griechen, Arabern, Normannen üblich gewesen war. Sie kamen damit auf eine Reichweite von etwa 350 Metern, die der Armbrust (rund 400 Meter) kaum nachstand und der der frühen Handfeuerwaffen eindeutig überlegen war. Als englischer Weitschießrekord wurden 560 Meter registriert.

Auf kürzere Entfernung war der dicke Armbrustbolzen wirksamer gegen Ritterrüstungen, der dünne Pfeil aber gegen ungepanzerte Soldaten, die er völlig zu durchbohren vermochte. Die englischen Bogenschützen zielten vorzugsweise auf den von der Rüstung nicht bedeckten Teil des Gesichts und auf die Pferde. Der Bogenschütze konnte etwa sechsmal in der Minute schießen und war damit dem Armbrustschützen in der Schussfolge um das Vierfache überlegen. Es war ein Hagel schwirrender Pfeile, beim Einschlag wie Peitschen knallend, der auf eine bis dahin nicht für möglich gehaltene Entfernung die an Zahl weit überlegenen

Ritterheere der Franzosen außer Gefecht setzte – 1346 bei Crécy, 1356 bei Poitiers, 1415 bei Azincourt.

Das Bogenschießen wurde zum Sport des englischen Adels. Geoffrey Chaucer (1340–1400) beschrieb den englischen *long-bowman* mit den Worten: «Grün sind sein Mantel und seine Kappe. Seine Pfeile, scharf und glänzend, mit den Pfauenfedern, trägt er säuberlich unter dem Gürtel … Ein bunt gesäumter Gurt schützt sein Handgelenk vor dem Schlag der Sehne.»[170]

Mit gespannten Seilen oder Sehnen ließen sich auch schwere Steine schleudern, um Mauern zu zerbrechen oder Menschen zu zerschmettern: mit den Geschützen der pulverlosen Zeit. Je nach Bauart und Verwendungszweck hießen sie in Deutschland Wurfzeug, Stoßzeug, Schusszeug – «Zeug» jedenfalls, woran das Wort «Zeughaus» noch erinnert.

Das *Wurfzeug* (Wurfmaschinen, Wurfgeschütze, Steingeschütze) war die wichtigste Kriegsmaschine; sie wurde von den assyrischen Belagerungsingenieuren wahrscheinlich schon im 2. Jahrtausend v. Chr. erfunden. Durch Zusammendrehung von Seilen oder elastischen Sehnen wurde ein hölzerner Arm unter Spannung gesetzt, der, wenn er nach oben schnellte, Steine im Gewicht von etwa fünf bis achtzig Kilogramm in hohem Bogen mehrere hundert Meter weit schleuderte. Die Karthager mussten 149 v. Chr. 20 000 solcher Wurfgeschütze an die Römer ausliefern. Als kurz darauf der Dritte Punische Krieg ausbrach, opferten die Frauen Karthagos ihre Haare, um neue Wurfmaschinen mit Spannseilen zu versehen.

Über die Belagerung von Akka in Palästina durch Richard Löwenherz (1191) schrieb ein zeitgenössischer Chronist: «Unsere Wurfgeschütze wurden von den Schiffen geholt, man brachte sie Stück für Stück an Land, und wir sahen, wie der tapfere König von England und seine Begleiter die Holzteile der Ballisten ungefähr eine Meile weit auf den Schultern durch den Sand trugen, alle zu Fuß und das Gesicht mit Schweiß bedeckt, beladen wie Pferde …

Tag und Nacht hämmerten die Ballisten gegen die Mauern … Es ist so wahr, wie wir hier sind, dass ein Stein zwölf Leute tötete.»[171] Bei der Belagerung von Nicäa in Kleinasien (1096) schossen die Kreuzfahrer mit einer Wurfmaschine die Köpfe getöteter türkischer Soldaten in die Stadt, «um unter den Türken Schrecken zu verbreiten».[172]

Ebenso wie das Wurfzeug war auch das sogenannte *Stoßzeug* eine assyrische Erfindung. Es bestand aus einem schwebend aufgehängten Balken mit einer Eisenspitze, den man mit Schwung gegen die Festungsmauer krachen ließ, hundertmal und mehr, bis in die Mauer eine Bresche geschlagen war. So dicht unter der Bastion des Feindes konnte dieser meist fahrbare Mauerbrecher (Sturmbock, Rammbock, Widder, römisch *aries*) seine Arbeit nur verrichten, wenn die Bedienungsmannschaft vor den Felsbrocken, den Pechfackeln, dem siedenden Öl geschützt war, die die Belagerten herunterwarfen; dies geschah meist durch ein starkes Dach aus Bohlen und Faschinen, das immer wieder mit Wasser besprengt wurde.

Das *Schusszeug* dagegen erfanden erst die Griechen von Syrakus um 400 v. Chr. Es war unter den Namen Katapult, Skorpion oder Pfeilgeschütz bekannt. Schwere Pfeile oder Brandpfeile wurden mit Hilfe eines eisernen Bogens abgeschossen, der sich vom herkömmlichen Bogen durch seine Größe, seinen Einbau in ein Gestell und durch die Spannung der Sehne mit Hilfe eines Seilzugs unterschied.

Der syrakusische Physiker Archimedes – 212 v. Chr. von einem römischen Legionär aufgespießt – hatte zuvor den römischen Aggressoren übel mitgespielt. Denn er war «ein ausgezeichneter Beobachter des Himmels und der Sterne, noch bewundernswerter aber als Erfinder und Hersteller von Geschützen und Kriegsgerät», rühmte Livius. «Auf die Schiffe in der Ferne ließ er Steine von ungeheurem Gewicht schießen, die näheren Schiffe beschoss er mit leichteren, dafür aber mit viel mehr Geschossen … Auf Schiffe, die sich der Mauer zu nähern wagten, um in den toten Winkel zu kommen, setzte er einen Kran an, der mit einem eisernen, an einer Kette befestigten Greifer über die Mauer ragte; wenn das schwere Bleigewicht des Krans auf den Boden zurückschnellte, stellte es das Schiff aufs Heck, sodass sein Bug in der Luft schwebte.»[173]

Ein Beispiel mehr für den bestürzenden Erfindungsreichtum, den der *homo sapiens* in seiner gesamten Geschichte an den Tag gelegt hat, um sich kämpfend und tötend gegen seinesgleichen zu behaupten. Doch natürlich kam es ungleich schlimmer.

Die Wahrheit über Winkelried

Wer hat «nie gelebt, doch viel geleistet»? Winkelried! Sechs Jahrhunderte lang, und im Zweiten Weltkrieg noch mal, war er den Schweizern das grandiose Symbol eidgenössischer Wehrhaftigkeit. Soll er doch anno 1386 in der berühmten Schlacht bei Sempach, mit der die Schweizer die Österreicher verjagten, gerufen haben: «Ich will euch eine Gasse machen!» Woraufhin er so viele Lanzen des Feindes, wie er umfassen konnte, auf die eigene Brust lenkte, um seinen Mitstreitern eine Bresche zu schlagen (sagt die Überlieferung). «Der gewaltige Mann!», jubelte der Große Brockhaus noch 1847.

Dass da einer aus dem Luzerner Geschlecht der Winkelrieds bei Sempach eine Heldentat vollbracht habe, wurde freilich zuerst in einer Chronik von 1533 behauptet. In einer anderen hieß er 1577 «Erni von Winckelrieth». 1783 hatte ein Zürcher Theologe erkannt: Gott habe in *Arnold von Winkelried* den Heldenmut erweckt, «heldenmäßig ohne Schmerz den schmerzvollsten Tod zu sterben».[174] Drei Jahre später schließlich, zum 400. Jahrestag der Schlacht von Sempach, hatte der namhafte Historiker Johannes von Müller aus Schaffhausen sogar Winkelrieds Ruf «Ich will euch eine Gasse machen!» vernommen – und der gehört seitdem zu ihm «wie die Bratwurst zum Schützenfest», schrieb zum 600. Jahrestag der kritische Schweizer Chronist Hans Stutz.[175]

«Die als Ideale fortlebenden großen Männer haben einen hohen Wert für die Welt und für ihre Nationen insbesondere», schreibt der große Basler Historiker Jacob Burckhardt. «Sie geben denselben ein Pathos, einen Gegenstand des Enthusiasmus und regen sie bis in die untersten Schichten intellektuell auf durch das vage Gefühl von Größe; sie halten einen hohen Maßstab der Dinge aufrecht, sie helfen zum Wiederaufraffen aus zeitweiliger Erniedrigung.»[176]

Daher lassen sich viele Schweizer Patrioten aber, denen im Lauf des 20. Jahrhunderts schon ihr Wilhelm Tell als historische Figur abhandengekommen war, bis heute ihren Winkelried nicht nehmen.

15 Mit Feuer

> Nichts war so schön, so flink, so glanzvoll und wohl-
> geordnet wie die beiden Armeen. Trompeten, Pfeifen,
> Hoboen, Trommeln und Kanonen brachten eine Har-
> monie zustande, wie es in der Hölle noch keine gegeben
> hatte. Zunächst warfen die Kanonen auf jeder Seite etwa
> sechstausend Mann um. Dann nahm das Musketenfeu-
> er ... so neun- bis zehntausend von den armen Schel-
> men weg, die die Oberfläche der Erde verunreinigten ...
> *Voltaire*, Candide (1759)

Schon lange vor den Kanonen und Gewehren war das Feuer eine
Waffe. Zehntausende von Soldaten (und Zivilisten, wie fast immer) hat es unter schrecklichen Qualen den Tod gebracht; die
größte Stadt der Erde im frühen Mittelalter und dauerhafteste
Festung der Weltgeschichte, Konstantinopel, hat sich mehrfach
nur durch die Gewalt behauptet, die sie über das Feuer besaß.

Mindestens seit dem 2. Jahrtausend v. Chr. mussten die Belagerer einer Festung gewärtig sein, von den Mauern herab mit sie-
dendem Öl (Siedepunkt bei 200 Grad, daher als Kampfmittel dem
kochenden Wasser überlegen), mit Pechfackeln oder brennendem
Werg bekämpft zu werden. Bei der Belagerung von Plataia (429
v. Chr.) schichteten die Spartaner Reisigbündel an der Stadtmauer
auf und warfen andere Bündel in die Stadt hinein. Dann zündeten
sie das Holz mit Pech und Schwefel an.

Im Seekrieg war das Feuer ein oft entscheidendes Kampfmittel, solange die Schiffe aus Holz bestanden, also bis ins 19. Jahrhundert. Man versuchte entweder, unbemannte brennende Schiffe – sogenannte Brander – auf die Schiffe des Gegners zuzutreiben
oder Holzfässer, die Holzkohle, Werg, Schwefel und Pech enthiel-
ten, brennend auf die feindlichen Schiffe zu werfen.

Diese Technik des Feuerkampfes hatte indessen zwei Schwächen: Sie setzte die Annäherung des feindlichen Schiffes bis auf wenige Meter voraus; fiel das Fass ins Wasser, so blieb es wirkungslos. Es soll der syrische, vor den Arabern nach Konstantinopel geflohene Architekt Kallinikos gewesen sein, der um 665 n. Chr. seiner neuen Heimatstadt eine jahrhundertelang gefürchtete Geheimwaffe verschaffte, die diese beiden Nachteile nicht besaß: das *Griechische Feuer*. Es hatte die den Zeitgenossen unheimliche Eigenschaft, in Verbindung mit Wasser nicht nur weiterzubrennen, sondern sich sogar an Wasser zu entzünden.

Das wiederum machte es möglich, das Feuer mit Wasserkraft über beträchtliche Distanzen auf den Feind zu schießen. Dazu wurde die dickflüssige Brennmasse in ein Bronzerohr gefüllt und dieses durch einen Schlauch mit einer starken Wasserpumpe verbunden. Durch das Wasser getrieben und zugleich entzündet, schoss ein langer Strahl unlöschbaren Feuers den feindlichen Schiffen entgegen. Mindestens bei den arabischen Angriffen von 673 und 717 wurde Konstantinopel allein durch seine rätselhaften Flammenwerfer gerettet – ein Kampfmittel, das die Byzantiner vor jeglichem Verlust bewahrte und Tausende von Arabern dem Flammentod auslieferte: die perfekte Waffe.

Eifersüchtig wachte die Weltstadt über ihr kriegsentscheidendes Geheimnis. Die Zusammensetzung des Griechischen Feuers wurde niemals preisgegeben und ist noch heute umstritten. Die Fachleute neigen der Ansicht zu, dass es neben den anderen damals bekannten Brennstoffen – Schwefel, Pech, Harz, Erdöl – ungelöschten Kalk (Ätzkalk, Kalziumoxyd) enthielt. Der entwickelt beim Zutritt von Wasser eine Hitze, die zur Entzündung der eigentlichen Brennstoffe ausreicht.

Die Flammenwerfer des Ersten Weltkriegs verbrannten selbst auf fünfzig Meter Entfernung jeden getroffenen Soldaten sofort zu Kohle. Das wirksamste und schrecklichste Brandkampfmittel schließlich war die Napalm-Bombe, die die Amerikaner mit großem Erfolg im Koreakrieg und rücksichtslos in Vietnam einsetzten: Kanister mit 400 Liter geleeartig eingedicktem Benzin, das sich beim Aufschlag von allein entzündete, überall haftete, eine Hitze von über 2000 Grad entwickelte, vielen chinesischen Panzerbesatzungen ein feuriges Grab bereitete und Zehntausenden von Partisanen oder Zivilisten in Vietnam.

Das Schießpulver haben, wie Papier und Porzellan, offenbar die Chinesen erfunden. In Europa wurde es erstmals von dem englischen Mönch und Naturforscher Roger Bacon (1219–1294) erwähnt, der zeitweilig auch als sein Erfinder galt und zweimal wegen «Zauberei» im Gefängnis saß. Der deutsche Mönch Berthold Schwarz – ebenfalls oft als Erfinder des «Zündkrauts», wie man damals sagte, gepriesen – kann höchstens ein Verbesserer des Teufelskrauts oder der Erfinder des *Feuerrohrs* sein: jener gemeinsamen Urform von Kanone und Gewehr, die zu Beginn des 14. Jahrhunderts von sich reden machte.

Die früheste Anwendung des Schwarzpulvers ist gar nicht als Explosivstoff für Schusswaffen, sondern als Treibmittel für Raketen bezeugt. Schon 1232 sollen die Verteidiger der chinesischen Stadt Kaifeng die mongolischen Belagerer mit Brandraketen beschossen haben. Mit Hilfe chinesischer Techniker machten sich die Mongolen die neue Waffe zu eigen und setzten sie 1241 bei Liegnitz gegen die deutschen und polnischen Ritter ein. Die Araber griffen 1288 Valencia mit Raketen an.

Erst um 1330 kamen Pulvergeschütze auf – ohne dass jedoch die *allmähliche* Verbrennung des Pulvers im Raketentreibsatz von der *plötzlichen* im Kanonenrohr sogleich verdrängt worden wäre. Am Sieg der Venezianer über die Genuesen in der Seeschlacht bei Chioggia (1379) hatte ein Raketentreffer wesentlichen Anteil. 1792 wurde Verdun von den Verbündeten mit Brandraketen beschossen, und Goethe sah zu: «Diese geschwänzten Feuermeteore musste man denn ganz gelassen durch die Luft fahren und bald darauf ein Stadtquartier in Flammen sehen.»[177]

Im gleichen Jahr erlitten die britischen Truppen im indischen

Königreich Mysore schwere Verluste durch das mysorische Raketenkorps, das aus 5000 Mann bestand und leichte Raketen (mit einer drei Meter langen Bambusstange als Stabilisator) in Massenschwärmen zwei Kilometer weit zu schießen verstand. Der englische Oberst Sir William Congreve entwickelte daraufhin Brandraketen, die zu einer wichtigen britischen Waffe wurden: Die englische Flotte feuerte 1807 rund 25 000 Raketen auf Kopenhagen, wodurch die Stadt fast vollständig niederbrannte.

Erst in der zweiten Hälfte des 19. Jahrhunderts wurde die militärische Verwendung von Raketen unterbrochen – bis zum Zweiten Weltkrieg, der die Stalinorgel und den deutschen Nebelwerfer sah, zwei Salvengeschütze mit Spreng- oder Brandraketen; dazu die Panzerfaust und 1944 die deutschen Fernraketen gegen England.

Das Schwergewicht der Entwicklung hatte vom 14. bis ins 20. Jahrhundert auf der *Artillerie* gelegen, und zwar in solchem Grade, dass die große Rolle, die die Raketen noch im 19. Jahrhundert spielten, fast völlig in Vergessenheit geraten ist. Die ersten Pulvergeschütze um 1330 besaßen Rohre aus Holz oder Kupfer; sie schossen – bei einem Kaliber von höchstens zehn Zentimetern – Bolzen oder Bleikugeln, wie Katapult und Armbrust. Bereits um die Mitte des 14. Jahrhunderts entwickelte sich daraus die schwere *Bombarde* (Steinbüchse, Donnerbüchse, Legstück, Hauptstück), die Steinkugeln schleuderte und im Festungskampf die Wurfmaschinen und Mauerbrecher ablöste. In Braunschweig wurde 1411 die *Faule Mette* gebaut, eine neun Tonnen schwere Bombarde, die mit einer Pulverladung von 35 Kilogramm Steinkugeln im Gewicht von 350 Kilogramm verschoss. Keine damalige Festungsmauer hielt solchen Riesengeschützen stand. «Faul» hießen die «Stücke» deshalb, weil sie schwer beweglich waren und oft nur einen Schuss pro Tag abgeben konnten.

Die erste weltgeschichtliche Entscheidung führte die Artillerie 1453 beim Fall von Konstantinopel herbei. Wochenlang hämmerten die Türken mit 70 Bombarden auf den berühmten dreifachen Mauergürtel der Stadt und legten ihn in Trümmer. Aus Adrianopel ließ Sultan Mohammed II. eigens ein Riesengeschütz anfahren, das Steinkugeln von 400 Kilogramm verschoss; 60 Ochsen zerrten es in 42 Tagesmärschen zum Bosporus. Das «Chinesische Feuer» legte die Festung lahm, der einst das Griechische Feuer zum Überleben verholfen hatte.

1523 war die Belagerungsartillerie schon so weit fortgeschritten, dass es gelang, die berühmte Burg Nannstein des Reichsritters Franz von Sickingen bei Landstuhl in der Pfalz an einem einzigen Tag sturmreif zu schießen. Die Ritter hatten ausgespielt. Leichte Kanonen auf Rädern wurden auch in die Schlacht mitgeführt. Über die sechs *Feldschlangen*, mit denen Córtez 1519 durch Mexiko zog, berichtete ein aztekischer Augenzeuge: «Wie er donnert, der Schall des Feuergeschützes – zum Ohnmächtigwerden... Und wenn eine Kugel aus seinem Bauch herauskommt, Feuer regnend, Funken sprühend, und der Rauch nach Schwefel stinkend, dass es einem den Kopf benimmt! Und wenn die Kugel einen Berg trifft, wie er da zusammenstürzt! Und wenn sie einen Baum trifft, so wird er zerpulvert.»[178]

Seit der Mitte des 15. Jahrhunderts wurden auch Eisenkugeln (zum Teil glühend) verschossen; sie blieben bis ins 19. Jahrhundert in Gebrauch. Neben die Vollkugel trat fast gleichzeitig die *Bombe*: eine hohle Eisenkugel, die für den Festungskampf mit Blei, gegen Häuser und Städte mit einem Brandsatz – oder aber mit Sprengpulver gefüllt war, sodass nun zwei Explosionen stattfanden: die erste im Geschützrohr, um die Kugel abzuschießen, die zweite in der Kugel beim Aufschlag.

An der Bauweise und der Wirksamkeit der Artillerie änderte sich jahrhundertelang wenig. Die Geschütze schossen selten mehr als tausend Meter weit, und Schlachten entschieden sie bis ins 18. Jahrhundert nur im Festungs- und im Seekrieg. Die Bedienung der Kanonen lag meist gar nicht in den Händen von Soldaten, sondern von Handwerksmeistern: der «Stückgießer» war zugleich der Artillerist. In Deutschland machte erst der Große Kurfürst von Brandenburg 1683 aus der Zunft eine Waffengattung.

Zar Peter der Große (Regierungszeit 1689–1725) schuf eine russische Artillerie, indem er 500 Kirchenglocken zu Kanonen umschmelzen ließ. Den ersten Großeinsatz von Geschützen im Felde brachte der Siebenjährige Krieg. Von der Wirkungsweise damaliger Kanonen aber macht man sich heute nur selten eine Vorstellung. Wohl brachten explodierende Bomben und Kartätschen (Büchsen, die beim Aufschlagen Bleikugeln oder Nägel ausstreuten) dem Feind schwere Verluste bei, und unter Vollkugeln fielen Festungsmauern; aber es war noch ein Verhältnis zur Kanonenkugel möglich, wie es Goethe 1792 vor Verdun erlebte, «als auf einmal der grimmige, pfeifend schmetternde Ton hinter mir hersauste, sodass ich mich auf dem Absatz herumdrehte … Ich sah die Kugel noch durch einige Zäune ricochetieren. Mit großem Geschrei lief man ihr nach, als sie aufgehört hatte, furchtbar zu sein; niemand war getroffen, und die Glücklichen, die sich dieser runden Eisenmasse bemächtigt, trugen sie im Triumph umher».[179]

Ricocheter heißt: einen Stein übers Wasser hüpfen lassen; das Rikoschettieren war eine Schießart der damaligen Artillerie, bei der Vollkugeln auf Befestigungslinien geschossen wurden, um sie durch Aufschlag, Abprall, neuen Einschlag zu zerstören.

1792 fand das preußisch-französische Artillerieduell von Valmy in der Champagne statt, das erste große Trommelfeuer der Waffengeschichte. «Von jeder Seite wurden an diesem Tage zehntausend Schüsse verschwendet, wobei auf unserer Seite nur zwölfhundert Mann und auch diese ganz unnütz fielen», berichtet der Schlachtenbummler Goethe über den 20. September 1792. «Von der ungeheuren Erschütterung klärte sich der Himmel auf: denn man schoss mit Kanonen völlig als wär' es Pelotonfeuer … Nachmittags ein Uhr war es am gewaltsamsten, die Erde bebte im ganz eigentlichen Sinne, und doch sah man in den Stellungen nicht die mindeste Veränderung. Niemand wusste, was daraus werden sollte. Das Vorwerk La Lune war wieder von den Unsrigen besetzt, gewährte jedoch einen gar wilden Anblick: die zerschossenen Dächer, die herumgestreuten Weizenbündel, die darauf hie und da ausgestreckten tödlich Verwundeten und dazu noch manchmal eine Kanonenkugel, die, sich herüberverirrend, in den Überresten der Ziegeldächer klapperte ...»[180]

Beim Duell der Kanonen gab es keinen Sieger; das erschöpfte, hungernde, von einem Dauerregen durchnässte und von der Ruhr geplagte preußische Heer unter Herzog Karl Friedrich Ferdinand von Braunschweig trat jedoch den Rückzug an.

Im Seekrieg wurde es am deutlichsten, was es hieß, mit Kanonen zu siegen. (Immer noch verschossen sie bloße Eisenkugeln, obwohl das Hohlgeschoss, mit einem Brandsatz oder mit Schießpulver gefüllt, längst erfunden war.) Die Vernichtung der französischen Flotte durch Horatio Nelson 1798 vollzog sich so: Vor Abukir bei Alexandria lagen im seichten Küstengewässer die dreizehn französischen Kriegsschiffe vor Anker, die den Transport der Soldaten Bonapartes nach Ägypten schützen sollten. In der Abenddämmerung näherten sich die elf britischen Segler; fünf dirigierte Nelson in den engen Kanal zwischen der Küste und dem Feind, um sie so mit 550 Kanonen, 50 auf der Feindseite jedes Schiffes, unter Feuer zu nehmen. Uns von dem barbarischen Ablauf dieser Schlacht eine Vorstellung zu machen fällt schwer.

«Auf Pistolenschussweite», das heißt auf höchstens 30 Meter, näherten sich Nelsons Schiffe den Franzosen und gingen dort ebenfalls vor Anker – zwei Flotten mit dem Auftrag, einander in Ruhe zu vernichten. Und in der sinkenden Nacht donnerten tausend Kanonen aufeinander ein, ein Dutzend in jeder Sekunde, stundenlang, im Schein kreischender Laternen, in der Absicht, mit den Eisenkugeln Löcher in die Wand der feindlichen Schiffe zu bohren, ihre Masten umzureißen, ihre Besatzungen kampfunfähig zu machen – um sie schließlich auf Grund zu setzen, zu entern oder zur Kapitulation zu zwingen.

An jeder englischen Kanone plagten sich in äußerstem Tempo und höchster Disziplin 15 Mann. Nach jedem Schuss zerrten sie die zwei Tonnen Eisen mit Flaschenzügen so weit ins Schiffsinnere, dass das Rohr mit Wasser gekühlt und dabei die Mündung gereinigt, gewischt und neu geladen werden konnte: ein Leinensäckchen mit der abgepackten Treibladung ins Rohr schieben, dann die 16 Kilo schwere eiserne Kugel; das Rohr wieder durch die Bordwand drücken, es mit hölzernen Hebeln justieren und die Lunte zünden – das alles möglichst in weniger als einer Minute, doppelt so schnell wie die Franzosen, Stunde um Stunde, in Getöse und Pulverqualm, schweißüberströmt, mit zerschundenen, oft verbrannten Händen – und weiter ohne Halt, wenn einer oder der andere blutend und keuchend zusammenbrach. Im Morgengrauen die Bilanz: ein französisches Schiff explodiert, vier auf Grund gelaufen, sechs geentert, zwei entkommen.

Doch was war das schon – verglichen mit der verhängnisvollen Entwicklung der Waffen im 20. Jahrhundert! Den aufgeblähten Wehrpflicht-Armeen der beiden Weltkriege arbeitete eine explodierende Industrie zu und versorgte sie mit gewaltigen Waffen in unsinnigen Mengen. Die alliierte Offensive an der Somme im Juli 1916 begann mit einem sechstägigen Trommelfeuer, bei dem auf ein Frontstück von 40 Kilometern Breite 30 Millionen Granaten geschossen wurden.

«Plötzlich erlebte ich, wie es ist, wenn man auf einem Balkon über der Hölle steht», schrieb Georges Duhamel über den Beginn der Sommeschlacht. «Welches Ungewitter von Menschenhand! Welche Explosion von Hass und Zerstörung! Als ob ein Heer von Riesen den Horizont der Erde wieder und wieder unter die Schmiedehämmer nähme und Millionen Funken stieben ließe! Aus einer Unzahl flüchtiger Blitze formte sich ein dauernder, zuckender, springender Feuerschein, der das Land und die

Nacht überstrahlte. Am Himmel zersprangen Schrapnells, die in allen Farben des Regenbogens glänzten, wie die Funken, die ein Dampfhammer aus dem glühenden Eisen schlägt.»[181]

Deutschland hatte 1917 rund 7000 schwere Geschütze an der Front. Jede explodierende Fünfzehn-Zentimeter-Granate zerbarst in etwa 2000 Splitter. Über die Artillerievorbereitung der deutschen Offensive im März 1918 berichtete Ernst Jünger: «Ein flammender Vorhang fuhr hoch, von jähem, nie gehörtem Aufbrüllen gefolgt. Ein rasender Donner, der auch die schwersten Abschüsse in seinem Rollen verschlang, ließ die Erde erzittern. Das riesenhafte Vernichtungsgebrüll der unzähligen Geschütze hinter uns war so furchtbar, dass auch die größten der überstandenen Schlachten dagegen erschien wie ein Kinderspiel.»[182] Der Zweikampf – historisch ein Zwischenspiel des Kriegsführens, das Nähe voraussetzte – hatte sich vollends in die Menschenjagd zurückverwandelt.

Zum letzten Übermut trieb es die Artillerie in den *Eisenbahngeschützen*: Kanonen, so groß und so schwer, dass sie nur noch auf Schienen rollen konnten. Das berühmteste war das Paris-Geschütz: Im März 1918 war die deutsche Front noch einmal so nahe an die Hauptstadt des Feindes herangerückt, dass die Riesenkanone sie mit ihrer nie zuvor und nie danach erzielten Reichweite von 130 Kilometern mit 180 Granaten treffen konnte. Mehr als drei Minuten war das Geschoss unterwegs, und bis in seine Scheitelhöhe von 40 Kilometern war noch nie ein Menschenwerk vorgedrungen (erst von der V2 wurde sie übertroffen).

Die gewaltigste aller Kanonen schließlich, die «Dora», rollte im Juni 1942, von zwei Diesellokomotiven gezogen, mit 40 Achsen auf zwei parallelen Gleisen vor der Festung Sewastopol in Schussposition, feuerte 48 Granaten vom Weltrekordkaliber 80 Zentimeter ab, jede sieben Tonnen schwer, zerstörte wirklich ein Munitionsdepot, das 30 Meter unter der Erde lag, und verschwand dann für immer aus der Kriegsgeschichte – «eine technische Absurdität», stellten Schweizer Militärs 1952 fest, «mit einer im Vergleich zum ungeheuren Aufwand geringen Leistung».[183] Der deutschen Wochenschau gelang jedoch ein furios zusammenge- mogeltes Gesamtkunstwerk aus dem Mündungsdonner der Ka- none und den Paukenschlägen im Finale der «Préludes». Goebbels versah es mit dem Prädikat «besonders wertvoll», einen damals Siebzehnjährigen faszinierte es.

Noch im 14. Jahrhundert, bald nach den frühen Pulvergeschüt- zen, tauchten auch die ersten Hand- oder Faustrohre auf, die trag- baren Feuerwaffen zur individuellen Verwendung, entzündet mit Hilfe einer brennenden Lunte, die der Schütze an das Zündloch hielt. Als erstes einigermaßen brauchbares Infanteriegewehr ent- wickelte sich daraus im 15. Jahrhundert die Hakenbüchse oder *Ar- kebuse*, ein Donnerrohr im Gewicht von fünf bis 30 Kilogramm, das zum Schuss auf einen Gabelstock gelegt werden musste; es verschoss Bleikugeln bis über 100 Gramm, die fast jede Rüstung durchschlugen.

Das war die endgültige Beerdigung des Ritterstandes. Der ita- lienische Dichter Ariost (berühmt als Verfasser des «Rasenden Roland») klagte 1521 das Schießpulver an: «Durch dich ist Waf- fendienst der Ehr entbunden, durch dich muss Kriegesruhm zu- grunde gehen ...»[184] Der Kondottiere Paolo Vitelli ließ aus Empö- rung über das «Handrohr» allen feindlichen Schützen, die in seine Gefangenschaft gerieten, die Augen ausstechen und die Hände abhacken.

Um 1520 kam die leichtere *Muskete* in Gebrauch, die andert- halb Jahrhunderte lang die Feuerwaffe des Fußvolks (der *Mus- ketiere*) blieb. Auch damit waren jedoch die alten Waffen noch keineswegs verdrängt, ja es kam zu schweren Niederlagen der Musketiere gegen die Bogenschützen: Der Feldzug Karls V. gegen das türkische Algier im Jahre 1541 scheiterte daran, dass die Ge- wehre, auf die die kaiserlich-spanischen Truppen sich verlassen hatten, im Regen versagten und die türkischen Bogner das Feld behaupteten. 1669 kommentierte Hans Jakob Christoph von Grimmelshausen, katholischer Dragoner im Dreißigjährigen Krieg, die Rolle der Muskete mit den Worten: «Aber diese Ursach' macht mich so groß, dass jetziger Zeit der geringste Rossbub den allertapfersten Helden von der Welt totschießen kann.»[185]

Der Gewehrschütze trug außer seiner Muskete im Gewicht von sieben bis zehn Kilogramm und dem oft dazugehörenden Gabelstock einen Lederbeutel mit etwa fünfzehn Kugeln, Fettlappen, «Wichszeug» und «Räumnadel» sowie kleine Holzbüchsen mit den Pulverladungen und drei bis vier Meter Lunte bei sich. «Ich hatte meine Muskete bereits mit zweien Kugeln geladen, frisch Zündkraut aufgerührt und den Deckel auf der Zündpfannen mit Unschlitt verschmiert, wie vorsichtige Musketierer zu tun pflegen, wenn sie das Zündloch und Pulver auf der Pfannen im Regenwetter verwahren wollen», erzählte Grimmelshausen.[186] Die Wirkung einer auf wenige Schritt Entfernung abgegebenen Kugel beschrieb er so: «Wie ich nun seinen Ernst spürte, schlug ich an, und traf ihn dergestalt an die Stirn, dass er herumdurmelte, und endlich zu Boden fiel … Er hatte von meinem Schuss eine große Beul'.»[187] In der Schlacht bei Narwa (1700) blieb eine Gewehrkugel in der Halskrause Karls XII. stecken.

Für den Erfolg des Schusses war nämlich maßgebend, ob der Schütze das Pulver in richtiger Menge und Beschaffenheit «aufrührte» und auf die Pfanne schüttete. Erst Gustav Adolf führte die Papierpatrone ein, die eine abgepasste Pulvermenge enthielt. Er erfand auch die für die damaligen Gewehre optimale Feuertechnik: Die Infanterie rückte in drei Gliedern vor; zum Schießen kniete das erste Glied nieder, das zweite schoss über seine Köpfe, das dritte durch die Lücken des zweiten.

Die Lanze, noch um 1600 meist von der Hälfte aller Fußsoldaten getragen, hatte als Infanteriewaffe erst ausgespielt, als um 1640 in Frankreich das *Bajonett* erfunden wurde, mit dem das Gewehr in eine Nahkampfwaffe verwandelt werden konnte.

Gleichzeitig kam das Steinschloss (Schnappschloss) in Gebrauch, das nach dem Prinzip des Feuerzeugs Feuer schlug; nach dem Feuerstein (englisch *flint*) hieß das Steinschlossgewehr auch *Flinte*. Der Feuerstein reichte für 30 bis 50 Schuss, die größte Schussweite betrug etwa 250 Meter (noch immer weniger als die Pfeile der türkischen und englischen Bogenschützen!), der Visierbereich beim preußischen Infanteriegewehr im Siebenjährigen Krieg gar nur 120 Meter, während eine wirksame Salve meist erst auf 80 Meter oder weniger Distanz abgegeben werden konnte.

Die preußischen Soldaten lernten in mehrjährigem Drill und mit Hilfe des neuen eisernen Ladestocks (der hölzerne war oft zerbrochen), in der Minute viermal zu schießen, womit sie der feindlichen Infanterie im Allgemeinen um das Doppelte überlegen waren. Jedes Bataillon gab eine «rollende Salve» ab: Es war in acht *Pelotons* (Züge) unterteilt, von denen nacheinander das erste, dritte, fünfte und siebente Peloton, dann das zweite, vierte, sechste und achte feuerten; inzwischen war das erste Peloton mit dem Laden fertig und konnte die Salve fortsetzen. So war in einer Zeit der miserabel treffenden Flinte, deren Zielgenauigkeit weit unter der des Bogens lag, für das Optimum an Feuerkraft gesorgt.

Dies änderte sich erst, als sich spät im 18. Jahrhundert in den Armeen die *Büchse* (englisch *rifle*) durchsetzte: das Gewehr mit gezogenem Lauf, der der Patrone eine Drehung um die eigene Achse aufzwang und so ihre Flugbahn stabilisierte. Nun bekam jeder Schütze die Chance, noch auf hundert Meter einen einzelnen Menschen zu treffen; und im Amerikanischen Unabhängigkeitskrieg (1775–1783) konnte die Taktik des *Tiraillierens* entstehen: ausschwärmen, zerstreut kämpfen, Deckung suchen, schießen aus dem Hinterhalt – also nicht, wie im Peloton, unbewegt die nächste Salve des Feindes erwarten.

Die Tirailleur-Taktik wurde aus einer Not geboren und aus einer Zuversicht: der nämlich, dass der auf sich allein gestellte Schütze sich eben nicht im Gebüsch verkriechen würde. Die spartanischmazedonische Phalanx, der schweizerische Gewalthaufen, das friderizianische Peloton waren sinnreiche Veranstaltungen, zu einer Kampfmaschine zu kommen, deren Glieder keineswegs durchweg von Kampfgeist erfüllt zu sein brauchten und doch von der exakten Bewegung der verzahnten Masse vorangetrieben wurden. Als Einzelner eine mazedonische Phalanx zu verlassen wäre eine Aufgabe gewesen wie die Flucht aus den Bleikammern von Venedig; als Tirailleur die nächste Bodenwelle für ein Nickerchen zu missbrauchen war keine Kunst.

«Alle Kriegskunst bewegt sich ... zwischen den beiden Polen der Tapferkeit und Tüchtigkeit des einzelnen Mannes und dem Zusammenhalten, der Festigkeit des taktischen Körpers», schreibt Delbrück. «Die beiden Extreme sind ... der Ritter, der ganz auf die individuelle Leistung eingestellt ist, und das salvenfeuernde Infanteriebataillon Friedrichs des Großen, wo der Einzelne in dem Grade als Glied in die Maschine gepresst ist, dass sogar widerwillige Elemente eingestellt und nutzbar gemacht werden können.»[188]

In der Tat besiegten die amerikanischen Tirailleurs die englischen Truppen und ihre deutschen Hilfsvölker, die nach friderizianischer Art drei Glieder tief Schulter an Schulter kämpften. Französische Offiziere wie der Marquis de Lafayette, der als Zwanzigjähriger amerikanischer General wurde und 1789 die Pariser Nationalgarde befehligte, brachten die Kenntnis der amerikanischen Taktik nach Frankreich und fanden hier seit der Revolution die gleichen Voraussetzungen wie in Amerika vor: die Begeisterung einer klassenlosen Gesellschaft für ihr Vaterland und die völlige Ahnungslosigkeit des Volksheeres in militärischen Dingen. Den Kämpfern für die Freiheit fehlte der preußische Drill, der das exakte Vorgehen und Schwenken unter feindlichem Beschuss und die rollende Pelotonsalve ermöglicht hätte. Sie hatten gar keine andere Wahl, als jeden so angreifen und schießen zu lassen, wie er konnte.

«Von morgen an soll man alle Eingezogenen ein paar Gewehr-

schüsse abgeben lassen», verordnete Alexandre Berthier, Stabschef Bonapartes, im Jahre 1800 kurz vor der Überschreitung des
Großen Sankt Bernhard. «Man soll sie unterweisen, wie man mit
richtigem Augenmaß das Gewehr anlegt, um zu zielen, und endlich, wie man das Gewehr lädt.»[189]

Von morgen an! Und das Volksheer in seinen Massen, auf-
gepeitscht von Begeisterung und Hass, siegte doch.

Nach der Katastrophe von 1805/06 bequemten sich viele
österreichische und preußische Militärs nur widerstrebend, die
offenkundig erfolgreichere Taktik zu übernehmen. Doch verlor
sie dadurch ihren ursprünglichen Effekt: Ihr Vorteil hatte ja vor
allem darin gelegen, dass die Tirailleurs der einen Seite in den
Pelotons der anderen ein treffliches Ziel besaßen, ohne selbst ein
Ziel zu bieten; lösten sich die Linien auf beiden Seiten auf, so hatte
keine mehr einen Nutzen davon. Keine konnte es sich andrerseits
leisten, zur alten Taktik zurückzukehren. Das russische Heer veranstaltete 1812 in einer Gefechtsordnung, die weit lockerer war,
als Napoleon sich das auch nur hatte träumen lassen, die große
Jagd auf die fliehende und sich in ihrer Angst wieder ganz eng zu-
sammendrängende napoleonische Armee, ein frierendes Wild
(Kapitel 38).

Eine neue Waffe tauchte in der Napoleonischen Zeit nicht auf.
1836 konstruierte der Thüringer Schlossermeister Johann Nikolaus Dreyse den ersten *Hinterlader* der Waffengeschichte – ein
Gewehr, bei dem nun endlich nicht mehr Pulver und Kugel mit
dem Ladestock von vorn in den Lauf gestoßen werden mussten.

Die Feuergeschwindigkeit erhöhte sich damit von etwa zwei
Schuss pro Minute (mit friderizianischem Drill: vier Schuss) auf
fünf bis sechs Schuss, die Schussweite auf 800 Meter. Die preußische Armee hatte die ungewöhnliche Entschlusskraft, Dreyses
Hinterlader schon 1841 einzuführen, und sicherte sich damit
noch 1866 den Sieg von Königgrätz.

Ein Jahr vor Königgrätz war der Amerikanische Bürgerkrieg zu

Ende gegangen – der erste Krieg, der die Technik des 19. Jahrhunderts schon auf ihrer Höhe sah und demgemäß mit den meisten der Waffen und Hilfsmittel ausgetragen wurde, die die beiden Weltkriege kennzeichnen. Hinterlader bei der Artillerie, Schnellfeuergeschütze und Repetiergewehre (mit einem Ladestreifen statt der Einzelpatrone) bestanden ihre erste Feuerprobe. Über ein Artilleriegefecht schrieb der Kriegsteilnehmer Ambrose Bierce: «Die Männer sahen aus wie Dämonen der Hölle. Ihre dampfende Haut war pulvergeschwärzt und mit Blutspritzern übersät. Sie schufteten wie die Wahnsinnigen, mit Lafettenschwanz und Kartuschen, Hebel und Abzugsleine. Sie pressten ihre geschwollenen Schultern und blutenden Hände nach jedem Rückstoß gegen die Räder und hievten die schwere Kanone wieder an ihren Platz. Kommandos gab es keine, denn an diesem grauenvollen Ort, voll von tosenden Abschüssen, krepierenden Granaten, heulenden Eisenstücken und fliegenden Holzsplittern, wären sie nicht zu hören gewesen.»[190]

16 Mit Stahl und Gas

> Es gibt sowieso schon verschiedene Kriegserfindungen,
> zum Beispiel die Gasmaske zum Vergiften mit Gas. Du
> ziehst sie übern Kopf und bist vergiftet, wie man's uns
> in der Unteroffiziersschule erklärt hat.
>
> *Jaroslav Hašek*, Der brave Soldat Schwejk

Ehe das Gas kam, kam das Maschinengewehr: das Töten am
Fließband, das Niedermähen, das Ende aller Attacken zu Fuß und
zu Pferde.

«Über meinem Kopf knatterten die Maschinengewehre los, und
die langen Reihen der Türken oben auf den Waggons kugelten
durcheinander und wurden gleich Wollflocken von den Dächern
heruntergefegt durch den Geschosshagel, der prasselnd die Waggons entlangstrich und ganze Wolken gelber Holzsplitter auf-
stieben ließ.»[191] So schildert T. E. Lawrence den Überfall auf einen
türkischen Zug im Jahre 1917. Ein deutsches «Weltkriegslieder-
buch», 1926 in Dresden erschienen, enthält die freudigen Verse:

Maschinengewehr, Maschinengewehr,
wir lassen dich nicht, wir sterben eh'r ...
Den Massentod schleuderst dem Feind in die Reih'n,
was kann noch ein größ'res Vergnügen sein?
Brüll weiter «tack tack», mein Maschinengewehr,
dem Feind in die Knochen, das liebt er so sehr!

Schusswaffen, die dem Feind ganze Salven in die Knochen jagten, sind an sich sehr alt. Schon im 15. Jahrhundert hatten findi-
ge Köpfe die Idee, mehrere Handrohre nebeneinander auf einen
Wagen zu montieren und sie gleichzeitig oder kurz nacheinander
abzuschießen; für diese Waffe, die es bis auf 64 Rohre brachte,
prägten die Soldaten anschauliche Namen wie Orgelgeschütz,

Totenorgel, Geschreigeschütz und Hagelbüchse. Sehr wirksam scheint die Totenorgel nicht gewesen zu sein, denn im 17. Jahrhundert geriet sie in Vergessenheit, und als ein französischer Ingenieur 1775 seinem König eine «Militärorgel» mit 24 Läufen vorführte, fand er bei Ludwig XVI. keine Gnade, sondern wurde als ein Feind der Menschheit davongejagt.

1867 führte die französische Armee jedoch die *Mitrailleuse* ein (in Deutschland Kugelspritze oder Kartätschgeschütz genannt): eine «Orgel» mit 25 Läufen, die in jeder Minute fünf Salven abgeben konnte. Der Aufwand war allerdings so hoch und die Treffsicherheit so gering, dass die Franzosen im Deutsch-Französischen Krieg 1870/71 damit keine bedeutenden Erfolge erzielten. Im Amerikanischen Bürgerkrieg waren sogenannte Revolvergeschütze («Kaffeemühlen») in Gebrauch gekommen, bei denen ein Bündel von Läufen mit einer Handkurbel einzeln vor den Abzug gedreht werden konnte.

Das Maschinengewehr im heutigen Sinn, bei dem das Laden und Feuern durch den Rückstoß oder den Druck der Pulvergase automatisch erfolgt – diese mörderische Waffe ist eine Erfindung des amerikanischen Ingenieurs Hiram Steve Maxim aus dem Jahre 1884. Die deutsche «Gewehrprüfungskommission» lehnte Maxims Maschinengewehr 1892 mit der Begründung ab, dass es «für die Verteidigung reichlich kompliziert, für die Offensive völlig unbrauchbar» sei.[192]

Aber dann kamen die Weltkriege – und nun wurde es klar, was es hieß, dass ein einzelner Soldat nicht mehr vier Schüsse pro Minute abgeben konnte wie in der darauf trainierten preußischen Armee unter Friedrich dem Großen und nicht zwölf wie mit den modernen Hinterladern von 1890, sondern 600.

Dennoch stürmte im August 1914 deutsche Infanterie bei Mühlhausen im Elsass in mazedonischem Block mit Gesang und Hurra in die französischen – und französische Infanterie bei Morhange in die deutschen – Maschinengewehrgarben. Bei Longwy zog sich deutsche Kavallerie drei Wochen später im Galopp das gleiche Schicksal zu, und im Herbst 1914 marschierten die deutschen Freiwilligenregimenter bei Langemarck in Reih und Glied, «Deutschland, Deutschland über alles» singend, in das vernichtende Feuer der englischen MGs. 45 000 deutsche Soldaten sind auf dem Kriegerfriedhof von Langemarck begraben. 2600 Jahre nach ihrer Erfindung durch die Spartaner versanken die Reste der Phalanx im Schlamm von Flandern.

Das Knattern und Tackern des Todes vom Fließband war das ständige Frontgeräusch der Weltkriege. Im russischen Kriegsroman: «Wie in einer endlosen, unsichtbaren Steppnäherei flickten die Maschinengewehre die Fetzen der Stille zusammen.»[193] Im deutschen Kriegsroman: «Der leblose Stahl in seinen Händen verwandelte sich in ein zuckendes, brüllendes Wesen, das die Körper der Russen durcheinanderwirbelte ... Er wunderte sich, wie lautlos sie starben.»[194]

Fast zwangsläufig folgte aus der vernichtenden Wirkung des Maschinengewehrs der *Schützengraben* – und das hieß: Die beiden größten Feldheere der Geschichte, jedes fast zwei Millionen Mann stark und bestrebt, eine rasche Entscheidung durch eine Offensive napoleonischen Stils zu erzwingen, fanden sich sechs Wochen nach Kriegsausbruch in einer Kette von Schützengräben mattgesetzt, die bald von der Schweiz bis zur Nordsee reichte. In allen früheren Kriegen hatten die Heere die Schlacht gesucht, Napoleon war mit einer Säule und zwei Korps zur Sicherung der Flanken auf Moskau marschiert – nun gab es etwas Neues, eine *Front*, von Massenheeren besetzt und in die Erde eingegraben.

Dass Soldaten sich eingruben, war nicht neu. Die Römer, die Schweden Gustav Adolfs, die Preußen Friedrichs des Großen pflegten unter großen Mühen Feldbefestigungen zu errichten; meist jedoch nicht um zu kämpfen, sondern um sich im Lager gegen Überraschungsangriffe zu sichern. Der Graben, der den *Kämpfer* schützen soll, ist, ebenso wie die Tirailleurtaktik, eine

Erfindung der Amerikaner im Unabhängigkeitskrieg. Ihre Schützen gruben sich flache Gräben mit einer Brustwehr, um beim Laden der Musketen und beim Zielen eine Deckung gegen die Kugeln des Feindes zu haben. Wo nicht Bäume oder Bodenwellen dem Tirailleur Schutz boten, schuf er ihn mit dem Spaten selbst. Der erste Stellungskrieg – ein Krieg also, in dem sich zwei Heere lange Zeit in Gräben gegenüberlagen – war der Krimkrieg (1853–1856).

Wie viel Erde im Ersten Weltkrieg teils mit Spaten ausgehoben, teils durch Granaten umgepflügt worden ist, hat niemand ausgerechnet – aber es könnte sich um die größte Erdbewegung der Geschichte handeln. Durch ein weitverzweigtes System von Laufgräben marschierte die Ablösung zum Kampfgraben vor, der seit 1915 doppelte oder gar dreifache Mannstiefe hatte. Posten und Schützen mussten also über Stufen eine Bank ersteigen, um den Feind zu sehen; dort ragte ihr Kopf über die Erde und war durch Sandsäcke oder einen Stahlschild abgedeckt. Dazu kamen Unterstände in der Tiefe der Grabensohle, Stollen mit einer bis zu zwölf Meter dicken Erdschicht über sich und unterirdische Laufgänge von Stollen zu Stollen.

«Das Ganze muss man sich als eine mächtige, scheinbar ausgestorben im Gelände liegende Erdfestung vorstellen, in deren Innerem ein regelmäßiger Wach- und Arbeitsdienst verrichtet wird und in der wenige Sekunden nach einem Alarm jeder Mann auf seinem Posten steht», schrieb Ernst Jünger. «Man tut auch gut, sich die Stimmung nicht allzu romantisch auszumalen; es herrscht vielmehr eine gewisse Schläfrigkeit und Schwerfälligkeit, wie sie die nahe Berührung mit der Erde erzeugt.»[195] Vor dem Graben lag der Stacheldrahtverhau, ein ebenso billiges wie wirkungsvolles Mittel, einen Sturmangriff zu erschweren – erstmals von den Buren angewandt und damals mit Empörung aufgenommen, da der Stacheldraht bis dahin nur von amerikanischen Viehzüchtern verwendet worden war.

Indem das Maschinengewehr die Soldaten in Gräben zwang, hatte es zugleich den Verteidiger dem Angreifer überlegen gemacht und so den jahrelangen Stellungskrieg fast erzwungen – bei geringeren Verlusten als einst in offener Schlacht. Nur mit Minenwerfern oder mit flächendeckendem Trommelfeuer waren die Gräben ja zu treffen. Bis 1917 die englischen «Tanks» den Maschinengewehren unverwundbar entgegenrollten, mit Erfolg; der vorherige Versuch, die Schützengräben mit Gas auszuräuchern, war besonders widerlich – aber er scheiterte.

Am 22. April 1915 zeigte Deutschlands chemische Industrie, führend auf der Welt, was sie vermochte: Bei Ypern in Belgien ließ sie aus den deutschen Gräben bei Ostwind gelbliche Wolken von Chlorgas aus Stahlflaschen westwärts blasen, den englischen Truppen entgegen – Gas gegen Menschen wie vorher nur gegen Ungeziefer, Menschenjagd auf einer Stufe der Gemeinheit, wie sie kaum je ein primitiver Stamm betrieben hat, sei es auch nur aus Mangel an chemischen Kenntnissen. Unter den englischen Truppen brach Panik aus. Das langumkämpfte Langemarck fünf Kilometer nördlich von Ypern, das mit dem Deutschlandlied vergeblich bestürmt worden war, erlag dem Gas binnen einer Viertelstunde. Die deutsche Armee, von der Wirkung selber überrascht, hielt nicht genügend Truppen bereit, um durch die Bresche zu stoßen.

Bald zogen die Alliierten nach, Gasgranaten wurden in die feindlichen Gräben geschossen. 1917 setzten die Deutschen Senfgas (Gelbkreuz) ein, das die rasch verbreiteten Gasmasken durchdrang und die Haut verätzte: eine halbe Million Senfgasgranaten im März 1918 zur Vorbereitung der letzten deutschen Offensive.

Die Wirkung auf die Kampfmoral war ungeheuer: «Der dumpfe Knall der Gasgranaten mischt sich in das Krachen der Explosivgeschosse. Eine Glocke dröhnt zwischen die Explosionen, Gongs, Metallklappern künden überall hin: Gas – Gas – Gaas!» (Remarque) «Wir liegen zu viert in schwerer, lauernder Anspannung und atmen so schwach wie möglich. Diese ersten Minuten mit der Maske entscheiden über Leben und Tod: Ist sie dicht? Ich kenne die furchtbaren Bilder aus dem Lazarett: Gaskranke, die in tagelangem Würgen die verbrannten Lungen stückweise auskotzten.»[196]

Doch die messbare Wirkung blieb hinter den Erwartungen der Militärs zurück: Von den durch Gas Verletzten starben nicht ein Viertel (wie im Durchschnitt der Feuerwaffen), sondern nur zwei Prozent. Vielleicht trug dies – neben der Angst: Was können die anderen? – dazu bei, dass es im Zweiten Weltkrieg keinen Giftgasangriff mehr gegeben hat.

Es waren die *Panzer*, die in beiden Weltkriegen eine entscheidende Rolle spielten. Englische Militärs hatten die Lehre aus der zufälligen Erfahrung gezogen, dass 1914 an der belgischen Front ein Kraftwagen, der provisorisch gepanzert und mit einem Maschinengewehr bestückt worden war, ganze deutsche Kavallerieschwadronen in die Flucht geschlagen hatte. Zur Panzerung kam der Raupenantrieb, und bereits 1916 wurden an der Somme die ersten Panzerwagen eingesetzt.

Im November 1917 überrollten 350 englische Tanks bei Cambrai ohne Artillerievorbereitung die deutsche Front – ein Durchbruch, der nach Überzeugung englischer Fachleute den Krieg hätte beenden können, wenn das britische Oberkommando nicht selber vom Ausmaß dieses Erfolgs überrascht worden wäre. Der neue Munitionsminister Winston Churchill trieb die Massenproduktion von Tanks voran und trug damit entscheidend zum Gelingen der alliierten Gegenoffensive von 1918 bei. Die deutsche Oberste Heeresleitung gab den Krieg am 8. August 1918 verloren, als durch den Masseneinsatz von Panzern an einem Tag sieben deutsche Divisionen vollständig zerschlagen wurden. Remarque: «Diese Tanks sind die Vernichtung, wenn sie fühllos in Trichter hineinrollen und wieder hochklettern, unaufhaltsam, eine Flotte brüllender, rauchspeiender Panzer, unverwundbare, Tote und Verwundete zerquetschende Stahltiere.»[197]

Was das deutsche Heer im Ersten Weltkrieg versäumt hatte – 1918 standen 45 deutsche Tanks 3500 alliierten gegenüber –, holte es im Zweiten nach: Es machte aus der Panzerwaffe die schlachtentscheidende «Kavallerie» und führte damit den *Blitzkrieg* ein. Die 2400 Jahre alte Lehre Sun Tzus, dass «Schnelligkeit die Quintessenz des Krieges»[198], und die hundert Jahre alte des Professors Dennis Hart Mahan von der amerikanischen Heeresakademie West Point, dass «Schnelligkeit das Geheimnis des Erfolges»[199] sei, wurde zwischen den Weltkriegen von einem Theoretiker und einem Praktiker zu einer konsequenten Strategie entwickelt: von dem englischen Militärschriftsteller Basil Liddell Hart und dem deutschen Panzergeneral Heinz Guderian.

Guderians Idee, die Kriegsgeschichte machte, war es vor allem, die Panzer nicht auf breiter Front zur Unterstützung der Infanterie vorzuschicken (woran die französische Armee unter dem Eindruck der Erfahrungen des Ersten Weltkriegs festhielt), sondern sie wie einen Meißel auf die gegnerische Front anzusetzen – mit den Panzern also nicht zu «kleckern», sondern zu «klotzen», wie dies im deutschen Militärjargon hieß.

Es ist nicht ganz richtig, was Antoine de Saint-Exupéry zur Erklärung der französischen Niederlage von 1940 feststellte: «Der Rüstungswettlauf konnte gar nicht anders als vernichtend ablaufen – wir waren vierzig Millionen Bauern gegen achtzig Millionen Fabrikarbeiter.»[200] Den 2500 Panzern, die die deutsche Rüstungsindustrie gegen Frankreich bereitstellen konnte, standen 4000 alliierte Panzer gegenüber. Aber die Deutschen «klotzten» und siegten.

Hitlers Panzer, die 1942 bis tief in den Kaukasus vorgestoßen waren, erlitten im Juli 1943 im sogenannten Kursker Bogen nördlich von Charkow ihre finale Niederlage. Fünf Monate nach der Katastrophe von Stalingrad war die Wehrmacht noch einmal, zum letzten Mal zur Offensive angetreten, mit 2700 Panzern, denen 3600 Sowjetpanzer gegenüberstanden. Sie lieferten sich die größte Panzerschlacht der Kriegsgeschichte und die letzte große überhaupt.

Jenseits des Urals produzierten die Sowjets pro Monat fünfmal so viele Panzer wie die deutsche Rüstungsindustrie, viel schneller konnten sie ihre Verluste ersetzen, und ebenbürtig waren ihre Tanks den Deutschen auch. Bei Kursk brachen sie den letzten großen Widerstand gegen den Marsch der Roten Armee auf Berlin. In Tausenden von brennenden, zerschossenen Panzern fanden Zehntausende von Soldaten einen schrecklichen Tod.

Der Koreakrieg (1950–1953) sah noch einmal viele Panzer in Aktion, «die Kriegselefanten des technischen Zeitalters»[201]; im Dschungel von Vietnam konnten sie sich nicht mehr bewähren. Die *Kampfhubschrauber* wurden zur Allzweckwaffe, zum Transporter, zum Sanitäter, zum Tröster: «the sexiest thing going», schrieb der amerikanische Kriegsreporter Michael Herr aus Vietnam. «Retter – Zerstörer, Versorger – Verschwender, hurtig, wendig, listig, menschlich; heißer Stahl, Fett, dschungelfeuchtes Segeltuch; in einem Ohr die Rock-'n'-Roll-Kassette, im anderen die Schüsse; Treibstoff, Hitze, pralles Leben, Tod.»[202]

Da war sie noch einmal, die Faszination durch die Waffe: Vom Bogen bis zur Rakete galt sie, gilt sie allen Kriegern und vielen Soldaten als heilig. Die Waffen des Achilles schuf der hinkende Gott des Feuers und der Schmiede, Hephaistos. Den «heiligen Schild», der angeblich der des Achilles war, nahm Alexander der Große von den Ruinen Trojas nach Indien mit. Attila behauptete, er habe seine Waffen vom Kriegsgott selbst erhalten. Bei fast allen primitiven Völkern wurden die Waffen unter besonderem Zeremoniell hergestellt; die Männer, die sich darauf verstanden, fasteten und murmelten Zaubersprüche. Bei den Mongolen Dschingis Khans war der Waffenschmied der weltliche und zugleich religiöse Mittelpunkt des Stammes, der Priester. «Für diesen Tag hatten wir zehn Jahre gearbeitet. Ich schäme mich nicht zu bekennen, dass ich Tränen der Freude fühlte.» So berichtete der Leiter der Versuchsanstalt Peenemünde über den Start der ersten V2 im Jahre 1942.[203]

Leicht konnte die offene oder geheime Liebe vieler Soldaten zu ihrer Waffe in die Lust übergehen, die Waffe zu gebrauchen. Wie heißt es bei Homer? «Und Odysseus griff und prüfte mit der rechten Hand die Sehne, und sie sang schon unter ihr, einer Schwalbe an Stimme ähnlich ... Da traf den Antinoos Odysseus mit dem Pfeil in die Kehle.»[204] Alfred de Vigny: «Ich versuche mir Rechenschaft zu geben über diese Art von Magnetismus, der für unsereins im Stahl eines Degens liegt.»[205]

Beliebte Redensart deutscher Unteroffiziere mindestens bis 1945: *Das Gewehr ist die Braut des Soldaten*. «O mein Karabiner, dürft' ich mit deinem Kolben wieder die Kisten zerschmettern wie die Gehirne!», ließ Christian Dietrich Grabbe in seinem Drama «Napoleon» den Grenadier Chassecœur seufzen, der zum Frieden verurteilt ist.[206] Der 42-Zentimeter-Mörser, der 1914 die Panzerforts der Festung Lüttich zerschlug, führt den Kosenamen «Dicke Bertha». Ernst Jünger beichtete: «Wir stießen auf das Kommando ‹Laden und zielen› mit geheimer Wollust einen Rahmen scharfe Patronen ins Magazin.»[207] Der Russe Grigorij Baklanow schreibt in seinem Kriegsroman «Die Toten schämen sich nicht»: «Mit grimmigem Zorn und einem süßen Rachegefühl gab er aus dem Maschinengewehr eine lange Feuergarbe auf die Deutschen ab.»[208]

Das alles konnte sie sein, die Waffe: ein Gegenstand der Verehrung, eine Quelle der Wollust, ein Magnet. Gewiss nicht für alle Soldaten, vermutlich nicht einmal für die Mehrzahl von ihnen – aber doch für viele, wie es scheint. Wer Waffen hat, ist der Versuchung ausgesetzt, sie zu gebrauchen. Wer bei ihrem Gebrauch Wollust verspürt, hat offensichtlich andere Maßstäbe als den, dass Notwehr den Gebrauch der Waffe rechtfertigt. Mit viel weniger Kraft, als ein Mann einst brauchte, um einen Spieß zu schleudern, mit einem bloßen Fingerdruck kann ein Einzelner heute mehr Menschen töten als früher zehntausend Fäuste mit zehntausend Speeren.

Noch schlimmer freilich, wenn die Waffe überhaupt kein Gerät mehr ist, das bedient werden muss – und zuweilen eben nicht bedient wird aus Mitleid oder Angst: die *Landminen* zum Beispiel, eine schreckliche Hinterlassenschaft des Zweiten Weltkriegs. Gefahrlos werden sie verlegt, sie töten oder verstümmeln mehr Zivilisten als Soldaten, auf Erden 20 000 pro Jahr, schätzen Menschenrechtsorganisationen, viele spielende Kinder darunter. An die 100 Millionen Minen lauern in mehr als 80 Staaten auf ihr Opfer – tödliche Reste aus einem längst vergangenen Krieg oder Investition in den nächsten.

Ja, 1997 haben sich in Ottawa 125 Staaten darauf geeinigt, Landminen total zu verbieten; die Wortführer der Kampagne bekamen dafür im selben Jahr den Friedensnobelpreis (Prinzessin Diana, die bekannteste Vorkämpferin, war kurz zuvor bei einem Autounfall umgekommen). Aber 40 weitere Staaten haben die Konvention – nach dem Stand von 2013 – nicht unterzeichnet, darunter die entscheidenden: USA, Russland, China, Israel. Und 2009 lehnte Präsident Obama den Verzicht auf Landminen noch einmal ausdrücklich ab.[209] Doch für ihre Beseitigung in aller Welt hatten die USA bis dahin 1,3 Milliarden Dollar ausgegeben.

Die völlig körperlosen Waffen – das Giftgas und die biologischen Kampfmittel, die tückischsten von allen – sind immerhin von allen Staaten geächtet. Nicht einmal in Vorrat gehalten werden dürfen die Bakterien, Viren, Pilze, Parasiten, die ganze Völker geräuschlos vernichten könnten. Churchill hatte 1944 befohlen (die BBC enthüllte es 1981), einen Luftangriff mit Milzbranderregern vorzubereiten, zuerst auf Berlin, Hamburg und Frankfurt; sie hätten die Städte auf ein Jahrhundert unbewohnbar gemacht. Und kein Experte bezweifelt, dass die Großmächte Ähnliches heute auf Lager haben.

Nimmt man das zusammen mit den Drohnen, den Atom-
sprengköpfen, dem Cyberwar, so bleibt nur der traurige Schluss:
Schön, dass Millionen Männer nicht mehr Soldat werden müssen – aber weniger schrecklich macht ihr Fehlen künftige Kriege
nicht.

IV. Wofür sie starben

17 Gründe – Vorwände – Irrtümer – Lügen

> Es ist ganz gleichgültig, welche Schlagworte in den
> Wind schallen, während die Türen und Schädel einge-
> schlagen werden.
> *Oswald Spengler*, Der Untergang des Abendlandes

Wofür haben sie gekämpft, die Hunderte von Millionen Krieger,
Söldner und Soldaten der Weltgeschichte, die Griechen in Indien, die Römer in Schottland, die Normannen auf der Krim – in
China die Portugiesen, in der Ukraine die Schweden, die Hessen
in Amerika? Wofür sind sie einen grausamen Tod gestorben, die
Engländer in der Wüste, die Schwarzen in Verdun, die Deutschen
im Kaukasus?

Schon das Wort «wofür?» wirft neue Fragen auf. Damit es Krieg
gibt, müssen Anführer, Feldherren, Staatsmänner mit Kämpfern,
Söldnern, Soldaten zusammenwirken. Dies ist meist in einer von
drei Formen geschehen.

1. Feldherren und Soldaten wurden von gemeinsamer Begeisterung angetrieben (Kapitel 20).

2. Soldaten wurden in die Schlacht gezwungen durch Prügel,
Drohung, Druck – oder zum Kämpfen, Jagen, Töten, Sterben
überlistet durch Orden, Schnaps, Musik (Teil V).

3. Umgekehrt: Soldaten drängten die Feldherrn zur Schlacht –
und das gab es durchaus (Kapitel 25).

Dies nun jeweils mit Vorwänden, Irrtümern, Lügen durcheinan-
dergerührt! Fünf neue Probleme ergeben sich daraus. Sie sind de-
finierbar; lösbar sind sie nur bedingt.

1. Am Anfang jedes Krieges steht grundsätzlich und unvermeidlich mindestens *ein* Irrtum; nämlich die Unterstellung
des schließlich Besiegten, er werde der Sieger sein. Natürlich
wären weder Napoleon noch Hitler tief nach Russland vor-

gestoßen, hätten sie das Ende abgesehen. Auch der Angegriffe-
ne oder Überfallene kann sich bei der Frage «Soll ich kämpfen?»
irren: Polen glaubte 1939, es habe gegen Hitler durchaus eine
Chance – weil nämlich Frankreich, der hochgerüstete Verbündete, unverzüglich einen Entlastungsangriff unternehmen
würde. Er fand nicht statt. Die Tschechoslowakei hatte ein halbes Jahr zuvor eine solche Chance nicht gesehen – und so den
Krieg vermieden; dabei freilich, sagt Churchill, «das Gewicht
von 35 tschechischen Divisionen gegen die immer noch unfer-
tige deutsche Armee verschleudert»[210].

2. *Gründe* für Kriege, sagen manche Historiker und Anthropolo-
gen, *brauchen wir nicht*: Der Mensch sei unrettbar aggressiv,
auf Menschenjagd und Zweikampf sei er angelegt, alle primitiven Kulturen bewiesen das; das Erstaunliche, das eigentlich zu
Begründende sei umgekehrt: dass und wie es unter Kulturvölkern immer wieder zu längeren Friedensperioden gekommen
sei.

3. *Die Gründe kennen wir nicht*: Denn Geschichte wird von den
Siegern geschrieben, und selbstverständlich geben sie dem Besiegten alle Schuld. Woraus jedoch keineswegs folgt, dass bei
den Besiegten die Wahrheit zu finden wäre – sie stricken sich
ihre eigene Rechtfertigung zurecht.

4. *Die Gründe kennen wir auch deshalb nicht*, weil selbst Sieger
oft Mühe haben, aus hundert Motiven, Zufällen, Irrtümern auf
den zentralen Grund zu schließen, der sie in den Krieg getrieben hat; die verschlungenen Ursachen des Ersten Weltkriegs
sind dafür das Paradebeispiel (gleich mehr).

5. *Die Gründe zu nennen ist gefährlich* – der deutsche Bundes-
präsident Horst Köhler hat es erlebt. Auf seinem Rückflug von
Afghanistan im Mai 2010 sagte er einem Reporter: «Ein Land
unserer Größe mit dieser Außenhandels-Orientierung muss
wissen, dass im Notfall auch militärischer Einsatz notwendig
ist, um unsere Interessen zu wahren, zum Beispiel freie Han-

delswege.» *Englische* Politiker haben das selbstverständlich drei Jahrhunderte lang gesagt und danach gehandelt. Der Deutsche bekam mit seiner schlichten Wahrheit so viel Ärger, dass er zurücktrat.

Und dann noch dies: Alle Motive, sagt Tolstoi in «Krieg und Frieden», seien ohnehin egal, «wenn wir die Nichtigkeit der einzelnen Gründe mit der gewaltigen Tragweite der Ergebnisse vergleichen».[211]

Höchst behutsam also gilt es mit der Frage nach den Gründen und den Begründungen für die Kriege umzugehen – schon das ist ja zweierlei. Auch müssen empfundene, geglaubte Gründe keineswegs mit den wahren Ursachen identisch sein; die bloßen Anlässe und die Irrtümer, die Vorwände und die Lügen noch gar nicht gerechnet.

Nirgends sind sie so verflochten, so umstritten wie bei der «Urkatastrophe» des 20. Jahrhunderts, dem Ersten Weltkrieg. Warum, fragt der britische Historiker John Keegan, «riskierte ein wohlhabender Kontinent – auf dem Gipfel seines Erfolges, seines globalen Reichtums, seiner globalen Macht und seiner geistigen und kulturellen Errungenschaften – alles, was er für sich gewonnen hatte und alles, was er der Welt bieten konnte, in der Lotterie eines bösartigen und mörderischen regionalen Konflikts? Warum brachen die kriegführenden Mächte, als wenige Monate nach seinem Ausbruch die Hoffnung auf eine rasche Beendigung des Konflikts geschwunden war, ihre militärischen Anstrengungen nicht ab, sondern machten zum totalen Krieg mobil und setzten schließlich die Gesamtheit ihrer jungen Männer in einem sinnlosen wechselseitigen Gemetzel ein?» Alle Prinzipien der kriegführenden Staaten seien teils ihren Preis nicht wert, teils schädlich gewesen, teils sinnlos geworden eben durch den Krieg.[212]

Die Sieger machten sich die Antwort einfach. In Artikel 231 des Vertrags von Versailles hieß es: «Die Verbündeten und assoziierten Regierungen erklären und Deutschland erkennt an, dass Deutschland und seine Verbündeten als Urheber aller Verluste und Schäden für diese verantwortlich sind.» So wurde Deutschlands «Alleinschuld» festgeschrieben – also dem Verlierer eine Art sittlicher Minderwertigkeit nachgesagt, während die meisten früheren Sieger sich mit Triumph und Ausplünderung zufriedengegeben hatten. Zugleich war dies eine abstruse Zuspitzung abseits aller historischen Wahrheit. «Die Historiker», schreibt Keegan, «haben es längst aufgegeben, die *Schuld* am Ersten Weltkrieg bestimmten Nationen zuzuweisen, und wandten sich der Untersuchung der *Ursachen* zu, die fast ebenso umstritten sind.»[213]

Einer aber meinte noch 1961, genau Bescheid zu wissen: der deutsche Historiker Fritz Fischer. In seinem Buch «Griff nach der Weltmacht» erregte er Aufsehen mit der Behauptung: Allein auf deutscher Seite habe der Wille zum Krieg geherrscht, denn Deutschland habe eine Weltmacht werden wollen um jeden Preis. Fischers Begründung ist indessen zweifach kurios.

Zum Ersten, weil das Nach-der-Weltmacht-Greifen von jeher der stärkste Motor der Weltgeschichte ist: bei Römern und Mongolen, bei Spaniern und Engländern, von 1945 bis 1990 im Wettlauf der USA mit der Sowjetunion; nun zwischen den USA und China. Das britische Empire hatte es durch Unterjochung fremder Völker 1914 dahin gebracht, sich 23 Prozent der Landfläche der Erde zu unterwerfen, die 109-fache Größe des Mutterlands; dies großenteils von einem Rassenhochmut beflügelt, der erst von Hitler übertroffen wurde: So war Cecil Rhodes, Premierminister der britischen Kapkolonie und Beschaffer der Kolonie «Rhodesien», überzeugt, «dass die angelsächsische Rasse die Spitze der Evolution sei und den göttlichen Auftrag zu erfüllen habe, das Empire über die ganze Erde auszudehnen».[214] Und es war schierer Weltmacht-Übermut, der die USA 2003 antrieb, den Irak zu überfallen. Weltmacht werden oder es bleiben zu wollen und dabei über die Stränge zu schlagen ist das Gewöhnlichste auf Erden.

Rein begrifflich anfechtbar, zum Zweiten, ist Fischers Vorwurf insofern, als Deutschland nicht mehr zu «greifen» brauchte; es war einer der fünf Staaten, die als Weltmächte galten, zusammen mit Großbritannien, Frankreich, Russland und den USA – und eigentlich die Nummer 2 unter diesen: die deutsche Industrie die zweitgrößte der Erde nächst der amerikanischen; der britischen eilte sie mit Riesenschritten davon. Die deutsche Kriegsflotte die zweitgrößte nächst der britischen; die deutsche Armee die zweitstärkste nächst der russischen, aber an Kampfkraft ihr weit überlegen. Sie galt als «die beste und stärkste der Welt».[215] Und die deutschen Naturwissenschaften überhaupt an der Spitze: Von den 49 Nobelpreisen für Physik, Chemie und Medizin, die zwischen 1901 und 1914 verliehen wurden, gingen 14 nach Deutschland und zwei in die USA.

Und diese Weltmacht hatte 1914 allen Grund, sich bedroht zu fühlen: Großbritannien war eifersüchtig auf die Macht der deutschen Industrie; Frankreich «fühlte sich seit 1871 verstümmelt und gedemütigt und lechzte nach Revanche», schreibt Martin van Creveld.[216] Und Russland, durch das französische Beistandsversprechen vom 16. Juli 1914 ausdrücklich ermutigt, befahl am 30. Juli als erste konkurrierende Macht die Mobilmachung – woraus sich, laut Keegan, «die unerbittliche Automatik des einmal eingeleiteten Aufmarschs entwickelte».[217] Das deutsche Kaiserreich war eingekreist. Der australische Historiker Christopher Clark bezeichnete die Machthaber von 1914 als «Schlafwandler» und forderte: «Wir müssen weg vom James-Bond-Muster, in dem es einen Guten und einen Bösewicht gibt. Sie können alle diese Staaten als Bösewichte sehen. Sie sind allesamt aggressiv, beutegierig, kolonialistisch, paranoid, sie zeigen Stärke, weil sie sich schwach und angegriffen fühlen.»[218]

So ist unter Historikern überwiegend und zu Recht jene Meinung entstanden, die David Lloyd George, seit 1916 der Chef des britischen Kriegskabinetts, 1933 in seinen Memoiren bekundete:

196 IV. Wofür sie starben

«Die Nationen schlitterten hinein *(slithered over the brink)* in den brodelnden Hexenkessel des Krieges, ohne eine Spur von Verständnis oder Bestürzung.»[219]

Die Bestürzung kam durchaus – aber zu spät. Nicht alle Militärs, aber die Regierungen, die Völker, auch die deutschen Sozialdemokraten, die im August 1914 den Kriegskrediten ihren Segen gaben: Sie glaubten mit aller Selbstverständlichkeit, die Armeen würden alsbald aufeinanderprallen, und in ein paar Monaten würde der Krieg entschieden sein. Hätten sie auch nur die Spur einer Ahnung gehabt von vier Jahren totalem Krieg, verwüsteten Ländern, zerstörten Reichen, ausgebluteten Volkswirtschaften und zehn Millionen Toten – vermutlich hätten sie nicht angefangen.

Ahnungslosigkeit als mitwirkende Kriegsursache! Kein Staatsmann hatte die Witterung für die ungeheure Dynamik, die sich aus der Verbindung dreier Kräfte ergab: der Massenheere, der Fähigkeit der jungen Großindustrie, mörderische Waffen in fürchterlichen Mengen herzustellen, und einer zunächst kriegsbegeisterten, dann total mobilisierten Bevölkerung. «Der Krieg, der einst grausam und großartig war», schrieb Churchill 1930, «ist jetzt grausam und schmutzig geworden. Das ist die Schuld von Demokratie und Wissenschaft.»[220] Ähnlich Golo Mann: Die nationale Demokratie und die Industrie, «zwei eng verbündete, historisch zusammengehörende Kräfte, haben aus dem Krieg das gemacht, was 1916/17 zu einer nicht mehr heilenden Verwundung, 1940–1945 zum Zusammenbruch des europäischen Staatensystems geführt hat».[221]

Zwei Antriebe zum Krieg allerdings könnte man speziell dem deutschen Kaiserreich nachsagen: Aus der gerechtfertigten Annahme, die beste Armee der Welt zu besitzen, könnte die Versuchung gefolgt sein, von diesem brillanten Instrument Gebrauch zu machen – ermutigt durch den Plan des 1913 verstorbenen ehemaligen Generalstabschefs Graf Alfred von Schlieffen, den drohenden Zwei-Fronten-Krieg dadurch zu bestehen, dass die

Russen nur hingehalten, Frankreich aber durch eine dramatische Umfassungsoffensive binnen 40 Tagen (!) niedergeworfen werden sollte. Halbherzig umgesetzt, scheiterte der große Plan an der Marne in der fünften Woche des Krieges.

Stehende Heere überhaupt, auch solche mit geringeren Ambitionen, strahlten von alters her die Einladung ab: «Benutze mich!» Im «Cid» ließ Corneille 1636 den Don Rodrigo sprechen: «Mein Vater sich umgab mit einer Kriegerschar, die eine dauernde Versuchung für mich war.»[222] Von Wallenstein sagt Schiller: «Denn seine Macht ist's, die sein Herz verführt, sein Lager nur erkläret sein Verbrechen.»[223] Und dass der 28-jährige König Friedrich II. von Preußen 1740 Schlesien an sich riss, hing natürlich damit zusammen, dass sein Vater ihm die viertstärkste Armee Europas hinterlassen hatte.

«Stehende Heere», schrieb Immanuel Kant 1795, «sollen mit der Zeit ganz aufhören. Denn sie bedrohen andere Staaten unaufhörlich mit Krieg, durch die Bereitschaft, immer dazu gerüstet zu erscheinen; reizen diese an, einander in Menge der Gerüsteten, die keine Grenzen kennt, zu übertreffen, und, indem durch die darauf verwandten Kosten der Friede endlich noch drückender wird als ein kurzer Krieg, so sind sie selbst Ursache von Angriffskriegen, um diese Last loszuwerden.»[224]

Dass das große Heer eine Versuchung sei, habe für Deutschland 1914 freilich gerade nicht gegolten – so der englische Historiker Niall Ferguson 1993 in seinem vielbeachteten Buch über den Jammer des Krieges, «The Pity of War» (in der deutschen Ausgabe «Der falsche Krieg»). Gerade nicht im Gefühl der Stärke, sondern in dem der Schwäche habe die deutsche Generalität 1914 zum Krieg geneigt: Russland und Frankreich, an Truppen zusammen ohnehin fast doppelt so stark, hätten schneller aufgerüstet als Deutschland; «die am stärksten militarisierte Gesellschaft» sei ohnehin Frankreich gewesen, und mit französischem Geld habe Russland sein Eisenbahnnetz auf die deutsche Grenze hin orientiert, um seine Truppen umso schneller heranschaffen zu können.[225] Selbstverständlich habe also das deutsche Militär dieser übermächtigen Ansammlung von Macht zuvorkommen wollen – und sich so schon vor dem Attentat von Sarajevo zu einem Präventivschlag entschlossen. Und, sagt Ferguson: «Die Befürchtungen des deutschen Generalstabs waren berechtigt.»[226]

Sarajevo! Hauptstadt von Bosnien, dem nördlichen Nachbarn des Königreichs Serbien, das Bosnien in ein Großserbisches Reich integrieren wollte; als Österreich-Ungarn 1908 Bosnien vereinnahmte, war der Zwist programmiert, und dass der österreichische Thronfolger am 28. Juni 1914 durch Sarajevo fuhr, ein Leichtsinn. Serbische Nationalisten ermordeten ihn, Österreich erklärte am 28. Juli Serbien den Krieg – erst einen Monat nach dem Attentat; mit einer Verzögerung also, die dem Bündnisapparat der Großmächte Zeit ließ, sich in Bewegung zu setzen.

Russland, durch seine Niederlage gegen Japan (1905) in seinem Expansionsstreben auf den Balkan verwiesen, benutzte im Vertrauen auf sein Bündnis mit Frankreich die Gelegenheit, am 30. Juli die Generalmobilmachung zu verkünden, um Österreich vom Balkan zu verjagen. Deutschland eilte dem verbündeten Österreich zu Hilfe, und um sich den militärischen Vorteil des ersten Schlags zu sichern, erklärte es am 1. August Russland, am 3. August dessen Verbündetem Frankreich, am 4. August Belgien, dem Aufmarschgebiet gegen Frankreich, den Krieg. Das war für Großbritannien der Anlass, in den Krieg gegen Deutschland einzutreten.

Kaum ein Historiker bestreitet ja, dass der Zweite Weltkrieg aus dem Ersten hervorgegangen ist und dass ohne Hitler der Welt dieser Krieg wahrscheinlich erspart geblieben wäre. Bei ihm liege die Hauptverantwortung für den Zweiten Weltkrieg, sagt Henry Kissinger, «aber das System von Versailles hat seinen Plan begünstigt». Indem die Sieger Deutschland demütigten, hätten sie den Kern für den nächsten Krieg gelegt.[227]

Und eben damit begann Hitlers Agitation und sein Aufstieg zur Macht: Schande, Ausplünderung, schmachvollste Erniedrigung!, bellte er in immer vollere Säle. Aus dieser «sadistischen Grausamkeit» müsse das deutsche Volk zu Wut und Empörung aufsteigen.[228] Das große Werk aber, meinte er, müsse vollbracht werden, solange er selber sich auf der Höhe der Macht befinde: Vielleicht werde nach ihm nie wieder einer kommen, der über die nötige Kombination von Genialität und Willenskraft verfüge.[229]

Dass Hitler damit den *Zweiten Weltkrieg* vom Zaun gebrochen habe, ist allerdings zu kurz gegriffen: Halb Polen wollte er Deutschland einverleiben, sonst nichts – keinesfalls Krieg gegen England führen. Es war Churchill, der den Weltkrieg voraussah: Unter dem Eindruck von Hitlers Invasion in der Tschechoslowakei gaben England und Frankreich am 31. März 1939 ihre Garantieerklärung für Polen ab – wozu Churchill in seiner Geschichte des Zweiten Weltkriegs anmerkte: «... für dasselbe Polen, das sich erst kurz zuvor mit der Gier einer Hyäne an der Plünderung der Tschechoslowakei beteiligt hatte». Nur durch eine Kriegserklärung an Deutschland würde dieses Polen zu schützen sein; aus der aber würde «mit Gewissheit das Niedermetzeln von Millionen Menschen folgen».[230]

Vertragstreu, doch nicht fähig oder nicht willens, daraus eine militärische Aktion folgen zu lassen, erklärten England und Frankreich am 3. September Deutschland den Krieg. Mit 60 Divisionen, sagt Churchill, hätte Frankreich nun über den Rhein vorstoßen können.[231] «Aller Überlegenheit zum Trotz», schreibt der Hitler-Biograph Alan Bullock, «machten die Franzosen nicht den geringsten Versuch einer Intervention, und die britische Luftwaffe beschränkte sich darauf, über deutschen Städten Flugblätter abzuwerfen.»[232] Nichts also folgte für Polen aus der Garantie – aber Schreckliches für halb Europa.

Als am 17. September 1939 die Sowjetunion in die Osthälfte Polens einfiel, hätten England und Frankreich vertragsgemäß auch Stalin den Krieg erklären müssen – sie taten es nicht; und während Hitler London bombardierte, rollten aus der Sowjetunion noch immer lange Güterzüge mit Rohstoffen und Lebensmitteln nach Deutschland.

Hitler suchte nichts im Westen. Ohne die Kriegserklärung durch England und Frankreich hatte er Dänemark und Norwegen nicht überfallen, nicht Holland, Belgien und Frankreich, vielleicht nicht einmal Jugoslawien und Griechenland. Westeuropa, stellt der amerikanische Historiker Patrick J. Buchanan lakonisch fest, hätte dann auch gar nicht befreit werden müssen.[233] Statt des Weltkriegs wäre ein Krieg zwischen Hitler und Stalin ausgebrochen, und Westeuropa hätte nur zuzusehen brauchen, wie die beiden ungeliebten Riesen einander zerfleischten.

George F. Kennan, der amerikanische Diplomat, Russland-Experte und Stratege des Kalten Krieges, zog 1951 eine Bilanz der beiden Weltkriege, die einen frösteln macht. «Hätten wir die Chance», schrieb er, «das Deutschland von 1913 wiederzubekommen, von konservativen, aber moderaten Männern regiert, voll von Energie und Selbstvertrauen und überdies imstande, die russische Macht in Europa auszubalancieren – nun ja, glücklich machen würde das viele nicht. Doch es klingt nicht so schlecht, verglichen mit den Problemen, die wir heute haben. Wenn wir die Summe der zwei Weltkriege ziehen, so sehen wir: Wenn sie überhaupt einen Nutzen hatten, so ist es ziemlich schwer, ihn zu erkennen.»[234] Mehr als 100 Millionen Menschen starben dafür.

Und es ging weiter mit den Kriegen. Noch mal einer mit klaren Gründen und klaren Fronten: Am 25. Juni 1950 überschritt die Armee Nordkoreas mit hundert Sowjetpanzern den 38. Breitengrad, auf den sich die USA und die Sowjetunion 1945 nach dem Sieg über Japan als Grenzlinie zwischen ihren Einflusssphären geeinigt hatten; nun war Stalin offenbar gewillt, seinen Machtbereich mit nackter Gewalt zu erweitern – die USA, von der UNO unterstützt, schlugen zurück und stellten den ursprünglichen Zustand wieder her, im Sinne der Domino-Theorie: Auch der erste Stein darf nicht umfallen.

Mit derselben, durchaus respektablen Begründung traten die Amerikaner seit 1964 dem Versuch des kommunistischen Nordvietnam entgegen, Südvietnam mit Partisanen zu infiltrieren – eine raffinierte Taktik, die die klare Front vermied, an der allein die USA überlegen gewesen wären. So wurden die Amerikaner zermürbt und 1973 zu schmählichem Abzug getrieben.

Klar waren in Korea wie in Vietnam auf beiden Seiten die Motive; beschönigt wurde kaum, gelogen nicht. Dreist gelogen hatte Hitler, als er am 1. September 1939 vor dem Reichstag erklärte, es werde nun «zurückgeschossen»: Denn tags zuvor hatten SS-Männer, als polnische Partisanen verkleidet, den deutschen Rundfunksender Gleiwitz «überfallen».

Vermutlich erlogen war die Begründung, mit der Präsident Bush im März 2003 den amerikanischen Überfall auf den Irak rechtfertigen wollte: den Staat zu entwaffnen, das Volk zu befreien und die Welt vor einer großen Gefahr zu retten – den irakischen «Massenvernichtungswaffen». Gefunden wurden sie nie. 2007 (längst waren die USA durch Sprengfallen, Partisanen, Selbstmordattentäter entmutigt) legte Bush nach: Al-Quaida sei dabei, den Irak als seine neue Basis auszubauen. Die «New York Times» warf ihm einen Zirkelschluss vor *(a continuous loop of sophistry)*: «Wir müssen uns im Irak engagieren, weil Al-Quaida im Irak ist – aber Al-Quaida ist im Irak, weil wir uns im Irak engagieren.»[235]

Politiker und Historiker sind sich inzwischen ziemlich einig: Bush witterte im amerikanischen Volk ein tiefes Bedürfnis nach Rache für den 11. September 2001 und wollte dem Volk und der Welt Macht demonstrieren, Handlungsfähigkeit. Für diesen Nachweis fielen 4500 amerikanische und 10 000 irakische Soldaten, etwa 160 000 zivile Iraker kamen um, und mit dem Respekt der Völker vor amerikanischer Macht ging es bergab.

Was Präsident Roosevelt 1941 mit *Pearl Harbor* einfädelte, dafür fehlt der Name – ein Betrugsmanöver wahrscheinlich. Fest steht: Roosevelt hatte Japan aufs äußerste provoziert, nämlich ein totales Öl-Embargo angeordnet, das Japan von 85 Prozent seines Bedarfs abschnitt. Aus Pearl Harbor hatte er die beiden dort stationierten Flugzeugträger abgezogen, die acht Schlachtschiffe aus dem Ersten Weltkrieg aber liegenlassen. Die amerikanischen Befehlshaber auf Hawaii wurden zu spät und zu dürftig gewarnt. 2349 amerikanische Soldaten starben. Durch die USA fegte ein Sturm der Empörung, das Volk schrie nach Rache – und da die USA nun angegriffen worden waren, konnte Roosevelt sein heiliges Versprechen aus dem Wahlkampf von 1940 einlösen: Nie wieder ziehen wir in einen Krieg – außer wenn wir angegriffen werden! Churchill, «übervoll von Gefühlsstürmen, schlief den Schlaf des Geretteten».[236] Und die USA nahmen den gewaltigsten Wirtschaftsaufschwung ihrer Geschichte; 1944 produzierten sie 40 Prozent aller Rüstungsgüter auf Erden.

Dann ist da der Fall, dass das Volk und die Nachwelt einem Staatsmann ein nobles Kriegsmotiv nachsagen, das ihn gar nicht leitete: Abraham Lincoln, der «Sklavenbefreier». Da hatten im Februar 1861 sieben Südstaaten der USA ihren Austritt aus der Union erklärt und sich, auf demokratische Weise, eine Verfassung als «Konföderierte Staaten von Amerika» gegeben – Demokratie vom Feinsten. Dass Lincoln, der im März gewählte Präsident, sie nicht gewähren ließ, war ein herrischer Akt, den er nach aller Vernunft hätte unterlassen können, statt den Süden mit einem Krieg zu überziehen, der 620 000 Menschen das Leben kostete.

Um die Sklaven ging es ihm dabei allenfalls in zweiter Linie. «Mein oberstes Ziel ist es, die Union zu retten», schrieb er 1862, «nicht, die Sklaverei beizubehalten oder sie abzuschaffen. Könnte ich die Union retten, ohne einen einzigen Sklaven zu befreien, würde ich es tun, und könnte ich sie retten, indem ich alle Sklaven befreite, würde ich es tun; und könnte ich es tun, indem ich manche befreie und andere in Ruhe lasse, würde ich es ebenfalls tun».[237]

Wären die Sklaven befreit – er würde sie «im Ausland» ansiedeln. Kurz vor Kriegsende empfahl Lincoln schließlich, «sehr intelligenten Negern» das Wahlrecht zu verleihen. Verliehen wurde es allen 1870, fünf Jahre nach seinem Tod.

Noch vor dem Sieg von Gettysburg aber hatte der Präsident den Schlag geführt, der, zusammen mit dieser Schlacht, den Krieg entscheiden sollte. Am 1. Januar 1863 verkündete er der Welt: «Alle Sklaven in den Südstaaten sind frei.» Ziemlich unverfroren, nur der Kongress hätte das entscheiden können; und der Süden musste erst erobert werden. Und die Lincoln hätte befreien können, befreite er nicht: die Sklaven in jenen vier Nordstaaten, die seine Verbündeten waren.

Viel Heuchelei also, aber, nach Golo Mann, «ein Akt der psychologischen Kriegführung». Wer sich jetzt auf die Seite der Südstaaten schlug – die britische Oberschicht hatte das erwogen, zusammen mit der Textilindustrie, die nach Baumwolle schrie –, der hätte sich in den Augen der Welt zum Vorkämpfer der Sklaverei gemacht.[238] Die Nachwelt hat unterdessen den Spagat geschafft: Lincoln zu bewundern, aber ihre Sympathien in einer Flut von Filmen und Romanen über den alten Süden auszugießen.

So vieldeutig sind sie, die Haupt- und Staatsaktionen, rund um die Kriege noch mehr als im Frieden. Kommt bei der historischen Beurteilung eine Art Wunsch nach Selbstbezichtigung hinzu, wie er in Deutschland seit 1945 umgeht, so kann folgendes Kuriosum entstehen: Als Ursache des Deutsch-Französischen Krieges 1870/71 nennt der Große Brockhaus von 2006 «vor allem» (aber allein) «den Willen Bismarcks, Preußens Hegemonie in Kontinentaleuropa dauerhaft zu sichern»[239], die Encyclopaedia Britannica jedoch (allein) «die französische Entschlossenheit, Preußens Aufstieg zu bremsen und die schwindende *gloire* des Kaiserreichs durch einen außenpolitischen Erfolg zu restaurieren».[240]

Vor diesem Hintergrund der Versuch einer systematischen Übersicht. Man könnte unterscheiden:

I. Die von den Regierenden verkündeten Kriegsursachen, die Rechtfertigungsgründe, die Parolen, *die Vorwände*, das Alibi. Etwa: Rom schickt Gesandte zu einem fremden Volk, die dort anmaßend auftreten, daraufhin schlecht behandelt werden und die römischen Legionen rufen. Oder: Peter der Große greift 1700 in den Nordischen Krieg gegen Schweden mit der Begründung ein, ihm sei im schwedischen Riga nicht genügend Ehre erwiesen worden, als er *inkognito* durchreiste. Der Vorwand kann jedoch zum Rang einer Kriegsursache aufsteigen, falls ein Volk oder ein Staatsmann sich weigert, ohne Rechtfertigungsgründe in den Krieg zu ziehen, ein Krieg also nur bei Beschaffung eines Alibis zustande kommt. Die Ansprüche an die Stichhaltigkeit des Alibis sind dabei zumeist bescheiden.

II. Die *Anlässe*, die letzten Anstöße zum Krieg (englisch und französisch: *occasions*). Sie dürfen im Allgemeinen nicht fehlen, und sie stellen sich fast regelmäßig ein, wenn Krieg in der Luft liegt – zuweilen durch Fügung, zuweilen durch Schiebung; im Allgemeinen aber einfach dadurch, dass zum Schluss ein einziger Tropfen genügt, um das Fass zum Überlaufen zu bringen. Zum Beispiel: Der Prager Fenstersturz (Dreißigjähriger Krieg); die Erhebung einer Schiffssteuer durch Karl I. von England (Englischer Bürgerkrieg); die Versenkung einer Schiffsladung Tee in Boston (Amerikanischer Unabhängigkeitskrieg); die englische Zumutung an die indischen Soldaten, Patronenhülsen zu verwenden, die mit religiös verbotenem Tierfett eingeschmiert waren (Sepoy-Aufstand von 1857); das Attentat von Sarajevo (Erster Weltkrieg).

III. Die *wirklichen Ursachen*, die Bestimmungsgründe. Sie sind, um im Bild zu bleiben, das Fass, das durch den Anlass überläuft und mit dem Vorwand etikettiert wird. Die Aufschrift dieses Etiketts hat zum Inhalt des Fasses manchmal eine Beziehung und meistens nicht. Bei den Kriegsursachen wiederum wären zu unterscheiden:

1. Ursachen, die den Regierenden oder den Völkern bewusst werden, aus Worten und Handlungen der Machthaber meist jedoch nur indirekt erschlossen werden können (Deutschland brauchte «Lebensraum», Hitler brauchte Macht). Der französische Publizist Raymond Aron nennt sie in seinem Standardwerk «Paix et guerre entre les nations» die sichtbaren Ursachen *(causes apparentes)*. Von den wirklichen Kriegsursachen sind auch sie nur ein Teil, denn es gibt mindestens drei Arten von Antrieben, die Regierenden und Völkern oft unbekannt bleiben und dennoch wirken: die Punkte 2 und 3 – bei Aron die tieferen Ursachen *(causes profondes)*.

2. Die Antriebe, die zwar in den Regierenden oder den Völkern liegen, aber ihnen selbst unbekannt sind. So war an den Kriegen Friedrichs des Großen und Napoleons bestimmt ihr brennender Ehrgeiz und an ihrem Ehrgeiz wahrscheinlich ihre auffallende körperliche Kleinheit beteiligt; bei Hitler vermutlich der Wunsch, sich an der ganzen Welt für sein einstiges Hilfsarbeiter-Dasein zu rächen. Timur hinkte. Von den Völkern schrieb Freud 1915, sie gehorchten ihren Leidenschaften «derzeit weit mehr als ihren Interessen. Sie bedienen sich höchstens der Interessen, um die Leidenschaften zu rationalisieren; sie schieben ihre Interessen vor, um die Befriedigung ihrer Leidenschaften begründen zu können».[241]

3. Die Gründe mächtiger Drahtzieher im Hintergrund, deren Einfluss auf die Regierenden oft schwer abzuschätzen ist, zum Teil sogar von den Regierenden selbst. Der mörderische *Chaco-Krieg* zwischen Bolivien und Paraguay

(1932–1935) war einerseits ein Kampf der Staaten um ein Territorium und andrerseits der Kampf zweier Ölgesellschaften (der Standard Oil und der Royal Dutch) um die vermeintlichen Ölschätze im Gran Chaco. Seit einem Jahrhundert profitiert eine mächtige Rüstungsindustrie von den Kriegen; ihr alle Schuld am Krieg in die Schuhe zu schieben, wie es die Marxisten tun, wäre dabei wohl ebenso falsch, als wenn man das Gewinn- und Machtstreben einzelner Industrieller völlig aus dem Kreis der Kriegsursachen ausschließen wollte.

IV. *Die Umstände*, die Umweltfaktoren, die den Ausbruch von Kriegen ermöglichen oder begünstigen. Solche Umstände sind etwa Verschiebungen im Machtverhältnis zwischen zwei Staaten, die Erfindung neuer Waffen oder Kriegstechniken, die den Erfinder zum Angriff ermutigen, oder das plötzliche Schrumpfen von Entfernungen durch neue Transport- und Nachrichtenmittel, die zwei bis dahin weit voneinander entfernte Völker in Kontakt bringen.

V. Die Kriegsziele, die sich im Verlauf des Krieges entwickeln (bei dem amerikanischen Historiker Quincy Wright: *final causes*) tragen im Übrigen das Ihre zur Verschleierung derjenigen Ursachen bei, die zum Ausbruch des Krieges führten (bei Wright: *efficient causes*).

Schließlich zum Trost: «Seit Würfel fallen und zum Schwert gegriffen wird, hat es noch keinen Krieg gegeben, welcher wusste, wer ihn angefangen hat», ließ der Hamburger Satiriker Julius Stettenheim seinen erfundenen Kriegsberichterstatter *Wippchen* seufzen, der von 1878 bis 1904 seiner Zeitung «täglich eine größere Schlacht zu liefern» hatte. («Keiner entkam! Ich befand mich unter demselben.») Wütend sagt es Schopenhauer: «Die Geschichtsmuse Klio ist mit der Lüge so durch und durch infiziert wie eine Gassenhure mit der Syphilis.»[242] Trocken schrieb Sebastian Junger 2010 aus Afghanistan: «Die moralische Grundlage des Krieges interessiert Soldaten anscheinend nicht sehr, und ob der Krieg mit dem Sieg oder mit einer Niederlage endet, hat für sie fast die Bedeutung null. Soldaten kümmern sich um solche Dinge so viel wie Landarbeiter um die Weltwirtschaft.»[243]

18 Für Raum und Beute

> Eine Sache ist es, seine Heimat zu verteidigen, und eine
> andere, Völker anzugreifen, die auch eine Heimat zu
> verteidigen haben. Der Geist der Eroberung sucht diese
> beiden Ideen durcheinanderzubringen. Wenn gewisse
> Regierungen ihre Legionen von einem Pol zum andern
> schicken, reden sie noch von der Verteidigung ihrer
> Herdstätten; Herdstätte nennen sie anscheinend jeden
> Ort, an den sie ihr Feuer gelegt haben.
>
> *Benjamin Constant*, De l'esprit de conquête
> et de l'usurpation (1814)

«Landnahme» – das hieß zunächst ganz harmlos, sich auf einem
Stück Land niederlassen, es urbar machen, säen, ernten, also sess-
haft werden, das bloße Revier als *Heimat* empfinden. Ein Revier,
ein Territorium zu markieren gehört zum Urverhalten vieler In-
sekten, Fische, Vögel, Säugetiere: Sie nehmen ein Areal von Land,
Wasser, Luft für sich in Anspruch, begrenzen es durch Duft-
marken, Schautänze, Gesang («Hier wohne ich», verkündet die
Nachtigall) und verteidigen es – nicht gegen andersartige Tiere,
sondern gerade gegen ihre Artgenossen. Denn die vor allem sind
die Konkurrenten um den geeigneten Lebensraum.

Reviere aber bleiben beweglich, sie können sich ändern mit
den Jahreszeiten, Hirten wandern mit ihren Herden an Flüssen
entlang oder finden eine neue Oase. Ackerbauern dagegen haben
keine Wahl: Klammern müssen sie sich an das Stück Land, auf
dem die Ernte reift. Manche hatten es friedlich erworben (oder
nur zum Schaden der Tiere), wenn es menschenleer gewesen war
wie Island im 9. Jahrhundert, als die Norweger es zu besiedeln begannen.

Kampf und Blutvergießen aber gab es, wenn Jäger oder Hirten
sich empört ihr Urrecht auf freies Land erkämpfen wollten – ein

klassischer Grund für die Entstehung von Kriegen überhaupt (Kapitel 9). Nur im Kampf ließ der Besitzer eines fetten Landstrichs sich vertreiben, nur der Besiegte schlug sein Quartier auf kargem Boden auf; woraus Kant folgerte, die Natur habe sich des Krieges als Mittel bedient, die Erde überall zu bevölkern.[244]

Doch als Siedlungsräume und Jagdreviere kommen nur gut die Hälfte der Landmasse der Erde in Frage; der Rest sind Wüsten von Fels, Sand und Eis. Als letzte große fruchtbare Fläche nahm der Mensch um 1000 n. Chr. Neuseeland in Besitz. Heute, bei mehr als sieben Milliarden und demnächst wahrscheinlich zehn Milliarden Menschen, gibt es keine Landreserven mehr. Ein weltweiter Wettlauf um die letzten guten Böden hat eingesetzt, Investoren aus China betreiben in Afrika und Südostasien «land grabbing» in großem Stil, ebenso die USA und die Arabischen Emirate. Das droht den Anstoß zu vielen kleinen Kriegen zu geben – vielleicht zum großen Krieg. Vielleicht zum allerletzten (Kapitel 43).

Grausam ging es bei der Landnahme indessen schon zu, als noch viel Platz auf Erden war: Kaum hatten die Israeliten nach vierzigjähriger Wanderschaft das fruchtbare Land Kanaan erreicht, da nahmen sie die Frauen, die Kinder, das Vieh zur Beute, und die Männer erschlugen sie im Namen des Herrn (5. Mose 20).

Große Politik wurde aus *Völkerwanderungen*: der griechischen nach Sizilien, der germanischen ins Römische Reich – angestoßen überwiegend durch Klimaveränderungen, die den Ackerbau beeinträchtigten, oder durch eine Zunahme der Volkszahl über die Ernährungsmöglichkeiten der Heimat hinaus. Gallien war nach Livius im 6. Jahrhundert v. Chr. so reich an Menschen, dass König Ambigatus seine zwei Neffen aufforderte, mit so viel Volk, wie sich ihnen anschließen wolle, in die Länder zu ziehen «die ihnen die Götter durch den Vogelflug zur Heimat bestimmen würden».[245]

Auch der mächtige Vorstoß der Araber nach Europa erhielt seinen Schwung nicht nur durch den Islam, sondern obendrein

durch die Verödung der arabischen Halbinsel, auf der es bis zum
6. Jahrhundert eine blühende Oasenwirtschaft gegeben hatte.
Friedrich der Große sagte: «Als Grundgesetz der Regierung des
kleinsten wie des größten Staates kann man den Drang zur Ver-
größerung betrachten.»[246] Er selbst führte ein Leben für Schlesien.
Im ersten seiner Kriege verleibte er es Preußen ein, im zweiten
und dritten kämpfte er darum, es nicht wieder herausgeben zu
müssen. Vielleicht hat John Keegan recht: «Für einen großen Teil
der Zeit, über die wir Aufzeichnungen besitzen, gilt, dass der
Nutzen des Krieges größer schien als die mit ihm verbundenen
Kosten.»[247] Für den Sieger.

Der umkämpfte Raum kann auch das Wasser sein: Mindestens 250 000 Menschen starben wegen des *Schatt el-Arab* – des
Stroms zwischen Irak und Iran, zu dem Euphrat und Tigris sich
150 Kilometer vor dem Persischen Golf vereinigen, die Lebensader für die Öltanker beider Staaten. Der Iran, von den USA als
Bollwerk gegen die Sowjetunion aufgerüstet, setzte 1975 eine
förmliche Grenze in der Flussmitte durch, die ihm de facto die
Kontrolle über die Wasserstraße verschaffte.

1979 wurde der Schah gestürzt, der Ayatollah Khomeini rief
die Islamische Republik aus und ließ die amerikanische Botschaft
in Teheran gewaltsam besetzen. Die USA verlagerten ihre Mi-
litärhilfe auf den Irak, wo sich im selben Jahr Saddam Hussein
an die Macht geputscht hatte. Dadurch fühlte der Diktator sich
1980 stark genug, in den Iran einzufallen, um sich die Herrschaft
über den Schatt el-Arab zu holen. Khomeini schickte Zehntausende von Kindersoldaten in den Tod (Kapitel 42). Das Resultat
nach achtjährigem Massensterben: Jeder der beiden Anlieger be-
ansprucht mehr Wasser als der andere, wie zuvor.

Nicht eine Wasserstraße – das Weltmeer teilten sich 1494 Spanien und Portugal: Im Kloster von Tordesillas unterzeichneten sie
den Vertrag, dass alle außereuropäischen Kontinente teils spa-
nisch, teils portugiesisch werden sollten, mit dem 46. Grad west-

licher Länge, der durchs östliche Brasilien läuft, als Trennungs-
linie. Fast ein Jahrhundert lang wurde diese kühnste und in der
Theorie vollständigste Landnahme der Geschichte von den europäischen Mächten respektiert und von Indianern und Schwarzen
mit Blut und Sklaverei bezahlt.

Dann jagten Engländer, Holländer und Franzosen den iberi-
schen Mächten und einander die Kontinente ab. Zu Beginn des
17. Jahrhunderts sprengten die Kosaken durch ganz Asien bis
zur Beringstraße und machten Sibirien dem Zaren untertan. Der
Krimkrieg entzündete sich an Russlands Drang zu den Dardanellen, der Russisch-Japanische Krieg am Zusammenprall des russischen Expansionsdrangs mit dem japanischen in Korea und der
Mandschurei, der Zweite Weltkrieg an Deutschlands und Japans
Drang nach Land. Nimmt man die Eroberungslust der Römer,
Spanier, Engländer, Franzosen, Russen, Japaner und Deutschen
zusammen, so ist ein sehr großer Teil aller Kriege der Geschichte
erklärt.

Dem Eroberungskrieg des Angreifers entspricht der Verteidigungskrieg des Angegriffenen und der Freiheitskrieg des Unter-
drückten, der Kampf ums eigene Land oder die eigene Lebensform.
Die Prädikate *Freiheitskrieg* (der Deutschen gegen Napoleon),
Freiheitskampf (der Niederlande gegen Spanien, der Griechen gegen die Türken) und *Unabhängigkeitskrieg* (der Amerikaner gegen
die Engländer) werden dabei sehr sparsam verliehen: nämlich nur
an Sieger und zudem an solche, die es verstanden haben, die Welt-
öffentlichkeit in ihrem Sinne aufzuklären.

Völker am Rande des europäischen Gesichtsfelds haben gar
keine Aussicht, mit dem Lorbeer des Kampfs um die Freiheit ge-
schmückt zu werden: die Indianer nicht, denen man im größten
Landraub der Weltgeschichte ihren ganzen Doppelkontinent
entriss und deren Reste in den Vereinigten Staaten von 1865 bis
1898 in 943 Schlachten und Gefechten aufgerieben wurden; die
Inder nicht, die im Sepoy-Aufstand von 1857 den verzweifelten

Versuch machten, die Engländer zu verjagen; die chinesischen Rebellen nicht, die sich im Taiping-Aufstand von 1850 bis 1864 verzweifelt gegen die Bevormundung Chinas zur Wehr setzten.

Der Kampf um Land, der immer wieder von der Not oder der Habgier der Angreifer entfesselt wird, lässt sich freilich auch unter dem Oberbegriff des *Beutemachens* einordnen, als ein häufiger Spezialfall. Bezieht man die anderen allgemein begehrten Beute-stücke ein – nämlich Gold, Rohstoffe, Sklaven, Frauen und Vieh: so ist die Mehrheit aller Kriegsursachen aufgeführt. Platon fasste im *Sophistes* Räuberei, Sklavenfang, Gewaltherrschaft und jeg-liche kriegerische Tätigkeit unter dem Begriff der *gewaltsamen Menschenjagd* zusammen.[248] «In allen Kriegen geht es nur ums Stehlen», sagte Voltaire, und Schopenhauer pflichtete ihm bei: «Der Ursprung alles Krieges ist Diebsgelüst.»[249] Der englische Historiker G. L. Dickinson zog die Summe: «Alle Staaten haben in allen Kriegen ein doppeltes Ziel gehabt: einerseits zu behalten, was sie besaßen; andrerseits mehr zu nehmen. Dies, und nur dies, ist die Ursache aller Kriege mit Ausnahme der Bürgerkriege.»[250]

Das klassische Imperium des Beutemachens und der Aus-beutung war das römische. «Romulus und seine Nachfolger lagen fast ständig mit ihren Nachbarn im Krieg, um Bürger, Frauen oder Ackerland zu gewinnen», schrieb Montesquieu. «Mit der Beute der besiegten Völker beladen, kehrten sie in die Stadt zurück … Darüber brach in Rom großer Jubel aus. Hier liegt der Ursprung der Triumphzüge, die in der Folge die Hauptursache für die Größe werden sollten, zu der die Stadt aufstieg … Da Rom eine Stadt ohne Handel und ohne Handwerk war, so war die Plünderung das einzige Mittel, das der einzelne Bürger besaß, um sich zu be-reichern.»[251]

Ähnlich Toynbee über Rom im 2. Jahrhundert n. Chr.: «Die Provinzen wurden ihres Reichtums und ihrer Menschen beraubt, damit die römischen Kaufherren gewinnbringende Verträge ab-schließen konnten und die Senatoren billige Arbeitskräfte für ihre

Viehwirtschaften und Plantagen erhielten.»[252] Nach der endgültigen Niederwerfung Mazedoniens in der Schlacht bei Pydna (168
v. Chr.) wurden in Rom die Steuern abgeschafft. Oswald Spengler
meinte, Cäsar sei durch «die auch deshalb unternommene Eroberung und Ausbeutung Galliens ... zum reichsten Mann der Welt»
geworden.[253]

Schon die Kriege der Assyrer waren alljährliche Raubzüge,
von denen sich der Staat erhielt. Die Eroberungskriege, die Ludwig XIV. zwischen 1667 und 1697 gegen Deutschland und die
Niederlande führte, werden in den betroffenen Ländern *Raubkrie-
ge* genannt – unzutreffend höchstens insofern, als das anschauliche Wort, das für die Mehrheit aller Kriege gilt, nicht auf diese
wenigen Feldzüge eingeschränkt werden sollte. Die Vereinigten
Staaten führten den großen Raubkrieg gegen die Indianer und
von 1846 bis 1848 einen Raubkrieg gegen Mexiko, dessen Beute Texas hieß. Chile überzog von 1879 bis 1883 seine Nachbarn
Bolivien und Peru mit Krieg, um sich das Weltmonopol für den
Salpeter der Atacamawüste zu sichern und damit von den Kriegen
aller anderen Nationen zu profitieren – denn ohne Salpeter gab es
kein Schießpulver.

Kriegsbeute ist dabei nicht selten ein zweifacher Kriegsgrund
gewesen. Erster Fall: Ein Krieg wird um einer angestrebten Beute
willen geführt, die Sieger streiten sich um die Beute und entfesseln
damit den nächsten Beutekrieg. So entrissen Preußen und Österreich 1864 den Dänen Schleswig-Holstein; Schleswig wurde von
preußischen, Holstein von österreichischen Truppen besetzt; als
preußische Soldaten 1866 auch Holstein annektierten, mobilisierte Österreich die Bundesarmee gegen Preußen (und unterlag
bei Königgrätz). Ähnlich folgte der zweite *Balkankrieg* (1913)
aus dem ersten (1912/13): Bulgarien, Serbien, Montenegro und
Griechenland vertrieben die Türken aus Albanien und Mazedonien. Noch ehe der Friede unterzeichnet war, verbündeten sich
Griechenland und Serbien gegen Bulgarien, und wenige Wochen

danach fielen sie über ihren Waffenbruder her, um die Beute nicht mit ihm teilen zu müssen.

Zweiter Fall: Die Räuber, die am meisten erbeutet haben, fürchten mit guten Gründen oder in einer Angst, die sich bis zum Verfolgungswahn steigern kann, die Rache der Beraubten. Vorsorglich fallen sie erneut über die Beraubten her – so die großen Assyrerkönige und Timur von Samarkand.

Eine der merkwürdigsten und jahrtausendelang eine der wichtigsten Kriegsbeuten war der Mensch selbst: der Mensch als Untertan herrschsüchtiger Könige, der Mensch als Sklave für Arbeit, Krieg oder Ehe, ausnahmsweise ferner als eine Art Opfertier wie bei den Azteken und als Nahrungsmittel wie bei vielen Primitiven. Mit dem Aufkommen des Ackerbaus entstand auch der Bedarf an Arbeitssklaven, die ihn betrieben, zumal dort, wo der Boden sich in Händen von Großgrundbesitzern befand wie in Rom seit den Punischen Kriegen.

Die griechische und römische Kultur beruhten ja überhaupt auf der Voraussetzung, dass etwas so Minderes wie Arbeit grundsätzlich von Sklaven zu betreiben sei. Ägypter, Assyrer und Babylonier brauchten Hunderttausende von Sklaven zum Bau von Pyramiden, Tempeln, Palästen und Bewässerungskanälen. Afrika wurde noch in der Neuzeit jahrhundertelang von arabischen Menschenjägern terrorisiert, die an portugiesische Händler die Sklaven für die Plantagen Amerikas verkauften. Jeder Janitschar betrachtete die Gefangenen, die er eingebracht hatte, als seine persönliche Beute und machte sie zu seinen Sklaven.

Es gab Kriege sogar mit dem Zweck, Männer für den Soldatenstand zu erbeuten – eine Art *perpetuum mobile*, das mit den Soldaten von heute die Soldaten von morgen produzierte, die in den Kriegen von morgen die Soldaten von übermorgen beschafften. (Ein Gegenstück dazu war Napoleons Satz: «Mit Soldaten verdiene ich Millionen – mit den Millionen finde ich wieder Soldaten.»[254] Die ägyptischen Mamelucken waren ursprünglich Kriegsgefangene, die man zum Waffendienst für ihren neuen Herrn abrichtete. Nach dem Zweiten Schlesischen Krieg ergänzte Friedrich der Große seine Armee größtenteils aus österreichischen und sächsischen Gefangenen. Handwerker, Baumeister, Festungsingenieure waren eine begehrte Kriegsbeute von Dschingis Khan und Timur, deutsche Raketentechniker 1945 eine Beute, um die sich Russen und Amerikaner stritten.

Für kriegerische Unternehmungen *primitiver* Völker war zu allen Zeiten einer der häufigsten Antriebe der ganz direkte Wunsch, Vieh oder Frauen zu rauben. Mit schöner Unschuld stellte die römische Sage einen Massenraub von Frauen an den Anfang der römischen Geschichte. «Bald erreichte der römische Staat eine solche Macht, dass er sich mit jedem Nachbarn im Krieg messen konnte. Aber er hatte zu wenig Frauen», erzählte Livius. Da die römischen Werber bei den Nachbarstämmen kein Gehör fanden, lud Romulus die Nachbarvölker, vor allem die Sabiner, zu einem großen Turnier nach Rom. Sie strömten in Massen herbei. «Da begann die geplante Gewalt. Ein Zeichen wurde gegeben, und die römischen Krieger schwärmten nach allen Seiten aus, um die Mädchen einfach zu rauben. Das geschah meistens wahllos, wie sie ihnen gerade in die Hände fielen ... Voll Schmerz flohen die Eltern der Mädchen.»[255]

Historisch ist, dass die Hunnen in großer Zahl junge Griechinnen raubten: «Sie gingen auf Menschenjagd», kommentierte Montesquieu und fügte hinzu: «Da sie das hässlichste Volk der Welt waren, waren ihre Frauen so abscheulich wie sie selbst. Seit sie Griechinnen gesehen hatten, konnten sie keine anderen mehr ertragen.»[256] Frauenraub und Frauenhändel gaben daneben den Anstoß zu unzähligen Zweikämpfen, die sich zum Kampf der Sippen und Völker um eine einzige Frau ausweiten konnten, wie der Raub der Helena zum Trojanischen Krieg. «Einer Frau wegen Krieg führen! Das ist die Art, wie Impotente lieben», sagt Hekuba, des Räubers Mutter, bei Jean Giraudoux.[257]

All das Rauben, Beutemachen, Landerobern hatte überwiegend noch einen rationalen Hintergrund: satt werden, reich werden, Macht haben, wenigstens seinen Platz behaupten auf diesem gefährlichen Planeten. Oft aber war die Not mit schierer Lust im Bunde; Hunger, sagt Oswald Spengler, sei für jegliche Völkerwanderung eine zu platte Erklärung. «Es ist in diesen starken und einfachen Menschen der ursprüngliche Drang nach Bewegung im weiten Raume gewesen, der sich aus tiefster Seele als Abenteuerlust, Wagemut, Schicksalszug, als Hang nach Macht und Beute erhob, als eine leuchtende Sehnsucht nach Taten, wie wir sie uns gar nicht mehr vorstellen können, nach fröhlichem Gemetzel und heldenmütigem Tod ... Der war ein Feigling, der auf seinem Gute sitzenblieb. Oder sind etwa noch die Kreuzzüge, die Fahrten der Córtez und Pizarro ... durch die gemeine Not des Lebens veranlasst worden?»[258]

Auch Abenteuerlust, gewiss (Kapitel 25 leuchtet sie an), und weitere irrationale, verhängnisvolle Antriebe zum Krieg: die Begeisterung zum Beispiel. Manchmal galt sie nur einem Mann: dem Feldherrn, wenn er ein Welteroberer war. Alexander dem Großen folgten 30 000 Mazedonier acht Jahre lang bis nach Indien, erst 300 Kilometer vor dem heutigen Delhi kehrten sie um; das war keine Landnahme mehr, es war der höchstorganisierte blutige Übermut der Geschichte. Und oft jagte die Begeisterung Hunderttausende in den Tod, indem sie die Heimat zum «Vaterland» verklärte.

19 Fürs Vaterland

> Es war für mich die Zeit gekommen, einzurücken – aber
> niemand rief mich zu den Fahnen. Ich ging durch die
> Straßen und ballte die Fäuste, und wenn ein Ausländer
> vorüberging, knirschte ich mit den Zähnen und musste
> mich mit Gewalt zurückhalten, dass ich ihn nicht am
> Kragen packte und ihm ins Gesicht schlug. Alle Näch-
> te träumte ich, dass ich den Feinden die Kehle durch-
> schnitt und mein Blut fürs Vaterland vergoss.
>
> *Radoje Domanović*

So beginnt eine Geschichte des serbischen Satirikers, der sechs
Jahre vor dem Attentat von Sarajevo starb. «Am 2. August Mobilmachung. Das war eine Begeisterung für die Marine!» Dies ist keine
Satire, sondern ein Stimmungsbild aus dem Jahre 1914, entworfen
von dem deutschen «Seehelden» Graf Felix von Luckner[259] – und
ein Außenseiter war der nicht: In Deutschland und in Österreich,
in England und Frankreich jubelten Millionen auf Boulevards und
Plätzen dem großen Krieg entgegen, mit Blumen schmückten
sie die ausrückenden Soldaten, die Kirchenglocken läuteten, die
Prediger beider Konfessionen versicherten, dass die Moral auf Seiten des Vaterlandes sei, und riefen zum heiligen Krieg.

Berlin erlebte am 1. August «einen Jubel, wie er wohl noch
niemals erklungen ist», berichtete die «Frankfurter Zeitung»[260].
In Wien schrieb Sigmund Freud: «Ich fühle mich vielleicht zum
ersten Mal seit dreißig Jahren als Österreicher ... Das Befremden-
de der mutigen Tat, der sichere Rückhalt an Deutschland tut viel
dazu.»[261] «Serbien muss sterbien» war auf die Waggons gemalt,
die an die Front rollten, nach Südosten. «Wenn's heute zum Krieg
kommt!», sprach der brave Soldat Schweijk, «geh' ich freiwillig
und werd' unserm Kaiser dienen, bis man mich in Stücke reißt.»[262]

Vor demselben Kaiser floh 1913 der 25-jährige österreichische

Gelegenheitsmaler Adolf Hitler: 1913 zog er eigens nach München, um sich dem Militärdienst in der Donaumonarchie zu entziehen – und eilte bei Kriegsausbruch sogleich zu den deutschen Fahnen: «Ich schäme mich auch heute nicht, es zu sagen», schrieb er in «Mein Kampf», «dass ich, überwältigt von stürmischer Begeisterung, in die Knie gesunken war und dem Himmel aus vollem Herzen dankte, in dieser Zeit leben zu dürfen.»[263]

In Paris notierte Romain Rolland am 5. August (ein Jahr später bekam er den Nobelpreis): «Der charakteristische Zug dieser europäischen Konvulsion ist ... die Einstimmigkeit für den Krieg und seine einstimmige Bejahung selbst durch diejenigen Parteien, die am heftigsten gegen den nationalen Krieg opponieren: die Sozialisten und die Katholiken. Die Sozialisten aller Länder sind gleichermaßen überzeugt, dass sie, wenn sie am Krieg teilnehmen, die Freiheit ihrer Sache verteidigen. Die katholischen Priester aller Länder ermahnen ihre Gläubigen zum Kampf. Der Kardinal von Paris, Amette, verfasst einen Hirtenbrief für den Krieg; er befindet sich damit in Übereinstimmung nicht nur mit den deutschen Bischöfen, sondern auch mit den serbischen orthodoxen Bischöfen von Ungarn, die ihre Pfarrkinder veranlassen, gegen ihre Brüder in Serbien zu marschieren ...»[264]

In London registrierte Winston Churchill, der 39-jährige Erste Lord der Admiralität: «Das englische Volk stürmte voran ... mit dem Blut eines unbesiegten Volkes in den Adern», und in ihm selbst zitterte eine kaum verhohlene Leidenschaft.[265] Zeitungen warben mit Shakespeares Versen aus dem Drama *Heinrich V.* (dem Sieger von Azincourt):

Nun ist die Jugend Englands ganz in Glut,
Und seidne Buhlschaft liegt im Kleiderschrank;
Die Waffenschmiede nun gedeihn, der Ehre
Gedanke herrscht allein in aller Brust ...[266]

Und Lloyd George erlebte «Szenen der Begeisterung, wie sie in neuerer Zeit nicht ihresgleichen hatten».[267]

Im Rückblick resümierte Golo Mann: «Jubel herrschte in Europa in den ersten Augusttagen des Jahres 1914, Jubel, Kriegswut und Kriegsfreude ... Selbst durch die Straßen von London wälzten sich lustig die Volksmassen und schrien nach Krieg ... Der Krieg würde kurz sein und schön; ein erregendes, befreiendes Abenteuer. Und Gott würde auf allen Seiten sein; und alle würden siegen».[268] In blindem Frohlocken stolperten die Millionen dem Massensterben entgegen.

Freiwillige für die Uniform zu finden konnte da kein Problem sein. «Dass die Langeweile des Alltagslebens unterbrochen wurde durch die abenteuerlichen Ferien, in die der kleine Mann, der Angestellte, der junge Volksschullehrer nun plötzlich hinausdurfte und obendrein ein Held war!», fuhr Golo Mann fort. «Und dann bald die wogenden Fahnen, die Kanonenschüsse, welche die ersten Siege verkündeten! ... Im August 1914 zeigte der Krieg sich von seiner schönsten Seite und von seiner unwahrsten.»[269]

Welche Versuchung für deutsche Primaner, sich die Mühen des Abiturs zu ersparen! Viele Lehrer mahnten zum freiwilligen Dienst am Vaterland, ganze Schulklassen zogen geschlossen in die Kasernen. Die Rektoren der bayerischen Universitäten veröffentlichten am 3. August den Appell: «Kommilitonen! Die Musen schweigen, es gilt den Kampf, den aufgezwungenen Kampf um deutsche Kultur, die die Barbaren vom Osten bedrohen, um deutsche Werte, die der Feind im Westen uns neidet ... Die Begeisterung der Befreiungskämpfe lodert auf, der heilige Krieg bricht an.»[270] Die pazifistische Bildhauerin Käthe Kollwitz brachte ihren Sohn, der Soldat war, zum Bahnhof und gab ihm als Abschiedsgeschenk für die Front ein Exemplar des «Faust». Der 25-jährige österreichische Philosoph Ludwig Wittgenstein bestand darauf, an die Front zu gehen, obwohl er wegen eines Magenleidens ohne weiteres vom Wehrdienst befreit worden wäre.[271]

Vor Jahrtausenden war aus der Sesshaftigkeit das Heimatgefühl entstanden und in fortgeschrittenen Kulturen aus der Verteidigung des Bodens die Liebe zum Vaterland. Über die Not und die Vernunft hinaus gingen viele Völker dazu über, ihr Stück Land, sei es fett oder mager, nicht nur zu verteidigen, sondern es gewaltsam zu vergrößern. Damit aber daraus Begeisterung, ja blinde Kampflust entstand, mussten ehrgeizige Staatsmänner und Führergestalten es verstehen, für ein solches Ziel zu werben, und gern griffen die Dichter dazu in die Saiten – wie 1813 Ernst Moritz Arndt:

> Frischauf zum heiligen Krieg!
> Kämpft für des Landes Marken,
> Für Eltern, Weib und Kind!

Und Theodor Körner rief den Deutschen zu:

> Was gilt uns die weite, unendliche Welt
> Für des Vaterlands heiligen Boden?

Heilig der Boden, heilig der Krieg! Weit hatte er sich damit über die Verteidigung des Ackerlands erhoben. Wer sein Haus gegen Eindringlinge verteidigt, tut es doch nicht so sehr mit Begeisterung als vielmehr mit Zähneknirschen, vielleicht mit kühler Entschlossenheit. Wer die Waffen ergreift, um sein Vaterland gegen einen Aggressor zu schützen wie die Tiroler 1809 oder einen Usurpator zu vertreiben wie die Deutschen 1813 – und sie zu keinem anderen Zweck ergreift: Woher nimmt der «Begeisterung»? Dass er Haus und Herd verlassen muss, um einen Akt der Notwehr zu vollziehen, kann ihn zornig machen, ihm Härte geben, ihn allenfalls mit düsterer Kampflust erfüllen. Aber wo bleibt beim *Verteidiger* Platz für Begeisterung?

Wer den Angriffskrieg missbilligt, kann also nicht umhin, jegliche Begeisterung vor oder in Kriegen mit Misstrauen zur Kenntnis zu nehmen. Begeisterung für das Vaterland in Waffen heißt in der Mehrzahl der Fälle: Begeisterung für Angriff und Eroberung durch das Vaterland. Wird man aber durch vollzogene oder erhoffte Eroberungen des Vaterlands in Leidenschaft versetzt, so drängt sich die Frage auf: Ist es nicht überhaupt irreführend, von «Begeisterung fürs Vaterland» zu sprechen – wäre «Begeisterung für die Eroberung» nicht treffender? Also für Beute, Rache, Sieg?

Ruhm und Sieg versprach niemand zuverlässiger als die anhaltend siegreichen Feldherren, die Napoleons – jene verhängnisvollen Männer, die es verstanden, Zehntausende von Soldaten für sich zu begeistern, ja für sie oder in ihrem Schatten alle Strapazen, alle Qualen zu ertragen und das Leben zu riskieren. Tolstoi griff zu kurz, als er in «Krieg und Frieden» über Napoleons Russlandfeldzug schrieb: «Hätte der Kaiser ... seinen Truppen nicht den Befehl zum Vormarsch gegeben, so hätte es keinen Krieg gegeben. Wenn aber alle Sergeanten keine Lust gehabt hätten, abermals in den Heeresdienst zu treten, so hätte es gleichfalls keinen Krieg geben können.»[272] Ja, wenn! Aber niemand und nichts macht den Sergeanten, den Soldaten mehr Lust als der Sieger, der nach ihnen ruft. Die Feldherrn gehören zu den schlimmsten Kriegsursachen.

20 Für den Triumphator

> Brave Säckser! Ihr 'abt gewesen viel Unglück in den letz-
> ten Affairs. Jetzt sind gekommen die Kaiser sick zu set-
> zen auf eure Kopf und euck anzuführen zur Reparatur
> der Ehre. Diejenigen von euck, was voll Verdruss wol-
> len überlaufen zum Feind oder sick übergeben, werden
> bringen viel Malheur für euer Sackserland und ganzen
> Pöbel.
>
> *Napoleon* an die sächsischen Truppen,
> 9. Oktober 1813 (aufgeschrieben von seinem
> Oberstallmeister Armand Caulaincourt,
> weil er angab, Deutsch zu können)

Die großen Feldherrn und Eroberer, die Sieger: Wie schafften sie
es, Zehntausende von Soldaten mitzuziehen, oft ins Verderben?
Was zeichnete sie aus, dass sie triumphieren konnten, auch und
gerade gegen scheinbar überlegene Gegner? Und was war das Ziel,
der Leitstern, dem sie entgegenjagten, oft um den Preis des Unter-
gangs?

Kein anderer Feldherr der Geschichte hat so viele Soldaten zu
so leidenschaftlicher Begeisterung hingerissen wie *Napoleon*. Der
Ruf «Vive l'Empereur» hallte ein Jahrzehnt lang durch halb Europa und kündete von dem Stolz, einem Mann zu dienen, der wie
keiner sonst Ruhm und Ehren, Leiden und Tod austeilte. Am Vorabend seines gewaltigsten Sieges, dem von Austerlitz in Mähren
(1805), versprach er seinen Soldaten: «Sollte der Sieg auch nur
einen Augenblick zweifelhaft scheinen, so werdet ihr euern Kaiser in den vordersten Reihen sehen! Die Ehre der französischen
Infanterie und der ganzen Nation steht auf dem Spiel.»[273] Und
75 000 französische Soldaten spießten die Strohbündel, die ihnen als Lager dienten, auf Stangen oder Bajonette, entzündeten sie
und schwenkten die Flammengarben über ihren Köpfen, tanzend
und sich mit ihrem «Vive l'Empereur» heiser schreiend.

Noch nach dem russischen Desaster von 1812, der Abdankung und der Verbannung auf die Insel Elba (1814) war die Faszination Napoleons ungebrochen: Am 1. März 1815 mit seiner 400-köpfigen Garde an der französischen Küste gelandet, «streift er am Ufer entlang, pflückt Veilchen, biwakiert in einem Olivenhain; die Leute, die ihn ein paar Monate zuvor hatten erwürgen wollen, sind vor Staunen sprachlos und ziehen sich zurück», schreibt François de Chateaubriand in seinen berühmten «Erinnerungen von jenseits des Grabes». «Seine Feinde suchen ihn nicht und sehen ihn nicht, er verbirgt sich in seinem Ruhm wie der Löwe der Sahara in den Strahlen der Sonne.» Ein Bataillon, ihm am fünften Tag nach der Landung entgegengeschickt, um ihn gefangen zu nehmen, senkt die Waffen, nachdem Napoleon ihm entgegengegangen war und gerufen hatte: «Soldaten, ich bin euer Kaiser – erkennt ihr mich? Wenn unter euch einer ist, der seinen Kaiser töten will: Me voilà! Hier bin ich!»[274] Nach einer Woche marschieren 8000 Soldaten mit ihm, nach drei Wochen schläft er in Paris im Schloss der Könige.

Welche Kraft war es nur, die Hunderttausende von Soldaten so magisch an den einen Mann kettete, der Zehntausende von ihnen in den Tod getrieben, aber selbst kaum je einen Säbel geschwungen hatte? «Die Bewunderung eines militärischen Führers wird zu einer Leidenschaft, einem Fanatismus, einer Raserei, die aus unsereinem Sklaven, Wahnsinnige, Blinde macht», ließ Alfred de Vigny einen alten Soldaten Napoleons sagen. Warum? Nun, derselbe Soldat spricht das erhellende Wort: «Der Ruhm, diesem Manne zugeteilt zu sein, schien mir das Größte, was es auf Erden gab.»[275]

Unter einem ruhmreichen König oder General zu dienen bringt Ruhm auch für die Dienenden. Die Soldaten eines Eroberers sonnen sich im Widerschein seiner Triumphe, sie wissen das Glück auf ihrer Seite, von der Bewunderung der Freunde und der Furcht der Feinde vor dem großen Mann teilt sich ein Stück auch ihnen mit, im eroberten Land sind sie die Herren, und begeistert jubeln sie dem zu, dem sie diese Erhöhung ihres Selbstgefühls, diesen Krieg mit scheinbar garantiertem Sieg verdanken, in dem ihr Traum von Macht, Größe, Heldentum sich personifiziert.

Vielleicht hat Heine gar nicht übertrieben in seinem Gedicht von den zwei französischen Grenadieren, die, aus russischer Gefangenschaft zurückgekehrt, erfahren, dass «der Kaiser, der Kaiser gefangen» ist, und von denen der eine spricht:

Gewähr mir, Bruder, eine Bitt'
Wenn ich jetzt sterben werde,
So nimm meine Leiche nach Frankreich mit,
Begrab' mich in Frankreichs Erde ...

So will ich liegen und horchen still,
Wie eine Schildwach', im Grabe,
Bis einst ich höre Kanonengebrüll
Und wiehernder Rosse Getrabe.

Dann reitet mein Kaiser wohl über mein Grab,
Viel Schwerter klirren und blitzen;
Dann steig' ich gewaffnet hervor aus dem Grab,
Den Kaiser, den Kaiser zu schützen![276]

Mehr noch als Heine, mehr noch als Hegel (Seite 138) war *Goethe* von Napoleon fasziniert: 19-mal lobte er ihn gegenüber Eckermann; seinem Sohn schenkte er ein Gemälde des Hofmalers David mit mehreren Ansichten von Napoleons Hut.

Wenn er schon die Dichter trunken machte, auch wenn sie nicht für ihn zu sterben brauchten – welcher Übermensch muss Napoleon für seine Soldaten gewesen sein! Und das, obwohl er sich nie in vorderster Linie blickenließ. *Erwin Rommel* tat das, «ein großer Feldherr», sagte Churchill im Unterhaus, «wenn ich das über die Schrecken des Krieges hinweg sagen darf».[277] Seine Soldaten liebten ihn, 1942, bei ihrem Sturmlauf nach Ägypten,

9 Berlin, August 1914: Jubel in Paris, in Wien, in London. Gott, schrieb Golo Mann «würde mit allen sein – und alle würden siegen!» Töricht tanzte das Abendland in die Katastrophe.

10 Zwei Jahre später. Im November 1916, seit vier Monaten war die Schlacht an der Somme im Gange, eine der blutigsten der Weltgeschichte, Großbritanniens schrecklichste Nieder-

lage. 20 000 britische Soldaten waren gleich am ersten Tag gefallen – nun stolperten deutsche Reservisten durch die zerschossene Kleinstadt Bapaume der Front entgegen.

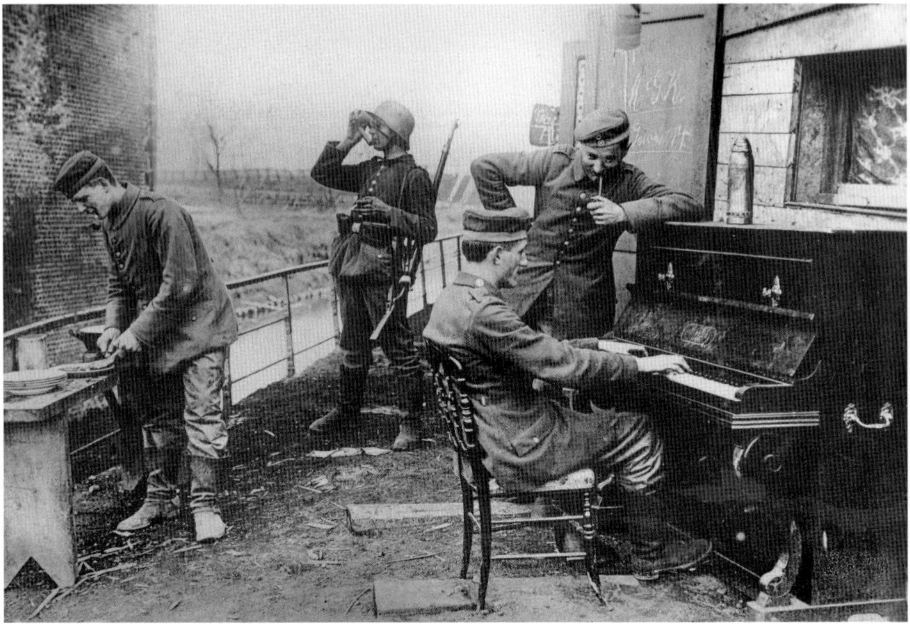

11 Frankreich 1917: In der deutschen Etappe (hier bei Arras) ging es, wie so oft im Kriege, faul und fröhlich zu – und dies, anders als beim zivilen Nichtstun, mit gutem Gewissen.

12 Da war er noch einmal, der Zweikampf, die weniger schändliche Form des Krieges: Kampfflieger 1918! Ein deutscher und ein britischer jagen einander in den tödlichen Zusammenstoß.

13 So starben Franzosen 1916 vor Verdun, in der perversesten Schlacht der Weltgeschichte: ausdrücklich darauf angelegt, dass der Feind verbluten sollte. In zehn Monaten wurden mehr als 300 000 Menschenleben ausgelöscht, und der Krieg ging noch zwei Jahre weiter.

14 Flandern, April 1918: Britische Soldaten, durch Gelbkreuz erblindet, tasten sich zum Hauptverbandsplatz vor. Durch Giftgas, zuerst 1915 auf deutscher Seite eingesetzt, kamen zwar

bei weitem nicht so viele Soldaten um wie im Trommelfeuer – aber es war das widerlichste aller Kampfmittel, geeignet, Panik hervorzurufen. So auch 1988 im Irak und 2013 in Syrien.

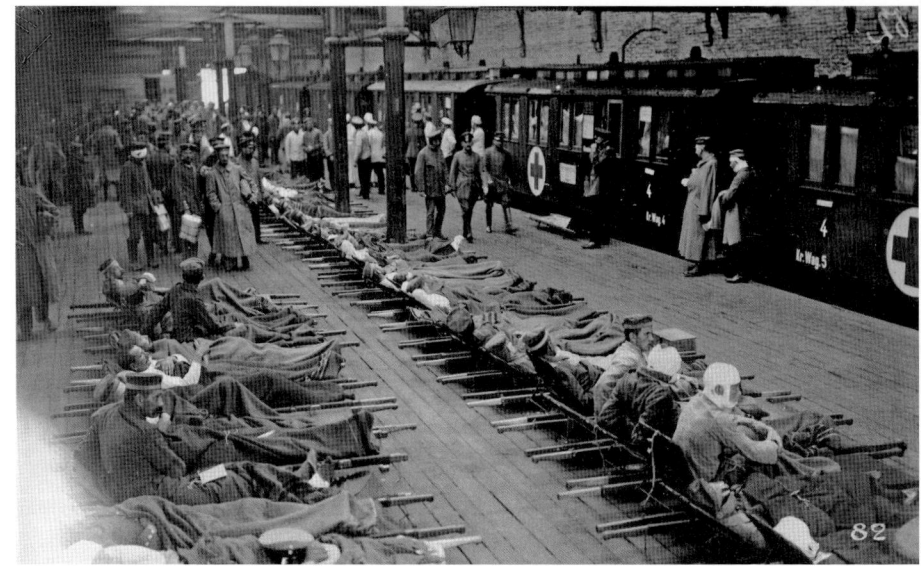

15 Cambrai, 1917: Zu Tausenden warten die Verwundeten auf den Abtransport. Viele werden noch sterben – viele vom Krieg gezeichnet bleiben, verkrüppelt, entstellt ihr Leben lang.

16 In Polen haben sie geplündert und gemordet, die Kosaken im Russisch-Polnischen Krieg von 1919 bis 1921 – in Moskau feiern sie ihren Sieg. Ja, es gibt Männer, die den Krieg lieben.

denn auf Siege schien er abonniert, und immer war er mitten unter ihnen.

Wie erst, wenn der Feldherr noch in der Fülle seiner Macht den Nahkampf suchte, Schlachtenlenker und Schlächter zugleich, Frontsoldaten mit Königs- oder Kaiserkrone – sie waren die Abgötter. In ihnen trafen sich die allgemeinen Kriegsursachen mit den privaten, die Antriebe der Regierenden mit denen der Kämpfenden, die Motive der Feldherren mit denen der Landser, GIs und Muschkoten.

An der Spitze der mazedonischen Reiterei entschied *Alexander* für seinen Vater die Schlacht von Chäronea (338 v. Chr.). Bei seinem großen Zug nach Asien kämpfte er fast in jeder Schlacht nicht nur wie ein Soldat, sondern härter als die meisten anderen Mazedonier, weil er kühner und geschickter war und weil sein weißer Helmbusch die Feinde auf ihn zog. Am Granikos (334 v. Chr.) zerbrach ihm die Lanze, er kämpfte mit dem Stumpf weiter, wurde von einem Wurfspieß verwundet, tötete den persischen Fürsten Mithridates und entging nur knapp dem Tode, als ihm ein Säbelhieb den Helm zerschmetterte. Bei Issos (333) stürzte sich Alexander als Erster zu Pferde in den Fluss, um die Perser zu attackieren, drang auf den Streitwagen des Perserkönigs ein und wurde am Bein verwundet. Beim Rückzug aus Indien erkletterte er die Zitadelle einer belagerten Stadt, fand sich allein auf den Zinnen, weil hinter ihm die Sturmleitern brachen, tötete mehrere Inder mit dem Schwert und wurde von einem Pfeil in die Lunge getroffen.

Kämpfend fiel 363 n. Chr. der 31-jährige Kaiser *Julian*, in christlicher Parteilichkeit «der Abtrünnige» genannt, Heide und strahlender Held, der wie Alexander mit seinen Soldaten alle Strapazen teilte. «Unter der Last des Panzers führte er den Marsch in atemberaubendem Tempo», berichtete ein Augenzeuge, «die Schulter, bedeckt von Schweiß, Bart und Haare von Staub verklebt, aber mit funkelnden Augen, die wie das Feuer der Sterne keine Ermattung kennen.»[278] In der Schlacht fielen auch *Richard Löwenherz* und der Mann, der den Zeitgenossen wie eine Wiederverkörperung Alexanders des Großen erschien und der seinerseits kein höheres Ziel kannte, als Alexander oder Cäsar gleich zu werden: *Karl XII.* von Schweden, laut Voltaire «vielleicht der außerordentlichste Mensch, der je gelebt hat».[279]

Als siebzehnjähriger König, der noch nie eine Kugel hatte pfeifen hören, sprang Karl zum Sturm auf Kopenhagen als Erster vom Landungsboot ins Wasser (1700). In der Schlacht bei Klissow (1702) galoppierte er an der Spitze seiner Garde gegen das doppelt so starke Heer Augusts des Starken; bei der Überrumpelung von Krakau entriss er dem einzigen polnischen Kanonier, der einen Schuss wagen wollte, eigenhändig die Lunte; bei Smolensk (1708) erschlug er ein Dutzend Kalmücken mit dem Säbel; im türkischen Exil hielt er 1713 mit zwanzig Mann ein halbes Janitscharenheer in Schach.

«Karl XII. hatte unter seinem Befehl 15 000 kriegsgewohnte Schweden, deren Begeisterung für das Heldentum ihres Königs bis zur Vergötterung ging», schrieb Friedrich der Große.[280] Und Voltaire: «Er stand um 4 Uhr auf, ritt dreimal täglich, trank keinen Wein, saß nur eine Viertelstunde an der Tafel, exerzierte seine Männer jeden Tag und kannte nur ein Vergnügen: Europa zittern zu machen.»[281]

Was also kennzeichnet ihn, den Sieger – den Mann, dem Zehntausende, Hunderttausende von Soldaten blind oder begeistert folgen und der die Überlebenden unter ihnen mit Ruhm, Ehre, Beute belohnt? Vor allem viererlei:

1. Der totale Einsatz der Person für den einzigen Zweck auf Erden: den Triumph.
2. Die Fähigkeit, Menschenmassen ökonomisch zu bewegen und Soldaten zu gängeln, besser: sie zu motivieren, idealerweise: sie zu begeistern.
3. Die optimale Nutzung aller Umstände von Zeit und Raum,

von Waffen und Ressourcen – wie durch Friedrich den Großen mit der «Ermattungsstrategie» für das kleine Preußen und
durch Napoleon mit der «Vernichtungsstrategie» für das reiche
Frankreich.

4. Die perfekte Planung für Schlacht und Krieg – und die Fähigkeit, sie blitzartig zu ändern; geleitet von der Einsicht Helmuth
von Moltkes, des Siegers von Sedan und Königgrätz: dass es
keinen Feldzugplan gebe, «der die erste Feindberührung überlebt».

Durchaus ein Planer war Alexander der Große, mit pedantischer
Umsicht bereitete er seine Feldzüge und Attacken vor: Er inspi-
zierte und organisierte Waffen und Verpflegung, die rückwärtigen
Verbindungen, die Aufmarschbasis, den optimalen Zeitpunkt für
den großen Schlag. Cäsar profitierte von der eisernen römischen
Tradition, dass nach Marsch und Sieg, wie groß die Strapaze auch
gewesen sein mochte, unverzüglich mit dem Bau eines befestigten Lagers begonnen wurde, sodass die Soldaten Spaten, Beile
und Sägen mitschleppen mussten.

Als Erster Konsul (1800) sprach Bonaparte: «Es ist mir noch
nie etwas begegnet, was ich nicht vorausgesehen hätte, und ich
bin der Einzige, der von dem, was ich vollbracht habe, nicht überrascht ist.»[282] Preußens großer Generalstab lässt sich als das Instrument beschreiben, mit dem die Planung bis an die äußerste
Grenze des Möglichen getrieben werden sollte.

In der Schlacht aber, diesem «gegenseitigen Abringen gewalti-
ger unbekannter physischer und seelischer Kräfte» (so Erich Ludendorff), brauchte der Feldherr die Bereitschaft und die Kunst,
ein Blitzschach auf Leben und Tod zu spielen: Wer erkennt, wer
wittert schneller die Chancen, die Risiken, die Täuschungsmanö-
ver, wer handelt danach binnen Minuten, wer behält die Nerven,
bei wem bleibt die Initiative?

Eines schließlich, worüber selten geredet wird, muss der erfolgreiche Feldherr unbedingt besitzen: Stumpfheit gegen den Anblick des Leides, das er zufügt. Ob sie bluten, schreien oder sterben, ob es die feindlichen oder die eigenen Soldaten sind – wen das nicht kaltlässt, der kann nicht siegen. Clausewitz forderte vom Heerführer geradezu, dass er «den herzzerreißenden Anblick der blutigen Opfer in sich selbst zu bekämpfen hat».[283] Nietzsche überspitzte den Gedanken zu dem Aphorismus: «Wer wird etwas Großes erreichen, wenn er nicht die Kraft und den Willen in sich fühlt, große Schmerzen *zuzufügen*? Das Leidenkönnen ist das wenigste: Darin bringen es schwache Frauen und selbst Sklaven oft zur Meisterschaft. Aber nicht an innerer Not und Unsicherheit zugrunde gehen, wenn man großes Leid zufügt und den Schrei dieses Leidens hört – das ist groß, das gehört zur Größe.»[284]

Die Grenze zwischen militärischer Konsequenz und solchem Blutrausch ist nicht leicht zu ziehen. Nach seinem Sieg bei Austerlitz befahl Napoleon der Artillerie, auf das Eis des Sees zu schießen, über den Russen und Österreicher flohen – damit sie ertrinken sollten (wie es geschah). Und warum zeigte Napoleon sich «sehr heiter», nachdem 1812 in Russland 400 000 seiner Soldaten gefallen, erschlagen, verhungert und erfroren waren? Kapitel 38 handelt davon.

Ja, da geschah es, dass die Interessen des Feldherrn und die seiner Soldaten auseinanderklafften. Das sollte uns nicht darüber täuschen, dass sie ziemlich oft harmonieren: bei der Ruhmsucht häufig, bei der Rachsucht auch manchmal. Und es kam sogar vor, dass kampfgierige Soldaten ihre Herren dem Kampf entgegentrugen.

21 Für Ruhm und Rache

> Die Könige glauben oft, das, was ihre Generale und Admirale tun, sei Patriotismus und Eifer für ihre eigene Ehre. Öfters ist die ganze Triebfeder großer Taten ein Mädchen, welches die Zeitung liest.
>
> *Georg Christoph Lichtenberg*

Hässlich muss er gewesen sein, dieser Napoleon: 1,62 groß, mit dicklichem Oberkörper auf kurzen, dünnen Beinen, die Haut gelblich, die Augäpfel ebenso, der rechte Mundwinkel meist nach unten gezogen. Die Lippen und die rechte Schulter wurden oft von einem Krampf befallen, und an der linken Wade zitterten sichtbar die Muskeln, sobald er in Wut geriet. Prinz Eugen von Savoyen war klein und schwächlich von Gestalt mit einer langen Nase im mageren Gesicht; als junger Geistlicher musste er die Spottnamen «der kleine Abt» und «Dame Claude» erdulden. Da trat er mit 20 in habsburgische Dienste ein, war mit 30 Jahren Feldmarschall, besiegte Türken und Franzosen und wurde als größter Schlachtenlenker seiner Zeit gefeiert. Narses, der byzantinische Feldherr, der 553 in Italien die Goten besiegte, war ein mickriges Kerlchen – und Eunuch. Männer in den Tod zu schicken: Das muss ihm eine doppelte Genugtuung gewesen sein.

Drängt sich bei diesen dreien Alfred Adlers Schlagwort von der «Überkompensation» nicht förmlich auf? Ein Übersoll an Ruhmgier also. Doch die Lust, anderen zu imponieren, ist ein Urtrieb des Menschen, jedenfalls der meisten Männer – und in allen Kriegen derjenige Antrieb, den Feldherren, Offiziere und einfache Soldaten am ehesten miteinander teilen. Der holländische Kulturhistoriker Johan Huizinga sah im Durst nach Ruhm sogar die überragende Kriegsursache: «Mit dem allen sogleich verständlichen Begriff des Ruhms lassen sich alle großen Angriffskriege vom Altertum bis heute viel mehr ihrem Wesen nach erklären als mit irgendwelchen … Theorien über wirtschaftliche Kräfte und politische Erwägungen.»[285]

Speziell für die Offiziere wischte Clausewitz alle Behauptungen, dass etwa Vaterlandsliebe oder ähnliche Motive ihr entscheidender Antrieb seien, mit herrischer Geste vom Tisch. «Von allen großartigen Gefühlen, die die menschliche Brust in dem heißen Drange des Kampfes erfüllen», schrieb er, «ist, wir wollen es nur gestehen, keins so mächtig und konstant wie der *Seelendurst nach Ruhm und Ehre*, den die deutsche Sprache so ungerecht behandelt, indem sie ihn in Ehrgeiz und Ruhmsucht durch zwei unwürdige Nebenvorstellungen herabzusetzen strebt. Freilich hat der Missbrauch dieser stolzen Sehnsucht gerade im Kriege die empörendsten Ungerechtigkeiten gegen das menschliche Geschlecht hervorbringen müssen, aber ihrem Ursprunge nach sind diese Empfindungen gewiss zu den edelsten der menschlichen Natur zu zählen, und im Kriege sind sie der eigentliche Lebenshauch, der dem ungeheuren Körper eine Seele gibt. Alle anderen Gefühle, wie viel allgemeiner sie auch werden können, oder wie viel höher manche auch zu stehen scheinen: Vaterlandsliebe, Ideenfanatismus, Rache, Begeisterung jeder Art, sie machen den Ehrgeiz und die Ruhmbegierde nicht entbehrlich.»[286]

Dass der Durst nach dem Ruhm unzählige Staatsmänner leitete, wird von Historikern kaum bestritten und wurde von vielen Schlachtenlenkern arglos verkündet. «Der Sieg des Miltiades lässt mich nicht schlafen», soll Themistokles gesprochen haben.[287] «Nach einem achtzehntägigen Aufenthalt rechts des Rheins», schrieb Cäsar, «glaubte ich genug zum Ruhm und Nutzen getan zu haben und zog nach Gallien zurück»[288] – zu wessen anderem Ruhm als Cäsars? Über Ludwig XIV. heißt es bei Constant: «Seine Eroberungen entsprangen eher der Anmaßung und dem Dünkel eines hochmütigen Monarchen als einem eigentlichen Eroberungsgeist.»[289] Toynbee meinte, zwischen 1648 und 1775 seien die Kriege «zum Zeitvertreib der Könige» geführt worden.[290]

Ein Besessener des Ruhms war Friedrich der Große. «Man bezahlt einen Seiltänzer, aber man gibt nichts für einen Menschen, der zu ebener Erde durch die Straße geht, und Ruhm gibt es auf der Welt nur für die, die die größten Schwierigkeiten überwinden», schrieb er 1756.[291] Nach dem Sieg von Roßbach jubilierte er: «Nun wird es in der Welt heißen, dass 20 000 Preußen 50 000 Franzosen und Deutsche geschlagen haben. Jetzt kann ich mich in Frieden ins Grab legen, denn Ruhm und Ehre meines Volkes sind gerettet. Wir können noch unglücklich, aber nicht mehr ehrlos sein.»[292]

Horatio Nelson verkündete als Siebzehnjähriger: «Ich will ein Held sein!»[293], und 1805, mit dem Sieg von Trafalgar und seinem Tod, war er Englands größter. Über Napoleon notierte Heine 1828 bei einer Besichtigung des Schlachtfelds von Marengo: «Hier tat der General Buonaparte einen so starken Zug aus dem Kelch des Ruhmes, dass er im Rausche Konsul, Kaiser, Welteroberer wurde und sich erst zu St. Helena ernüchtern konnte.»[294]

Nun ist es aber nicht so, dass die Friedrichs und Napoleons jeweils Mühe gehabt hätten, Soldaten zu finden, die Ruhm begehrten, obwohl sie ihn mit ihrem eigenen Blut erringen mussten. Wie sagte Friedrich der Große beim Ausbruch des Ersten Schlesischen Krieges? «Das Militär hoffte auf Glück und sah Beförderungen vor sich.»[295] «Wenn von uns Schülern einer, der vor einigen Monaten die Anstalt verlassen hatte, sich wieder zeigte in Husarenuniform und den Arm in der Binde, erröteten wir wegen unserer Bücher und warfen sie den Lehrern an den Kopf.» (Alfred de Vigny)[296] «Nur diese Schwingen an der Brust haben, diese Schwingen und eine Narbe dazu … Ich ginge gern morgen in den Tod.» (Der 19-jährige Fahnenjunker Julian Lowe in Faulkners Roman «Soldatenlohn»)[297] «Der Geisteszustand gewöhnlicher Sklaven ist schrecklich genug – sie haben die Welt verloren. Wir aber hatten nicht den Leib allein, auch die Seele der alles beherrschenden Gier nach Sieg überantwortet.» (T. E. Lawrence)[298]

Als Kämpfer, nicht als Führer Ruhm zu erringen, sich aus der ungeheuren anonymen Masse moderner Heere herauszuheben gelingt freilich den wenigsten. Schoßkinder des Glücks waren in den beiden Weltkriegen insofern die Jagdflieger. «Der Sechzehnte ist gefallen!», triumphierte Richthofen 1916. «Ich stand somit an der Spitze sämtlicher Jagdflieger. Dies war das Ziel, das ich erreichen wollte ... Aus irgendwelchen Gründen kam ich eines schönen Tages auf den Gedanken, mir meine Kiste knallrot anzupinseln. Der Erfolg war, dass sich mein roter Vogel jedem Menschen unbedingt aufdrängte ...» Die Franzosen nannten Richthofen nun den «roten Teufel», und die deutsche Presse berichtete, die Engländer hätten dem, der den Teufel abschoss, Beförderung, das Victoria-Kreuz, fünftausend Pfund in bar und ein eigenes Flugzeug als Geschenk versprochen.[299]

Berühmt, bewundert, beneidet, gefürchtet bei Freund und Feind, mit Orden behängt, in den Zeitungen gefeiert, am Himmel ein frecher Stern erster Größe – wer wollte leugnen, dass dieser Richthofen ein glücklicher Mensch war? Einer, der das Triumphieren auskostete und durch den Krieg zu einem Ruhm kam, wie der Friede ihn nur wenigen beschert, und dann natürlich *anderen* Männern?

Welche Möglichkeiten aber, Ruhm zu erwerben, blieben demjenigen Soldaten, der nicht im Blickpunkt stand wie Jagdflieger oder U-Boot-Kommandanten? Auch im Mannschaftsstand konnte er sich individuell auszeichnen, indem er sich Orden und Beförderungen verdiente. Vor allem aber konnte er von kollektivem Ruhm zehren: durch seine Uniform, die ihn mit der Aura von Kampf und Männlichkeit umgab; durch die Teilnahme an berühmten Schlachten, mit der er Zivilisten oder andere Soldaten beeindrucken konnte; durch die Zugehörigkeit zu einer Armee oder einer Elitetruppe, die durch ihre Siege Respekt oder durch Heldentaten in scheinbar auswegloser Lage Schauer einflößte. Solche Heere oder Heeresteile pflegten auf ihre Weise dafür zu sorgen, dass ihr kollektiver Ruhm sich mehrte: mit Hilfe von Großmäuligkeit und Kraftmeierei, die man dem Einzelnen verübelt hätte, dem Kollektiv aber durchgehen ließ. «Ein Südstaatler wiegt fünf Yankees auf!», rief sich der Süden 1861 nach seinem Sieg am Bull Run zu. «So walle hin, deutsches Siegervolk, und siege!», schrieb der vaterländische Schriftsteller Ferdinand Kürnberger 1871. «Nun wollen wir sie dreschen!», sprach Wilhelm II. am 4. August 1914 vor dem Reichstag.

Gegen «eine Welt von Feinden» zu stehen – das scheint den deutschen Soldaten der beiden Weltkriege mit einer gewissen trotzigen, protzigen Genugtuung erfüllt zu haben. Nun endlich sind wir eingekreist und scheinbar unterlegen – jetzt werden wir's ihnen zeigen: War dies nicht eine typische deutsche Gemütsverfassung, eine populäre Voraussetzung, um jenen Ruhm zu ernten, den ein nach Zahl oder Waffen *überlegenes* Heer niemals erringen kann? 30 von damals 51 Staaten der Erde befanden sich im Ersten Weltkrieg im Kriegszustand mit Deutschland; aber was war auf manchen Güterwagen zu lesen, in denen deutsche Truppen zur Front fuhren? «Hier werden Kriegserklärungen entgegengenommen» stand darauf. Viel Feind, viel Ehr'.

War es also wohl eine deutsche Spezialität, sich erst durch «Einkreisung» in die richtige Kriegsstimmung versetzt zu fühlen, so lässt sich doch nicht leugnen, dass die *Unterlegenheit* bei allen Völkern eine Quelle des Ruhms gewesen ist, sogar diejenige, die zur Niederlage führt – wie das Sterben des Leonidas an den Thermopylen. Auf seinem Grab steht zu lesen: «Wanderer, kommst du nach Sparta, so verkündige dorten, du habest uns hier liegen sehen, wie das Gesetz es befahl.»

So *verkündige* – denn nichts wäre schlimmer, als wenn Männer, deren Taten des Ruhmes würdig sind, um den Ruhm betrogen würden, bloß weil niemand von diesen Taten Kenntnis hat. «Ich werde eure Taten dem kaiserlichen Throne melden», sagte Admiral Ohnischi, der Gründer des japanischen Kamikaze-Korps von 1944. In den Abschiedsbriefen der Selbstmordflieger vor ihrem letzten Start stehen fast durchweg Sätze wie: «Bitte achtet in den Nachrichten auf das Ergebnis meiner schwächlichen Bemühungen.» – «Hoffentlich habe ich heute ein fotogenes Gesicht gemacht, denn ein paar Kameraleute waren hier.»[300]

Mit Kriegsberichten noch nach dem Tode zu imponieren, dazu bedarf es des Heldentums, verbunden mit glücklichen Umständen. Von Taten und Leiden zu erzählen, zumal den Frauen: Dieser Anteil am Ruhm jedoch fällt jedem Soldaten zu, der in einem Krieg stand. «Bei Gottes Thron! Von diesem Tage sprechen wir noch im Zimmer vor den Damen.» Dies, erzählte Goethe beim Rückzug von Valmy, habe der Herzog von Soissons im bedrängten Kreuzfahrerheer Ludwigs des Heiligen zur Aufmunterung ausgerufen.[301] Churchill nannte aus eigener Erfahrung den Kriegsdienst «die glitzernde Straße zum Ruhm. Er warf einen Glanz auf seinen glücklichen Träger, in den Augen älterer Herren wie junger Damen».[302]

Kaum Glaubliches berichtet Napoleon von sich selbst. Als 25-jähriger General hatte er Erfolg bei einer gewissen Louise Turreau, der jungen Frau eines Volksrepräsentanten, «und suchte ihr stets seine Dankbarkeit zu beweisen, indem er ihr alle möglichen Aufmerksamkeiten erwies. Als er eines Tages mit ihr in der Umgebung des Col di Tenda einen Spaziergang machte, kam ihm der Einfall, ihr das Schauspiel eines kleinen Gefechts vorzuführen, und er befahl einen Angriff auf die feindlichen Torposten. Die Franzosen blieben zwar siegreich, aber offenbar konnte das Gefecht von vornherein kein Ergebnis haben; der Angriff war eine reine Laune, und doch verloren mehrere Menschen dabei ihr Leben. Napoleon hat sich später deshalb heftige Vorwürfe gemacht.»[303]

Vor Zuschauern zu kämpfen ist etlichen Soldaten beschieden gewesen, und wenn in diesen Fällen der Kampf auch nicht *wegen* der Zaungäste stattfand, so wird man doch annehmen dürfen, dass ihre Anwesenheit nicht ohne Einfluss auf die Kampfesweise derer blieb, die sich geprüft, geschmäht oder bewundert fanden. Die germanischen Krieger der Völkerwanderungszeit fochten unter den Augen ihrer Frauen und wurden oft von diesen zu äußersten Anstrengungen angetrieben. 1861 strömten viele Bewohner Washingtons mit Pferd und Wagen zum Bull Run, um in dieser ersten Schlacht des Bürgerkriegs ihre *boys* siegen zu sehen: «Die Zuschauer waren alle sehr aufgeregt, und eine Dame mit einem Opernglas, die neben mir stand, geriet fast außer sich, als eine ungewöhnlich heftige Salve ihr Blut in Wallung brachte. ‹Das war großartig! Himmel! Ist das nicht erstklassige?›»[304] Die *boys* verloren.

Die farbige und bewegende Beschreibung eines Soldaten, der unmittelbar unter den Augen der Zivilisten kämpfte und aus dieser ungewöhnlichen Lage das Äußerste machte, hat der englische Journalist Archibald Forbes in seinem Bericht über den Aufstand der Pariser Kommune nach der französischen Niederlage von 1871 hinterlassen. «Ein kleiner Kerl in roten Hosen: Er ist noch vom Schlage der alten französischen Infanteristen ... Er feuert mit Pathos; er lädt mit Pathos und feuert wieder mit großer Gebärde, und laute Bravorufe und Händeklatschen zollen ihm Beifall. Dann winkt er uns dramatisch zurück, weil er in die Rue de Lafayette zu schießen gedenkt, aber er ändert seine Meinung und schießt wieder in den Boulevard Haussmann. Dann dreht er sich um und winkt seinen Kameraden, als stünde er auf der Rampe eines Theaters. Die Kugeln der Föderalisten klatschen in den Baum und in die Blätter. Er fällt. Eine Frau und ich springen aus unserem Schlupfwinkel und tragen ihn fort. Er ist tot.»[305]

Gewiss war er glücklich, bis er fiel, der unbekannte, theatralisch gestikulierende, vorbildlich kämpfende französische Soldat. Die relative Gunst der Umstände hatte ihm etwas vergönnt, was den meisten Soldaten versagt bleibt: das Wissen, kein Namenloser zu sein, in seiner schicksalhaften Weltsekunde wenigstens einige Augen interessiert auf sich gerichtet zu sehen – kurz, jenem Gefühl der Nichtigkeit zu entrinnen, dem im Zweiten Weltkrieg deutsche Soldaten in gottverlassener Lage oft mit der Formel Ausdruck gaben: «Und wir verrecken hier, ohne im Wehrmachtsbericht genannt zu werden.» Verrecken, das ist schlimm genug. Aber ganz und gar anonym verrecken, ohne die leiseste Hoffnung auf der Toten Tatenruhm, auf eine Gelegenheit, im Zimmer vor den Damen zu glänzen, oder wenigstens auf einen Wanderer, der in Sparta berichtet: Das erst macht das Maß der Verzweiflung voll.

Zeitlos gilt für den Ruhm des Soldaten, was Montaigne 1592 schrieb: «Unzählige schöne Taten müssen ohne Zeugen untergehen, bevor *eine* zu Ehren gelangt. Man steht nicht immer auf der Höhe einer Bresche oder an der Spitze eines Heeres ... Man wird zwischen Hecke und Graben überrascht; man muss sein Leben in einem Krähwinkel in die Schanze schlagen, man muss vier armselige Büchsenschützen aus einer Scheune aufstöbern ... Und wenn man genau hinsieht, wird man auf Schritt und Tritt bestätigt finden, dass die glanzlosesten Begebnisse auch die gefährlichsten sind und dass in den Kriegen unserer Zeit mehr wackere Männer ... bei Scharmützeln um irgendein elendes Nest als in ruhmvollen Schlachten umgekommen sind ... In einer ganzen Schlacht, in der zehntausend Mann zu Krüppeln oder zu Tode geschlagen wurden, gibt es keine fünfzehn, von denen man spricht ... Man muss der Feldherr bei der Eroberung eines Reiches oder einer Krone gewesen sein; man muss, immer an Zahl unterlegen, zweiunddreißig Schlachten gewonnen haben wie Cäsar. Zehntausend brave Kämpfer und manche großen Hauptleute fielen in seinem Gefolge tapfer und unerschrocken, deren Namen nicht länger gedauert haben, als ihre Weiber und Kinder lebten.»[306]

Das ist die «Ewigkeit» im Tatenruhm der Toten. Aber solche Einsicht bewirkt nichts – und besagt nicht einmal viel. Der Ruhm ist mannigfaltig abgestuft, und notfalls tröstet sich der Kämpfer, der Sterbende mit einem kläglichen Rest davon, auf den das

Wort Ruhm kaum noch zu passen scheint: im Register eines historischen Werkes auftauchen; in der Regimentsgeschichte, im Armeebefehl oder einmal in der Zeitung stehen; einem Feind, einem Kameraden, einem Zivilisten, einer Frau imponieren; wenigstens sich einem Männerbund zugehörig wissen, dessen Name mit Furcht oder Ehrfurcht ausgesprochen wird; ein einziges Mal nur den Blick eines anderen Menschen erhaschen, der Anerkennung oder Verwunderung darüber ausdrückt, dass man mutiger oder männlicher als der andere war, oder genauso kühn, oder gar nicht so viel weniger tapfer als der andere, wie man hätte meinen sollen – das alles ist ein Labsal für den Seelendurst, der nach Clausewitz den Kämpfer mehr als alles andere dem Feind, dem Tod entgegentreibt.

Dem Ruhm verschwistert ist die Rache. Wenn ein Staatsmann das, was er für eine Kränkung hält, nicht rächt, so ist seine Ehre verletzt und sein Ruhm geschmälert. Der Assyrerkönig Sargon II. (Regierungszeit 721–705 v. Chr.) hielt es für eine Kränkung, dass der König von Musasir es unterließ, ihm Geschenke zu machen und ihm die Füße zu küssen; so schickte er eine Strafexpedition nach Musasir, die alles Volk in die Verbannung schleppte.

Der Schrei nach Rache gellt durchs Alte Testament: «Der Herr spricht: Die Rache ist mein! Ich will vergelten.» (5. Mose 32,35) «Seid getrost, fürchtet euch nicht! Seht, da ist euer Gott! Er kommt zur Rache.» (Jesaja 35,4) Und Lamech, ein Enkel Kains, brüstet sich: «Einen Mann erschlug ich für meine Wunde und einen Jüngling für mein Blut!» (1. Mose 4,23)

Rache und Blutrache sind kaum voneinander zu trennen; Blutsbrüderschaft trinken hieß: die Verpflichtung übernehmen, den Blutsbruder zu rächen, als ob er ein Verwandter wäre. Der athenische Redner Isokrates (436–338 v. Chr.) predigte den Rachekrieg eines geeinigten Griechenlands gegen die Perser; Philipp II. von Mazedonien proklamierte diesen Krieg, und dessen Erbe Alexander führte ihn.

Als Cäsar einen Stamm der Helvetier vernichtet hatte, stellte er mit Genugtuung fest: «Hierbei rächte ich nicht nur eine dem Staat zugefügte Schmach, sondern auch eine persönliche Kränkung, weil die Tigoriner den Großvater meines Schwiegervaters getötet hatten.»[307] In welchem Netz von Vergeltungswünschen und damit Kriegsantrieben muss ein Geschlecht verfangen sein, bei dem die Tötung eines Schwiegerurgroßvaters der Rächung bedarf!

Unter primitiven Völkern war die Blutrache, meist in den Formen der Menschenjagd, eine der häufigsten Kriegsursachen; auf Korsika, in Montenegro, im Kaukasus wurde sie bis ins 20. Jahrhundert hinein geübt. Die Kultur der Maori – tausend Jahre lang der Herren von Neuseeland, bis im 19. Jahrhundert die Engländer kamen – basierte auf dem Wunsch nach Rache. Von frühester Kindheit an lernten die Knaben, dass nicht nur Raub und Mord, sondern schon Beleidigungen unverzeihlich waren. «Erlittener Kränkungen erinnerten sich die Maori bisweilen über Generationen hinweg. Der Rachedurst war erst gestillt, wenn der Feind getötet, sein Körper verspeist und sein Kopf auf den Palisaden aufgespießt war, wo sie ihn symbolisch verspotteten.»[308] Dschingis Khan nahm furchtbare Rache an jeder Stadt, die ihm die Tore nicht öffnete. Als die Mongolen das reiche, berühmte Buchara erobert hatten, ritt er in die größte Moschee, die für Tausende die letzte Zuflucht gewesen war, und rief seinen Männern zu: «Das Heu ist geschnitten. Füttert eure Pferde!» Sie verstanden es richtig: als Aufruf zum Blutbad und zur Plünderung. Selbst Hunde und Katzen, berichtet die mongolische Chronik, flohen aus der Stadt.

Einen zweihundertjährigen Wettlauf der Rache trugen Frankreich und Preußen/Deutschland gegeneinander aus. 1757 taten preußische Soldaten Frankreich die Schande an, die französischen Soldaten bei Roßbach zu besiegen. In sein Siegesbulletin von Jena (1806) vergaß Napoleon nicht den Satz aufzunehmen: «Die Schlacht bei Jena hat die Schmach von Roßbach getilgt.»[309] Wenige Tage später besuchte er das Schlachtfeld von Roßbach, ließ den Erinnerungsstein ausgraben und nach Paris bringen. 1871 annektierte Deutschland das Elsass. Dies war 1914 ein wesentlicher französischer Antrieb zum Kriegseintritt. 1919 wurde Elsass-Lothringen französisch, 1940 deutsch, 1945 französisch. Der Waffenstillstand von 1918 wurde im Wald von Compiègne im Salonwagen des Marschalls Foch unterzeichnet, der von 1940 am selben Platz im selben Wagen – Rache bis aufs i-Tüpfelchen.

«Der Nationalhass», schrieb Clausewitz, «vertritt ... mehr oder weniger stark die individuelle Feindschaft. Wo aber auch dieser fehlt und anfangs keine Erbitterung war, entzündet sich das feindselige Gefühl an dem Kampfe selbst; denn eine Gewaltsamkeit, die jemand auf höhere Weisung an uns verübt, wird uns zur Vergeltung und Rache gegen ihn entflammen ... Dies ist menschlich, oder auch tierisch, wenn man will, aber es ist so.»[310]

Hass predigen und Rache säen, oder sich bei der Rache darauf verlassen, dass der Krieg sie ohne Zutun des Kriegsherrn provoziert – zwei bewährte Mittel, aus Menschen Soldaten zu machen. «Der Grund, warum Soldaten den Feind erschlagen, ist ihre Wut», schrieb Sun Tzu. Die Soldaten des Leutnants Jünger riefen: «‹Rache für die siebente Kompanie! Rache für Hauptmann von Brixen!› Wir zogen die Pistolen und überschritten den Draht.»[311] Canetti meint lakonisch: «Der erste Tote ist es, der alle mit dem Gefühl der Bedrohtheit ansteckt ... Machthaber, die einen Krieg entfesseln wollen, wissen sehr wohl, dass sie einen ersten Toten entweder herbeischaffen oder erfinden müssen.»[312]

Wäre es indessen immer nur die Lust der Vergeltung gewesen – die Zahl der Kriege hätte sich dramatisch vermindert. Es kam so viel hinzu, was Menschen zur Massentötung trieb: Habgier und Blutdurst, Fanatismus und Verblendung. 1795, noch in Unkenntnis der größten Heere, Kriege und Kriegsverluste der Geschichte, hatte Immanuel Kant geschrieben: «Gleich wie wir die Anhänglichkeit der Wilden an ihre gesetzlose Freiheit, sich lieber unaufhörlich zu balgen, als sich einem gesetzlichen Zwange zu unterwerfen, mit tiefer Verachtung ansehen ..., so, sollte man denken, müssten gesittete Völker eilen, aus einem so verworfenen Zustande je eher desto lieber herauszukommen. Stattdessen aber setzt vielmehr jeder Staat seine Majestät gerade darein, gar keinem äußeren gesetzlichen Zwange unterworfen zu sein, und der Glanz des Oberhauptes besteht darin, dass ihm, ohne dass er sich eben selbst in Gefahr setzen darf, viele Tausende zu Gebot stehen, sich für eine Sache, die sie nichts angeht, aufopfern zu lassen; und der Unterschied der europäischen Wilden von den amerikanischen besteht hauptsächlich darin, dass, da manche Stämme der letzteren von ihren Feinden gänzlich sind gegessen worden, die ersteren ihre Überwundenen besser zu benutzen wissen, als sie zu verspeisen, und lieber die Zahl ihrer Untertanen, mithin auch die Menge der Werkzeuge zu noch ausgebreiteteren Kriegen durch sie vermehren.»[313]

22 Für ihre Religion

> «Beeilen Sie sich!», sagte Gottvater streng. «Ich habe
> nicht viel Zeit. Um 10 präsidiere ich drei Feldgottes-
> diensten: einem polnischen gegen die Deutschen,
> einem deutschen gegen die Polen und einem italie-
> nischen gegen alle anderen. Da muss ich bei meinen
> Völkern sein.»
>
> *Kurt Tucholsky*, Drei Biographien (1926)

Gott ist mit allen. Die Religion und der Krieg führen eine eiserne
Ehe seit Beginn der Geschichte. Für ihren jeweiligen Gott sind
Hunderttausende gestorben, in seinem Namen wurden Millionen umgebracht. «Gott mit uns» stand auf dem Koppelschloss,
die deutschen Soldaten trugen diesen ungeheuren Satz auf dem
Bauch spazieren, lange ehe sie wussten, gegen welchen Feind und
in welche Art von Krieg sie ihr Koppel tragen würden, sie trugen
ihn auch in Hitlers Kriegen.

«Man kommt zusammen, um einander umzubringen, man
tötet oder verstümmelt Zehntausende von Menschen und hält
dann Dankgottesdienste ab, weil es einem gelungen ist, so viele
Menschen umzubringen», grollte Tolstoi.[314] Über die Atombombe, die zum Abwurf auf Nagasaki am 9. August 1945 bestimmt
war, schrieb ein Augenzeuge: «Eine kleine, ausgewählte Gruppe
von Wissenschaftlern und Offizieren war beim Ritual der Ver-
ladung zugegen … Es ist etwas Seltsames, fast etwas Feierliches
um diesen kleinen ‹Gegenstand›, zweifellos eine der größten intellektuellen Anstrengungen der Geschichte … Die Befehlsaus-
gabe wurde durch das Gebet eines Geistlichen abgeschlossen, das
uns sehr bewegte.»[315] Zwölf Stunden nach Ritual und Gebet riss
das glühende Inferno von Nagasaki 36 000 Menschen in den Tod.

Fest steht, dass die Kriegsimpulse, die der einen Religion ent-
nommen werden, den Anhängern anderer Religionen oft als bi-

zarr erscheinen. So fanden sich die Azteken aus folgendem Grund zum ewigen Krieg verurteilt: Die Götter der Azteken schufen die Sonne, aber sie stand still. Da töteten die Götter sich gegenseitig, um mit ihrem Blut die Sonne in Bewegung zu bringen. Damit sie in Bewegung bleibt, muss ihr Tag für Tag Menschenblut dargereicht werden, als heilige Pflicht gegen die göttliche Sonne und zugleich als Preis, den die Menschen dafür zahlen, dass die Erde nicht in ewige Nacht versinkt.

Also müssen die Priester jährlich mindestens 20 000 Menschen das Herz aus dem Leibe reißen. Also muss man Krieg führen, um Gefangene zu machen, die man opfern kann. Die Spanier, die in aztekische Gefangenschaft gerieten, sträubten sich und schrien, als die Priester das Steinmesser ansetzten, um ihnen den Leib aufzuschlitzen; die Azteken wunderten sich über die unverständigen Fremden, die sich so widerspenstig zeigten, wenn es darum ging, die Sonne zur Wiederkehr zu bewegen. Jeder Krieg der Azteken war demnach «heilig», die Landnahme erfolgte nur nebenher. So geschehen von 1325 bis 1519 im heutigen Mexiko.

Kaum zählbar die Stellen im Alten Testament, wo es der Gott der Juden ist, der die Feldzüge der Juden anordnet und entscheidet. «Aber der Herr sprach zu Josua: Siehe da, ich habe Jericho samt ihrem König und Kriegsleuten in deine Hand gegeben.» (Josua 6,1) «Der Herr aber, der Gott Israels, gab den Sihon mit all seinem Volk in die Hände Israels, dass sie sie schlugen.» (Richter 11,21) Griechen wie Römer forderten vor der Schlacht von ihren Göttern den Sieg und errichteten ihnen nach dem Sieg Altäre; in der Ilias greifen die Götter kämpfend in die Schlacht ein.

Der christlichen Religion war die Gerechtigkeit des jeweiligen Krieges, der in ihrem Namen geführt wurde, zwar oft ein Problem, jedoch überwiegend mit einer einheitlichen Lösung: Nach der Lehre des Augustinus und des Thomas von Aquin war der Krieg gerecht und damit erlaubt *(bellum iustum)*, wenn er das Gute förderte und der Wiederherstellung verletzten Rechts diente; wenn er mit rechtmäßigen und angemessenen Methoden geführt wurde; und wenn die rechtmäßige Obrigkeit ihn erklärte. Bei dieser Definition kam alles darauf an, wer über die Frage der Rechtmäßigkeit entschied.

War es der Papst, so konnte für die Gläubigen kein Zweifel bestehen. Innozenz III. musste ja recht haben, als er 1208 zum «Kreuzzug» gegen die Sekte der Katharer in Südfrankreich aufrief, der «Reinen», wie sie sich nannten, weil sie Askese und Rückkehr zur reinen Lehre Jesu predigten: Der sei kein Mensch, sondern ein Engel gewesen, also nicht wirklich gestorben, folglich auch nicht auferstanden; und vom römischen Papst hielten sie nichts. Der schickte seine Truppen, sie plünderten und mordeten mit päpstlichem Segen, zumal in Albi und Toulouse (daher «Albigenserkriege», bis 1229); die frisch gegründete Inquisition ließ die üblen Ketzer teils niedermetzeln, teils unter Foltern bekehren, teils verbrennen – einer der übelsten Kriege der Weltgeschichte. In seinem Epos «Die Albigenser» klagte Nikolaus Lenau:

O Gott, wie du auch heißen magst, es bleibt
Ein Schmerz, dass Glauben solche Früchte treibt![316]

Zum ersten der *großen* Kreuzzüge – derer, mit denen das Heilige Grab in Jerusalem befreit werden sollte – hatte 1095 Papst Urban II. aufgerufen. Jeder, der fallen oder unterwegs sterben würde, werde ein «Märtyrer Gottes» sein, jedem Teilnehmer würden allein kraft der Teilnahme alle Sünden vergeben – und alle Schulden erlassen.[317]

Montesquieu fand also einige solide historische Grundlagen für seine böse Interpretation: «In Europa verbreitete sich plötzlich die Meinung, dass man seine Sünden tilgen könne, wenn man die Waffen ergriffe, um die Ungläubigen von den durch ihre Anwesenheit entweihten Orten zu vertreiben … Europa war voller Leute, die den Krieg liebten und viele Untaten zu sühnen hatten und denen nun vorgeschlagen wurde, ihre Sünden mit ihrer Lieblingsbeschäftigung abzubüßen.»[318]

Die große Idee, die am Anfang der Kreuzzüge gestanden haben mag, entartete zunächst zu reiner Macht- und Wirtschaftspolitik. Die italienischen Stadtstaaten Venedig, Genua und Pisa nahmen die Chance wahr, den Handel mit den begehrten Produkten des Orients – Gewürzen, Parfüm und Seide – an sich zu ziehen, sie halfen zu diesem Zweck bei der Eroberung wichtiger Häfen Palästinas und häuften so mit Hilfe der Kreuzzugsidee ungeheure Reichtümer an.

Den Kaufleuten von Venedig gelang es sogar, das Kreuzritterheer dafür zu gewinnen, dass es gar nicht über die heidnischen Türken, sondern über das christliche Konstantinopel herfiel, Venedigs letzten großen Konkurrenten für den Orienthandel. Erbstreitigkeiten um den byzantinischen Thron und die Weigerung des ohnehin nicht rechtgläubigen Kaisers, den Kreuzrittern die versprochenen Hilfsgelder zu zahlen, genügten dem frommen Heer, um die Riesenstadt zu plündern. Franken und Venezianer teilten sich die Beute. «Als die Sonne aufgegangen war, drangen sie in die Hagia Sophia ein ... Sie zerstörten den Chor, zertrümmerten vier mit Ikonen geschmückte Altarblätter und den heiligen Tisch und zwölf Kreuze auf dem Altar ... Dann raubten sie vierzig Kelche, die auf dem Altar standen ... Sie nahmen das Evangelienbuch und die heiligen Kreuze mit all den Christusbildern und die Decke auf dem Altar und vierzig Weihrauchgefäße aus reinem Gold.»[319] So war denn der Ritterumhang mit dem Kreuz darauf wirklich nur die Fahne, die die häufigste aller Kriegsursachen zudeckte: die Beutegier.

Die Kreuzzüge waren also: Religionskriege im idealen Sinn der Befreiung des Heiliges Grabes, zugleich Machtkämpfe gegen den Islam und gegen die abtrünnige byzantinische Kirche; Kriege herkömmlicher Art, denen die Religion als Schmuck und Vorwand diente; eine fränkische Völkerwanderung in den Orient und die Landnahme abendländischer Fürsten dortselbst; ein Wirtschaftskrieg der italienischen Seemächte gegen das türkische und das Byzantinische Reich. Unmittelbaren Nutzen davon hatte am ehesten Venedig, mittelbar der Papst: Er hatte Land, Macht und Geld gewonnen, vielleicht sogar Seelen. Um den Preis von Hunderttausenden von Toten.

Was sonst haben die Kreuzzüge bewirkt? Nach dem ziemlich übereinstimmenden Urteil der Historiker dieses:

1. Sie haben das Byzantinische Reich geschwächt und so den Türken den Weg nach Europa erleichtert: 1453 eroberten sie Konstantinopel, 1529 standen sie vor Wien.

2. Sie haben im Islam, einer bis dahin toleranten Religion, Hass gesät. «Die Kreuzzügler» hießen bei Osama Bin Laden und heißen bei allen Islamisten die Abendländer.

3. Die Kreuzritter, soweit sie überlebten, kehrten verwandelt zurück. Auf dem ärmlichen Kontinent, der Europa nördlich der Alpen seit dem Zusammenbruch des Römischen Reiches geblieben war, erzählten sie von bunten Moscheen mit Kuppeln und Türmen, von Palästen mit Spitzbogenfenstern und persischen Teppichen, von Gold und Lapislazuli. Aus der Bewunderung für solche Üppigkeit, für den Rausch der Formen entstanden im 12. Jahrhundert die ersten Schlösser an der Loire; 1140 wurde der Grundstein zur Abteikirche Saint-Denis bei Paris, 1194 der zur Kathedrale von Chartres gelegt, den Gründungsbauten der Gotik.

4. Sie haben die Erschließung des Mittelmeers durch die europäischen Mächte vollendet. Mit an Zahl stets unterlegenen Truppen hatten sie über 3000 Kilometer hinweg erstaunliche Siege errungen – eine Art Probelauf für die *Conquista*, mit der Europa sich im 16. Jahrhundert die restliche Welt zu unterwerfen begann.

Für die Kreuzzüge also gilt in besonderem Maß der klassische Satz über den Gang der Weltgeschichte, den Friedrich Engels geprägt hat: «Was jeder Einzelne will, das wird von jedem anderen verhindert, und was herauskommt, ist etwas, das keiner gewollt hat.»

Ähnliches gilt für die meisten anderen Kriege, bei denen die Religion eine treibende oder schmückende Rolle spielte. In den Sachsenkriegen Karls des Großen (772–804), den Hussitenkriegen (1420–1453), den blutigen Kriegen gegen die irischen Katholiken im 17. Jahrhundert verbanden sich religiöse Antriebe aufs glücklichste mit fränkischen, tschechischen, englischen Machtinteressen. Der Dreißigjährige Krieg war nicht nur ein Kampf zwischen Katholiken und Protestanten, ein Kampf des Papstes um die Rückgewinnung seiner Macht über Länder und Seelen, sondern auch eine Auseinandersetzung zwischen Kaiser und Fürsten, zwischen dem Kaiser und den böhmischen Ständen, zwischen den Häusern Habsburg und Bourbon und ein Dreikampf Deutschland – Schweden – Dänemark um die Herrschaft über den Ostseeraum.

Wie groß oder wie klein der Anteil der Religion an den Ursachen dieser Kriege gewesen sein mag: Fast immer zeigte sich, dass die Macht über die Seelen nicht anders als durch die Macht über die Körper erlangt werden konnte. Nur wo die Waffen siegten, siegte auf die Dauer auch Christus (Mohammed) oder die richtige (falsche) katholische, orthodoxe, evangelische, reformierte, anglikanische, puritanische Auslegung seiner Lehre.

Für die Kriege, die im Zeichen des Kreuzes geführt wurden, lässt sich also mit guten Gründen fragen: Wären sie wesentlich anders verlaufen oder ganz unterblieben, wenn dabei niemand von Religion gesprochen hätte?

Ganz anders bei dem unglaublichen Siegeszug, mit dem der Islam binnen 80 Jahren ein Imperium schuf, das vom heutigen China bis zum Atlantik reichte, von der Sahara bis zum Kaukasus. 632 war Mohammed gestorben; seinem Nachfolger Abu Bakr gelang es, die Stämme Arabiens zu einigen; und dessen Nachfolger setzten 634 zu einem Sturmlauf an wie in der Kriegsgeschichte nur noch Dschingis Khan: Sie eroberten das gesamte Perserreich und ganz Nordafrika, das Reich der Westgoten in Spanien; ja jenseits der Pyrenäen erreichten sie im Frankenreich die Mündung der Rhône. Aus Córdoba im südwestlichen Spanien machten die arabischen Herren für Jahrhunderte die blühendste Stadt Europas und ein Weltzentrum der Baukunst und der Gelehrsamkeit.

Was sie beflügelte, war eindeutig die neue Religion. Gepredigt hatte Mohammed ja nicht, wie Jesus, Armut, sondern Reichtum (selber Karawanen auszurauben war er sich nicht zu schade, wenn das dem Fortkommen seiner Sache diente) – und vor allem nicht den Frieden, sondern Krieg! «Ergreift sie und tötet sie, die von Allahs Weg abweichen!» (Sure 4,89) «Der Lohn derer, die sich gegen Allah empören, wird sein, dass sie gekreuzigt oder ihnen Hände und Füße abgehauen werden.» (Sure 5,34) «Verkündet den Ungläubigen qualvolle Strafe.» (Sure 9,3) «Bekämpft die Ungläubigen, die in eurer Nachbarschaft wohnen, lasst sie eure ganze Strenge fühlen.» (Sure 9,123)

Und so – weder durch neue Waffen begünstigt noch durch neue Kampftechnik und rabiate Disziplin wie später die Mongolen – eroberten die Araber und unterwarfen sie auf Pferden und Kamelen Völker und Staaten auf drei Kontinenten. Das Paradies im Schatten der Säbel hatte Mohammed ihnen in immer neuen Anläufen verheißen, einen schattigen Garten der Ewigkeit, in dem Milch, Wein und Honig fließen, Wasser immer sprudeln und schwarzäugige Jungfrauen auf golddurchwirkten Seidenkissen bei ihnen ruhen werden (so in den Suren 25, 36, 47, 55, 56).

Das islamische Weltreich war das einzige, das sich auf die Kraft eines Glaubens, einer Vorstellung gründete. Wie machtvoll die ist, spüren wir nun wieder. Seit es kleinen Ritterheeren von 1096 bis 1291 in sieben Kreuzzügen gelungen war, sich eines Herzstücks der islamischen Welt zu bemächtigen, hatten die Muslime sich gedemütigt gefühlt durch europäische Macht und unendlich überlegene Technik und Wissenschaft. Nun schlägt der Islam zurück.

«Ob Kriegsleute auch in seligem Stande sein können?», fragte Martin Luther 1526. Er verneinte das – und bejahte es zugleich: «Wer Krieg anfängt, der hat unrecht, und das ist nur billig, dass der geschlagen oder doch zuletzt bestraft wird, der das Messer zuerst zückt ... Mit dem allen ist nun aber Gott die Hand nicht gebunden, dass er nicht befehlen könnte, auch gegen die Kriege zu führen, die uns *keine* Veranlassung gegeben haben.»

Dem sterbenden Soldaten immerhin blieb, wenn er fromm war, ein Trost. Einem General Napoleons fiel 1812 in Russland auf, wie selbstverständlich die Russen im Feuer seiner Granaten stehen blieben: «Noch im Sterben küssten sie das Bildnis des heiligen Nikolaus, das sie immer bei sich tragen. Sie glauben, sie würden direkt in den Himmel auffahren, und bedanken sich fast für die Kugel, die sie dorthin schickt.»[320]

23 Für Plunder und Trophäen

> Was der Frost ließ, nahm das Hagelwetter,
> was der Hagel ließ, nahm die Dürre,
> und was die Dürre ließ, nahm das Heer.
>
> *Bischof Gregorius von Tours* (540–594)

Eine andere der Urmächte, die den Krieger trieben, war die Beutegier. Die Staaten und ihre Lenker stahlen Land, Menschen, Boden-
schätze, Gold (Kapitel 18 handelte davon); die Soldaten raubten
Gold, Frauen und alles, was sich zum Fressen und Saufen eignete;
und vieles, was zu gar nichts nütze war, raubten sie auch, um des
Raubens willen.

Historisch gesehen ist es eine sehr junge Auffassung, dass der
Kampf um Reichtümer nur mit Hilfe der Arbeit oder allenfalls der
Spekulation ausgetragen werden dürfe; jahrtausendelang war für
die Völker wie für den einzelnen Krieger das normale Mittel, reich
zu werden, nicht Arbeit, sondern der Krieg. Unsere Sagenhelden
waren nicht fleißig, um allmählich Wohlstand anzuhäufen – sie
mordeten, um den Nibelungenschatz zu finden. Von den germanischen Kriegern schrieb Tacitus, man könne sie leichter dazu
bringen, «einen Feind zum Kampf herauszufordern und sich Verwundungen zu holen, als daheim den Acker zu bestellen und den
Ertrag der Ernte abzuwarten. Ja, als faul (!) und feige gilt, wer mit
seinem Schweiß erwirbt, was er durch Blut gewinnen kann.»[321]

Luther hat das Plündern bejaht, Goethe hat es (bei strenger
Auslegung) sogar betrieben. «Gibt uns Gott den Sieg, so sollen
Ehre und Ruhm nicht unser, sondern sein sein», schrieb Luther
1526, einem Feldherrn vorschlagend, wie er zu seinen Soldaten
sprechen solle. «Die Beute aber und den Sold wollen wir in dem
Bewusstsein nehmen, dass sie uns ohne unser Verdienst von sei-
ner göttlichen Güte und Gnade geschenkt und gegeben sind.»[322]
Goethe brach 1792 in Gesellschaft von Soldaten einen franzö-

sischen Keller auf und nahm zwei Flaschen Wein an sich, was er
«Fouragieren» nannte.[323]

Nach der Haager Landkriegsordnung von 1899 wäre dies als
Plünderung einzustufen: erstens, weil der Wein kein Gegenstand des dringlichen Kriegsbedürfnisses war, zweitens, weil,
auch wenn er dies gewesen wäre, Goethe es unterließ, ihn zu
bezahlen, und drittens, weil Goethe nicht einmal Kombattant
war, also einen Kriegsbedarf überhaupt nicht geltend machen
konnte. Freilich gab es zu seiner Zeit noch keine Landkriegsordnung. Während der längsten Zeit der Kriegsgeschichte hat es sie
nicht gegeben; und seit es sie gibt, wird immer noch geplündert –
teils unter klarer Verletzung des Kriegsrechts, teils weil das Para-
graphennetz so fein gesponnen ist, dass die Faust eines hungrigen
Soldaten es mühelos zerreißt; nach dem Witzwort, das im Zweiten Weltkrieg unter deutschen Soldaten kursierte: «Jedes Huhn,
das keine anständige Ehrenbezeigung macht, wird abgeschlach-
tet»; oder nach dem großen Ausspruch Schwejks: «Der Krieg erfordert Tapferkeit auch beim Stehlen.»[324]

Selbst mit dem Ruhmdurst, diesem von Friedrich dem Großen, Clausewitz und vielen anderen so gerühmten Kriegsantrieb,
ist das Motiv des Beutemachens verschwistert. Womit errang ein
assyrischer oder römischer Feldherr seinen Ruhm? Damit, dass er
im Triumphzug seine Beute vorwies. Von den Wikingern sagte
Constant: «Selbst jenen Völkern, die wir ausschließlich mit Plündern und Rauben beschäftigt sehen, war der Erwerb von Reichtümern nicht das Hauptziel; die nordischen Helden verbrannten auf
Scheiterhaufen alle Schätze, die sie in ihrem Leben erkämpft hatten, um die nachfolgenden Geschlechter zu zwingen, durch neue
Heldentaten neue Schätze zu erobern. Reichtum war ihnen eher
als glänzendes Zeugnis errungener Siege, weniger als Zeichen von
Würde und als Mittel des Genusses kostbar.»[325] Der Krieger eines
primitiven Stammes konnte es gar nicht wagen, ohne ein Beutestück heimzukehren – eine Trophäe, die ihn als Sieger auswies.

Das Wort *Trophäe* kommt vom *tropaion*, dem Siegeszeichen, das die Griechen nach gewonnenen Kämpfen errichteten. An einen Ölbaum, eine Eiche oder einen Pfahl wurden erbeutete Waffen und Feldzeichen des Gegners gehängt, die übrige Beute am Fuß des Baumes aufgeschichtet. Darunter befand sich bei den Griechen freilich nichts von dem, was primitive Völker als Trophäen begehrten: vor allem Köpfe, Skalpe, Ohren, Hände oder Genitalien der toten Feinde. In einer Form, die ebenfalls nicht jedermann geschmackvoll findet, ist die Trophäenlust ja heute noch bei Kulturvölkern im Schwange: in Gestalt der Hörner, Köpfe oder Felle erlegter Tiere, mit denen der Jäger sein Wohnzimmer schmückt.

Da die Menschenjäger der Frühzeit zwischen Mensch und Tier keinen Unterschied machten, hängten sie sich Teile erlegter Feinde ans Zelt oder an den Gürtel. Die am häufigsten begehrte Trophäe war der Kopf; wieder aus vielerlei Motiven, die sich teilweise auch beim Kannibalismus finden: Man wollte die Seelenkräfte des toten Feindes an sich binden, man glaubte, dass er die heimischen Äcker befruchte, man wollte dem Feind eine besondere Schmach antun oder sich einfach mit Zeichen der kriegerischen Tüchtigkeit schmücken.

Auf vielen Inseln Ozeaniens durfte ein Jüngling nicht heiraten, ehe er seiner Braut nicht den Kopf eines Feindes vorwies. Bei manchen Stämmen Indonesiens konnte ein Toter, dem vom Feind der Kopf abgeschnitten war, erst dann bestattet werden, wenn es gelang, ihm die Köpfe mehrerer getöteter Gegner mit ins Grab zu geben. Dies bedeutete ewigen Krieg – wie überhaupt solche Trophäen nicht nur von Siegen in Kämpfen zeugten, die aus anderen Gründen geführt wurden, sondern ihrerseits eine verbreitete Kriegsursache waren: Wir brauchen Köpfe, Freunde, lasst uns töten.

David schlug dem toten Goliath den Kopf ab und trug ihn zu König Saul nach Jerusalem.[326] Die Assyrer setzten einen Lohn auf den Schädel jedes Feindes, ihre Reliefs zeigen Schreiber, die die

Zahl der abgeschnittenen Feindesköpfe pro Soldat verzeichnen. War ein Assyrerkönig verhindert, an der Schlacht teilzunehmen, so ließ er sich die abgeschnittenen Köpfe in Wagenladungen kommen, um seinen Triumph auszukosten, und zum Empfang fremder Fürsten schichtete er eine Schädelpyramide im Thronsaal auf.[327] Der Bischof von Puy befahl bei der Belagerung von Antiochia durch die Kreuzfahrer im Jahre 1099, jedem eine Belohnung zu zahlen, der den Kopf eines Türken brächte. «Und als der Bischof einige Köpfe erhalten hatte, ließ er sie auf sehr langen Stangen vor den Mauern der Stadt aufpflanzen ... Das machte die Feinde vor Furcht erstarren.»[328]

War nicht der ganze Kopf das Beutestück, so war's die Kopfhaut, der *Skalp*, die berühmte Kriegstrophäe der nordamerikanischen Indianer. Nicht alle Indianer im Bereich der heutigen USA betrieben das Skalpieren, und die es taten, waren ursprünglich ebenfalls Kopfjäger, die sich aus einem merkwürdigen und wiederum für die Europäer nicht sehr schmeichelhaften Grund später mit einem Teil des Kopfes begnügten: Die britischen Kolonialbehörden und anschließend amtliche Stellen der USA zahlten Prämien für das Töten von Indianern, verlangten ein Beweisstück für den Tod und zogen den Skalp den sperrigen Köpfen vor. Beim Töten der Indianer halfen die Indianer eifrig mit und gewöhnten sich so das Skalpieren an.

Andere Urbewohner Amerikas trugen Ketten aus den Zähnen erschlagener Feinde. Die Mongolen schnitten nach der Schlacht bei Liegnitz jedem erschlagenen Christen das rechte Ohr ab und schickten angeblich neun Säcke voll davon an ihren Khan. Im Balkankrieg von 1912/13 spezialisierten sich die Montenegriner darauf, dem toten Feind Nase und Oberlippe abzuschneiden.

In anderen Kontinenten dienten Hände und Füße, in Afrika häufig die männlichen Genitalien als Siegesbeweis und Kriegsbeute; ausdrücklich ist dies von einem Feldzug des Pharaos Merenptah (Regierungszeit 1223–1210 v. Chr.) – und aus dem Jahre

1936 bezeugt, als nämlich Franco seinen maurischen Hilfstruppen verbot, die Leichen ihrer Opfer zu kastrieren.

In der Neuzeit überwogen diejenigen Trophäensammler, die sich keiner Leichenschändung schuldig machten. Sie beschränkten sich auf Gegenstände, die einen gewissen Symbolwert hatten, wie Fahnen oder Degen. Als Napoleon 1806 Potsdam besuchte, ließ er aus der Garnisonkirche die Fahnen der friderizianischen Garde und aus Sanssouci den Degen Friedrichs entfernen und im Invalidendom zu Paris aufhängen; wozu er anmerkte: «Die Veteranen werden alles, was einem der größten Feldherrn angehört hat, den die Geschichte kennt, mit heiliger Ehrfurcht empfangen.»[329] Wie heilig hätte die Ehrfurcht des Siegers sein müssen, damit er auf die Erbeutung verzichtete? Persönlich nahm Napoleon Uhr und Tischglocke Friedrichs an sich; sie zierten noch den Kamin seines kleinen Salons auf Sankt Helena.

Bildliche Symbole für getötete Feinde sind vielen von uns noch vertraut: Eine der auffallendsten und am schwersten zu verdienenden deutschen Kriegsauszeichnungen des Zweiten Weltkriegs war der weiße Ärmelstreifen mit der Silhouette eines Panzers darauf, der bedeutete, dass sein Träger einen feindlichen Tank im Nahkampf bezwungen, also auch drei oder vier Soldaten getötet hatte.

Noch mehr als für die Trophäe gilt für die Beute von materiellem Wert, dass sie unzähligen Kriegern den Krieg verschönt oder sie zum Kampf getrieben hat. «In der Schlacht sei schnell wie der Wind», lehrte Sun Tzu vor 2400 Jahren, «bei Überfall und Plünderung sei wie Feuer ... Die Truppen machen Beute, weil sie reich werden wollen.»[330] Thukydides sagte von den alten Hellenen: «Sie überfielen die offenen Städte und erwarben so den Hauptteil ihres Lebensunterhalts. Dies galt keineswegs als schimpflich, sondern als ehrenhaft und tapfer.»[331]

«Als die Römer 396 v. Chr. nach fast zehnjähriger Belagerung ihre etruskische Konkurrenzstadt Veji eroberten, gaben sie sich

und der Welt ein klassisches Beispiel für eine radikale Plünderung:
Alle bewegliche Habe wurde von den Soldaten weggeschleppt, die
Einwohner teils ermordet, teils öffentlich als Sklaven verkauft.
«Schließlich war aller menschliche Besitz aus Veji fortgebracht.
Nun ging man daran, die Weihegeschenke an die Götter und die
Götter selbst herauszutragen. Dies aber» (meint Livius) «geschah
mit der nötigen Verehrung, nicht als Raub.»[332] Rom, eine Stadt
fast ohne Handel und Handwerk, zehrte die Reichtümer anderer
auf und nährte sich von Kriegsbeute wie keine Stadt sonst in der
Geschichte.

Im 3. Jahrhundert n. Chr. begann sich die römische Beutegier
gegen die Römer selbst zu kehren: Römische Soldaten, ans Plündern gewöhnt, aber um Feinde verlegen, plünderten die großen
römischen Städte Lyon und Autun in Gallien; die Festung Byzanz
wurde von ihrer eigenen Garnison geplündert.

Die Barbaren – Goten und Wandalen – taten es den Römern
nach: 410 und 455 plünderten sie Rom. In der Frühzeit des
Fränkischen Reiches (5. bis 8. Jahrhundert) lebte die landbeherr-
schende Kriegerkaste vollständig von der Kriegsbeute, und wenn
kein Feind da war, der sich berauben ließ, so wurden die Bauern
und die Kirchen des eigenen Landes ausgeplündert. Der Italien-
feldzug Theudeberts I. (Regierungszeit 534–548) war nach by-
zantinischer Darstellung eine Katastrophe, weil ein Drittel des
Frankenheers an Ruhr zugrunde ging und der Rest sich über die
Alpen zurückziehen musste – in fränkischer Sicht aber ein Erfolg,
weil die Überlebenden mit Beute beladen heimkehrten.

Mit Beute beluden sich die heidnischen Wikinger und die
christlichen Kreuzfahrer, die grausamen Türken und die tüchti-
gen Schweizer. «Wie die Reichtümer und die deiner Untertanen,
die Frauen, die Kinder eingeschlossen, der Plünderung preisgegeben wurden!», schrieb Sultan Baibars über die Rückeroberung
von Antiochia (1268) an den fränkischen Fürsten Bohemund VI.
«Wie diejenigen unserer Soldaten, die ohne Familie waren, plötz-

lich Frauen und Kinder hatten, wie der Arme reich wurde, der Knecht sich bedienen ließ ... Wenn du gesehen hättest, wie deine Ritter unter die Hufe der Pferde getreten wurden, wie man deine Schätze zentnerweise unter sich verteilte, wie man die Damen der Stadt vier für ein Goldstück verkaufte!»[333]

Einem Goldrausch ohnegleichen gaben sich die spanischen Abenteurer hin, die unter Führung des Edelmanns Hernando Córtez und des Schweinehirten Francisco Pizarro Mexiko und Peru ausplünderten; von den eingeschmolzenen goldenen Kultgeräten der Inkas wies Pizarro jedem seiner Männer fast einen Zentner zu. «Wie Affen griffen sie nach dem Golde», sagten die Azteken von den Spaniern. «Sie hungerten danach, sie suchten das Gold wie die Schweine.»[334] 1527 plünderten die spanischen und deutschen Söldner Karls V. – durch die Aussicht darauf fast ohne Sold geworben – Rom *(Sacco di Roma)*.

Die wohl grausigste und längste Beute-Orgie der Geschichte feierten die Landsknechte im Dreißigjährigen Krieg. «Obzwar etliche anfingen zu metzgen, zu sieden und zu braten, dass es sah, als sollte ein lustig Bankett gehalten werden, so waren hingegen andere, die durchstürmten das Haus unten und oben», lässt Grimmelshausen den einfältigen Simplicissimus über die Plünderung seines Vaterhauses erzählen. «Andere machten von Tuch, Kleidung und allerlei Hausrat große Päck zusammen, als ob sie irgends ein Krempelmarkt anrichten wollten; etliche durchstachen Heu und Stroh mit ihren Degen, als ob sie nicht Schaf und Schwein genug zu stechen gehabt hätten; etliche schütteten die Federn aus den Betten und füllten hingegen Speck, andere dürr Fleisch und sonstig Gerät hinein, als ob alsdann besser darauf zu schlafen gewesen wäre; andere schlugen Ofen und Fenster ein, gleichsam als hätten sie ein ewigen Sommer zu verkünden; Bettladen, Tisch, Stühl und Bänk verbrannten sie ... Unser Magd ward im Stall dermaßen traktiert, dass sie nicht mehr daraus gehen konnte ... Den Knecht legten sie gebunden auf die Erd, stecketen ihm ein Sperrholz ins Maul und schütteten ihm einen Melkkübel voll garstig Mistlachenwasser in Leib, das nannten sie einen Schwedischen Trunk, wodurch sie ihn zwangen, eine Partie anderwärts zu führen, allda sie Menschen und Vieh hinwegnahmen.»[335] Eine deutsche Stadtchronik berichtet von der Einquartierung kaiserlicher Truppen, sie hätten «auf discretion gelebt und nebst täglichem Fressen, Saufen und Banquettieren auch alle neu kleiden und ausmontieren müssen, haben das Hospital und die Münsterkirche geplündert. Und unter dem Vorwand, die Bürger zu disarmieren, musste man ihnen alle Kisten und Kasten aufschließen, und was ihnen gut, war ihr Raub.»[336] Der schlesische Freiherr Friedrich von Logau (1604–1655) dichtete:

Haus, Hof, Scheun' und Schopf geleeret,
Heißt ein Stücke Brot begehret;
Stadt, Land, Mensch und Vieh vernichten,
Heißt des Herren Dienst verrichten;
Huren, saufen, spielen, fluchen,
Heißt dem Mut Erfrischung suchen;
Endlich dann zum Teufel fahren,
Heißt – den Engeln Müh' ersparen.[337]

Dass Soldaten sich zum Plündern absonderten und dabei erschlagen wurden, war für viele Heere bis ins 19. Jahrhundert ein starker Aderlass. Über die Plünderung Jaffas durch die Truppen Bonapartes im Jahre 1799 heißt es in einer späteren Darstellung Napoleons: «Die Soldaten stürzten wutentbrannt in die Straßen, um Weiber zu suchen. Fiel ein Schuss, so schrien sie, man schieße aus dem und dem Hause auf sie, drangen sogleich in das Haus ein und schändeten alle Frauen, die darin waren. Dieses wüste Treiben und der Umstand, dass die Leute Pelzwerk und andere türkische Kleidungsstücke an sich nahmen, die von Kranken stammten, war der Grund dafür, dass die Pest im Heer auftrat.»[338]

Solche Vorkommnisse legten es einem Feldherrn nahe, der Beutegier Zügel anzulegen; an Versuchen dazu hat es schon im Altertum nicht gefehlt. Bei den Galliern stand nach Cäsar tödliche Folter darauf, wenn ein Krieger seine Beute für sich behalten wollte: Er musste sie abliefern, und ein Teil davon wurde den Göttern geopfert.

Auch später sind Regelungen und Einschränkungen des Beuterechts kaum je aus sittlicher, sondern nur aus militärischer Einsicht angeordnet worden; das Plündern verzögert die Schlacht und untergräbt die Disziplin. So heißt es in der eidgenössischen Kriegsordnung von 1393, dem sogenannten *Sempacher Brief*: «Da meinen wir einhelliglich, dass jeglicher sein Möglichstes tue, als ein Biedermann die Feinde zu schädigen und das Feld zu behaupten, ohne allen Vorsatz zu plündern ..., bis zur Stunde, dass der Kampf ein Ende nimmt und gewonnen worden und die Hauptleute allen erlauben zu plündern. Dann mögen männiglich plündern, die dabei gewesen sind, und den Plunder soll jeglicher den Hauptleuten einhändigen, und die sollen ihn unter dieselben, die unter sie gehören und dabei gewesen sind, gleich und redlich teilen.»[339]

Die Plünderung umgekehrt gerade als Zuchtmittel einzusetzen, allerdings gegen andere und noch dazu in Friedenszeiten, war der sadistische Einfall des Marquis de Louvois, des Kriegsministers unter Ludwig XIV. Um die französischen Protestanten zur Bekehrung zu zwingen, wurden sie 1681 den sogenannten Dragonaden unterworfen, das heißt: Man quartierte Dragoner mit ihren Pferden bei den Ketzern ein, in der Zuversicht, dass Mann und Ross die Protestanten schikanieren und leer fressen würden.

Das Plündern auf dem Schlachtfeld wurde durch Frömmigkeit zwar nicht verhindert, aber manchmal verzögert. Der Patriarch von Jerusalem predigte 1099 dem Kreuzfahrerheer: «Er würde jeden exkommunizieren, der daran dächte, Beute zu machen, bevor die Schlacht beendet wäre; wenn das aber geschehen sei, könnten sie sich wieder der Freude hingeben, sich alles dessen zu bemächtigen, was ihnen vom Herrn vorbestimmt sei.»[340] Über das Heer Karls XII. schrieb Voltaire: «Kein schwedischer Soldat wagte sich auch nur zu bücken, um die toten Feinde auszurauben, bevor das Gebet auf dem Schlachtfeld gesprochen war.»[341]

Im friderizianischen Heer war, wie so vieles, auch das Plündern im Prinzip verboten. Im Ersten Schlesischen Krieg stellte Friedrich fest: «Kein Haus wurde geplündert, kein Bürger gekränkt.»[342] Im Zweiten räumte er ein: «Man kann ein Heer von 80 000 Mann unmöglich ernähren, ohne dass das Land darunter zu leiden hat.»[343] In seinem Testament von 1768 schrieb er: «Die Kavallerie ergänzt sich im Kriege leicht: denn ihr Dienst ist nicht so verlustreich wie der Infanteriedienst, und sie hat mehr Gelegenheit zum Beutemachen – ein verlockender Köder für die große Masse, die nur ihren persönlichen Vorteil kennt und nicht weiß, was Ruhm ist.»[344]

Selbstverständlich machten auch im Ersten Weltkrieg viele Soldaten Beute auf eigene Faust, der inzwischen vereinbarten Haager Landkriegsordnung zum Trotz. Mit wahrer Besessenheit raubten die Araber, «die gleich wilden Bestien über die Waggons herstürzten und zu plündern begannen», wie T. E. Lawrence schrieb, der zahlreiche Überfälle auf türkische Eisenbahnzüge organisierte und damit den Einheimischen ein Fest des Plünderns bescherte. «Das Tal war der reinste Hexenkessel. Die Araber rasten umher, barhäuptig, halb nackt, brüllend, blindlings schießend und sich gegenseitig mit Nägeln und Fäusten bearbeitend, während sie Waggons aufbrachen und mit riesigen Ballen hin- und herstolperten, die sie dann dicht bei den Gleisen aufschnitten und durchwühlten, alles entzweischlagend, was sie nicht brauchen konnten … Da lagen weit umhergestreut Stapel von Teppichen, Männer- und Frauenkleider in buntestem Durcheinander; Uhren, Kochtöpfe, Nahrungsmittel, Schmuckstücke, Waffen. Dort stand eine Gruppe von dreißig bis vierzig Frauen, unverschleiert, mit zerrissenen Kleidern, wie wahnsinnig schreiend und sich die Haare raufend. Die Araber, ohne einen Blick für sie, fuhren fort zu rauben und zu zerstören und sich nach Herzenslust sattzuplündern.»[345]

Geplündert wurde indessen auch in Europa. Nach dem Bericht des Leutnants Jünger vom Jahre 1917: «Soldaten aus den benachbarten Grabenstücken waren damit beschäftigt, aus dem grässlichen Gewirr die blutbesudelten Sachen der Toten hervorzuziehen und nach Beute zu durchsuchen. Ich jagte sie fort.»[346] Auch die Toten waren Deutsche. Bevor die deutschen Truppen sich 1917 auf die «Siegfriedstellung» zurückzogen, unternahmen sie die totale Zerstörung ihres Vorfeldes in 15 Kilometern Tiefe, und wie viel Mutwille dabei im Spiel war, ist anschaulich bei Jünger nachzulesen: «Ganze Kompanien stießen und rissen Mauern um oder saßen auf den Dächern und zertrümmerten Ziegel. Man sah Leute in den von den Einwohnern zurückgelassenen Anzügen und Frauenkleidern, Zylinderhüte auf den Köpfen, umherrasen. Sie fanden mit zerstörerischem Scharfsinn die Hauptbalken der Häuser heraus, befestigten Seile daran und zogen mit taktmäßigem Geschrei so lange, bis alles zusammenprasselte ... Die Bilder erinnerten an ein Tollhaus und riefen eine ähnliche, halb komische, halb widrige Wirkung hervor.»[347]

Und im Zweiten Weltkrieg? Es gibt Statistiken über bestrafte Plünderungen und keine Statistiken über diejenigen Plünderungen, die unentdeckt geblieben sind. Es gibt den russischen Schlachtruf von 1945: «Die deutschen Frauen eure Beute!», und jene grausige Szene in Norman Mailers Roman «Die Nackten und die Toten», wo betrunkene amerikanische Soldaten auf einer pazifischen Insel «Souvenirs» (zu Deutsch Trophäen) suchen und der GI Martinez der Leiche eines Japaners mit dem Gewehrkolben die Goldzähne ausschlägt – «mit einem Gefühl, in dem Schuld und Fröhlichkeit sich mischten».[348] Eingeschmolzenes Zahngold pfundweise schickten einige SS-Wachmannschaften aus Auschwitz nach Hause.

Die modernen Kriege haben das Plündern weithin unterdrückt; ausgerottet haben sie es nicht. Es bleibt (mit Friedrich dem Großen) «ein verlockender Köder für die große Masse», dass der Arme reich wird und der Knecht sich bedienen lassen kann, sobald die Waffen gesprochen haben. *Sieg:* Das heißt nicht nur Erfolg, Triumph und Ruhm; es hat für unzählige Krieger und Soldaten stets bedeutet: Mir gehört die Welt – oder doch so viel davon, wie meine Hände erraffen können.

Sich mit Gewalt in einen Zustand versetzt zu haben, in dem die Habgier auf keine Grenze stößt: Dieser Rausch von Macht, Besitz und Einverleibung, diese Trunkenheit in der Zerstörung alles dessen, was das Plündern nicht lohnt und folglich nach dem Urteil des Siegers nicht wert ist, noch zu existieren – diese Ekstase hat auf Millionen Männer als ein wichtiger Antrieb zu Kampf und Krieg eingewirkt. Für die Urlust des Plünderns, für die Wollust, sein Lottoglück mit dem Säbel zu erzwingen, gibt es keinen friedlichen Ersatz.

24 Für Faulheit und Vergnügen

> Wir alle haben schreckliche Kriegserinnerungen. Ich
> hab' 89 Dollar beim Würfeln verloren.
>
> Der Soldat *Joe Gilligan* in:
> William Faulkner, «Soldatenlohn»

Mit der Feuerwehr hat das Militär eines gemeinsam: Die meiste
Zeit brennt es *nicht*. Wer in der Bundesrepublik Deutschland der
Allgemeinen Wehrpflicht unterlag, brauchte 45 Jahre lang, von
1956 bis zum Einsatz in Afghanistan im Jahr 2001, nie die Sorge
zu haben, er werde auf einen Menschen schießen müssen. Auch
in den meisten Kriegen wurde lange Zeit oft überwiegend *nicht*
gekämpft – so ein halbes Jahr lang nach dem deutschen Sieg in
Polen im Oktober 1939 bis zum Überfall auf Dänemark und Norwegen.

«Ich möcht' sagen, den Frieden gibt's im Krieg auch, er hat seine friedlichen Stell'n», spricht der Feldprediger in Brechts «Mutter
Courage». «Zwischen dem einen Gefecht und dem andern gib's
ein Bier, und sogar auf dem Vormarsch kannst du ein'n Nicker
machen, auf'n Ellbogen, das ist immer möglich, im Straßengra-
ben. Beim Stürmen kannst du nicht Karten spiel'n, das kannst du
beim Ackerpflügen auch nicht, aber nach dem Sieg gibt's Möglichkeiten.»[349] Hier befindet sich Brecht in der Gesellschaft Clausewitzens, der, wenn auch ungern, zugesteht, «dass ganz offenbar
Stillstehen und Nichtstun der Grundzustand der Heere mitten
im Kriege ist und das Handeln die Ausnahme». Erst unter Bonaparte habe die Kriegführung «den unbedingten Grad der Energie
erreicht», den Clausewitz ihr wünschte.[350]

Selbst im Kampf aber gab und gibt es ebenso viele, meistens
deutlich mehr Soldaten, die hinter der Front für die Kämpfenden
sorgen – mindestens zehnmal so viele in der US Army. Wer Soldat
werden wollte, hatte also meist eine *hohe* Chance, dafür durchaus

nicht das Leben zu riskieren, und immer noch eine realistische, einem Krieg lebend zu entrinnen.

Und der mäßigen Gefahr standen ein paar deutliche, zum Teil erstaunliche Vorzüge gegenüber. Im Krieg, abseits der Kämpfe und zwischen den Schlachten, oft ein wüstes Leben, von dem noch Greise schwärmen (gleich mehr); nicht selten sogar Romantik: sich unter Südseepalmen rekeln, ferne Länder riechen, einen Fünftausender im Kaukasus besteigen; im Schlafsack einen Sternenhimmel bewundern, wie man ihn noch nie gesehen hatte, ein Feuer zum Wärmen genießen wie kaum je ein Zivilist.

Wie eng das Töten, der Luxus, die Romantik verknüpft sein können, zeigt der Tageslauf, den im Spanischen Bürgerkrieg einer von Francos Piloten festhielt:

8.30 Frühstück mit der Familie
9.30 Start zur Front. Feindliche Batterien mit Bomben belegt. Stellungen und Lastwagenkolonnen mit MGs beschossen.
11.00 Ein wenig Golf.
12.30 Sonnenbad am Strand von Ondarreta, etwas Schwimmen im ruhigen Meer.
13.30 Bier, Scampi und Konversation im Café.
14.00 Mittagessen zu Hause.
15.00 Kurze Siesta.
16.00 Zweiter Fronteinsatz. Alles wie am Morgen.
18.30 Kino.
21.30 Apéritif in der Bar. Ein guter Scotch. Lebhaftes Programm.
22.15 Souper im Restaurant. Kriegslieder, Gesellschaft, Begeisterung.[351]

Beim Angriff riefen die spanischen Flieger: «Al toro!» (Auf den Stier!) – wie der Matador in der Arena.

In Friedenszeiten aber wenig Arbeit, sichere Versorgung, seit dem 18. Jahrhundert in vielen Gesellschaften obendrein Absicherung fürs Alter und sozialer Respekt.

Die deutsche Reichswehr von 1919 bis 1935 – ein Hort der wirtschaftlichen Sicherheit in der Zeit der großen Krisen – konnte nur einen Bruchteil derer aufnehmen, die zu den Fahnen stürmten. Es ist eine internationale Erfahrung, dass Berufsheere in Zeiten wirtschaftlicher Depression an Qualität gewinnen. «Hast beim Kommiss im Frieden keine Sorgen», sagt 1914 der Bauernknecht Haie bei Remarque. «Jeden Tag ist dein Futter da, sonst machst du Krach, hast dein Bett, alle acht Tage deine Wäsche wie ein Kavalier, hast dein schönes Zeug – abends bist du ein freier Mann und gehst in die Kneipe.»[352]

Oberst T. E. Lawrence, der Held der arabischen Wüste, schrieb 1922, als er unter falschem Namen Rekrut der britischen Luftwaffe wurde, um ein neues Leben zu beginnen: «Jetzt brauche ich mir die nächsten sieben Jahre lang nicht den Kopf zu zerbrechen, wo ich mein Essen herbekomme … Wenn jemand sich freiwillig meldet, gesteht er damit ein, im Leben eine Niederlage erlitten zu haben.»[353] Der englische Romancier D. H. Lawrence legte in der «Lady Chatterley» einem Brigadegeneral einen ähnlichen Gedanken in den Mund: «Das Militär bewahrt mich vor dem Schlachtfeld des Lebens.»[354] In der Untersuchung eines amerikanischen Expertengremiums aus dem Jahr 1949 wurde nüchtern festgestellt, der amerikanische Soldat erwarte von der Armee vor allem soziale Anerkennung, eine Ausbildung, die ihm im Zivilberuf weiterhelfe, Komfort in jeder Lebenslage und ein möglichst geringes Risiko, verwundet oder getötet zu werden.[355]

Komfort! Heute wird er in der Tat geboten, manchmal sogar den ISAF-Truppen in Afghanistan – in einem Umfang, der einen Kriegsteilnehmer von 1944 überwältigen muss. «Im Lager bildet sich eine kleine heile Welt, und wenn man will, braucht man sich gar nicht auf Land und Leute einzulassen» (deutscher Feldpostbrief, 2009). In den Unterkünften ein Kino, ein Fitnessstudio, ein mindestens halbtägig laufender Fernseher («Am schlimmsten ist es, wenn die Satellitenschüssel zuschneit»). Brot und Aufschnitt ganztägig verfügbar, ab 19 Uhr Bier und Wein, außer man hat Bereitschaftsdienst.[356]

Luxus nicht, das ist wahr. Den aber trieben in früheren Kriegen viele Offiziere bis zum Exzess. Die meist wohlhabenden Freiwilligen der Südstaaten im Amerikanischen Bürgerkrieg rückten 1861 mit Abendanzügen, gestickten Pantoffeln und Tafelsilber im Gepäck sowie einem schwarzen Diener ein. «In jedem Zelt herrschte größte Gastfreundlichkeit», berichtete der Korrespondent der Londoner «Times». «Kisten mit Champagner und Rotwein, französischen Pasteten und dergleichen waren draußen vor den Zeltwänden aufgestapelt ... In einem großen Zelt war eine Gesellschaft junger Männer um ein Feuer versammelt. Sie öffneten Rotweinflaschen und kochten in großen Eimern einen Punsch, während andere den Dienern halfen, einen Tisch für das Bankett eines ihrer Generale zu decken. Hitze, Tabakqualm, Lärm, Toasts, Sauferei, Händeschütteln, Freundschaftsschwüre!»[357]

Im Burenkrieg führten die englischen Offiziere Bett, Kleiderschrank, Wohnmöbel und Küchengeräte mit. Für jeden amerikanischen Soldaten, der im Zweiten Weltkrieg in Übersee kämpfte, wurden fünf bis zehn Tonnen Ausrüstung herangeschafft, und allmonatlich brauchte er eine Tonne Nachschub – wohl überwiegend in Form von Waffen, Munition und Ausrüstung, zu einem erheblichen Teil jedoch in Gestalt von Luxusgütern, gemessen an der Versorgung europäischer Soldaten. Im alten China trafen auf einer Kompanie von drei gepanzerten Streitwagenkämpfern und 72 Mann zu Fuß nicht weniger als 25 Köche, Diener, Pferdepfleger, Holzsammler und Wasserholer.

Auch dem Landsknecht, dem gemeinen Soldaten in Europa winkten zwei urtümliche, zwei drastische Genüsse: Manchmal Völlerei und ziemlich oft das Besäufnis. Die Besatzung der fürstbischöflichen Festung Marienberg über Würzburg wurde 1631 mit zwei Flaschen Wein pro Kopf und Tag verwöhnt, ein großer Trost im ewigen Einerlei – und eine halbe Narkose, als die Schweden die Festung stürmten und die Besatzung niedermachten bis zum letzten Mann.

Wie ließen sich in solchen Jahrhunderten genügend Männer für den Beruf des Soldaten gewinnen? Vor allem dadurch, dass es viele arme Teufel gab, Landstreicher, Landarbeiter, Kleinbauern, für die der feste Sold verlockend klang. In der Theorie war die Anwerbung von Söldnern ohnehin die ehrlichste Sache von der Welt. Die Landsknechtshauptleute rekrutierten ihre Fähnlein in der Weise, dass sie mit Musikkapellen durchs Land zogen und unbescholtenen Männern, die ein Schwert oder einen Spieß besaßen, ein Handgeld und ein paar Gulden Sold im Monat boten. Zumal im Dreißigjährigen Krieg wurde es jedoch weder mit der Unbescholtenheit noch mit der Freiwilligkeit allzu genau genommen. Als der halbwüchsige Simplicissimus durch das ausgeplünderte Hanau streifte, kamen ihm «gleich zween Musketier auf den Leib, die mich anpackten und in ihre Corps de Garde führten».[358]

Besonders berüchtigt waren die Methoden, mit denen Friedrich der Große und sein Vater die preußische Armee aufbauten. In anderen Ländern – zum Beispiel im russischen Heer und in der englischen Marine – ging es zwar noch schlimmer zu, aber Preußen hat nun einmal stets die schlechteste Presse gehabt. Heinrich Mann lässt Friedrich Wilhelm I. sagen: «Der Flügelmann ist mein Schoßkind. Hat mich nichts gekostet. Wir entführten ihn in Polen vom Jahrmarkt weg.»[359] Fest steht: Wer sich rekrutieren ließ, hatte mit diesem Akt seinen freien Willen eingebüßt und musste (nach einem Erlass Friedrich Wilhelms von 1713) so lange bleiben, «bis Seiner Königlichen Majestät sie derer Dienste zu entlassen von selbsten allergnädigst gefallen wird». Voltaire zog sich den Zorn Friedrichs des Großen durch die Satire zu, die er 1759 im «Candide» auf die Werbemethoden der «Bulgaren» (wie er dort die Preußen nennt) geschrieben hat:

Zwei Männer in blauer Uniform laden Candide zum Essen ein. «Meine Herren», sagte Candide mit anmutiger Bescheidenheit, «Sie erweisen mir eine große Ehre, aber ich habe kein Geld, meine Zeche zu zahlen.» «Oh, mein Herr», sagte einer von den Blauen zu ihm, «Leute von Ihrem Wuchs und Ihren Qualitäten bezahlen nie etwas … Setzen Sie sich nur zu Tisch; wir halten Sie nicht allein frei, nein, wir werden auch nie dulden, dass es einem Mann wie Ihnen am Geld fehle» … Er wird gebeten, einige Taler anzunehmen, er nimmt sie, man setzt sich zu Tisch. «Lieben Sie nicht zärtlich …» «O ja», erwiderte er, «ich liebe zärtlich Fräulein Kunigunde.» «Nein», sagte einer von den Herren, «wir fragen Sie, ob Sie nicht den König der Bulgaren zärtlich lieben?» «Ganz und gar nicht», sagte er, «hab ich ihn doch noch nie gesehn!» «Was? … Sie müssen unbedingt auf seine Gesundheit trinken.» «Oh, mit dem größten Vergnügen, meine Herren!» Und er trinkt. «So, das genügt», wird ihm gesagt. Auf die Stelle legt man ihm Fesseln an die Füße, bringt ihn zum Regiment und gibt ihm dreißig Stockhiebe.[360]

Ihre liebe Not hatten die Nordstaaten im Amerikanischen Bürgerkrieg mit den Freiwilligen, die nicht kommen wollten (die Wehrpflicht wurde erst 1863, nach zwei Kriegsjahren, eingeführt). Sie versuchten es mit organisierter vaterländischer Begeisterung. «Patriotische Versammlungen wurden veranstaltet, um den noch lauen Enthusiasmus anzustacheln, Musiker und Redner strengten sich an, bis ihre Gesichter zum Platzen rot waren … Meistens war auch ein alter Knabe anwesend, der losschrie, dass er bereit sein würde, seine Muskete zu schultern, wenn er nicht leider schon so alt wäre … Dann war ein patriotisches Mädchen dabei, das sofort mitziehen würde, ‹wenn sie nur ein Mann wäre›. Außerdem gab es dann gewöhnlich noch einen Mann, der versprach, sich einzutragen, wenn fünfzig andere dasselbe täten (da er genau wusste, dass diese Zahl nicht erreicht werden konnte) … Es bedurfte jedoch immer nur des ersten Mannes, der vortrat, seinen Namen eintrug, sich auf den Rücken klopfen ließ, auf das Podium gestellt und als Held des Tages mit Hochrufen begrüßt wurde, damit ein zweiter, ein dritter, ein vierter folgten und zuletzt ein regelrechter Ansturm auf die Anwerbungsliste einsetzte.»[361]

Einer Unbequemlichkeit des Zivillebens konnten und können Soldaten, mindestens in den unteren Dienstgraden, ja ein für alle Mal entrinnen: dem Zwang zu konzentrierter, oft harter Arbeit, der in den meisten Zivilberufen regiert. Viel Nichtstun, viel Desorganisation, viel Zeitvergeudung ist beim Militär fast immer dabei. In der deutschen Wehrmacht sah ein typisches Zeitmanagement so aus: 4 Uhr wecken, weil die Kompanie um 6 zum Bahnhof marschieren muss, bei dem sie um 7 ankommt, weil um 10 der Transportzug abfahren soll, und der fährt um 1. (Bei der Bundeswehr ist der Zug durch den Lkw zu ersetzen.)

Viel Müßiggang also, auch «Zwang zur Faulheit», könnte man sagen. Eine noble Faulheit aber, Tolstoi hat sie gewürdigt: «Die biblische Überlieferung besagt, die Glückseligkeit des ersten Menschen vor dem Sündenfall sei durch das Fehlen jeder Art von Arbeit bedingt gewesen. Auch nach dem Sündenfall hat der Mensch die Liebe zum Müßiggang beibehalten, aber nun lastet ein Fluch auf ihm; nicht nur, dass wir im Schweiße unseres Angesichts unser Brot verdienen müssen, sondern … eine geheime Stimme sagt uns, dass wir schuldig werden, wenn wir müßiggehen. Wenn der Mensch einen Zustand finden könnte, in welchem er sich dem Müßiggang überlassen und sich gleichzeitig als ein Nutzen bringendes Geschöpf fühlen könnte, so hätte er damit einen Teil der Glückseligkeit unserer Voreltern wiedergefunden. Und nun gibt es einen ganzen Stand, der sich eines solchen Zustands pflichtgemäßer und keinerlei Tadel ausgesetzter Müßigkeit erfreut: den Militärdienst.»[362]

Oft natürlich schlug die Muße in Langeweile um, sogar bei Offizieren, die im Luxus lebten. In Robert Musils Roman «Der Mann

ohne Eigenschaften» erinnert sich General Stumm von Bord-
wehr, schon als Major habe er nichts mehr wissen wollen «von
den Vormittagen, wo man noch bei steigender Sonne … mit be-
staubten Reitstiefeln das Kasino betritt, um die Leere des Tags, der
noch sehr lang sein wird, um leere Weinflaschen zu vermehren;
und nichts wollte er von jenen Nächten wissen, wo Staub, Wein,
Langeweile … verheiratete wie unverheiratete Herrn in jene fens-
terverhängte Geselligkeit trieben, wo man Weiber auf den Kopf
stellte, um ihnen Champagner in die Röcke zu gießen; und vom
Universaljuden der verdammten galizischen Garnisonnester, wo
man Mädchen anschleppen ließ, die vor Respekt, Angst und Neu-
gierde zitterten».[363]

Die Frauen! In die bis vor kurzem rein männliche Welt der Soldaten spielten sie vierfach hinein: als Objekte von hundert Zoten
täglich; als Sehnsucht nach der Frau oder Freundin daheim; als
Angst, was die zu Hause wohl treiben: Die Amerikaner in Afghanistan, schreibt Sebastian Junger, seien «riddled with anxiety
over what's going on back home».[364] Und zumal als Gier nach
den «Weibern», die zu haben waren, oft in Orgien und Saufgela-
ge mündend – ein überhitztes Leben, befreit von aller Kontrolle
durch Familie, Nachbarn und Gesetze, getrieben von der Angst,
jeder Tag könnte der letzte sein.

Philipp II. von Mazedonien verstieß zwei hohe Offiziere, die
im Feldlager eine Lautenschlägerin beschäftigten. Richard Löwenherz hatte Mühe, die Kreuzritter von den Frauen von Akka weg zu
neuen Eroberungen zu treiben. General Bonaparte sah sich 1796
in Italien genötigt, den Befehl zu erlassen: «Es ist jedem Offizier …
ausdrücklich verboten, Frauen bei sich zu haben. Infolgedessen
befiehlt der Obergeneral denen, die solche haben, sie innerhalb
von 24 Stunden jenseits des Po zu schicken.»[365] Die republikanische Miliz, die 1936 von Madrid ausrückte, wurde von so vielen Prostituierten begleitet, dass ihr Oberst mehrere der Damen
erschießen ließ, um die Kampfkraft seiner Truppe zu erhalten.

Die amerikanischen Soldaten, die 1944 Frankreich befreiten, hätten durchaus Heldenmut bewiesen – aber «verkauft» worden sei ihnen die Invasion «als erotisches Abenteuer mit sexbesessenen Französinnen». Das behauptete 2013 die amerikanische Historikerin Mary Louise Roberts, und die «New York Times» befand sie des Zitierens für wert.[366] Die Soldatenzeitung «Stars and Stripes» nahm in ihrem französischen Sprachführer Sätze auf wie «Sind deine Eltern zu Hause?». Der Bürgermeister von Le Havre habe um die Errichtung von Soldatenbordellen außerhalb der Stadt gebettelt, aber das Militär habe das abgelehnt: Es hätte schlecht gewirkt auf die Lieben daheim.

Und Millionen Sieger haben seit Jahrtausenden Millionen Vergewaltigungen verübt; nach der Genfer Konvention von 1949 ist sie ein Kriegsverbrechen und nach dem Völkerstrafgesetz von 2002 ein Verbrechen gegen die Menschlichkeit – in großem Stil noch einmal in Bosnien von 1992 bis 1995 begangen. Sie fände nicht statt, wenn sie für die Vergewaltiger nicht offensichtlich ein Vergnügen wäre – und wer das straffrei haben wollte, musste Soldat werden und Sieger sein.

Auch das Harmlose aber kann fast unheimlich klingen, wenn es mitten im Weltkrieg stattfindet: «Es ist eine wundervolle Tropennacht», schrieb Graf Luckner über eine Episode im Kaperkrieg seines Hilfskreuzers «Seeadler» anno 1917. «Die lustige Piratenschar sitzt infolge der herrlichen Beute froh zusammen. Vorn alles bei Sekt, hinten alles bei Sekt ... Der Mond, das olle Gesicht, schmunzelt uns zufrieden zu, die Wellen murmeln um den Bug. Mittschiffs spielt die Kapelle das Lied ‹Ach, lieber Südwind, blas›, während uns der Südwind anhaucht ... Die Gefangenen stehen vor Ehrfurcht still, als von den Planken des Piratenschiffs die wunderbaren Melodien aufsteigen.»[367]

Bei John Dos Passos sagt der amerikanische Soldat Dan Fuselli: «Es ist was Großes, Soldat zu sein. Man kann alles tun, was einem Spaß macht.»[368] Der Belgier Nick Gillain gab 1937 als Gründe, warum er als Freiwilliger in den Spanischen Bürgerkrieg gezogen war, tiefsinnig an: «Abenteuerlust, Faulheit und den verregneten Herbst 1936.»[369] Abenteuerlust, immerhin.

25 Fürs Abenteuer

> Oft genug las ich in den Zeitungen über die Fremden-
> legion Berichte von so ausgesuchten Gefahren, Ent-
> behrungen und Grausamkeiten, wie sie ein geschickter
> Reklamechef nicht besser hätte entwerfen können, um
> Tunichtgute meines Schlages anzuziehen.
>
> *Ernst Jünger*, Afrikanische Spiele

Seltsames, erregendes Erlebnis – wagemutiges Unternehmen –
Gefahr, die sich mit Mut, mit Tollkühnheit bestehen lässt: So de-
finieren es die Wörterbücher, das Abenteuer. Und eben so haben
seit Jahrtausenden Millionen Männer ihren Krieg erlebt: ihn also
weniger erlitten als vielmehr genossen als ein Bündel von Chancen, die der Frieden ihnen niemals bieten konnte – Übermut,
Beutezug, russisches Roulette, Triumph, Karneval zerbrochener
Gesetze.

Ganze Völker oder Kriegerkasten haben dem blutigen Gemetzel gehuldigt: Hunnen, Wikinger, Mongolen. In den meisten späteren Kulturen waren sie zwar in der Minderheit, die Haudegen,
Draufgänger, Kampfnaturen, bei den Germanen die Berserker, im
alten Rom die *robustiores*: Männer wie aus «robur», dem Eichen-
holz (von dem ist das deutsche und englische «robust» abgeleitet
und das italienische «robustezza»). Sebastian Junger erlebte sie
bei den *Special Forces* in Afghanistan: In akuter Gefahr, zumal
vor dem Angriff steigt ihr Blutzuckerspiegel, sie drängen zur Tat
in a furor of activity, ihre Selbstsicherheit steigert sich bis zu All-
machtsgefühlen.[370]

Ohne solche Fighter hätten die Feldherren nie einen Sieg
erringen können; meist stellten und stellen sie die Garde, die
Elitetruppen, die Fallschirmjäger, Ledernacken, Navy Seals; ja
manchmal waren sie es, die einen zaudernden Feldherrn wütend
in die Schlacht stießen, nach der sie gierten. Und sind denn un-

sere «Hooligans», unsere Motorradrocker, unsere molotowcock-
tailschleudernden, schwarz vermummten sogenannten «Auto-
nomen» etwas anderes als «robustiores», die sich schadlos halten
für entgangene Kriege, in denen die Generale solche Männer dringend hätten brauchen können?

Was für unsere Epoche nur für eine Minderheit zutrifft – in vielen versunkenen Kulturen war das Ja zur Gefahr, die Bejahung der
kriegerischen Lebensform mit ihrem Übermaß an Leid und Lust
Gemeingut oder doch mindestens das schlechthin Anerkannte,
dem sich auch weniger kriegerische Naturen fügten. Sun Tzus
Rat an die Chinesen, die Kriege mit möglichst viel Täuschung und
möglichst wenig Kampf zu gewinnen, die Vorliebe des mittelalterlichen Byzanz und des neuzeitlichen Amerika für überragende
technische Waffen, die den Kampf weithin ersparen – dies kennzeichnet Völker von hohem zivilisatorischem Stand. Die Mehrzahl aller primitiven und eine Reihe zivilisierter Gesellschaften
hat den Krieg als die dem Mann angemessene Lebensform, als
sein eigentliches Betätigungsfeld betrachtet und den Krieger als
den Typus, in dem der Mann sich vollendet.

Die *Hunnen* nannte Montesquieu ein Volk, «dessen Söhne bei
der Erzählung der Waffentaten der Väter in Wut gerieten, während
die Väter Tränen vergossen, weil sie nicht dem Beispiel ihrer Söhne folgen konnten».[371] Der byzantinische Historiker Ammianus
Marcellinus kennzeichnete sie im 4. Jahrhundert mit den Worten:
«Nach jedem Windhauch einer neu entstehenden Hoffnung sich
drehend, alles dem jähesten Sturm des Gemüts überlassend ..., so
sehr dem Wechsel und dem Zorn unterworfen, dass sie oftmals
am selben Tag sich mehrfach ohne erkennbaren Anlass von Verbündeten abkehren und sich ihnen wieder nähern»; schwerfällig
im Gehen, untersetzt und missgestaltet, aber zu Pferd von unerhörter Gewandtheit und Ausdauer, in Leinen und Mäusefelle
gehüllt, die sie trugen, bis sie in Fetzen vom Körper fielen.[372]

Hunnen und Mongolen, Spartaner und Azteken, Germanen

und Wikinger: Dieser Kulturstand, der weder hoch noch niedrig ist, scheint die Entwicklung ganzer Völker zu Kriegsmaschinen begünstigt zu haben. «Ihr ganzes Leben besteht in Jagd und kriegerischem Treiben», schrieb Cäsar über die Germanen.[373] Ein tatenloses Leben ist den Germanen nun einmal verhasst», fügte Tacitus hinzu. «Zudem lässt sich eine zahlreiche Gefolgschaft auf die Dauer auch nur durch Krieg und Raubzug zusammenhalten.»[374]

Nicht zufrieden mit den irdischen Kriegen, erfanden sich die alten Germanen und zumal die Wikinger, die vom 8. bis 11. Jahrhundert Europa terrorisierten, eine Unsterblichkeit hinzu, die bis zum Jüngsten Tag mit nichts anderem als täglichem Kampf angefüllt sein sollte. Die Gesamtheit der Toten einer Schlacht hieß der *Wal* – bezeichnend genug, dass ein Bedürfnis nach einem handlichen Sammelwort für die Leichen bestand, die auf der *Walstatt* lagen. Odin, der Gott der Schlachten oder *Walvater*, sandte die *Walküren* zur Erde, die «den Wal erkoren», also diejenigen Krieger auswählten, die sterben mussten, weil Odin sie bei sich sehen wollte. Die Walküren geleiteten die Helden nach *Walhall*, der Leichenhalle, die mit dem Paradies identisch war. Hier lebten die Toten in fröhlichem Zechen, von den Walküren mit allen Wonnen versehen, zogen täglich in den Kampf, erlitten tödliche Wunden – und blieben doch ewig am Leben, weil die Milch der Ziege Heidrun sie unsterblich machte. Die Schlacht war etwas zu Köstliches, als dass sie mit einem einzigen Tod hätte beendet sein dürfen. Es ist kaum 1000 Jahre oder gut dreißig Generationen her, dass ein Volk so dachte, von dem keinen Genrest in den Adern zu haben kein Europäer völlig gewiss sein kann.

Die irdische Handlungsweise der Wikinger war entsprechend. In Wolfshäute und Schaffelle gekleidet, die Axt im Ledergürtel, das Schwert in der Faust, Menschen wie Vieh erbeutend oder schlachtend, Fleisch nur roh verzehrend, verheerten sie die Britischen Inseln, plünderten Paris, eroberten Sizilien, trugen Raub und Mord über die Wolga bis ins Kaspische Meer und entdeckten von Grönland aus Amerika. Auf ihren offenen schwarzen Schiffen schliefen sie bei jeder Kälte nur unter einer Zeltplane, ertrugen Entbehrungen wie kaum je andere Menschen und waren in die Schlachten und das Schlachten verliebt wie außer ihnen höchstens Assyrer und Mongolen, aber wohl mit noch mehr heiligem Eifer – sie, nach Churchill «die kühnste und hinterhältigste Sorte von Piraten und Haifischen, die es je gegeben hat»[375], die leidenschaftlichsten und totalsten Krieger der Weltgeschichte – und immerhin eine Möglichkeit menschlicher Existenz.

Doch so sehr die Ausnahme, wie es heute scheint, waren die Wikinger nicht. Römische Soldaten beschimpften ihren Anführer, den Diktator Fabius den Zauderer, und drohten mit Meuterei, weil er sich weigerte, Hannibal anzugreifen. Cäsar berichtete aus dem Bürgerkrieg, er habe 49 v. Chr. ein feindliches Lager in Spanien nicht stürmen, sondern aushungern wollen: «Warum sollte ich zulassen, dass die um mich sehr verdienten Soldaten verwundet würden?» Aber: «Dieser Entschluss fand bei den meisten keine Billigung. Die Soldaten sagten sogar in aller Öffentlichkeit, sie würden, da eine solche Gelegenheit zum Sieg verpasst werde, später nicht kämpfen, selbst wenn ich es wollte.»[376]

Theoderich richtete 508 an alle Goten die Botschaft: «So haben wir mit Gottes Hilfe beschlossen, im allgemeinen Interesse ein Heer nach Gallien zu entsenden, damit sowohl ihr *Gelegenheit zum Kriegszug* bekommt als auch wir unsere Verpflichtungen erfüllen.»[377] Als der Frankenkönig Chlothar I. (Regierungszeit 511–558) das Angebot der Sachsen annehmen wollte, sich kampflos zu unterwerfen, «erhoben sich seine Krieger wütend gegen den König, zerrissen sein Zelt, verfolgten ihn mit Schmähungen, ergriffen ihn mit Gewalt und wollten ihn töten, wenn er noch länger zögere».[378] In Napoleons Siegesbulletin über die Schlacht von Jena und Auerstedt steht zu lesen: «Die kaiserliche Garde konnte ihren Unwillen nicht zurückhalten, als sie sah, dass sie untätig bleiben musste, und einige riefen: ‹Vorwärts!› ‹Was soll das heißen?›, erwiderte der Kaiser. ‹Das kann nur ein bartloser Rekrut sein, der besser weiß als ich, was ich zu tun habe›.»[379]

Sie wollten kämpfen, sie wollten den Krieg. Sie wollten den Ruhm, das heißt die Bewunderung anderer. Sie wollten die Beute, das heißt das Eigentum anderer. Und sie wollten den Kampf auch dort, wo er weder Ruhm noch Beute brachte, wo er weder durch Güter noch durch Ehren zu einer Art Erfolg werden konnte, sie wollten die Gefahr um der Gefahr willen, sie wollten das große Abenteuer, das verwegene Spiel: «Alles wird man ja satt, des Schlummers selbst und der Liebe …, doch die Troer sind niemals satt des Gefechts.»[380]

«Es ist diese Lockung der Jugend – Abenteuer, und Abenteuer um des Abenteuers willen», schrieb Churchill über den Drang zum Krieg, den er als junger Mann empfand.[381] Der Kriegsfreiwillige Ernst Jünger: «Der Krieg musste es uns ja bringen, das Große, Starke, Feierliche. Er schien uns männliche Tat, ein fröhliches Schützengefecht auf blumigen, blutbetauten Wiesen …»[382] Noch 1945 beteten die Fallschirmjäger der französischen Fremdenlegion zu Gott, er möge ihnen «Unsicherheit, Unruhe und Zwietracht» schenken. Ein deutscher Fallschirmjäger schwärmte 2011 nach dem ersten Kampfeinsatz in Afghanistan von dem «absolut geilen Gefühl, das der Kampf in uns ausgelöst hatte. Alle berauschten sich an den Erlebnissen des Tages und grinsten, lachten, grölten.»[383]

Sonderbare, unverbesserliche Krieger gab es, wie *Charles Nungesser*, einen erfolgreichen französischen Jagdflieger, der, siebenmal verwundet, mit Holzbein und künstlichem Kiefer versehen, in sein Flugzeug gehoben werden musste; oder wie *Millán Astray*, den Gründer der spanischen Fremdenlegion, der 1936 nur noch ein Auge, ein Bein, einen Arm und an der verbliebenen Hand nicht alle Finger besaß und der in Sevilla das Volk durch einen Ruf hinriss, der sich an Absurdität nur mit dem Goebbels'schen «Wollt ihr den totalen Krieg?» vergleichen lässt: «Viva la muerte!», rief er, und die Menge stimmte begeistert ein: «Es lebe der Tod!»[384]

Snobs unter den Kriegern gab es, wie den englischen Oberfeldwebel *George Nathan*, der im Spanischen Bürgerkrieg auf republikanischer Seite die englische Kompanie befehligte, stets wie aus dem Ei gepellt zur Schlacht anrückte, ein englisches Offiziersstöckchen mit Goldgriff trug und sterbend befahl, dass man singen solle, bis er tot sei; oder wie *Ernst Jünger*, der ohne Stahlhelm, dafür aber mit Spazierstock gegen die feindlichen Gräben vorging und auf dem Schlachtfeld Rosen pflückte.

Krieger aus Leidenschaft müssen nicht vierschrötig sein, auch körperlich schwächlichen Männern hat der Krieg das Lebenselixier bedeutet. «Der Anblick *Richthofens* gab mir einen Schreck», berichtete sein Überwinder, der kanadische Fliegerhauptmann A. Roy Brown, als er den Leichnam sah. «Er erschien mir so klein, so zierlich. Er sah so freundlich aus, seine Füße waren schmal wie die einer Frau.»[385]

Über *Nelson* schrieb der spätere englische König Wilhelm IV., der von dem jugendlichen Kapitän Unterricht in Seekriegstaktik erhielt: «Er war das reinste Jüngelchen von einem Kapitän, das ich je gesehen habe.»[386]

Bei der Erstürmung von Calvi auf Korsika büßte Nelson auf einem Auge die Sehkraft ein. Beim Angriff auf Teneriffa verlor er den rechten Arm. Als er 1798 die französische Flotte bei Abukir vernichtete, erhielt er einen Schuss in die Stirn, der ihn jedoch nur bewusstlos machte. Bei Trafalgar (1805) zerschmetterte ihm die Kugel eines Scharfschützen, der auf dem Mast eines französischen Schiffes saß, das Rückgrat, und er starb noch während der Schlacht. «Nun bin ich zufrieden, denn Gott sei Dank habe ich meine Pflicht getan», sollen seine letzten Worte gewesen sein. Seine Pflicht, gewiss; aber ebenso gewiss war Nelson eine jener glücklichen Naturen, bei denen Pflicht, Neigung und Umstände die schönste Harmonie ergaben. Er hatte die Kriege, deren er zur Selbstverwirklichung bedurfte – oder was hätte der Frieden einem Nelson bieten können?

Das ist das Merkwürdige am Ja zur kriegerischen Existenz: dass es nicht nur von Draufgängern, nicht nur von hochintelligenten Männern wie Nelson, sondern sogar von ausgesprochen intellektuellen Typen gesprochen worden ist, von scheinbar zerbrechlichen Menschen mit ungewöhnlicher Bildung und einem höchst differenzierten Innenleben, von Prinz Eugen und Friedrich dem Großen, von Byron, T. E. Lawrence und Gabriele D'Annunzio – von Menschen also, auf die das zutreffen könnte, was Goethe in den «Wahlverwandtschaften» von seinem Baron Eduard sagt, der in seinem Privatleben in äußerste Verzweiflung gestoßen worden ist: «In einem solchen Gedränge treten zuletzt alte Gewohnheiten, alte Neigungen wieder hervor, um die Zeit zu töten und den Lebensraum auszufüllen. Jagd und Krieg sind eine solche für den Edelmann immer bereite Aushülfe. Eduard sehnte sich nach äußerer Gefahr, um der innerlichen das Gleichgewicht zu halten. Er sehnte sich nach dem Untergang, weil ihm das Dasein unerträglich zu werden drohte ... Der wieder ausgebrochene Krieg begünstigte sein Vorhaben.»[387]

Das sind wunderliche Formulierungen. Viele Individuen, schreibt der amerikanische Kriegshistoriker Quincy Wright, strebten den Krieg in der Hoffnung an, Lebensumständen zu entrinnen, «die als unbefriedigend, unbequem, verwirrend, unergiebig, unerträglich, gefährlich oder einfach langweilig empfunden wurden».[388] Und sie stuften den Krieg mit verletzender Selbstverständlichkeit nicht als eine Staatsaktion, sondern als einen Vorgang ein, der einem Individuum gelegen kommen konnte wie ein Platzregen oder ein Lottogewinn – mit der Konsequenz, dass die Summe vieler solcher individuellen Wünsche einen Krieg auch *herbeiführen* konnte, wenn sich Etikett und Anlass fanden.

Goethe selbst muss ein wenig kriegerischer gewesen sein, als er im öffentlichen Bewusstsein lebt. Dafür spricht nicht nur seine aus freien Stücken übernommene Zuschauerrolle bei der Kampagne von 1792 und seine martialische Aufmachung während dieses Feldzugs («die Haare ein verworrener Hanfrock, der Bart strauchig»[389]); er brachte bei Valmy auch sonderbare Gedanken zu Papier, die weit interessanter sind als sein Ausspruch «Von hier und heute geht eine neue Epoche der Weltgeschichte aus». Er schrieb: «Diese Reitermassen machten zu der angenehmen Landschaft eine reiche Staffage ...; alles war heiter, munter, voller Zuversicht und heldenhaft. Einige Dörfer brannten zwar noch vor uns auf, allein der Rauch tut in einem Kriegsbilde auch nicht übel.»

Und indem er fortfährt, bekennt Goethe (schuldbewusst? selbstgefällig?), dass er eine Art Kriegerseele habe: «Ich hatte so viel vom Kanonenfieber gehört und wünschte zu wissen, wie es eigentlich damit beschaffen sei. Langeweile und ein Geist, den jede Gefahr zur Kühnheit, ja zur Verwegenheit aufruft, verleitete mich, ganz gelassen nach dem Vorwerk La Lune hinaufzureiten.»[390] Langeweile und Liebe zur Gefahr!

Was trieb Lord *Byron*, den gefeierten Dichter, den klumpfüßigen Liebling der Frauen, in den griechischen Freiheitskrieg (1821–1829), wo er an einem elenden Fieber zugrunde ging? Die Begeisterung für Griechenland und die Sache der Freiheit, natürlich. Er begab sich in die schmutzige, von Seuchen heimgesuchte griechische Festung Missolunghi, harrte dort im Unterschied zu den meisten anderen ausländischen Freiwilligen aus und hatte unsäglichen Ärger mit der Trägheit und den Zänkereien der griechischen Soldaten. «Ich verwünschte sie alle, von der Regierung abwärts, bis sie etwas von dem taten, was sie schon vor Tagen hätten tun sollen.»[391]

Wenn er durch Missolunghi ritt – in grünem Jackett, gelben Handschuhen und blauer Mütze mit goldenem Band, von den Griechen umjubelt –, pflegten ihn zu begleiten: eine weiß gekleidete griechische Leibwache mit erhobenen Musketen, mehrere Adjutanten, zahlreiche Diener und Pagen mit Livreen in Blau und Silber und ein Schwarzer in grellroter Uniform. Byron starb,

36 Jahre alt, nach zehn Tagen eines schrecklichen Krankenlagers, in der Rolle des Kriegers bis zum Tod.

England, das er 1816 hätte verlassen müssen, weil ihm Beziehungen zu seiner Halbschwester nachgesagt wurden – England verzieh ihm. Goethe, der Byron als «das größte Talent des Jahrhunderts» bezeichnete, hatte die andere Erklärung. Byron konnte gewissermaßen nicht weitergehen. Er hatte den Gipfel seiner schöpferischen Kraft erreicht ... Es war ihm überall zu enge, und bei der grenzenlosesten persönlichen Freiheit fühlte er sich beklommen; die Welt war ihm wie ein Gefängnis. Sein Gehen nach Griechenland war kein freiwilliger Entschluss, sein Missverhältnis mit der Welt trieb ihn dazu.»[392]

Das Missverhältnis mit der Welt war, genauer wohl, ein Missverhältnis zu derjenigen Welt, in der Frieden herrschte. Eine andere Welt ist der Krieg. «Sobald jetzt irgendein Krieg ausbricht», schrieb Nietzsche 1882, «so bricht damit immer auch gerade in den Edelsten eines Volkes eine freilich geheim gehaltene Lust aus: Sie werfen sich mit Entzücken der neuen Gefahr des Todes entgegen, weil sie in der Aufopferung für das Vaterland endlich jene lange gesuchte Erlaubnis zu haben glauben – die Erlaubnis, ihrem Ziele auszuweichen: Der Krieg ist für sie ein Umweg zum Selbstmord, aber ein Umweg mit gutem Gewissen.»[393]

Robert Musil genoss als österreichischer Hauptmann an der Dolomitenfront «diese Nächte ... mit Sternen, groß und wie aus Goldpapier gestanzt, und die Mondsichel lag auf dem Rücken mitten darin und schwamm in Entzücken ... So schön ist nichts im gesicherten Leben».[394] Der schmächtige Archäologe T. E. Lawrence organisierte 1916 den Aufstand der Araber gegen das Osmanische Reich – «da ich nun einmal den Krieg zu meinem Steckenpferd gemacht hatte».[395] Der italienische Lyriker *Gabriele D'Annunzio* unternahm 1919 an der Spitze einer Handvoll Freischärler einen Handstreich auf die Hafenstadt Fiume an der Adria, um deren Internationalisierung zu verhindern.

In seinem Roman «Die sterbende Jagd», einem der besten über den Zweiten Weltkrieg, lässt Gerd Gaiser den Jagdflieger Hauptmann Vehlgast schwadronieren: «Der Friede? Worin besteht der Friede? Ranglisten und Beförderungen, verhinderter Ehrgeiz, Lügen, Warenhäuser, Zwischenhandel und organisierte Verdauung. Einer macht den anderen fertig, damit er selbst besser lebt ... Der Alltag, von Hass und Gereiztheiten keuchend ... *Und im Keller die Bestien*, die man aussperrt und die gern heraufmöchten.»[396]

Die Bestien: Sie leben noch. Zu allen Zeiten haben sie die Kriege ermöglicht, meist begünstigt, oft herbeiführen helfen, immer an der Spitze durchgefochten. Man darf gespannt sein: Wo werden sie heulen im Cyberwar?

26 Im Blutrausch

> Wir töten zum Scherz, wir kämpfen in der Armee
> des Teufels, und der Weg hinter uns ist mit Blut über-
> schwemmt.
>
> Lied der schwedischen Fallschirmjäger
> (1961 verboten)

O, Leichen lieben wir alle. Unsere Ahnen strömten in Massen
zu den öffentlichen Hinrichtungen, und wir können uns im
deutschen Fernsehen allabendlich in durchschnittlich dreißig
Krimis zuverlässig an dreißig Ermordungen laben – es sei denn an
mehr, denn die Serienkiller sind im Kommen. Und der «Tatort»,
Deutschlands hartnäckigstes Sonntagabendvergnügen, hat uns
bisher mit mehr als 900 Leichen verwöhnt. Großenteils sind es
die Mörder, deren abscheuliche Taten uns abends die Langeweile
vertreiben.

Unser Entsetzen über das Morden hält sich also in Grenzen.
Nicht so gern, das ist wahr, werden wir Zeugen grausamen Sterbens; doch einst strömten die Menschen auch zusammen, um einen Ketzer auf dem Scheiterhaufen verbrannt oder einen Mörder
auf dem Marktplatz geviertelt zu sehen. Und so schrecklich wie
nur je Söldner und Soldaten haben die Bürger, hat der Mob gewütet, wenn der Krieg vor der Haustür stattfand – im Mai 1871 in
Paris, als der Aufstand der Kommune zusammenbrach, oder 1936
beim Ausbruch des Spanischen Bürgerkriegs: In ganzen Dörfern
wurden sämtliche Männer niedergestochen, manche in Gegenwart ihrer Frauen verstümmelt.

Anders als solcher Mob, anders als die Fernsehkiller hatten
Söldner und Soldaten den *Auftrag* zu töten, wo immer sie es für
nötig hielten; Ruhm haben sie damit geerntet, Strafe fürchten
mussten sie nicht, und Millionen von ihnen haben Blutorgien
gefeiert.

Eine davon hat Homer einer begeisterten Nachwelt überliefert: Im 20. Gesang der Ilias tötet Achilles in einem einzigen Anlauf die Krieger Iphition (mit dem Wurfspieß in den Kopf), Demoleon (mit der Lanze in die Schläfe), Hippodamas (mit der Lanze in den Rücken), Polydoros (mit der Lanze von hinten durch den Bauch), Dryops (mit der Lanze in den Hals), Demuchos (mit der Lanze in die Knie, dann mit dem Schwert), Laogonos (mit dem Wurfspieß), Dardanos (mit dem Schwert), Tros, der um sein Leben fleht, «doch er haut ihm das Schwert in die Leber»), Mutlos (mit der Lanze durch beide Ohren), Echeklos (mit dem Schwert in den Schädel), Deukalion (mit der Lanze in die Achsel, dann mit dem Schwert in den Nacken, «dass mit dem Helme der Kopf fern taumelte, und aus den Wirbeln spritzte das Mark ihm empor»), Rigmos (mit der Lanze in den Bauch) und Areithoos (mit der Lanze in den Rücken): «So wütet er, Ruhm zu gewinnen, mit Blut die unnahbaren Hände besudelt.»[397]

Gideon, Israels erster König, «erwürgte die Leute» der Stadt Pnuel, weil sie seinen Männern kein Brot gegeben hatten.[398] Xenophon: «Ohne Befehl verstümmelten die Griechen die Gefallenen, um durch ihren Anblick den Feinden Furcht einzuflößen.»[399] Cäsar über die Einnahme der gallischen Stadt Avaricum: «Es gab bei uns keinen Mann, der an Beute gedacht hätte. So voller Wut über das Blutbad in Cenabum und die Strapazen bei den Schanzarbeiten (!) verschonten sie weder Frauen noch Greise, noch Kinder.»[400]

In Städten, die die Hunnen eroberten, «war noch sechs Jahre später alles menschenleer ... Der Boden war derart mit Gebeinen der Erschlagenen bedeckt, dass es schwerfiel, einen Ruheort zu finden.»[401] Als die Goten die Hunnen schlugen, fällten sie nach der Edda «eine so große Schar, dass die Flüsse aufgehalten wurden und aus ihrem Lauf stürzten».[402]

Im Frankenreich des frühen Mittelalters ließen die Krieger, wenn es an Feinden mangelte, nicht nur die Beutegier, sondern auch die Mordlust an ihren Landsleuten aus, wobei Bauern und

Pfarrer ihre bevorzugten Opfer waren: «Und so viel Gräuel, Morde, Raub und Plünderung verübten sie im eigenen Land, dass es zu weit führen würde, alles vollständig zu berichten», klagte Bischof Gregorius.[403]

Die heidnischen Wikinger ließen ihre Schiffe nicht vom Stapel, ohne unter ihrem Kiel einen Gefangenen zu zermalmen, dessen Blut dem Schiff Glück bringen sollte, und ihre Feuer nährten sie am liebsten mit den Leichen ihrer Feinde. Ihre grausigste Blutsitte war die Vergeltung, die sie an einem Feind zu üben pflegten, den sie für überführt hielten, einen der Ihren getötet zu haben: Sie legten ihn auf den Bauch, brachen die Rippen von der Wirbelsäule los und bogen sie auswärts wie Vogelflügel. Das nannten sie «den Blutadler schneiden.»

Die christlichen Kreuzfahrer feierten 1099 ein Blutfest in Jerusalem: «Die Unsrigen trieben die Verteidiger vor sich her, sie tötend und niedersäbelnd, bis zum Tempel Salomons, wo es ein solches Blutbad gab, dass die Unsrigen bis zu den Knöcheln im Blut wateten ... Man konnte nicht ohne Entsetzen diese Menge von Toten sehen, und der Anblick der Sieger, die von Kopf bis Fuß mit Blut bedeckt waren, war nicht minder entsetzlich.»[404] Richard Löwenherz ließ in Akka über 2000 sarazenische Gefangene massakrieren. König Johann I. von Portugal schickte 1415 ein Heer nach Afrika zu dem ausdrücklichen Zweck, «seine Hände im Blut der Ungläubigen zu waschen».[405]

Von Dschingis Khan berichtet die mongolische Überlieferung mit Stolz, er sei «mit einem Blutklumpen in seiner rechten Faust geboren».[406] Ihm wird die Äußerung zugeschrieben, das Schönste auf Erden sei, die Feinde auf den Knien zu sehen, ihnen ihre Pferde zu nehmen, ihre Frauen jammern zu hören und sich nachts mit ihnen zuzudecken. Seine Krieger vernichteten westlich von Rostow ein russisches Heer, schnürten 70 Adlige zu Bündeln, legten Bretter über sie und feierten auf ihnen ihr Siegesgelage. *Timur von Samarkand* ließ 1383 aus 2000 Gefangenen einen lebenden

Damm bauen und ihn übermauern. 1389 metzelten seine Soldaten in Delhi 100 000 Gefangene nieder.

1631 stürmten die Truppen des kaiserlichen Generalissimus Graf von Tilly das brennende Magdeburg, und Schiller schrieb darüber: «Die Würgeszene fing jetzt an, für welche die Geschichte keine Sprache und die Dichtkunst keinen Pinsel hat. Nicht die schuldfreie Kindheit, nicht das hilflose Alter, nicht Jugend, nicht Geschlecht, nicht Stand, nicht Schönheit können die Wut des Siegers entwaffnen. Frauen werden in den Armen ihrer Männer, Töchter zu den Füßen ihrer Väter misshandelt ... Keine noch so verborgene, keine noch so geheiligte Stätte konnte vor der alles durchforschenden Habsucht sichern. 53 Frauenspersonen fand man in einer Kirche enthauptet. Kroaten vergnügten sich, Kinder in die Flammen zu werfen – Pappenheims Wallonen, Säuglinge an den Brüsten ihrer Mütter zu spießen. Einige ligistische Offiziere, von diesem grausenvollen Anblick empört, unterstanden sich, den Grafen Tilly zu erinnern, dass er dem Blutbad möchte Einhalt tun lassen. ‹Kommt in einer Stunde wieder!›, war seine Antwort; ‹ich werde dann sehen, was ich tun werde; der Soldat muss für seine Gefahr und Arbeit etwas haben.› In ununterbrochener Wut dauerten diese Gräuel fort, bis endlich Rauch und Flammen der Raubsucht Grenzen setzten.»[407]

Oliver Cromwell entschloss sich 1649 gegenüber der irischen Stadt Drogheda «zu einem Terrorakt, der für seine Bewunderer im 19. Jahrhundert höchst peinlich werden sollte», wie Churchill schreibt. «Nachdem er die Garnison erfolglos zur Übergabe aufgefordert hatte, schoss er mit seiner Artillerie eine Bresche in die Wälle, und beim dritten Angriff, den er selbst führte, erstürmte er die Stadt. Das nun folgende Blutbad war so grauenhaft, dass es sogar die Gemüter der damaligen rauen Zeit erschütterte.»[408]

War es bei den Massenheeren seit Carnot anders? Übten die unkriegerischen Menschen, die nun zu den Waffen gerufen wurden, einen mäßigenden Einfluss aus? Es scheint nicht so. Ein

Augenzeuge der Schlacht bei Heilsberg in Ostpreußen (1807) über die Franzosen: «Der Kampf war inzwischen bei einem Punkt angelangt, wo sich die Soldaten in jener trunkenen Wut, die die Gefahr erzeugt, verzweifelt auf eigene Rechnung schlugen.»[409] Im Ersten Weltkrieg? Ein englischer Korporal im August 1914: «Unser Maschinengewehrfeuer hatte eine verblüffende Wirkung ... Nach dem ersten Schock, Menschen langsam und hilflos fallen zu sehen, gab uns diese Taktik ein großes Gefühl von Macht und Vergnügen *(power and pleasure)*. Es war alles so leicht.»[410]

Deutsche bei Jünger: «Im Vorgehen erfasste uns ein berserkerhafter Grimm. Der übermächtige Wunsch, zu töten, beflügelte meine Schritte ... Der ungeheure Vernichtungswille, der über der Walstatt lastete, verdichtete sich in den Gehirnen und tauchte sie in rote Nebel ein ... Der Kämpfer, dem während des Anlaufs ein blutiger Schleier vor den Augen wallte, will nicht gefangen nehmen; er will töten.»[411]

Deutsche bei Remarque: «Das Krachen der Handgranaten schießt kraftvoll in unsere Arme ... Geduckt wie Katzen laufen wir, überschwemmt von dieser Welle, die uns trägt, die uns grausam macht, zu Wegelagerern, zu Mördern, zu Teufeln meinetwegen macht ... Käme dein Vater mit denen drüben, du würdest nicht zaudern, ihm eine Granate gegen die Brust zu werfen.»[412] Jünger, Träger des *Pour le mérite*, und Remarque, Erzfeind der deutschen Soldatenbünde zwischen den Weltkriegen, haben, scheint es, sehr ähnliche Erlebnisse gehabt.

In Norman Mailers Roman «Die Nackten und die Toten» beruhigt der Staff Sergeant Samuel Croft einen zitternden Japaner, den er gefangen genommen hat, mit Zigaretten und Schokolade, sodass der Gefangene, vor Freude weinend, ein Bild seiner Kinder zeigt. Dann jagt ihm Croft eine Kugel in den Kopf. «Das Lächeln auf dem Gesicht des Toten amüsierte ihn ... Er stieß die Leiche mit dem Fuß. ‹Gottverdammich›, sagte er, ‹der Japse ist sicher glücklich gestorben.› Das Lachen in ihm schwoll an.»[413]

Eine dichterische Übertreibung oder Perversion, vielleicht; mindestens eine Ausnahme. Aber Zehntausende ehemaliger Soldaten haben Mailers Buch gelesen und es nicht ganz falsch gefunden. Hunderttausende von Zivilisten haben es gelesen und den Meuchelmord des Sergeanten Croft (der als ein ausgepichter, hochwirksamer Soldat geschildert wird) als eine mögliche Form soldatischen Verhaltens hingenommen. Kann ein Dichter so leicht eine Perversität erfinden, der keine Realität entspräche? Wie groß ist denn die Wahrscheinlichkeit, all die Gräuel aufzuspüren, die dieser oder jener Soldat in einer einsamen Scheune, in einer langen Nacht ohne Gesetz verübt haben mag?

«Sie stemmten die Kolben der Maschinenpistolen gegen die Brust ... und starrten mit zusammengekniffenen Augen über die tanzenden Pistolenläufe hinweg auf die Betten. Die Geschossgarben rissen Holzfetzen aus den Pritschen, fingen Körper im Sprunge auf, dass sie wie Sandsäcke zu Boden fielen, und verwandelten verstörte Gesichter mit aufgerissenen Mäulern in formlose, blutüberströmte Klumpen.» So sterben in Willi Heinrichs Roman «Das geduldige Fleisch» schlafende Russen in einem Unterstand. «Während er blindlings das Magazin leer feuerte, empfand er eine unsagbare Genugtuung, die ihn berauschte und jede Vorsicht vergessen ließ ...»[414] Er – das ist bei Willi Heinrich Feldwebel Steiner, tüchtig und brutal wie Sergeant Croft.

Berauschte ihn! *Elias Canetti*, Nobelpreisträger von 1981, hat in seinem Klassiker der Massenpsychologie, «Masse und Macht», die These aufgestellt, die Quelle aller Lust am Töten sei *die Lust, zu überleben.* «Alle Absichten des Menschen auf Unsterblichkeit enthalten etwas von der Sucht, zu überleben. Man will nicht nur immer da sein, man will da sein, wenn andere nicht mehr da sind ... Die niedrigste Form des Überlebens ist die des Tötens. So, wie man das Tier getötet hat, von dem man sich nährt, so, wie es vor einem wehrlos daliegt und man es in Stücke schneiden kann, so will man auch den Menschen töten, der einem im Wege ist ...

Man will ihn fällen, um zu fühlen, dass man noch da ist und er nicht mehr … Nie wird er sich wieder erheben. Man kann ihm seine Waffe wegnehmen; man kann sich Teile seines Leibes herausschneiden und als Trophäe für immer bewahren. Dieser Augenblick der Konfrontation mit dem Getöteten erfüllt den Überlebenden mit einer ganz eigentümlichen Art von Kraft, die keiner anderen Art von Kraft zu vergleichen ist. Es gibt keinen Augenblick, der *mehr* nach seiner Wiederholung ruft.»

Das Schlachtfeld bietet nach Canetti eine Steigerung dieses Genusses, wobei die Leichen der Freunde dem Überlebenden kaum weniger willkommen seien als die der Feinde. «Den Haufen von Gefallenen ringsum steht der Überlebende als Glücklicher und Bevorzugter gegenüber. Dass er sein Leben noch hat und so viele andere, die eben noch mit ihm waren, nicht, ist eine ungeheure Tatsache. Hilflos liegen die Toten, unter ihnen steht aufgerichtet er, und es ist, als wäre die Schlacht geschlagen worden, damit er überlebt … Dieses Gefühl der Erhabenheit über die Toten kennt jeder, der in Kriegen war. Es mag durch Trauer um Kameraden verdeckt sein; aber dieser sind wenige, der Toten immer viele. Das Kraftgefühl, gegen diese lebend zu stehen, ist im Grunde stärker als jede Trauer, es ist ein Gefühl der Auserwähltheit unter vielen … Wem dieses Überleben oft gelingt, der ist ein Held.»

Den Helden, fährt Canetti fort, sei es nicht um den Ruhm allein zu tun; «ich glaube, dass es ihnen ursprünglich um etwas anderes ging: um das Gefühl der Unverletzlichkeit». Der Wunsch, das Triumphgefühl der scheinbaren Unverwundbarkeit bis zum Äußersten auszukosten, lasse den Helden versuchen, die Augenblicke des Überlebens (also die Zahl der von ihm bewirkten oder miterlebten Tötungen) zu häufen. «Die Genugtuung des Überlebens, die eine Art von Lust ist, kann zu einer gefährlichen und unersättlichen Leidenschaft werden … Die Karrieren von Helden und Söldnern sprechen dafür, dass eine Art von Süchtigkeit entsteht, der nicht mehr abzuhelfen ist.»

Ebenso groß wie die Lust des Helden sei die des Feldherrn. Er töte zwar nicht eigenhändig, setze sich dafür jedoch zu viel mehr Toten in Beziehung. «Die einen sind *für* ihn, die anderen *gegen* ihn gefallen. Von Sieg zu Sieg überlebt er sie alle ... Es ist ein lächerlicher Triumph, wenn der Feind sich ohne rechten Kampf ergeben hat, wenn nur wenige Tote beisammen sind ... Der Führer will überleben; er kräftigt sich daran. Wenn er Feinde zum Überleben hat, ist es gut; wenn nicht, hat er eigene Leute ... Es gilt als taktlos, bei solchen Gelegenheiten die eigenen Verluste aufzurechnen. Man kennt sie, aber man wirft sie dem großen Mann nicht vor.»

Die Feldherren, die sich am besten aufs Überleben verstünden, hätten den größten und sichersten Platz in der Geschichte, schließt Canetti. «Für diese Art des Nachruhms kommt es letzten Endes mehr als auf Sieg oder Niederlage auf die ungeheuerliche Zahl der Opfer an. Es ist fraglich, wie Napoleon während des Feldzugs in Russland wirklich zumute war.»[415] Glänzend!, behauptete der Kaiser öffentlich. Kapitel 38 handelt davon.

Francisco Solano López ließ inmitten der furchtbaren Kriegsverluste (1865–1870) seinen Bruder, zwei Generale, mehrere seiner engsten Vertrauten und Hunderte von prominenten Bürgern Paraguays erschießen – ein Aufräumen unter den Lebenden, zu dem ein Diktator neigen mag, wenn er an seinem eigenen Überleben zu zweifeln beginnt; man denke an Hitler im letzten Kriegsjahr. Den Männern im Juden-Vernichtungsapparat der SS und den Henkern im Allgemeinen wird man, abseits der soldatischen Existenz, ein aufs äußerste pervertiertes Gefühl der Genugtuung über einen so markanten Fall des Überlebens nicht absprechen können. Und wie steht es mit dem Verkaufserfolg von Zeitungen, auf denen Schlagzeilen von hundert Toten bei einem Flugzeugabsturz oder tausend bei einem Erdbeben prangen?

Hätte Canetti recht, so müsste außer den Tyrannen und Feldherren in der Tat auch der kleine Mann, der einfache Soldat die Lust des Überlebens spüren; es läge dann der grausige Mechanismus vor, dass der Feldherr sich erstens an der Tötung von Feinden durch seine Männer und zweitens an der Tötung seiner Männer durch den Feind berauschte, während seine Soldaten, mindestens das Zweite nicht ahnend, sich an der Tötung der Feinde und zugleich am Tod ihrer Kameraden labten. Das alles klingt grotesk, und die meisten Kriegsteilnehmer werden es weit von sich weisen. Aber wir wissen seit Freud, dass der Mensch nicht Herr in seinem Hause ist.

Was soll man denn sagen, wenn man liest – bei Stephen Crane in seinem berühmten Kriegsroman von 1890, «The Red Badge of Courage»: «Als er an die Gefallenen dachte, schwang er sich zu tiefer Verachtung gegenüber ihnen auf – als ob sie an ihrer Leblosigkeit schuld wären.»[416] Bei Ernst Jünger: «Zwischen den großen und blutigen Bildern» (Fleischfetzen an den Gebüschen, tote Pferde auf der Straße) «herrschte eine wilde, ungeahnte Heiterkeit.» Oder: «Wenn zehn vom Dutzend gefallen waren, die letzten zwei trafen sich mit Sicherheit am ersten Ruheabend beim Becher, brachten den toten Kameraden ein stilles Glas und besprachen scherzend die gemeinsamen Erlebnisse.»[417]

Bei Norman Mailer: Nach der amerikanischen Landung auf der Insel Anopopei ist als Erster und bis dahin Einziger seiner Gruppe der Soldat Hennessey gefallen. «Martinez grub sich rasch und leicht in den weichen Sand und fühlte sich zum ersten Mal an diesem Tag ruhig. Mit Hennesseys Tod war sein Entsetzen geschwunden ... Für Croft hatte Hennesseys Tod Perspektiven von solcher Urgewalt eröffnet, dass er sich fürchtete, sie direkt ins Auge zu fassen.»[418]

Bei Shohei Ooka, dem Autor des japanischen Kriegsromans «Feuer im Grasland»: Der Soldat Tamura sieht ein Lazarett mitsamt den Verwundeten verbrennen. «Was hatte ich mit ihnen viel zu schaffen? Von Lachen geschüttelt, wandte ich ihnen den Rücken.»[419]

Henri Barbusse, Frontsoldat, Verfasser des berühmtesten französischen Romans über den Ersten Weltkrieg, «Le feu», im Krieg Pazifist geworden und später Kommunist – Barbusse hat Sätze geschrieben, die denselben Abgrund aufreißen wie Canettis These: «Wenn diese Menschen trotz allem glücklich sind, der Hölle zu entrinnen», schreibt er über die Männer im französischen Schützengraben nach einem Sturmangriff, «so gerade deshalb, weil sie davongekommen sind. Sie kehren zurück, sie sind gerettet. Noch einmal hat der Tod, der unter ihnen umging, sie ausgespart ... Und so haben sie, trotz der Müdigkeit, die sie fast erdrückt, trotz des Gemetzels, dessen Blut noch frisch an ihnen klebt, trotz der Kameraden, die ihnen entrissen worden sind – so haben sie dem allen und sich selbst zum Trotz am Fest des Überlebens teil, sie sonnen sich im unendlichen Glanz des Aufrechtstehens. *(Ils sont dans la fête de survivre, ils jouissent de la gloire infinie d'être debout).*»[420]

Barbusse sagt: *Trotz* des Gemetzels waren sie glücklich; Canetti meint: *Wegen* des Gemetzels waren sie glücklich. Zwischen Gemetzel und Glück besteht ein Zusammenhang, welcher Art auch immer. «Wieder winkte ein blutiges Fest», notierte Ernst Jünger vor dem Sturmangriff.[421] Es ist wahr, dass der Krieg eine Stätte des Grauens, eine Geißel der Menschheit ist – und es ist ebenso wahr, dass es Menschen gibt, die das Grauen nicht schreckt und die das Geißeln lieben.

Und wie war das in Bagdad an jenem 12. Juli 2007, als die Besatzung von zwei amerikanischen Hubschraubern in einer Menschengruppe unter sich zwei Gegenstände entdeckte, die sie für Waffen hielt? Sie erschoss acht der Zivilisten; das Bordvideo, von Julien Assange veröffentlicht, zeigt die Tat und auch den Spaß der Schützen daran: «Hahaha, ich hab sie erwischt!», ruft einer, ein anderer: «Schau dir diese toten Bastarde an!»

Sönke Neitzel und Harald Welzer haben in ihrem Buch «Soldaten – Protokolle vom Kämpfen, Töten und Sterben» die Szene festgehalten – und den Schützen *keinen* Vorwurf gemacht. «Was von außen wie Zynismus erscheint, ist nichts als die professionelle Bestätigung, gute Arbeit geleistet zu haben», schreiben sie. Waren die Zivilisten, zu Recht oder zu Unrecht, einmal als Feinde definiert, so waren nach militärischer Tradition alle Handlungen legitim, die aus dieser Einschätzung folgten. «Alle Kriege zeigen, dass es unangebracht ist, sich darüber zu empören, dass Menschen sterben, getötet und verkrüppelt werden, wenn Krieg ist. Wenn Krieg ist, dann ist das so.»[422]

Die Haudegen, die *robustiores*, die früh berufenen Hooligans trugen dem Krieg ihre Brutalität entgegen und jubelten über die Chancen, die er ihnen straffrei, ja ehrenvoll verschaffte: eine Bestie zu werden. Und wer kein Draufgänger war, dem gab der Krieg Gelegenheit, sich zu einem solchen zu entfalten. Das Blutlecken konnte den Blutdurst fördern. Die anderen mussten gezwungen oder überlistet werden, brauchbare Soldaten zu sein – wie, darüber später mehr in sieben Kapiteln. Hier zuerst noch die Frage: Wohnt denn in jedem Menschen ein Quantum Aggressivität, die sich wecken, stärken, militärisch nutzen lässt?

27 Mit Gewalt

> Der Mensch, den wir unter die zahmen Tiere zählen,
> pflegt doch nur dann das gezähmteste und gottähnlichs-
> te zu werden, wenn eine glückliche Natur bei ihm durch
> gute Erziehung ausgebildet ist; dagegen das wildeste
> von allen, welche die Erde hervorbringt, wenn er nicht
> hinreichend oder nicht gut erzogen ist.
>
> *Platon*, Die Gesetze

Ein entscheidender Grund für Männer, in den Krieg zu ziehen, war in der längsten Zeit der Geschichte der Wunsch, den Frauen zu imponieren, die eigenen zu beschützen und die fremden zu erbeuten (Kapitel 18 handelt davon). Dass heute in manchen Armeen viele Frauen dieselben Aufgaben wie die Männer übernommen haben, schafft für beide Geschlechter Probleme (gleich mehr). Und es wirft zwei grundsätzliche Fragen auf, über die ungern öffentlich geredet wird: Ist das Soldatsein für Frauen zumutbar? Und bringen sie dafür dieselben Eigenschaften mit wie die Männer?

Auf einem Feld offensichtlich nicht – dem der körperlichen Höchstleistung, die doch einst weithin schlachtentscheidend war und heute gerade bei den letzten Elitetruppen besonders gefragt ist (Kapitel 6). Dass da die Frauen im Durchschnitt messbar hinter den Männern zurückbleiben, ist im *Sport* anerkannt und abgesegnet. Im Einvernehmen aller Staaten, Parteien und Verbände wird ihnen ein männerfreier Schonraum garantiert. Ihre Eignung für den Beruf des Soldaten ist insofern objektiv geringer.

Nicht so auf einem anderen Feld von ähnlicher Bedeutung fürs Militär (in öffentlichen Debatten ein Tabu): An Aggressivität, ja an Grausamkeit taten und tun viele Frauen es den Männern gleich. Nur hatten sie selten Gelegenheit, diese Eigenschaften in militärischen Verbänden auszuleben, einfach weil der Krieg seit

Jahrtausenden als Monopol der Männer galt – mit einer einzigen bekannten Ausnahme, dem westafrikanischen Königreich Dahomey (heute: die Republik Benin). Dort bildete König Agadya (1708–1732) eine Brigade uniformierter Kriegerinnen, die, mit Pfeil und Bogen oder Donnerbüchsen bewaffnet, in seinem Auftrag Dörfer im Inneren seines Landes überfielen und alle Männer, Frauen und Kinder an die Küste schleppten, um sie an portugiesische Sklavenhändler zu verkaufen; der englische Forscher Sir Richard Burton erlebte noch 1862 mehr als 2000 von ihnen im Einsatz.

Ganze Explosionen weiblicher Grausamkeit fanden jedoch dort statt, wo alle militärische Ordnung zerbrochen war: in Bürgerkriegen, in Partisanenkämpfen (und in Abu Ghraib, Kapitel 5). Bei dem tückischen spanischen Kleinkrieg gegen die Franzosen im Winter 1808/09 wurden viele der scheußlichsten Gräuel von Frauen verübt. «Sie stürzten sich mit grässlichem Geheul auf unsere Verwundeten und stritten sich um sie, um sie auf die grausamste Weise zu Tode zu martern. Sie stachen ihnen Messer und Scheren in die Augen und weideten sich mit wilder Freude an dem Anblick ihres Blutes.»[423] Der Spanische Bürgerkrieg entfesselte ähnliche Instinkte. Eine Milizfrau, genannt *La Pecosa* (die Sommersprossige), tötete vor zweitausend tobenden Zuschauern den Bischof von Jaén und seine Schwester. Die kommunistische Fanatikerin Dolores Ibarruri, genannt *La Pasionara* (die Passionsblume), rief die spanischen Frauen auf, mit dem Messer und mit brennendem Öl zu kämpfen und «lieber auf den Füßen zu sterben, als auf den Knien zu leben».[424]

1920 heiliggesprochen von Papst Benedikt XV. wurde *Jeanne d'Arc*, ein französisches Bauernmädchen, in Shakespeares Drama «Heinrich VI.» als Hure und Hexe dargestellt, von Schiller 1801 zur «Jungfrau von Orléans» verklärt. Als Vierzehnjährige, 1426, vernahm sie «Stimmen vom Himmel», drang mit 17 zu Frankreichs späterem König Karl VII. vor und gewann ihn, mit dem

Auftreten einer Gottgesandten, dafür, ihr ein Heer auszurüsten; an dessen Spitze, bewaffnet, zu Pferde und in Männerkleidern, gelang es ihr, die Stadt Orléans von der englischen Besatzung zu befreien. Dann fiel sie durch Verrat in englische Hände, wurde der Ketzerei beschuldigt und, 19 Jahre alt, verbrannt.

Blass nimmt sich daneben die Legende von den *Amazonen* aus. Homer erzählt von kriegerischen Frauen in Kleinasien, die sich nur einmal im Jahr mit Männern trafen, ihre Söhne verstießen und ihren Töchtern die rechte Brust ausbrannten, damit sie nicht beim Bogenschießen störe. Achilles tötet die Amazonenkönigin Penthesilea, über die später Kleist ein brünstiges Drama schrieb. Griechische Statuen, Vasen und Tempelfriese zeigen Amazonen, Rubens hat eine «Amazonenschlacht» gemalt.

Die Römer verehrten die Kriegsgöttin Bellona, eine Schwester des Mars. Im «Buch Judith» aus dem 2. Jahrhundert v. Chr. schleicht sich die schöne Heldin ins Lager des Feindes, des assyrischen Feldherrn Holofernes, und enthauptet ihn; Michelangelo, Hebbel, Arthur Honegger und viele andere haben sie in Bild, Wort und Musik dargestellt. Die rasende Kriemhild der Edda und des Nibelungenlieds ermordet Hagen und ihre Brüder.

Die Sage von den Amazonen wurde noch einmal lebendig, als der spanische Konquistador Francisco de Orellana 1542 in Südamerika einen gewaltigen Strom befuhr, den die Indianer «Amassona» nannten, Lärm der Wasserwolke; er hörte das vertraute Wort «Amazone» heraus und berichtete nach Spanien, in diesem Urwald müssten Amazonen hausen.

Auch an Stimmen, dass es solche Weiber geben *solle*, hat es nicht gefehlt. Platon wollte (in seinem rundum erschreckenden Buch vom Staat) die Frauen gleichberechtigt zu «Wächtern» seines kommunistischen, angeblich idealen Staates ausbilden: «Die Frauen der Wächter müssen die Kleider ausziehen, denn sie müssen Tüchtigkeit statt ihrer anziehen! Sie müssen am Kriege und am übrigen Wächterdienst für den Staat teilnehmen!»[425] Und seit dem Zweiten Weltkrieg wird die Frau in Soldatenuniform propagiert, zumal in Israel und den USA.

Gesprochen wird dabei freilich weder von ihrem körperlichen Handicap noch von ihrem durchaus vorhandenen, militärisch hochwillkommenen Potenzial an Aggressivität, noch von den eigentlichen Gründen: für Israel zwar, dass es im Überlebenskampf seiner frühen Jahre auf Soldatinnen nicht verzichten konnte, für die USA aber, dass die Gleichberechtigung der Geschlechter auch auf diesem Feld hergestellt zu werden habe – und dass sich für ihre Freiwilligen-Armee nicht genügend Männer finden.

Der Israeli Martin van Creveld hat darüber 2001 ein kritisches Buch geschrieben: Er bedauert, dass «zur hässlichsten und gefährlichsten aller menschenmöglichen Tätigkeiten» nun auch Frauen herangezogen würden. Gefolgt sei daraus ein Ansehensverlust der männlichen Soldaten, jedenfalls in deren Augen; die Hochburg des Männlichkeitskults sei ja geschleift.[426] In der Tat: Korpsgeist zu entwickeln, den wichtigsten Kitt der Armeen (Kapitel 33), kann nur schwieriger geworden sein.

Dazu natürlich konkrete Probleme: Gleiche Rechte und Pflichten herrschen eben nicht. In Israel (mit einem Frauenanteil von 33 Prozent) erfolgt der Kampfeinsatz der Frauen nur freiwillig, auf U-Booten ist er verboten. Ebenso in den USA; doch sollen dort 2016 die letzten Barrieren zwischen den Geschlechtern fallen. Viele amerikanische Soldatinnen sind alleinerziehende Mütter mit entsprechenden Sonderurlaubswünschen, manche werden schwanger, der Schutz der Intimsphäre erfordert zusätzlichen logistischen Aufwand. Das Pentagon räumte 2013 ein, es habe im Vorjahr 26 000 sexuelle Übergriffe gegeben, von der Belästigung bis zur Vergewaltigung, und die «New York Times» schrieb, Soldatinnen hätten ein höheres Risiko, sexuell attackiert als im Kampf verwundet zu werden.[427] In der Bundeswehr gab es 2013 zehn Prozent weibliche Soldaten, fast zur Hälfte im Sanitätsdienst. Aus Afghanistan schrieb ein deutscher Soldat: «Man darf nicht unterschätzen, was so eine Zeit zwischen Männern und Frauen hier im Lager anrichtet.»[428]

Crevelds Bilanz: Eine Humanisierung des Krieges, wie radikale Feministinnen sie prophezeit hatten, sei aus alldem jedenfalls *nicht* gefolgt.[429] Wie auch – da Aggressivität eben kein Spezialgebiet der Männer ist.

Doch es sind die Frauen, gegen die sich ihre Aggressivität am übelsten richtet. Die Vergewaltigung, die uralte Lust der Sieger, wurde im Bosnien-Krieg noch einmal archaisch betrieben. Mindestens 20 000, wahrscheinlich 50 000 muslimische Frauen wurden von Serben vergewaltigt, und zwar (laut Amnesty International) großenteils als organisierte Massenveranstaltung in Schulen und Rathäusern mit Schlange stehenden Soldaten.[430] Getötete Männer können als Märtyrer oder Helden überleben – vergewaltigte Frauen zerstören die Familien und demütigen das ganze Volk.

Objektiv können Männer also die größere Gemeinheit begehen. Der Aggressionstrieb selber gehört offenbar zur Grundausstattung beider Geschlechter. Auch die Philosophen sprechen sie dem *Menschen* zu und nicht dem Mann: «Ich zeige zunächst», schrieb Thomas Hobbes 1642, «dass der Zustand der Menschen außerhalb der bürgerlichen … Gesellschaft kein anderer war als der des Krieges aller gegen alle.»[431] Kant sprach von «der Bösartigkeit der menschlichen Natur, die sich im freien Verhältnis der Völker unverhohlen blickenlässt, indessen dass sie im bürgerlichgesetzlichen Zustande durch den Zwang der Regierung sich sehr verschleiert».[432]

Schopenhauer schrieb in seinem Aufsatz «Zur Ethik», der Mensch sei «das einzige Tier, welches anderen Schmerz verursacht, ohne weiteren Zweck als ebendiesen … Kein Tier jemals quält, bloß um zu quälen; aber dies tut der Mensch, und dies macht den *teuflischen* Charakter aus, der weit ärger ist als der bloß tierische … Im Herzen eines jeden liegt ein wildes Tier, das nur auf Gelegenheit wartet, um zu toben und zu rasen, indem es andern wehe tun und, wenn sie gar ihm den Weg versperren, sie vernichten möchte: Es ist eben das, woraus alle Kampf- und Kriegslust entspringt».[433]

Sigmund Freud fand 1915, im allgemeinen Entsetzen über die Grausamkeit des Weltkriegs, den relativen Trost, «dass unsere Kränkung und schmerzliche Enttäuschung wegen des unkulturellen Benehmens unserer Weltmitbürger in diesem Kriege unberechtigt waren ... In Wirklichkeit sind sie nicht so tief gesunken, wie wir fürchten, weil sie gar nicht so hoch gestiegen waren, wie wir's von ihnen glaubten. Dass die Völker und Staaten die sittlichen Beschränkungen gegeneinander fallenließen, wurde ihnen zur begreiflichen Anregung, sich für eine Weile dem bestehenden Drucke der Kultur zu entziehen und ihren zurückgehaltenen Trieben vorübergehend Befriedigung zu gönnen. Dabei geschah ihrer relativen Sittlichkeit innerhalb ihres Volkstums wahrscheinlich kein Abbruch».[434]

Nicht zum Beispiel bei Mr. Meinertzhagen. T. E. Lawrence berichtete von diesem englischen Wissenschaftler, «einem in die Soldaterei hineingeratenen Ornithologen, dessen glühender, hemmungsloser Hass gegen die Türken sich ebenso in Listen wie Gewalttaten Luft machte ... Er war erfindungsreich, gelehrt und ein sich heimlich lustig machender, herrischer Mensch. Seinen Feind (oder seinen Freund) durch ein skrupelloses Manöver täuschen zu können machte ihm ebenso viel Spaß, wie beispielsweise einer völlig abgeschnittenen Schar Deutscher, einem nach dem anderen, mit seiner afrikanischen Kampfkeule den Schädel einzuschlagen».[435]

Der Krieg, sagt Freud, hat die Macht, im Menschen den Rückschritt auf eine frühere Entwicklungsstufe auszulösen, eine «Regression».[436] Dass dies auch in Massen geschehen kann, dafür war der «Kreuzzug des Volkes» im Jahr 1096 ein erschütterndes Beispiel. Vom Aufruf Papst Urbans II. zur Befreiung des Heiligen Grabes begeistert, lösten mehr als 50 000 kleine Leute ihren ärmlichen Haushalt auf und wälzten sich mit Weib und Kind gen Palästina, noch vor dem ersten Ritterheer – wirklich Brechts «kleiner Mann», der angeblich ewig Gestoßene. Bereits im christlichen Ungarn griff der fromme Haufe zur Gewalt:

«Von einem unbegreiflichen Wahnsinn getrieben, gingen die Fremdlinge bald dazu über, die Einwohner zu misshandeln, setzten die öffentlichen Getreidespeicher in Brand, entführten die jungen Mädchen und taten ihnen Gewalt an, schändeten die Ehen, rissen ihren Wirten den Bart aus oder versengten ihn … Jeder lebte, wie er konnte, von Mord und Plünderung, und alle brüsteten sich mit unbegreiflicher Frechheit, sie würden bei den Türken ebenso hausen.» In Konstantinopel angekommen, benahmen sich die Pilger «mit äußerster Unverschämtheit, verwüsteten die Paläste der Stadt, setzten öffentliche Gebäude in Brand, rissen die Bleiplatten von den Kirchendächern und verkauften das Blei an die Einheimischen».[437]

Und der «Rapper» *Bushido* durfte 2012 in Deutschland singen: «Ich würd' jetzt gern meine Aggressionen rauslassen, ich such' mit meiner Faust seine Nase, ich seh' Blut, ihn halbtot und komm' noch mehr in Ekstase … Ja, mein Freund: So muss ein Wochenende laufen!»[438] Er verkaufte viele Platten, und Zehntausende von jungen Leuten jubelten. 2013 erschoss ein amerikanischer Sergeant, als Scharfschütze ausgebildet, bei einem nächtlichen Bummel durch zwei Dörfer in Afghanistan mal eben 16 schlafende Zivilisten, elf Kinder darunter.

Mit der Aggressivität ist es wohl so, wie Raymond Aron sie in seinem großen Werk über den Krieg beschrieben und begründet hat: Jeder Mensch hat ein Quantum davon in der Erbmasse, verschieden groß nach Individualität, Alter und Geschlecht, jedoch so, dass überdurchschnittlich aggressive Frauen aggressiver als unterdurchschnittlich aggressive Männer sind. Der Krieg hat neben seinen *biologischen* auch *psychologische* und *soziale* Wurzeln.

Geschlechtstrieb, Besitzstreben und Geltungsdrang bringen die Menschen von Kindesbeinen an «fast unvermeidlich» in Konflikt miteinander. Jeder Mensch ist in jedem Augenblick «Opfer und Henker» des anderen *(victime et bourreau d'autrui)*. «Jedes Gut, das sich nicht teilen lässt, die Macht oder der Ruhm, ist Objekt unausweichlicher Streitigkeiten. Wenn der Gegenstand des Streits ein Gut ist, das sich teilen lässt, sind Kompromisse möglich, aber die Anwendung von Gewalt bleibt eine Versuchung. Warum mit dem andern einen Vergleich schließen, wenn man durch Gewalt alles erhalten kann?» So werde die angeborene Angriffslust des Individuums durch das Zusammenleben noch erhöht. Stämme und Völker verfügten damit über einen Vorrat an Aggressivität, dessen Ableitung nach außen sich anbiete. Daraus ergibt sich nach Aron folgende fatale Ursachenverknüpfung:

«Der Mensch ist rasch zur Hand, auf Schmerz und Zurücksetzung mit Gewalt zu antworten. Da ihm im ständigen Wettstreit mit seinesgleichen die Befriedigung, die er anstrebt, oft versagt bleibt, ist er physisch und moralisch angriffslustig und zum Groll gegen diejenigen geneigt, die ihm Liebe, Ruhm, Geld stehlen. Als Mitglied einer Gemeinschaft hat er am Stammeszusammenhalt teil, der eine Distanz zwischen Landsleute und Ausländer legt und es den Mitgliedern der einen Gruppe verbietet, den Angehörigen einer anderen Gruppe den gleichen Rang zuzuerkennen ... So tritt die historische Schicksalshaftigkeit des Krieges in Erscheinung: Ihrer Grenzen wie ihrer inneren Solidarität ungewiss, gelingt es den politischen Einheiten nicht, *keinen* ständigen Argwohn gegeneinander zu hegen und sich *nicht* von Zeit zu Zeit zu bekämpfen.»[439]

Krieg als gebündelte Einzelaggressivität, als kollektive Ersatzbefriedigung für die Raub- und Mordgelüste, denen die Bürger einzeln nicht nachgeben dürfen, Krieg als Projektion von angestautem Einzelhass nach außen: Mit diesem Mechanismus schließt sich der Kreis der Kriegsursachen.

Wenn die Umstände danach sind, brauchen die Bürger nicht einmal das Militär, um ihre sonst verdeckte Grausamkeit auszuleben. 1792, nach dem Sturm auf die Tuilerien, riss der Pöbel von Paris den gefallenen Schweizergardisten die Herzen aus, spießte sie auf Säbel und trug sie im Triumph durch die Stadt. Als 1865 Richmond fiel, die Hauptstadt und letzte Bastion der Südstaaten im Amerikanischen Bürgerkrieg, spielten sich, einem Augenzeugenbericht zufolge, Szenen ab wie diese: «Banden von Dieben und Schurken aller Grade, die aus dem Zuchthaus ausgebrochen waren, drangen auf beiden Straßenseiten in die Läden ein und stahlen alles, was ihnen in die Hände kam ... Tumult, Gewalttätigkeit, Aufruhr und Plünderung breiteten sich überall aus, und als ob dies noch nicht ausreichte, die Schrecken des Krieges zu illustrieren, kam noch das Fauchen der Flammen, das Läuten der Glocken und das Schreien und Schluchzen der Menge hinzu.»[440]

Und im 20. Jahrhundert? «Der einzelne Volksangehörige kann in diesem Kriege», schrieb Freud 1915, «mit Schrecken feststellen, ... dass der Staat dem Einzelnen den Gebrauch des Unrechts untersagt hat, nicht weil er es abschaffen, sondern weil er es monopolisieren will wie Salz und Tabak.»[441] Über den Spanischen Bürgerkrieg schrieb der Engländer Hugh Thomas in seinem Standardwerk: «Innerhalb eines Monats wurden fast hunderttausend Menschen willkürlich und ohne Gerichtsverfahren umgebracht. Bischöfe wurden in Stücke gerissen, Kirchen entweiht. Gebildete Christen verbrachten ihre Abende damit, kultivierte Intellektuelle und analphabetische Bauern zu morden. Auf beiden Seiten waren diese Verbrechen größtenteils das Werk von Leuten, die überzeugt waren, dass ihr Tun nicht nur gerecht, sondern sogar edel sei ... Es wäre irrig anzunehmen, dass diese Entwicklung das Land mit Abscheu erfüllt hätte.»[442]

Erbarmungslos resümierte 2012 Hans-Ludwig Kröber, Chef des Instituts für Forensische Psychiatrie an der Berliner Charité: «Den Artgenossen töten ist (im biologischen, nicht im moralischen Sinne) ein zutiefst menschlicher Akt» – um Beute zu machen, Macht zu erwerben oder zu suchen, in Notwehr, aus Angst, Wut, Eifersucht, Niedertracht, Rache und Lust an der Zerstörung. «Gewalt war immer schon da, auf höchstens der Hälfte des Erdballs halbwegs domestiziert und staatlich eingehegt, aber etappenweise gnadenlos entfesselt ... Gewalt gehört zur *conditio humana*, dies zu verleugnen ist lebensgefährlich. Abel ist tot. Wir alle stammen von Kain, dem Mörder, ab.»[443]

Was ist ein Kriegverbrechen?

Nach der gängigen Definition: ein Verbrechen gegen die Genfer Konventionen oder das Völkerrecht, vor allem die Ermordung oder Misshandlung von Gefangenen oder Zivilisten durch Soldaten. Um die Definition und Bestrafung von Kriegsverbrechen bemüht sich seit 2003 der *Internationale Strafgerichtshof* in Den Haag. Die USA, China, Russland und Israel erkennen ihn jedoch nicht an; die USA sind sogar als seine engagierten Gegner aufgetreten. Bekannt wurde das Kriegsverbrechen von *My Lai* im März 1968: ein Massaker amerikanischer Soldaten an vietnamesischen Zivilisten.

Im Nürnberger Hauptkriegsverbrecherprozess 1945/46 waren neben den Kriegsverbrechen auch «Verbrechen gegen die Menschlichkeit» und «Verbrechen gegen den Frieden» angeklagt, de facto also der *Angriffskrieg*. Dieser Anklagepunkt war definitorisch und historisch kurios, weil Angriff ja nötig ist, damit ein Krieg entsteht; und juristisch anfechtbar, weil er eine Strafe für Handlungen vorsah, die nicht unter Strafe standen, als sie begangen wurden *(nulla poena sine lege)*. Der Massenmord an den Juden war nicht Gegenstand der Anklage.

In Nürnberg saß auch die Sowjetunion über Deutschland zu Gericht, obwohl sie sämtlicher dort angeklagten Verbrechen ebenso schuldig war (Ermordungen und Misshandlungen, Angriff auf Polen zwei Wochen nach Deutschland). Auch legten die sowjetischen Anklagevertreter den deutschen Angeklagten den Massenmord an 4000 polnischen Offizieren in *Katyn* zur Last; Präsident Jelzin räumte 1990 ein, dass er auf Weisung Stalins verübt worden war.

Gegen Kriegsverbrechertribunale schlechthin wandte sich 1978 Sebastian Haffner in seinen «Anmerkungen zu Hitler»: «Es liegt Weisheit darin», schrieb er, «die sogenannten normalen Kriegsgräuel als Begleiterscheinungen einer unvermeidlichen Ausnahmesituation zu behandeln.» Früher hätten alle Seiten sie stillschweigend amnestiert; es sei ein Fehler der Sieger von 1945 gewesen, diese Weisheit zu vergessen, Hitlers Massenmord an den Juden sei ja gerade kein «Kriegs»verbrechen gewesen.[444]

Ein weiterer Einwand: Schon das Wort «Kriegsverbrechen» könnte zu zwei gefährlich falschen Annahmen verführen – als hätte es jemals Kriege völlig *ohne* Verstöße gegen die Genfer Konventionen und das Völkerrecht gegeben; und als dürften wir einen solchen Krieg, wenn es ihn wirklich gäbe, als akzeptabel empfinden.

28 Und wo bleibt der Mut?

> Aber der Krieg lässt die Kraft erscheinen,
> Alles erhebt er zum Ungemeinen,
> Selber dem Feigen erzeugt er den Mut.
>
> *Schiller*, Die Braut von Messina

Mutig waren sie schon, die Selbstmordattentäter vom 11. September 2001 – drei Tage nach dem Attentat auf das World Trade Center hat Susan Sontag das geschrieben, die amerikanische Essayistin, die 2003 den Friedenspreis des Deutschen Buchhandels bekam. Es sei lächerlich, von einem «feigen» Angriff zu sprechen. «Wenn wir von Mut reden, der einzigen Tugend, die moralisch neutral ist, dann kann man den Attentätern eines nicht vorwerfen: dass sie Feiglinge wären.» Feige seien eher jene amerikanischen Piloten, die aus unerreichbarer Höhe töteten, mit minimalem Risiko.[445] Da war die Hölle los in Amerika.

Sprachlich wie psychologisch gesehen ist der Mut eben ein unheimlicher Geselle; in vielen Bedeutungen schillernd, einst ganz ohne Bezug zur Tapferkeit und noch heute keineswegs auf diese eingeschränkt; wo aber doch, dann mit der Angst erstaunlich eng verwandt. Ursprünglich hieß «Mut» Laune, Stimmung, Gemütsverfassung: «Iss, trink und habe guten Mut» (Lukas 12,19) – freue dich, das ist in der Tat gemeint, *be merry* in der englischen Bibel.

Sodann bedeutet Mut von alters her Zorn, Erbitterung: «Ich will meinen Mut an ihnen kühlen!» (2. Mose 15,9) Und wem wir «Nur Mut!» zurufen, dem wünschen wir nicht Waghalsigkeit, sondern Zuversicht. Der *Hochmut* ist die Überheblichkeit, der *Übermut* ein fröhlicher Leichtsinn, der *Mutwille* keineswegs der Vorsatz, tapfer zu sein, der *Unmut* der Ärger, der Verdruss («Doch an dem Herzen nagte mir der Unmut und die Streitbegier», reimte Schiller schaurig im «Kampf mit dem Drachen»).

Aus dieser wabernden Fülle der Bedeutungen hat sich erst im

19. Jahrhundert der Mut im Sinne von Furchtlosigkeit, Kühnheit, Schneid nach vorn geschoben. Und da zeigt sich: Dieser «Mut» ist nicht so sehr ein Dachbegriff für noble oder soldatisch nützliche Motive und Charaktereigenschaften (die laufen nur manchmal mit) – sondern eher der Deckel auf einem Topf, in dem viele Ängste brodeln.

Mut ist nur ein Wort; Angst ist eine Wirklichkeit – messbar an körperlichen Reaktionen, wirksam in Flucht und Panik, die Schlachten und Kriege entschieden haben. «Kein Großinquisitor hat so entsetzliche Foltern in Bereitschaft wie die Angst, kein Spion weiß den Verdächtigen so listig gerade dann anzugreifen, wenn er am schwächsten ist», schrieb Sören Kierkegaard in seinem Buch über die Angst. «Man kann sie mit dem Schwindel vergleichen. Wer plötzlich in eine gähnende Tiefe hinabsieht, dem wird schwindlig. Warum aber? Sein Auge ist daran ebenso wie der Abgrund beteiligt – denn wie, wenn er nicht hinabgestarrt hätte?»[446]

Die Fachleute grenzen die *Furcht* (oder Realangst), die sich auf eine bekannte Gefahr richtet, von der *Angst* im engeren Sinne (oder neurotischen Angst) ab, die keiner objektiven Gefahr bedarf. Die Unterscheidung hat den Nachteil, dass sie dem deutschen Sprachgebrauch zuwiderläuft (denn «Furcht» kommt in der Volkssprache nicht vor) und dass sie nicht einmal den wesentlichen Unterschied heraushebt: den nämlich, ob auf den Angstausbruch eine *Schutzhandlung* oder aber die *Lähmung* folgt, die Schreckensstarre des Kaninchens, das vor der Schlange sitzt. Die Schutzhandlung kann militärisch produktiv sein, die Lähmung ist der Albdruck des Feldherrn.

Im Zweiten Weltkrieg wurden nicht weniger als 500000 amerikanische Soldaten wegen seelischer Zusammenbrüche vorzeitig entlassen.[447] «Waren sie Neurotiker, die sich dem Dienst entzogen, Simulanten oder nicht?», fragte Freud nach den Erfahrungen des Ersten Weltkriegs. «Sie waren beides. Wenn man sie wie Simulanten behandelte und ihnen das Kranksein recht unbehaglich machte, wurden sie gesund; wenn man die angeblich Hergestellten in den Dienst schickte, flüchteten sie prompt wieder in die Krankheit.» Niemand, meinte Freud, brauche sich bei einem Volksheer über solche Erscheinungen zu wundern; unter Söldnern seien ähnliche Reaktionen nicht zu befürchten.[448]

Die langfristige Angstlähmung – die Quittung, die ein Teil der unfreiwilligen Soldaten dem Militär präsentierte – war häufig, aber nicht der Regelfall. Für die Mehrzahl der Soldaten ist nicht diejenige Furcht typisch, mit der sich das Sanitätswesen befassen muss, sondern die Angst der schrecklichen Minuten bei der Feuertaufe oder vor dem Sturmangriff; im Flugzeug, das abstürzt, im Schiff, das untergeht; die Angst des Verlorenseins im Dschungel, in der Nacht; die Angst des in Uniform gezwängten Bürgers, der plötzlich die Tür zu einem finsteren Haus aufstoßen soll, um drei Männer, die ihn töten wollen, daraus zu verjagen; die Angst des Wildes, das kein Entrinnen sieht, der Kreatur, die vom Militär den widrigsten überhaupt denkbaren Lebensumständen ausgesetzt wird und die dennoch das Natürlichste *nicht* tun soll: fliehen.

> Buvez, buvez, guerriers ivrognes
> Les vins fermentés de la peur:
> Trinkt, trinkt, trunkene Krieger
> Den vergornen Wein der Angst ...[449]

Der französische Schriftsteller Ivan Goll schrieb dies 1940, und die Krieger haben sie getrunken, die Angst, in allen Kriegen.

Tolstoi: «Er starrte auf die näher rückenden Franzosen ... und empfand ihre Nähe als etwas so Furchtbares, dass er seinen Augen nicht traute. ‹Wer sind sie? Warum kommen sie gelaufen? ... Laufen sie am Ende wirklich auf mich zu? Und warum? Wollen sie mich umbringen? Mich, den doch alle so gernhaben?› Er dachte daran, wie seine Mutter, seine Angehörigen, seine Freunde ihn liebten, und es schien ihm unmöglich, dass die Feinde wirklich die Absicht haben könnten, ihn umzubringen.»[450]

Norman Mailer über die Angst des Soldaten Hennessey, 1944 auf einer japanisch besetzten Insel im Pazifik: «Schluchzend lag er in seinem Loch, entsetzt und mit dem Schicksal hadernd. Als eine neue Granate einschlug, schrie er wie ein Kind: ‹Das reicht, *das reicht!*› ... Seine Oberschenkel waren heiß und feucht, und zuerst dachte er, er sei verwundet. Es war angenehm und friedlich, und er hatte eine vage Vorstellung von einem Bett im Lazarett. Er fasste hin und spürte mit Widerwillen und Heiterkeit zugleich, dass er sich entleert hatte ... Er musste kichern ... Dann wurde ihm ein wenig übel ... Der Verdacht stieg in ihm auf, dass die andern ihn alleingelassen hatten. ‹Korporal Toglio!›, rief er ... Keine Antwort ... Er war allein, und er hatte schreckliche Angst vor dem Alleinsein.» So rennt Hennessey zu seinen Kameraden; ein japanisches Schrapnell zerschmettert ihm den Schädel.[451]

Auch die Angstqualen eines einsamen Postens im nächtlichen Dschungel hat Mailer eindringlich beschrieben, des widerwilligen amerikanischen Soldaten Roth, der mit gesträubten Haaren den Geräuschen lauscht, dem Knacken und Summen und Wispern der Tiere und Pflanzen, und der sich der Instruktion erinnert: Die Japaner schleichen sich lautlos an und killen den Posten von hinten mit dem Messer.[452]

Sich alleingelassen zu fühlen, in ein Heer gezwungen zu sein und dabei keinen Rückhalt an diesem Heer zu haben: eine der widersinnigsten und grauenvollsten Situationen, denen der Soldat ausgeliefert sein kann. «Diese Nacht war, mit der Weite und Unwirtlichkeit ihrer Räume, von gespenstischer Einsamkeit. Wenn ich in dieser Finsternis auf Posten oder umherirrende Versprengte stieß, hatte ich das eisige Gefühl, dass ich mich nicht mehr mit Menschen, sondern mit Dämonen unterhielt. Man schweifte wie auf einem riesigen Schuttplatz jenseits der Ränder der bekannten Welt.»[453]

Schrecklicher noch: wenn sich unter dem Anprall eines über-mächtig gewordenen Fluchttriebs die uniforme Masse in Panik zersetzt, wenn alle Vorrichtungen und Maßnahmen des Militärs, mit denen die Instinkte in die militärisch zweckmäßige Bahn geleitet werden sollen, zerbrechen und das fliehende Heer sich selbst nachhaltiger zerstört, als es der Feind vermöchte. So ging es der Großen Armee im Winter 1812, und in fast allen Kriegen hat es die wilde Massenflucht gegeben, den dröhnenden Zusammen-bruch des bis dahin mühsam im Gleichgewicht gehaltenen mi-litärischen Apparats, das Chaos, das aus der Zerstörung einer ge-waltsamen Ordnung folgt – ein schlimmeres Chaos als jedes, das der Ordnung vorhergeht.

«Auf dem engen Weg gab es ein unbeschreibliches Durch-einander von scheuenden Pferden und tobenden Männern», heißt es in Augenzeugenberichten über die Flucht der Nordarmee am Bull Run (1861). «Infanteristen auf Maultieren und Zugpferden, denen das Geschirr um die Hufe flog und die genauso erschreckt waren wie ihre Reiter, Negerdiener auf den Pferden ihrer Herren, Krankenwagen, die mit unverletzten Soldaten überfüllt waren, Bagagewagen, auf denen Trauben von Soldaten die Bagage auf die Straße warfen, um Platz für sich selbst zu schaffen – alle drängten durch die schreiende, fluchende Menschenmenge hindurch, die zu Fuß dahineilte ... Die Freiwilligen begannen, ihre Gewehre und ihre Ausrüstung wegzuwerfen, als ob sie damit eine bessere Chance in dem Rennen hätten.»[454] Selbst in Armeen, die kurz vor dem Sieg stehen, kann noch Panik ausbrechen: Die deutsche Ar-dennenoffensive vom Dezember 1944 jagte das VIII. Korps der US Army in die Flucht.

Menschlich gesehen ist die Panik eine Tragödie, weil sie noch mehr Leid schafft als der Feind, während sie doch der Versuch ist, sich der Gefahr der Verwundung und Tötung durch den Feind zu entziehen. Dieser Versuch wiederum ist in höchstem Grade ver-ständlich und aller Sympathie wert, wenn auch die Kriegsliteratur

von der Ilias an der Menschheit den gegenteiligen Geschmack auf-
zupfropfen versuchte. Nicht jeder ist zum Helden geboren, und
welchen Ehrgeiz sollten die Soldaten wider Willen entfalten, ihr
unversehrtes Fleisch den feindlichen Bajonetten darzubieten?

War es Angst, warum so viele amerikanische Soldaten im
Zweiten Weltkrieg gar nicht auf den Feind geschossen haben? Im
Gefecht machten im Durchschnitt nur 15 Prozent von einer ihrer
Waffen Gebrauch. «Bei besonders guten Kompanien unter stärks-
tem Feinddruck ging die Zahl selten auf über 25 Prozent hinauf,
berechnet auf den gesamten Mannschaftseinsatz vom Beginn bis
zum Ende der Aktion.»[455]

S. L. A. Marshall, der diese verblüffenden Feststellungen 1947
traf, war nicht ein Irgendwer, sondern Oberst und offizieller
Kriegshistoriker der amerikanischen Armee. Vielleicht, weil er zuvor das Handwerk des Journalisten erlernt hatte, verfiel er auf die
umwälzende Idee, den Soldaten weder so zu betrachten, wie er sein
sollte, noch so, wie er sein *wollte* und sich in Stammtischerzählun-
gen darstellte – sondern so, wie er war. Und siehe: Die wichtigste
Ursache für dieses militärische Versagen war nicht die Angst vor
dem Getötet*werden*, sondern vor dem Töten – vor dem also, was
in jeder zivilisierten Gesellschaft das schlechthin Verpönte ist. Die
Menschenjagd des modernen Krieges hatte nicht nur den Kämpfer,
sondern sogar den Jäger rar gemacht: Die meisten Soldaten waren
nur noch Treiber. Sie handelten wie in Shakespeares Drama «Heinrich V.» der Korporal Nym: «Fechten mag ich nicht, aber ich kann
die Augen zumachen und meinen Spieß vorhalten.»[456]

Die Linie scheint klar: Die kämpferischen Naturen, die eigentlichen «Krieger», die *robustiores*, von denen Kapitel 25 handelte,
waren zumeist eine Minderheit der Soldaten – und dies schon,
ehe die Allgemeine Wehrpflicht Zivilisten in Uniform zwang,
über deren oft geringe Kampflust man sich schließlich nicht zu
wundern braucht.

Auch besteht vermutlich ein Zusammenhang zwischen unsoldatischem Verhalten und hohem Lebensstandard daheim – eine Einsicht, die schon Cäsar hatte: Die Belger, schrieb er, seien Galliens tapferster Stamm, «sie wohnen nämlich am weitesten entfernt von der Zivilisation der römischen Provinz»[457], und die bei Norman Mailer der amerikanische General Cummings auf die Formel bringt: «Wir haben den höchsten Lebensstandard auf der Welt und, wie zu erwarten, die schlechtesten Einzelkämpfer unter allen Großmächten.»[458]

Die US Army ist dazu übergegangen, den Rekruten nach der Schießscheibe als Ziel nicht gleich «Pappkameraden», also menschliche Umrisse, zuzumuten, sondern die Form des Zieles in mehreren Schritten der Menschengestalt anzunähern, und nicht von Gegnern oder Soldaten zu sprechen, auf die zu schießen sei, sondern von «Zielen» oder vom «Unterdrücken des feindlichen Feuers». Die Wahrscheinlichkeit, mit einem Schuss zu töten, ist seit Einführung des Maschinengewehrs, aber auch durch bloßes Herumballern ohnehin auf ein Minimum gesunken: Im Durchschnitt hatten 50 000 amerikanische Schüsse 1 toten Vietnamesen zur Folge.

Bei *Scharfschützen* herrschte (und herrscht wahrscheinlich) die Relation 1,4:1 – mit sieben Schüssen fünf Tote. Das Ziel als lebendigen Menschen erkennen, die Handarbeit des ausdrücklichen Tötenwollens leisten und dies eben nicht im Rausch des Nahkampfs, sondern mit eisiger Präzision: Das schafften nicht viele; meist waren es Freiwillige; oft waren sie richtig heiß darauf; manchmal wurden sie von den eigenen Kameraden gemieden.

Was verdient es bei alldem, «Mut» zu heißen? Im Grimm'schen Wörterbuch heißt Mut «beherzte Stimmung gegenüber Wagnis und Gefahr», bei Clausewitz «die notwendigste und edelste der kriegerischen Tugenden», gespeist «aus lebhaften seelischen Antrieben wie Ehrgeiz, Vaterlandsliebe, Begeisterung jeder Art». Selbst die Tollkühnheit, «das heißt die Kühnheit ohne allen Zweck, ist nicht mit Geringschätzung anzusehen».[459]

Für Schopenhauer war der Mut «eine bloße Unteroffiziers-tugend»[460], für Montaigne ein Gegenstand des Spottes. In seinem Essay «Über die Grausamkeit» lässt er sich von einem italienischen Adligen erzählen: «Der Scharfsinn der Italiener und die Lebhaftig-keit ihrer Phantasie sei so groß und lasse sie Gefahren und Zufäl-le ... so lange im Voraus erspähen, dass man sich nicht wundern dürfe, wenn man sie oftmals im Kriege sich in Sicherheit bringen sehe, sogar noch ehe sie die Gefahr gesichtet hätten; Franzosen und Spanier, die weniger feine Nasen besäßen, wagten sich weiter vor, und man müsse sie die Gefahr mit Händen greifen lassen, ehe sie davor stutzten, dann aber gebe es auch kein Halten mehr; die Deutschen und die Schweizer jedoch ... hätten nicht Witz genug, sich eines Besseren zu besinnen, selbst dann kaum, wenn die Hie-be auf sie niederhagelten.»[461]

Was bleibt vom «Mut»? Die Tat des deutschen Feldwebels Felix Kunze, der am 25. Februar 1916 mit zwei Mann das Fort Dou-aumont der Festung Verdun überrumpelte, das stärkste Panzer-werk der Welt – indem er nachsah, ob die Besatzung *hinten* über-haupt abgeschlossen hatte? Sie hatte nicht. War es die Tat des russischen Feldpredigers Ssawinow, der 1855 vor Sewastopol inmitten des fürchterlichsten Handgemenges stand und über den Schlachtenlärm hinweg mit Stentorstimme sang: «Rette, o Herr, die Deinen!»

Oder war es die Tat des Fallschirmjägers und Meisterboxers Frederick Walker, der der britischen Botschaft in der indonesi-schen Hauptstadt Djakarta als Militärattaché zugeteilt war: Als 1963 der Mob die Botschaft stürmte, schritt er zwischen Steinha-gel und Tränengas unerschüttert vor der Botschaft auf und ab, riss sich von Demonstranten wie von verzweifelten Polizisten los – und blies aus Leibeskräften auf seinem Dudelsack; eine Geste von großartiger Nutzlosigkeit, von der britische Diplomaten meinten, sie habe immerhin die Würde des Empire wahren helfen.[462]

Wenig oder gar keinen Mut braucht natürlich der, der nicht erkannt hat, dass er sich in Lebensgefahr begibt, oder dessen Phantasie nicht ausreicht, um sich deren katastrophisches Ausmaß vorzustellen. *Mente lapsi non timent mortem*, sprach Seneca: «Die keinen Verstand haben, fürchten freilich den Tod nicht.» Und der gescheite Abbé Galiani: «Gescheite Leute sind niemals mutig. Sie sind vorsichtig und maßvoll, das heißt eigentlich feige. Mehr oder weniger sind es immer die Narren, die Mut haben.»[463] Ernst Jünger sprach mehrfach vom «Mut der Unerfahrenheit» – nicht ohne sich seines snobistischen Umgangs mit der Gefahr zu rühmen: «Den Stahlhelm in die Stirn gedrückt, zerkaute ich meine Pfeife ... und philosophierte mir mit Erfolg Courage an.»[464]

Eine militärisch nützliche und halbwegs definierbare Form des Mutes war die, die zur *Entmutigung* des Feindes führte: Hielt eine Kriegerschar sich für unbesiegbar wie einst die Mongolen und verstand sie es, ihre Siegesserie und ihre Siegeszuversicht als Einladung zur Kapitulation zu vermitteln: So siegte sie. Karl XII. von Schweden trieb mehr als einmal eine wohlausgerüstete Armee in die Flucht, Friedrich der Große rühmte ihn dafür, und er selber konnte ähnliche Triumphe einfahren: «Zu viel Begeisterung für den erlauchten Feind» habe seine Gegner «schon halb besiegt, kaum dass er nur heranrückte», schrieb Alfred de Vigny.[465]

1939 ging in Frankreich das Schlagwort «Für Danzig sterben?» um, und mit dem Geist, den diese Frage bekundete, war der Krieg von 1940 schon fast verloren. Dazu kam die Demoralisierung durch die deutschen Blitzsiege in Polen, Norwegen, Holland, Belgien; eine Art Angst vor Hitlers scheinbar unwandelbarem Glück machte die Niederlage vollständig, noch ehe die erste deutsche Division über die Grenze gerollt war. «Mehr ein Totschlagen des feindlichen Mutes als der feindlichen Krieger» sei die Schlacht, sagt Clausewitz.[466]

«Mut» also: ein nach allen Seiten ausfransender Oberbegriff für eine Gemütsverfassung, die militärisch nützlich ist, aus welchen Motiven auch immer – gefördert durch die Aussicht auf Beute,

Ruhm und Rache, auf Trophäen, Lust und Abenteuer. Doch war es, zumal in Wehrpflichtheeren, immer nur eine Minderheit, die sich dadurch für den Kampf auf Leben und Tod gewinnen ließ; und auch die musste es sich gefallen lassen, zu brauchbaren Soldaten erst geformt, zur totalen Unterordnung, zur Einschmelzung in eine uniforme Kampfmaschine immer wieder gezwungen zu werden.

Wie sie das schafften, die Generale, die Hauptfeldwebel, die Unteroffiziere, und das sogar bei den geborenen Nichtkämpfern, den gänzlich Unfreiwilligen, wie raffiniert und wie brutal sie dabei zu Werke gingen, wie es ihnen gelang, Millionen Männer zur Verleugnung ihrer Instinkte zu bewegen: Davon handeln die nächsten Kapitel.

V. Womit man sie zwang oder überlistete

29 Mit Stacheln

> Die Krone der Heere ist eine Dornenkrone, und unter de-
> ren Stacheln ist der schmerzhafteste der des Gehorsams.
>
> *Alfred de Vigny*

Ob Söldner, Krieger, Soldat, ob aufs Kämpfen erpicht oder in Uniform gepresst: Gehorchen mussten sie alle, wenn eine Truppe
zum Kampf bereit sein sollte. Also musste stets eine Minderheit
das Befehlen mögen und beherrschen, die Mehrheit die Unterwerfung akzeptieren, wie und warum auch immer. Die meisten
taten es aus Angst vor schrecklicher Strafe; manche aus Einsicht;
viele sogar mit Genugtuung, ja aus Leidenschaft – bis zu dem
heute kaum noch begreiflichen Tiefpunkt, dass sich 1939 Zehntausende von Nichtsoldaten vor der Berliner Reichskanzlei heiser
schrien mit dem Sprechgesang: «Führer befiehl – wir folgen!»

Gute Soldaten waren selbst die geborenen Krieger zunächst
meistens nicht. Sie mussten sich einer Gemeinschaft einpas-
sen, sich gängeln, ihre Aggressivität kanalisieren lassen, oft ihre
Kampflust Woche um Woche zurückhalten können, sie dafür
zuverlässig sofort einsetzen, wenn der Befehl kam – auch gegen
einen weit überlegenen Feind, vor dem jedes Raubtier aus gesun-
dem Instinkt zurückgescheut wäre; auch von brutalen, schika-
nösen Vorgesetzten, denen man den Tod an den Hals wünschte,
weil sie blinden Gehorsam, «Kadavergehorsam» einforderten und
durchsetzten.

Bei diesem Wort hören viele Menschen in aller Welt das «Preußen» gleich mit. Das ist richtig und falsch zugleich, wie so vieles,
was über preußische Sitten in Umlauf ist; Preußen hat nun einmal
auf dem Gebiet der Public Relations vollständig versagt.

Es ist *richtig*: Denn ein so rigoroses Gehorsamsprinzip, wie
es Friedrich Wilhelm I. aufstellte, hatte es im weltlichen Bereich
seit Sparta nicht gegeben. Der Soldat gehorchte dem Offizier, der

Offizier gehorchte dem König, der König gehorchte Gott; jeder Zweifel an der unbedingten Gehorsamspflicht wäre ein Umsturz der gottgewollten Ordnung, also zugleich ein Verbrechen gegen den König und eine Sünde wider Gott gewesen. Friedrich der Große schrieb in seinem Testament von 1752: «Die Mannszucht führt im Heer blinden Gehorsam ein», und in dem von 1768: «Die Disziplin beruht auf Gehorsam und Pünktlichkeit. Sie beginnt mit den Generalen und endet bei den Trommlern. Ihre Grundlage ist die Unterordnung. Kein Untergebener hat Widerrede zu führen.»[467] Zwanzig Stockschläge für geringe Vergehen, Auspeitschen, Krummschließen mit der Kette, für Glücksspiel und Trunkenheit das Spießrutenlaufen: Das waren die Zuchtmittel der preußischen Korporale.

Dennoch ist es falsch; und zwar zum einen, weil der preußische Gehorsam *in der Praxis* durchaus nicht immer blind war, und zum anderen, weil es sich beim Gehorsam, soweit er blind war, und bei den drakonischen Strafen zu seiner Erzwingung keineswegs um eine preußische Spezialität handelte. Das beginnt bei dem anrüchigen Wort «Kadavergehorsam»: Es wurde ursprünglich gar nicht auf eine Armee, sondern auf die Jesuiten bezogen, und zwar auf die Vorschrift ihres Ordens, dass der Jesuit sich von Gott durch Vermittlung seiner Oberen leiten lassen müsse, als ob er ein Leichnam wäre.

Weltlicher Kadavergehorsam wurde mitunter schon im Altertum erzwungen. Mit Genugtuung verzeichnete Machiavelli die Rücksichtslosigkeit, mit der Hannibal die Befolgung seine Befehle durchsetzte: «Wenn der Fürst sich im Felde befindet und über ein zahlreiches Heer zu gebieten hat», schrieb er 1513, «dann darf er sich nicht vor dem Ruf der Grausamkeit scheuen; denn ohne diesen Ruf hält man niemals ein Heer zusammen und treu zur Fahne. Unter den bewundernswerten Taten Hannibals ist besonders die zu nennen, dass sich in seinem sehr großen Heer, das aus zahllosen Menschenrassen gemischt war, nie ein Zwist erhob ... Das war nur durch seine *unmenschliche Grausamkeit* möglich, die ihn zusammen mit seiner unerhörten Tüchtigkeit in den Augen der Soldaten verehrungswürdig und furchtbar machte … Kurzsichtige Schriftsteller bewundern einerseits diese Taten und tadeln andrerseits ihre Hauptursache.»[468]

Als der Gallier Vercingetorix seinen Aufstand gegen Cäsar vorbereitete, erzwang er Disziplin dadurch, dass er grobe Verstöße mit Folterungen bis zum Tode, leichte mit dem Abschneiden eines Ohrs oder dem Ausstechen eines Auges ahndete.

Berühmt für Kadavergehorsam und die brutalen Strafen, mit denen er durchgesetzt zu werden pflegte, war die russische, später die Rote Armee, der russische Korporal vielleicht der schlimmste von allen. «Die Russen sind so durchdrungen von schuldiger Ehrfurcht vor den höheren Offizieren – selbst in den feindlichen Reihen, dass oft zu sehen war, wie sie Marschall Murat militärische Ehrenbezeigungen erwiesen und vor ihm das Gewehr präsentierten», schrieb der polnische General Roman Soltyk über die Kämpfe um Smolensk im Jahre 1812.[469]

Einer der berüchtigtsten und einflussreichsten Leuteschinder der Militärgeschichte war der zaristische General Aleksej Araktschejew, Kriegsminister von 1806 bis 1810 – nach Tolstoi so grausam, «dass er den Grenadieren eigenhändig die Schnurrbärte ausriss, dabei aber so nervenschwach, dass er nicht der geringsten Gefahr standhalten konnte»[470]. Im Spanischen Bürgerkrieg folterte der von Kommunisten beherrschte Geheimdienst SIM republikanische Soldaten zu Tode, die den Gehorsam verweigert hatten.

Kadavergehorsam herrschte bis zum 19. Jahrhundert in der englischen Marine, die für ihre bestialischen Strafen berüchtigt war; das Auspeitschen und das Kielholen betrieb sie noch zu einer Zeit, als das Militär sich anderswo längst der Neuzeit angepasst hatte. Die französischen Kolonialtruppen einschließlich der Fremdenlegion waren bis in die jüngste Zeit eine Brutstätte brutaler Gehorsamserzwingung, zum Teil mit Foltern.

Auch in der amerikanischen Armee wurde bis 1861 gepeitscht, an den Pranger gestellt und durch Spießruten gelaufen. Noch während des Bürgerkriegs wandte die Nordarmee Züchtigungsmittel an wie: auf einen Block schnallen, knebeln, mit ausgebreiteten Armen an ein Kanonenrad binden oder in den sogenannten Schwitzkasten sperren (eine Art Sarg, in den die Delinquenten stundenlang bei unzureichender Luftzufuhr eingeschlossen wurden). Bei Norman Mailer sagt General Cummings (1944): «Es ist mir egal, was für einen Mann man mir gibt; wenn ich ihn lange genug habe, mach' ich ihn feige. Die Armee funktioniert am besten, wenn man den Mann über sich fürchtet und den Mann unter sich verachtet.»[471] Der amerikanische Soziologe Max Lerner schrieb 1957: «Zunächst wird die Persönlichkeitsstruktur des Offiziersanwärters abgetragen und dann so wieder montiert, dass es ihm Erleichterung bringt, seine verdrängten Aggressionen an seinen Soldaten auszulassen.»[472]

Dass hinwiederum der preußische Gehorsam durchaus nicht immer blind war, jedenfalls nicht der der Generale gegenüber ihrem König: Dafür gibt es viele Beispiele. General Seydlitz führte bei Zorndorf (1758) den dreimal wiederholten Angriffsbefehl Friedrichs nicht aus, weil er den richtigen Zeitpunkt noch nicht für gekommen hielt; und als der König ihm mitteilen ließ, er habe, wenn er nicht augenblicklich attackiere, seinen Kopf verwirkt, entgegnete Seydlitz durch den nächsten Kurier, er sei einverstanden, aber erst nach der Schlacht. Er siegte und durfte seinen Kopf behalten.

Das war ja die Probe darauf, wie eine Armee es mit dem Gehorsam hielt: die Gehorsamsverweigerung mit positiver Folge. Nicht die Befehlsverweigerung im großen Stil, die man Meuterei nennt (darüber mehr in Kapitel 40), auch nicht die eines einzelnen Soldaten, die auf der Stelle geahndet zu werden pflegt – sondern diejenige, die einen *Sieg* herbeiführt. Der Fall ist selten, aber der Analyse wert. Denn hier stoßen, überschneiden und durchkreuzen sich die militärischen Urprinzipien: dass gesiegt werden soll; dass gehorcht werden muss, damit gesiegt werden kann; und dass eigentlich nicht gesiegt werden darf, wenn nicht gehorcht worden ist. Es war wiederum nicht Preußen, das diesen letzten Satz rigoros praktizierte; es waren die Chinesen und die Römer.

In einem altchinesischen Kommentar zu Sun Tzus «Kriegskunst» hieß es: «Wer vorrücken soll und es nicht tut oder wer sich zurückziehen soll und es nicht tut, wird geköpft.» Der Verfasser des Kommentars, Tu Mu, erzählte dazu die Geschichte eines tapferen Offiziers, der ohne Befehl angriff, ein paar Köpfe erbeutete – und hingerichtet wurde. Der Feldherr sprach: «Ich bin überzeugt, dass dieser Offizier Talente hat. Aber er hat nicht gehorcht.»[473]

Cäsar tadelte nach der Schlacht bei Gergovia in Gallien (52 v. Chr.), die für die Römer sehr verlustreich verlief, «ihre Unbesonnenheit und ihr Ungestüm, weil sie weder auf das Rückzugssignal Halt gemacht hätten, noch von den Legaten und Militärtribunen sich hätten zurückhalten lassen ... Wie sehr ich ihren Heldenmut bewunderte, so tadelte ich ebenso sehr ihre Disziplinlosigkeit und Anmaßung, weil sie sich einbildeten, richtiger als der Feldherr über Sieg und Ausgang des Kampfes urteilen zu können».[474]

Meist haben Heldentaten und Siege, die gegen den Befehl vollbracht wurden, einen gnädigeren Richter gefunden. Nelson hatte als Vizeadmiral keinen Nachteil davon, dass er bei der Seeschlacht vor Kopenhagen im Jahre 1801 (sechs Jahre vor dem Raketenbeschuss der dänischen Hauptstadt) zu einem grillenhaften und unnachahmlichen Mittel griff, um den Rückzugsbefehl seines Vorgesetzten nicht ausführen zu müssen: Als am Flaggschiff des Admirals der Wimpel *Rückzug* hochgezogen wurde und Nelson zur Identifizierung des Signals sein Teleskop ansetzte, hielt er es vor dasjenige Auge, das seit 1794 erblindet war.

Den Beifall seines Herrn errang sogar der brandenburgische General Prinz Friedrich II. von Hessen-Homburg, der 1675 bei Fehrbellin entgegen dem ausdrücklichen Befehl die Schweden attackierte und damit zum Sieg Brandenburgs beitrug. Kurfürst Friedrich Wilhelm sprach zu ihm nach der Schlacht: «Wollte ich nach der Strenge der Kriegsgesetze mit Ihnen verfahren, so hätten Sie den Tod verdient. Aber Gott bewahre mich, dass ich meine Hände mit dem Blute eines Mannes beflecke, der ein vorzügliches Werkzeug meines Sieges war.» Mit diesen Worten und einer väterlichen Ermahnung, künftig vorsichtiger zu sein, umarmte er ihn und versicherte ihn seiner ganzen Achtung und Freundschaft.[475]

Dieses an sich dürftigen, jedenfalls durchaus nicht einzigartigen Stoffes nun bemächtigte sich 1809 der 32-jährige verkrachte preußische Offizier und Berliner Journalist Heinrich von Kleist und schürzte daraus ebenso kühn wie kompliziert den Knoten eines Dramas, das den Widerstreit zwischen Befehl und Erfolg aufs äußerste zuspitzt. Am Berliner wie am Wiener Hof wurde es brüsk zurückgewiesen und erst zehn Jahre nach Kleists Tod uraufgeführt.

Im Drama also ordnet der Große Kurfürst an: Der «Prinz von Homburg» ist erstens von allen Kanzeln herab als der Sieger zu loben und zweitens wegen Gehorsamsverweigerung hinzurichten. Falls er jedoch zugebe, unrecht getan zu haben, könne er begnadigt werden. Das aber will er nicht!

> Ich will das heilige Gesetz des Kriegs,
> Das ich verletzt, im Angesicht des Heers
> Durch einen freien Tod verherrlichen![476]

Das ist es, was der Kurfürst hören wollte: Der den Befehl verletzt hat, *will* den Tod. Der Befehl ist ihm heilig, der Ungehorsam ist es nicht wert, überlebt zu werden, die Idee des Befehlens und Gehorchens feiert ihren Triumph. *Nun* wird der Prinz begnadigt.

Von so unmenschlicher Großartigkeit war nicht nur das wirkliche Preußen nicht, sondern auch nicht der wirkliche Leutnant

17 Der erste russische Winter hatte 1941 den deutschen Sturm auf Moskau verhindert, im zweiten fiel Stalingrad – nun ist der dritte angebrochen. Vor Leningrad, Dezember 1943.

18 Gefangenschaft – ein schlimmes Schicksal, seit es Kriege gibt. In der Antike führte sie in lebenslange Sklaverei. Von den fünf Millionen Sowjetsoldaten, die die Wehrmacht 1941/42

gefangen nahm (hier Zehntausende auf der Krim), kam fast die Hälfte um: dem Verhungern preisgegeben durch Vernichtungswillen, Menschenverachtung und Desorganisation.

19 Ja – aber er war «ein großer Feldherr», dieser Feldmarschall Erwin Rommel (sprach Churchill 1942 im Unterhaus), «wenn ich dies über die Schrecken des Krieges hinweg sagen darf».

20 Seekrieg: 327 Matrosen kamen um, als das modernste Schlachtschiff der Royal Navy, die Prince of Wales, 1941 vor Singapur von japanischen Bomben und Torpedos versenkt wurde.

21 Schneesturm auf dem Flugplatz im Kessel von Stalingrad, Januar 1943. Erbsmehl wird entladen, Verwundete werden an Bord gehievt. Von den anderen starben mehr als 60 000.

22 110 000 Deutsche trotteten in Gefangenschaft. Binnen Wochen waren zwei Drittel von ihnen gestorben: ausgehungert, ohne Abwehrkräfte gegen den Typhus und die Ruhr.

23 Rotarmisten hinter ihren Panzern in der Schlacht von Kursk im Juli 1943 – nach Stalingrad die zweite große Niederlage der Wehrmacht. Von da an ging es hoffnungslos bergab.

24 Hitlers letztes Aufgebot, Oktober 1944: «Volkssturm» für 14-Jährige.

25 Japans letztes Aufgebot, Oktober 1944: ein Selbstmordflieger. 1100 kamen um.

26 8. Mai 1945: Der Reichstag brennt, die Wehrmacht hat kapituliert. Im Kampf um Berlin sterben 170 000 Soldaten, deutsche und sowjetische. Dieser hat uberlebt – vorläufig: Denn die Rotarmisten kommen, aus der Gefangenschaft sind 1,1 Millionen nicht zurückgekehrt.

27 Dies ist das wahre «Kriegerdenkmal», frei von Verklärung: Dem Krieger fehlen ein Arm, ein Bein und beide Augen. Henry Moores Bronze «Warrior with Shield» (1953–54) steht in der Kunsthalle Mannheim und in der National Gallery of Art in Washington, D. C.

von Kleist. 21-jährig, kurz bevor er seinen Abschied nahm, äußerte er sich mit Verachtung über jede Disziplin:

«Der Soldatenstand, dem ich nie von Herzen zugetan gewesen bin, weil er etwas durchaus Ungleichartiges mit meinem ganzen Wesen in sich trägt, wurde mir so verhaßt, daß es mir nach und nach lästig wurde, zu seinem Zweck mitwirken zu müssen. Die größten Wunder militärischer Disziplin, die der Gegenstand des Erstaunens aller Kenner waren, wurden der Gegenstand meiner herzlichsten Verachtung; die Offiziere hielt ich für so viele Exerziermeister, die Soldaten für so viele Sklaven, und wenn das ganze Regiment seine Künste machte, schien es mir als ein lebendiges Monument der Tyrannei.»[477]

«Jeder Befehl», schreibt Elias Canetti, «hinterlässt in dem, der gezwungen ist, ihn auszuführen, einen peinlichen Stachel. Es ist klar, dass diese Stacheln sich im Soldaten auf eine geradezu ungeheuerliche Weise ansammeln müssen … Eine Änderung dieses Zustands ist nur möglich durch eine Beförderung. Die Stacheln kommen nun als Befehle zum Vorschein.»[478] Der Soziologe Wolfgang Sofsky sagt es so: «Der Soldat ist von so vielen Geboten und Verboten umstellt, dass sich im Augenblick des Befehls der vegetative Aktionsstau in eilfertiges Tun umsetzt … Der Befehl ist keineswegs purer Zwang, er ist auch ein Freibrief, eine Lizenz zum Handeln, zum Töten.»[479]

Schon über den 24-jährigen Artilleriehauptmann Bonaparte berichtete 1793, nach der Eroberung von Toulon, ein General dem Wohlfahrtsausschuss: «Belohnt und befördert diesen jungen Mann! Denn wenn man undankbar gegen ihn wäre, würde er sich allein befördern.»[480] Sogleich wurde Napoleon zum Brigadegeneral ernannt, und über ihn schrieb Alfred de Vigny: Ihm sei es nicht genug gewesen, dass man ihm gehorche; «man musste überdies beim Gehorchen so aussehen, als habe man das, was einem befohlen wurde, heiß ersehnt».[481]

Und das gab es durchaus – wenn den Feldherrn die Aura des

Siegers umstrahlte. Doch auch blindes Gehorchen bis in den Tod hat die Geschichte der Kriege begleitet; mit einem Höhe- oder Tiefpunkt im Jahr 1918, als die Blut- und Eisenfresser Ferdinand Foch und Erich Ludendorff die letzten Reserven ihrer Reiche aufs Schlachtfeld zerrten. Und Zehntausende in den Tod. Vielleicht ist, bevor Hitler das Sterben in Stalingrad befahl, nie so rabiat und brutal befohlen worden. Foch triumphierte; an Ludendorff wusste die Encyclopaedia Britannica «eine fast übermenschliche und unüberwindliche Arbeits- und Tatkraft» zu rühmen.[482]

Muss denn überhaupt befohlen werden? Auf republikanischer Seite im Spanischen Bürgerkrieg forderten die Anarchisten und viele Mitglieder der Internationalen Brigaden, die Grußpflicht aufzuheben sowie Offizieren und Mannschaften gleiches Essen und gleichen Sold zu geben. Und natürlich haben unzählige Soldaten geträumt, es möge ihnen immer so ergehen wie den französischen Fremdenlegionären einmal im Jahr am «Tag von Camerone»: dass die Offiziere ihnen das Frühstück ans Bett bringen.

Manches in dieser Art ist schon da gewesen – das gleiche Essen jedenfalls und auch die Wahl der Vorgesetzten durch die Untergebenen. Sie war in den griechischen Söldnerheeren üblich, ähnlich in Karthago, wo der junge Hannibal von den Soldaten vorläufig zum Feldherrn gewählt und dann vom Volk bestätigt wurde. In der Spätzeit Roms wurden gar die Kaiser von den Soldaten ausgerufen. 1917 wählten die Rotgardisten der Sowjets ihre Offiziere selbst; 1919 wurde dieser allzu wörtlich ausgelegte Kommunismus wieder abgeschafft. Peter der Große diente aus freien Stücken eine Zeitlang als gemeiner Soldat, und die preußischen Adligen im 18. Jahrhundert begannen ihre Offizierslaufbahn damit, dass sie genauso Rekruten wurden wie ihre Knechte.

Seit die feudale Rangordnung zusammengebrochen und der Glaube an die Herkunft des Befehls unmittelbar von einer überirdischen Macht geschwunden ist, wird nicht nur das Gehorchen schwieriger – auch die Selbstgewissheit der Befehlenden hat gelitten. Wer glaubt noch an den Satz von Clausewitz: «Wie ein Obelisk, auf den zu die Hauptstraßen eines Ortes geführt sind, steht, in der Mitte der Kriegskunst gebieterisch hervorragend, der feste Wille eines stolzen Geistes.»[483] Und an Oswald Spengler: «Das Höchste ist nicht handeln, sondern befehlen können. Erst damit wächst der Einzelne über sich selbst hinaus und wird zum Mittelpunkt einer tätigen Welt. Es gibt eine Art des Befehlens, die das Gehorchen zu einer stolzen, freien und vornehmen Gewohnheit macht und die zum Beispiel Napoleon *nicht* besaß ... Wer aber diese höchste und letzte Gabe vollkommensten Menschentums besitzt wie Cäsar oder Friedrich der Große, der empfängt am Abend einer Schlacht ... ein wunderbares Gefühl von Macht ... Es gibt Augenblicke, in denen ein Einzelner sich mit dem Schicksal und der Weltmitte identisch weiß.»[484]

Den Geist der Zeit traf Arnold Zweig besser, 1927 in seinem berühmten «Streit um den Sergeanten Grischa»: «Ich hasse und verachte das Vorgesetztentum in der Welt. Es ist an allem Barbarischen schuld seit vielen tausend Jahren. Es ist das Prinzip des Bösen, das Prinzip der blöden Väter, die mit ihrer Menschlichkeit allein nicht auskommen und der Gewalt bedürfen, um sich zu behaupten, das Prinzip der wahnsinnigen Greise, die heute Europa zugrunde richten.»[485]

Doch vielleicht überschätzt man sie ja, die Befehlenden. Vielleicht ist das Wort «Befehl» nur ein falsches Etikett, eine Schimäre. Tolstoi hat diese These in die Welt gesetzt: «Der Umstand, dass die französischen Truppen nun rückwärtsgingen, beweist keineswegs, dass Napoleon das befohlen hätte, sondern es beweist, dass die Kräfte, die auf die ganze Armee wirkten und sie zurückfluten ließen, zu gleicher Zeit auch auf Napoleon wirkten.»[486]

30 Mit Drill

> «Wir zähmen hier Löwen!», prahlen die Ausbilder vor
> uns. Aber wir sind die reinen Lämmer, und die Löwen-
> behandlung trifft die Lämmer ziemlich hart.
>
> T. E. *Lawrence*, Unter dem Prägestock

Nähme man alle militärischen Befehle zusammen, die auf Erden je erteilt worden sind, so erwiese sich wohl, dass die größte Gruppe von ihnen einem gemeinsamen Zweck diente, wie immer sie im Einzelnen gelautet haben mögen: dem Drill – der «Mannszucht» im deutschen Kaiserreich, im österreichischen dem «Abrichtungsreglement».

Drillen hieß im Altdeutschen *drehen*, was sich im «Drillbohrer» noch erhalten hat; im engeren Sinn bedeutete es einst: einen Gesetzesbrecher in einen drehbaren Käfig (das «Drillhäuschen») stecken und ihn dort rotierend der gaffenden Menge zur Schau stellen wie heute im Schaufenster ein neues Automodell. Im Englischen ist *drill* das allgemeine Wort für bohren – daneben, wie im Deutschen, für drillen.

Der Mensch, der zum Soldaten werden sollte, wurde abgeschliffen, zugeschliffen, «geschliffen» natürlich sowieso. Er lernte als Erstes, dass ihm grundsätzlich alles verboten war, was ihm nicht ausdrücklich erlaubt wurde, dass er weder stehen noch gehen konnte und sämtliche Bewegungen, die von ihm erwartet wurden, seinen Vorgesetzten dankbar von den Lippen oder den Augen abzulesen hatte. Er wurde «gebrochen», wie man das Zureiten eines Wildpferds nennt; er wurde zertrümmert, eingeschmolzen und in eine neue Form gegossen. Bei den Marines, den Special Forces, den Navy Seals der USA ist das noch heute so, erst recht vermutlich in Russland und in China.

Stämme von geborenen Kriegern konnten Drill entbehren; andere Völker weigerten sich, ihre Söhne so behandeln zu lassen, aus Menschenliebe oder aus Bequemlichkeit; wieder andere unterschätzten die militärische Nützlichkeit des Drills und wurden nicht selten von gedrillten Heeren wie denen Spartas, Roms, Preußens oder Japans hinweggefegt.

Der Drill hatte zwei verschiedene Zwecke. Der eine war der *Gefechtsdrill* – mit einem klaren Ziel: Bewegungsmechanismen einzuüben, die eine Truppe in den Stand versetzen sollten, auch unter den schlimmsten körperlichen und seelischen Belastungen einer Schlacht ihre Phalanx, ihr Karree, ihr Peloton zusammenzuhalten und inmitten des Kampfes damit nach Befehl exakt vorzurücken, zu schwenken, wie auf dem Kasernenhof zu exerzieren.

Dazu kam ein ganz anderer Zweck: aus der Truppe ein voll verfügbares Instrument der Kriegführung zu machen – vor allem durch widerspruchslose Unterordnung unter den Befehl. Den Geist des Widerspruchs zu töten konnte das Militär nicht allein den Strafen überlassen; die Strafe war nur eine Zuflucht, wenn die grundlegenden Erziehungsmittel versagt hatten. Tausend Individuen zu einem Block zu schmieden, der gemeinsam reagierte, empfand, litt, sich ans Gehorchen gewöhnte und schließlich die Außenseiter seinen eigenen Gesetzen unterwarf, dies täglich bis zur körperlichen und seelischen Erschöpfung betrieben – das war vor aller Kampftaktik die Aufgabe des Drills.

Damit ein Mensch zum Soldaten wurde (so sagten die meisten Militärs), musste seine Individualität zugeschliffen, also der Ecken und Kanten beraubt werden, die den anderen Soldaten weh getan, den Zusammenhalt der Truppe gefährdet und ihre Unterwerfung unter den Befehl erschwert hätten. Seit in der Schlacht die Tuchfühlung zum Nebenmann entfallen war, hatte das *Gefühl* der Verbundenheit mit ihm, der Gruppengeist an Bedeutung noch gewonnen. Mit tausend anderen in derselben Sekunde die gleiche Bewegung auszuführen, denselben Strapazen, ja denselben Schikanen unterworfen zu sein und nicht die geringste Chance zum Ausbrechen zu haben – das waren nun einmal wirksame Methoden, mit denen man tausend Einzelgänger zusammenschweißen konnte.

Anfänge des Drills sind aus dem alten Ägypten und von den Assyrern überliefert, den ersten Völkern, die mit großen Heeren operierten. Griechenlands Verhältnis zum Drill war gespalten; im Gegensatz zu Sparta und Mazedonien hielt Athen nichts davon oder vermochte jedenfalls nichts dergleichen durchzusetzen. Feigheit vor dem Feind und Flucht wurden selten bestraft, Befehle häufig nicht ausgeführt. Die Feldherrn ließen sich in lange Debatten mit ihren Soldaten ein und versuchten oft, sie durch Bitten, ja durch Tränen für ihre Pläne zu gewinnen. Xenophon beklagte, dass die Athener wohl ihren Turnlehrern und Chormeistern, nicht aber ihren militärischen Führern gehorchten.[487] Von den griechischen Söldnern des Kyros erzählte er: «Klearchos wollte seine Leute zuerst zum Marschieren zwingen; dann warfen sie jedes Mal mit Steinen nach ihm und seinen Pferden ... Er sah nun ein, dass man die Soldaten nicht zwingen konnte, und berief eine Versammlung ein. Lange stand er vor ihnen und weinte ...»[488]

Perikles brüstete sich sogar mit der Untrainiertheit der Athener: «Wir trotzen der Gefahr mehr durch natürlichen Mut als durch besondere Übungen in saurer Mühe», sagte er laut Thukydides 431 v. Chr. nach dem ersten Feldzug im Peloponnesischen Krieg. «Wir haben also den Vorteil, dass wir die kommenden Beschwerden nicht schon vorher empfinden. Trotzdem gehen wir ihnen nicht weniger tapfer entgegen als die, die sich schon vorher dauernd damit herumquälen.»[489]

Athen verlor den Krieg; nicht unbedingt wegen des spartanischen Drills, aber jedenfalls gegen ihn. Ob der spartanische Drill die *Phalanx* ermöglichte oder die Phalanx den Drill erzwang, lässt sich nicht entscheiden – gewiss ist nur, dass unerbittlich exerziert werden musste, um die Phalanx zusammenzuhalten und mit ihr zu manövrieren (Kapitel 14). Mit Toynbee: «Das Wesen der Phalanx bestand nicht in der Ausrüstung der einzelnen Krieger, ...

sondern in der Disziplin. Diese hatte einen barbarischen Haufen einzelner Krieger in eine militärische Formation verwandelt, deren geordnete taktische Bewegungen zehnmal mehr ausrichten konnten als die ungeordneten Anstrengungen einer gleichen Anzahl gleich gut bewaffneter Einzelkämpfer.»[490] Der Respekt vor dem Drill ging so weit, dass die Spartiaten keinen Sport treiben und sich nicht an den Olympischen Spielen beteiligen durften, aus Sorge, die sportliche Bewegung könnte den mühsam eingeübten militärischen Bewegungsrhythmus durchkreuzen.

Philipp II. von Mazedonien erhöhte die Anforderungen an sein Fußvolk, indem er die Bagagewagen abschaffte und bei Hitze Gepäckmärsche befahl. Spartanischer Disziplin wurden auch die römischen Soldaten unterworfen: einer Mischung aus ungeheuren Strapazen, drakonischen Strafen und böseren Schikanen, als einer glauben möchte, der sich im 20. Jahrhundert vom Militär geschunden fühlte. Als Sulla im Ersten Mithridatischen Krieg (88–85 v. Chr.) spürte, dass seine Armee des Angriffsgeists ermangelte, ließ er sie so hart arbeiten, «dass sie von ihm die Schlacht als das Ende ihrer Leiden erbat».[491] Aus dem Jahrhunderte währenden, für Freund und Feind blutigen Verfall der römischen Heere stand die Armee des Byzantinischen Reichs mit neuer Strenge und Ordnung auf – lange Zeit die einzige disziplinierte Armee der Welt.

Dschingis Khan errang seine Triumphe nicht durch den bloßen Angriffsschwung seiner Krieger, sondern auch durch eine Disziplin von unerbittlicher Strenge. Seine Reiter gliederte er nach dem Dezimalsystem, in Gruppen zu zehn, Kompanien zu 100, Regimenter zu 1000 Mann; 10 000 bildeten eine Armee. Nach einheitlichen Signalen mit schwarzen und weißen Wimpeln lernten sie einheitliche Bewegungen auszuführen in erbarmungslosem Drill, wie er an Härte auch in Preußen nie übertroffen worden ist. Jeder Reiter kannte zudem den Befehl: Wenn er flieht, wird seine gesamte Gruppe hingerichtet; mit dem Tod bestraft wird auch, wer plündert, ehe der Sieg errungen ist. So formte Dschingis Khan aus dem Tempo des Pferdes, der Jagdlust der Reiternomaden und seinem ehernen Gesetz eine Angriffsmaschine, der weder in Asien noch in Europa ein Heer gewachsen war.

In der Neuzeit – nach Anfängen bei den Schweizer Söldnern und beim Freiheitskampf der Niederlande im 16. Jahrhundert – war es wieder die schwedische Armee von Gustav Adolf, die zuerst den Wert des Drills erkannte. Die beiden klassischen Drillmeister aber wurden ein Franzose und ein Deutscher: *Jean Martinet* und der *Alte Dessauer*.

Oberstleutnant Martinet wurde 1660 der Generalinspekteur der französischen Infanterie. In Deutschland fast unbekannt, ist im französischen und englischen Sprachraum sein Name noch heute sprichwörtlich in dem Sinne, in dem deutsche Soldaten von einem «Kommisskopp» sprechen. Er führte Dinge ein, die uns heute so selbstverständlich scheinen, dass wir vergessen haben, dass sie einmal erfunden werden mussten: vor allem Kommandos, auf die hin eine Truppe sich in bestimmten Formationen aufstellte und bewegte.

In Linie antreten, in Ordnung schwenken – nichts dergleichen hatte es (außer Ansätzen bei den Schweden) im Dreißigjährigen Krieg gegeben. Es war ein Haufen, der herumstand und vorstürmte, und sollte er ausnahmsweise eine exakte Aufstellung nehmen, so schob der Feldweibel jeden Mann einzeln an seinen Platz. Das Regiment durch Befehle als Block verfügbar zu machen wie einst eine römische Kohorte, jedoch unter den erschwerten Bedingungen der Feuerwaffen – mit dieser umstürzenden Neuerung Martinets gewannen nun berühmte Feldherrn wie der Vicomte de Turenne und Prinz Ludwig II. von Condé ihre Schlachten. Man kann sich ausmalen, wie viel Drill nötig war, um Analphabeten, Landstreicher, Bauernsöhne zu Marionetten in der Hand ihres Führers abzurichten.

Wie später bei der Organisation der Heere Carnot von Scharnhorst überwunden wurde, so Martinet von Fürst Leopold I. von

Anhalt-Dessau, der von 1712 bis zu seinem Tode 1747 preußischer Feldmarschall war und unter drei Königen diente: Friedrich I., Friedrich Wilhelm I. und dem jungen Friedrich II., der später der Große hieß.

Der *Gleichschritt* ist, entgegen einer verbreiteten Legende, *nicht* seine Erfindung. Die alten Ägypter, die Griechen, die Römer und die Schweizer Söldner des 15. Jahrhunderts verwandten ihn mitunter, wenn die Bodenbeschaffenheit dies zuließ; vermutlich wegen eines Effekts, der sich an jedem Kind ausprobieren lässt: Wer müde ist, marschiert im gleichen Takt mit anderen leichter.

Aufsehen erregte der Gleichschritt erst, als er exerziermäßig geübt, exakt eingedrillt, zur normalen Bewegungsart von Truppenkörpern gemacht wurde – und diese Neuerung brachte 1720 ein hessisches Söldnerregiment aus Sizilien mit. In Preußen hielt man die Nachrichten davon zunächst für erlogen, da es unmöglich sei, «dass jeder Kerl mit allen andern Kerls denselben Tritt haben könne».[492] Friedrich Wilhelm I. ließ sich den Exerzierschritt im Berliner Lustgarten vorführen und verordnete ihn 1730 für die gesamte preußische Armee.

Dies war also nicht das Werk des Alten Dessauers, aber es passte in sein Konzept. Alles, was die Soldaten zu gemeinsamen, mechanischen Bewegungen zwang, erleichterte ihm die Lösung seiner eigentlichen Aufgabe: die umständliche Handhabung und miserable Treffsicherheit der damaligen Gewehre durch eine Art exakter Fließbandtechnik zu überspielen. 34 Handgriffe waren nötig, bis der geschulterte Vorderlader schussfertig in der Hand des Soldaten lag; kein damaliges Heer kam unter solchen Umständen auf mehr als zwei Schüsse pro Soldat und Minute. Der Alte Dessauer brachte Rhythmus in die 34 Handgriffe und ließ sie so oft und so hartnäckig im Gleichmaß üben, bis die 34 Geräusche jedes zur gleichen Zeit ertönten, jeder Zug also in derselben Sekunde schießfertig war – und zwar früher als vorher.

Da Fürst Leopold obendrein den zerbrechlichen hölzernen

Ladestock durch einen eisernen ersetzte, gelang es ihm, die Feuergeschwindigkeit zu verdoppeln. Um die rollende Pelotonsalve zu ermöglichen, kam es nun noch darauf an, jedes Peloton zu einem festen Block zu machen, der auf Kommando jede gewünschte Bewegung ausführte, ohne seine Form zu verändern.

Der vielgeschmähte preußische Drill war also ganz zielstrebig eine Vorbereitung auf das Gefecht und für den Kampf so nützlich wie keine andere Ausbildungsart, die bis dahin ersonnen worden war. «Die Mannszucht erhält dem Vaterlande seinen Ruhm, verschafft ihm in Friedenszeiten Achtung und führt im Krieg den Sieg herbei», schrieb Friedrich der Große 1752. «Man müsste ein ganz erbärmlicher Mensch, in Trägheit versunken, von lasterhaftem Leben entnervt sein, wollte man die Mühe und Arbeit scheuen, die die Erhaltung der Mannszucht im Heer erfordert.»[493]

Man scheute sie nicht. Nur fragte man sich, als Preußen von den französischen Revolutionsheeren geschlagen worden war, ob die Zeit nicht über den preußischen Drill hinweggegangen sei. Scharnhorst meinte dies, milderte den Drill und schränkte die barbarischen Prügelstrafen der friderizianischen Korporale auf wenige Delikte ein. Auch bei dieser Reform stieß er auf Widerstände, beispielsweise beim Freiherrn vom Stein, der das Prügeln als «eine ganz passende Strafe» bezeichnete, die nicht nur bei den Römern, sondern auch gegenüber den Geistlichen und Rittern des Deutschen Ordens angewandt worden sei.[494]

Wie üblich, trägt in der Weltmeinung Preußen die Last dessen, was in fast allen Armeen der Erde irgendwann praktiziert worden ist. Die jungen Vereinigten Staaten verschrieben sich einen preußischen Drillmeister, den ehemals fritzischen Hauptmann Friedrich Wilhelm von Steuben, «eine von Gottes besten Gaben an Amerika in seinem Freiheitskampf».[495] Den ungeschulten Tirailleurs paukte er preußischen Gefechtsdrill ein, indem er eine Modellkompanie persönlich exerzierte (ohne Englisch zu können!) und deren Mitglieder dann als Lehrer auf die junge Armee verteilte. Er war allerdings anpassungsfähig genug, auf «Kadaver-gehorsam» zu verzichten. «Tu dies!» dürfe man einem amerika-nischen Soldaten nicht sagen, konstatierte er, sondern «Tu dies aus folgendem Grund.»[496] (Später nahm auch Amerika auf den Wissensdurst seiner Soldaten nicht mehr so viel Rücksicht.)

Über das österreichische Militär schrieb Robert Musil in ge-messener Ironie: «Geist ist Ordnung, und wo gibt es mehr Ord-nung als beim Militär? Alle Halskragen haben dort eine Höhe von vier Zentimetern, die Zahl der Knöpfe ist genau festgesetzt ... Wissenschaft ist nur dort möglich, wo sich die Geschehnisse wie-derholen oder doch kontrollieren lassen, und wo gäbe es mehr Wiederholung und Kontrolle als beim Militär? Ein Würfel wäre kein Würfel, wenn er nicht um neun Uhr so rechteckig wäre wie um sieben. Die Gesetze der Planetenbahnen sind eine Art Schieß-vorschrift.»[497]

Dasselbe in der gröberen Ausdrucksweise der Vorgesetzten des braven Soldaten Schwejk: «Disziplin, ihr Heuochsen, muss sein, sonst möchtet ihr wie die Affen auf den Bäumen klettern. Aber das Militär wird aus euch Menschen machen, ihr Trotteln! ... Denkt euch nicht, ihr Dreckfresser, ihr faulen Kühe und Horn-ochsen, dass für euch dieser Krieg schon auf dieser Welt endet. Wir werden uns noch nach dem Tod wiedersehen, und ich werd euch so ein Fegefeuer hermachen, dass ihr davon ganz plemplem sein werdet, ihr Saubande!»[498]

Es war ein Engländer, der uns jene Gespaltenheit über den Drill vorexerziert hat, an der heute etliche Armeen herumlaborieren. Der junge erfolgreiche *Oberst* T. E. Lawrence war ein Bewunderer deutscher Disziplin: «Hier zum ersten Mal wurde ich stolz auf den Feind, der meine Brüder getötet hatte», schrieb er über ein Gefecht im Jahre 1918. «Sie waren zweitausend Meilen von ihrer Heimat entfernt, ohne Hoffnung im fremden, unbekannten Land, in einer Lage, verzweifelt genug, um auch die stärksten Nerven zu bre-chen. Dennoch hielten ihre Trupps fest zusammen, geordnet in

Reih und Glied, und steuerten durch das wirr wogende Meer von Türken und Arabern wie Panzerschiffe, schweigsam und erhobenen Hauptes. Wurden sie angegriffen, so machten sie halt, gingen in Gefechtsstellung und gaben wohlgezieltes Feuer. Da war keine Hast, kein Geschrei, keine Unsicherheit. Prachtvoll waren sie.»[499]

Der *Oberst* Lawrence bejahte auch die Körperstrafe, ja zynisch bekannte er: «Da die Sorge um die Erhaltung unseres Lebens so groß war, musste der Wille zur Bestrafung mitleidlos sein ... Hatten wir Anlass oder Wunsch zu strafen, so schrieben wir unverzüglich unsern Spruch mit Kugel oder Peitsche in die Haut des Verurteilten ein.»[500] Anlass *oder Wunsch!*

Als der Oberst Lawrence später unter falschem Namen *Rekrut* geworden war, machte er seinen Vorgesetzten eben das zum Vorwurf, was er nach seinem eigenen Eingeständnis beim Strafen praktiziert hatte: «Solange ich noch unter dem frischen Eindruck des Erlebnisses stehe, möchte ich schriftlich fixieren, dass einige von den Leuten, die Tag für Tag Gewalt über uns ausüben, dies mit Freude am Quälen tun. Wenn wir bis zu Tränen um Atem ringen, geht ein Glitzern über ihre Gesichter ... und das verrät, dass wir nicht zu unserem Besten leiden, sondern um damit eine Leidenschaft zu befriedigen.»[501]

Dass ein brüllender und schikanierender Korporal ein Quäntchen Machtrausch und Sadismus mitbekommen hat, ist selbstverständlich und allein noch *kein* Einwand gegen den Drill. Die *militärisch* vernünftige Frage kann nur lauten: Ist Drill im alten Wortsinn, ist Schleiferei noch sinnvoll in Ansehung derjenigen Arten von Krieg, die heute allenfalls geführt werden können? Es sind ja Schleiferei und Schikane, die im 20. Jahrhundert die Stelle der Prügel eingenommen haben. Der Vorgesetzte durfte den Untergebenen nicht anfassen, aber ihn bei 30 Grad im Schatten in feldmarschmäßiger Ausrüstung sechsmal unter der Gasmaske über eine große Wiese rennen lassen; und einiges, was der Vorgesetzte nicht durfte, taten unzählige Vorgesetzte doch: zur Strafe

Liegestütze machen, das Hinlegen auf Zement oder in Pfützen üben, durch Schlamm robben, unter der Gasmaske Lieder singen, den Rekruten unflätig beschimpfen – bis zu der Aufforderung, in die viele Ausbildungsunteroffiziere der Großdeutschen Wehrmacht verliebt waren: «Lassen Sie sich umficken!»

Mit härtestem Drill und rücksichtsloser Brechung der Individualität begrüßt eine der berühmtesten und immer noch besten Truppen von heute die Rekruten: die amerikanische Marine-Infanterie. Die Köpfe werden kahl geschoren, außer Uhr und Briefpapier gibt es kein Privateigentum, während der Grundausbildung ist das Gehen und sogar das Sprechen verboten; es wird geschwiegen und gerannt.

Wie passt es dazu, dass die Buren bei ihrem Kampf gegen die Engländer nicht nur keinen Drill, sondern nicht einmal eine militärische Ordnung kannten und sich dennoch durch hohe Kampfkraft auszeichneten? Und dass die israelische Armee in der Vernachlässigung der Formen bis zum äußersten Gegenteil preußischer Sitten geht, dass unrasierte Soldaten und essende Posten in der Kaserne nicht auffallen – und dass dieselbe Armee 1948/49 im Krieg gegen ihre arabischen Nachbarn sowie 1956 im Sinaifeldzug eine ungewöhnliche Kriegstüchtigkeit bewies?

Der amerikanische Oberst Marshall (der vom Sinaifeldzug fasziniert war und ein Buch darüber geschrieben hat) sagte über die amerikanischen Soldaten: «Manche der tüchtigsten Einzelkämpfer, die ich im Zweiten Weltkrieg kennenlernte, hatten die meiste Zeit vorher im Arrest zugebracht ... In Kompanie nach Kompanie fanden wir Leute, die während der Ausbildung konsequent versagt und sich durch Faulheit, Undiszipliniertheit und Widersetzlichkeit ausgezeichnet hatten und die nun ebenso konsequent Löwen des Schlachtfelds waren, mit allen Tugenden ausdauernden Angriffsgeistes, einfühlenden Gehorsams und wohlüberlegten Handelns. War dann der Kampf vorbei, so fielen sie beinahe ohne Ausnahme in ihre alten Fehler zurück.»[502]

Die Löwen des Schlachtfelds also die geborenen Krieger – das leuchtet ein. Der Kasernenhof war ihnen genauso ein Gräuel wie einem überzeugten Zivilisten. Sie wollten nicht Drill, sondern Ruhm, Gefahr und Blut. Ihre Nützlichkeit in der Schlacht besagte freilich nicht, dass man Faulheit und Undiszipliniertheit nur ausbreiten müsste, um lauter Löwen heranzubilden; es illustriert lediglich die alte Tatsache, dass in Wehrpflichtheeren die Krieger eine Minderheit bilden.

Nachdenklich stimmen muss auch Pazifisten, was Erich Maria Remarque in seinem weltberühmten Antikriegsroman «Im Westen nichts Neues» zu bedenken gab: «Uns ist wohl jeder Kasernenhofschliff zuteilgeworden, der möglich war, und oft haben wir vor Wut geheult. Manche von uns sind auch krank dadurch geworden, Wolf ist sogar an Lungenentzündung gestorben. Aber wir wären uns lächerlich vorgekommen, wenn wir klein beigegeben hätten. Wir wurden hart, misstrauisch, mitleidlos, rachsüchtig, roh – *und das war gut*; denn diese Eigenschaften fehlten uns gerade. Hätte man uns ohne diese Ausbildungszeit in den Schützengraben geschickt, dann wären wohl die meisten von uns verrückt geworden. So aber waren wir vorbereitet für das, was uns erwartete.»[503]

Und das kann nur heißen: Auf eine so schreckliche Sache wie den Krieg wurde der Soldat durch scheußliche Quälerei immer noch am besten vorbereitet. Die beiden waren einander wert.

31 Mit Medaillen

> Mit die ordens weiß ich mich nun kein Rath mehr ich
> bin wie ein allt kuttsch Perd behangen, aber der gedanke
> lohnt mich über alles daß ich derjenige wahr der den
> übermüttigen tihrannen demütigte.
>
> *Gebhard Leberecht Blücher* (1813)

Das Militär braucht mit seiner Erziehung nicht beim Nullpunkt
einzusetzen. Die freiwilligen Krieger und weithin auch die ge-
zwungenen Soldaten brachten eine Vielfalt offenkundiger oder
schlummernder Antriebe und Eigenschaften mit, die sich wecken
und verstärken, pflegen und unter Kontrolle bringen ließen – die
Motive, von denen in «Wofür sie sterben» die Rede war: die Begeisterung für eine Person oder eine Sache, den Nationalstolz,
den Durst nach Ruhm, Ehre, Selbstbestätigung, nach Beute und
Trophäen, nach Abenteuern und Gefahren, nach Blut und Zerstörung – und über allem die animalische und soziale Angriffslust,
von der sich kaum einer ganz freisprechen kann. Aufgabe Nummer 1 des Militärapparats hat (ohne dass sie so formuliert worden
wäre) zu allen Zeiten gelautet: Man spiele auf dem Klavier der mit-
gebrachten Eigenschaften.

Spielart A: Der Feldherr kennt seine Beliebtheit bei den Soldaten und spielt sie aus. Alexander der Große: «Was ist mir von
allen Beschwerlichkeiten geblieben als dieser Purpur und dieses
Diadem? Ich besitze nichts für mich ..., ich, der ich die gleiche
Speise mit euch und mit euch gleichen Schlaf genieße, wiewohl
ich nicht einmal so gut zu speisen glaube wie die Genießer unter euch; nur so viel weiß ich: dass ich für euch wache, damit ihr
schlafen könnt.»[504]

In vielen modernen Heeren begaben sich die Offiziere in eine
Situation, in der sie eine Art Gefolgschaftstreue und den damit
verbundenen Ehrgeiz zu provozieren suchten: Sie ritten, mar-

schierten oder stürmten vor der vordersten Linie. Gleichzeitig gaben sie damit ein Beispiel der Todesverachtung und schafften einen Bewegungsimpuls in Richtung auf den Feind. «In dem Zugführer vor der Front, in dem Hauptmann und Rittmeister, auf den alle Blicke gerichtet sind, liegt die Kraft der Armee», dekretierte Moltke 1869.[505] Noch 1914 lehnten es die meisten Offiziere ab, sich den feindlichen Kugeln weniger zu exponieren – ein Heldentum, das nach unerhörten Verlusten unter den Offizieren schließlich im Hagel der Maschinengewehre zusammenbrach.

Spielart B: Der Feldherr kennt die Habgier seiner Soldaten und befriedigt sie, und zwar entweder durch den Hinweis auf eine bevorstehende Plünderung (Kapitel 23) oder durch Zuwendungen an Gold, Geld oder sonstigen Reichtümern.

Die Schlacht von Philippi (42 v. Chr.), bei der Cäsars Mörder Brutus und Cassius gegen Antonius und Oktavian (den späteren Kaiser Augustus) unterlagen, war eine Schlacht des Goldes: «Brutus und Cassius führten das Gold der kleinasiatischen Tempel in langen Maultierkolonnen auf das Schlachtfeld»[506], und von Augustus sagte Montesquieu, er sei der einzige römische Feldherr gewesen, «der die Zuneigung der Soldaten durch unaufhörliche Proben angeborener Feigheit gewann. Zu jenen Zeiten legten die Soldaten eben mehr Wert auf die Freigebigkeit eines Feldherrn als auf seinen Mut».[507] Viele spätrömische Kaiser hielten sich schließlich nur noch durch die ungeheure Verschwendung an der Macht, die sie gegenüber den Soldaten trieben.

Peter der Große ritt vor der Schlacht bei Poltawa (1709) durch die Reihen seiner Männer und versprach jedem eine Belohnung. Napoleon fragte 1809 die Offiziere eines Regiments nach dem tapfersten von ihnen, der Regimentsadjutant wurde ihm genannt, der Kaiser sprach: «Nun, da es alle sagen, mache ich dich zum Baron mit 4000 Franken Rente!»[508] Hitler rügte, dass im Ersten Weltkrieg den deutschen Frontkämpfern nicht in Aussicht

gestellt worden sei, man würde ihnen im Fall des Sieges soundso-
viel tausend Quadratkilometer Boden als Eigentum zuweisen.[509]

Spielart C: Der Feldherr kennt den Ehrgeiz seiner Soldaten, sta-
chelt ihn noch an und befriedigt ihn anschließend, vorzugsweise
durch Orden und Beförderungen.

Den vorhandenen und noch angestachelten Ehrgeiz zu befriedigen – dazu haben sich die Orden als ein treffliches Mittel erwiesen. Was wir heute unter Orden verstehen, ist freilich nicht alt; es
hat eine merkwürdige Geschichte, zu der drei Entwicklungslinien
völlig verschiedenen Ursprungs führen: die eine vom Mönchsorden, die zweite vom Ölzweig, die dritte von der Kopfjagd.

Das Wort Orden bedeutet ja «Ordnung» und damit im frühesten übertragenen Sinn eine Gemeinschaft von Mönchen, die
nach strengen Regeln leben. Daraus entstanden während der
Kreuzzüge die geistlichen Ritterorden, die die harten Regeln des
Mönchsordens mit den Aufgaben des Ritters, also das Mönchs-
gelübde mit dem Kampf gegen die «Ungläubigen» verbanden – so
die Johanniter, die Templer und der Deutsche Orden, der, 1198 in
Akka gegründet, im 13. bis 15. Jahrhundert Ostpreußen und das
Baltikum kolonisierte. Der Johanniterorden existiert noch heute,
und zwar in einem katholischen Zweig als Malteserorden und in
einem evangelischen als Balley Brandenburg.

Aus den geistlichen Ritterorden entwickelten sich – die dritte
Stufe – die weltlichen Ritterorden: höfische Gemeinschaften, in
die der König die Edelsten seines Landes aufnahm. Die bekann-
testen sind der *Hosenbandorden*, 1348 in England gegründet und
auf 25 Mitglieder (zuzüglich der königlichen Familie) beschränkt,
der *Annunziatenorden*, 1362 in Savoyen entstanden, später im
Königreich Italien fortgeführt (der König sprach die Ordensritter
mit «Vetter» an), und das *Goldene Vlies*, 1429 in Burgund gestiftet,
später von Österreich und Spanien übernommen.

Ein Orden war also nichts, was verliehen, sondern etwas, in
das man aufgenommen wurde – auch wenn es uns schwerfällt,

das Wort «Hosenbandorden» heute noch richtig zu hören: nämlich nicht als ein Abzeichen, sondern als eine Gemeinschaft, die sich das Abzeichen gewählt hat, an deren Existenz der Verzicht auf das Zeichen aber nichts ändern würde.

Der Umstand jedoch, dass die geistlichen und weltlichen Ordensgemeinschaften sich durchweg Abzeichen gaben, führte im Verlauf des 18. Jahrhunderts zur Stiftung solcher Orden, die mehr Abzeichen als Gemeinschaften waren, ohne dass sich dabei immer eine klare Grenze hätte ziehen lassen. Preußens Schwarzer Adlerorden (1701) war mit der Verleihung des erblichen Adels verbunden, ähnlich der Maria-Theresia-Orden (Österreich 1757) und der Max-Joseph-Orden (Bayern 1806) mit der Verleihung des Titels «Ritter von». Die Träger des Ordens waren also zugleich Mitglieder einer Adelsgemeinschaft.

Doch schon der französische St.-Ludwigs-Orden (1693) und der preußische *Pour le mérite* (1740) waren Auszeichnungen mit bloßem Medaillencharakter. Der *Pour le mérite* – zunächst für jegliches Verdienst verliehen, so von Friedrich an Voltaire – wurde 1810 auf Kriegstaten von Offizieren eingeschränkt, 1842 jedoch durch eine Friedensklasse ergänzt, die noch heute besteht und wieder den Charakter einer weltlichen Ordensgemeinschaft hat, in die der Auszuzeichnende durch Zuwahl aufgenommen wird.

1782 stiftete General Washington ein Militärehrenzeichen *(Badge for Military Merit)*, 1789 Österreich eine Tapferkeitsmedaille für Unteroffiziere und Mannschaften, 1802 der Konsul Bonaparte die *Ehrenlegion*, die dem Namen nach also wieder eine Gemeinschaft, in der Praxis jedoch nur ein Abzeichen war. Ähnlich wie der Maria-Theresia- und der Max-Joseph-Orden wurde die Verleihung des Kreuzes der Ehrenlegion mit einem Ehrensold verbunden.

Dass das republikanische Frankreich wieder Orden einführte, wenige Jahre nachdem es das «royalistische Ordensunwesen» hinweggefegt und die Gleichheit aller Bürger proklamiert hatte –

dieser Entschluss Bonapartes war zunächst auf heftigen Widerstand gestoßen. «Man nennt das Spielzeug und Flitter», sagte der Konsul vor dem Staatsrat zu seiner Rechtfertigung. «Gut! Aber mit solchem Flitterwerk leitet man die Menschen … Ich glaube nicht, dass das französische Volk Freiheit und Gleichheit liebt. Die Franzosen haben sich auch in den letzten zehn Jahren nicht geändert. Sie haben nur eine Leidenschaft, und diese nenne ich *Ehre*. Diese Leidenschaft aber muss man hegen und pflegen – also Orden verleihen!»[510]

Ähnlich berühmt wie das Kreuz der Ehrenlegion wurde das *Eiserne Kreuz*. Friedrich Wilhelm III. von Preußen stiftete es 1813, Karl Friedrich Schinkel entwarf es in Anlehnung an das Brustkreuz der Priesterbrüder des Deutschen Ordens. Sein Ruf gründete sich darauf, dass es in einer Stunde der nationalen Begeisterung geschaffen wurde und über Generationen hinweg die vaterländische Leidenschaft symbolisierte; dass es auf Beigaben in Form von Adel oder Geld verzichtete und als erster Orden in Europa in jeder Klasse an alle Dienstgrade verliehen wurde; schließlich darauf, dass die schöne Schlichtheit von Form und Material damals revolutionär wirkte.

Einen Ruhm, der dem der Ehrenlegion und des Eisernen Kreuzes vergleichbar ist, erwarb sich auch das britische *Victoriakreuz*, 1856 während des Krimkriegs gestiftet und, ähnlich der Ehrenlegion, mit einer Soldzulage verbunden – offenbar da es sich als nützlich erwies, mehr als einem soldatischen Antrieb zu schmeicheln.

Im weiteren Verlauf des 19. Jahrhunderts und in den Weltkriegen gab es dann jene Vielzahl verschiedenartiger, zum Teil verwirrend abgestufter und zehntausendfach verliehener Tapferkeitsauszeichnungen, die alle «Orden» hießen und damit den ursprünglichen Sinn des Wortes aus dem Bewusstsein drängten – mit einem Höhe- oder Tiefpunkt in der Großdeutschen Wehrmacht: Ein deutscher Oberleutnant ließ sich 1944 fotografieren mit Ritterkreuz, Deutschem Kreuz in Gold, Fallschirmjägerabzeichen, Goldenem Verwundetenabzeichen, Infanteriesturmabzeichen, Goldener Nahkampfspange sowie zwei Ärmelstreifen für im Alleingang abgeschossene Panzer.

Unter Offizieren gab es Neid auf Jagdflieger und U-Boot-Kommandanten mit ihrem leichten Zugriff aufs Ritterkreuz und bei den Zweiten zuweilen gefälschte Versenkungs-Erfolge; für Generale war es peinlich, keinen Nachweis der Fronterfahrung auf der Brust zu tragen; und mancher Urlauber fürchtete, seine Familie zu enttäuschen, wenn er ohne Orden heimkam. Kurz: «Das Anreizsystem wurde von der Wehrmacht akzeptiert und nie in Frage gestellt.»[511] Über General Petraeus, den zeitweiligen amerikanischen Oberbefehlshaber in Afghanistan, berichtete die «International Herald Tribune» 2012, er habe 13 Medaillen und 45 Bänder auf der Brust getragen, und dies nach insgesamt drei Tagen Kampferfahrung.[512]

Auszeichnungen für ein militärisch wirksames oder vorbildliches Verhalten sind indessen viel älter als das, was wir heute «Orden» nennen: Ehrungen nämlich, die nicht in einer nach Satzung und Routine verliehenen Medaille, sondern in einer symbolischen Gabe oder Hervorhebung individuellen Charakters bestanden.

Wie dem Sieger der Olympischen Spiele, so winkte auch hervorragenden griechischen Soldaten ein Ölzweig oder ein Kranz aus solchen Zweigen. Miltiades, der Sieger von Marathon, wurde dadurch geehrt, dass er auf dem offiziellen Kampfgemälde in der Galerie am Marktplatz von Athen deutlicher als die anderen Anführer sichtbar war. Später wünschten sich athenische Feldherren, in der Pose des Siegers in Stein gemeißelt und auf dem Marktplatz aufgestellt zu werden. Häufig kamen Geldprämien hinzu. Verdiente Aztekenkrieger trugen im Kampf an der Schulter kostbare Gebilde aus Rohr, Federn und Gold, die Vögel, Schmetterlinge oder die Sonnenscheibe darstellen sollten.

Der deutsche Kronprinz Wilhelm überreichte 1916 dem französischen Major Sylvain Raynal den Degen eines anderen gefangenen Offiziers – aus Bewunderung für die Tatsache, dass Raynal mit seinen 600 Mann das Fort Vaux vor Verdun sieben Tage lang gegen eine vielfache deutsche Übermacht verteidigt und dabei buchstäblich um jeden Meter Korridor gekämpft hatte.

So ist also der «Orden» einerseits aus dem Mönchsorden und andrerseits aus der «Ehrengabe» hervorgegangen. Den Anstoß zur Entwicklung des Medaillenwesens aus diesen beiden Ursprüngen gab indessen eine Zwangslage, in die Karl XII., Friedrich der Große, Napoleon gerieten, indem sie das *Plündern* einschränken oder unterbinden wollten. Der Soldat, der auf dem Schlachtfeld weder materielle Reichtümer sammeln noch dem toten Gegner Körperteile abtrennen sollte, die er als Trophäen, als Ausweise seiner Männlichkeit hätte nach Hause schleppen können – dieser Soldat brauchte einen Ersatz. Wer Kopfjagd und Leichenfledderei verbietet, muss Orden stiften, ihm bleibt gar keine Wahl. Der Soldat hat Anspruch darauf, bei den anderen Soldaten wie auch gegenüber den Zivilisten und vor allem «zu Hause bei den Damen» ein Abzeichen seiner Kraft, Kampflust und Todesbereitschaft vorzuweisen; verwehrt man ihm die Skalpe, muss man ihm Lametta bieten.

Das Medaillenwesen ist also die Folge oder wenigstens das Kennzeichen eines Kulturfortschritts, der darin bestand, dass die Beraubung und Verstümmelung des toten Gegners unterblieb. Damit waren zugleich zwei bedeutende militärische Vorteile verbunden: Die Plünderung hatte ja den Plünderer oft in Gefahr gebracht (Kapitel 23), außerdem kann der Feldherr die Ordensverleihung steuern, also eigene Maßstäbe setzen und auch andere Kriegshandlungen als das Töten belohnen. Die bei keiner Trophäe mögliche Feinheit der Abstufung, das Moment der landesherrlichen Gnade oder Willkür haben den Orden – mindestens bis 1945 – zu einem Gegenstand nicht geringerer Leidenschaft gemacht, als die Jivaros sie für ihre Schrumpfköpfe empfanden.

Die Eitelkeit war dabei keineswegs aufs Militär beschränkt: Zahllos sind die Anekdoten über verdiente Preußen, die sich den Schwarzen Adlerorden erhofft, aber nur den Roten erhalten hatten. Ein enttäuschter Empfänger warf den roten Orden in die Schublade und rief: «Da liege, bis du schwarz wirst!» Ein General seufzte: «Ich gäbe den Schwarzen drum, wenn ich den Roten wieder los wäre.» Beide Geschichten erzählt Theodor Fontane – selbst ein unzufriedener Träger des Roten Adlers.[513]

Tolstoi notierte 1855 in Sewastopol: «Ich höre es gern, wenn man einen Eroberer, der um seines Ehrgeizes willen Millionen von Menschen zugrunde richtet, einen Unmenschen nennt. Fragt man aber den Fähnrich Petruschow und den Leutnant Antonow auf Ehre und Gewissen, so wird sich herausstellen, dass jeder von ihnen ein kleiner Napoleon ist, ein kleiner Unmensch, der sogleich bereit ist, einen Kampf einzugehen und Hunderte von Menschen zu töten, nur um ein zusätzliches Ordenssternchen oder um ein Drittel mehr Gehalt zu bekommen.»[514]

Dostojewskij berichtete 1862 aus Paris: «Das Band der Ehrenlegion ist etwas Entsetzliches. Jeder seiner Träger brüstet sich dermaßen, dass ein Zusammensein mit ihm fast unerträglich wird; man kann mit ihm weder in demselben Eisenbahnwagen fahren noch im Theater neben ihm sitzen … Es fehlte nur noch, dass er einen anspuckt, bis zu solcher Schamlosigkeit tut er sich mit seinem Ordensband wichtig.»[515]

Ähnliches weiß der brave Soldat Schwejk von dem Prager Tischler Mlitschko zu erzählen, der die Silberne Tapferkeitsmedaille erhielt, «weil er der Erste war, dem bei seinem Regiment zu Kriegsbeginn eine Granate ein Bein abgerissen hat. Er hat ein künstliches Bein bekommen und hat angefangen, sich überall mit seiner Medaille patzig zu machen, und hat gesagt, dass er überhaupt der allererste Krippel vom Regiment is».[516]

Sich mit seiner Medaille «patzig» machen: Das ist nur eine krasse Formel für die Eitelkeit, die auch im Zweiten Weltkrieg nicht wenigen Ritterkreuzträgern aus dem Kragen leuchtete – leuchten musste, wenn der Orden mehr als ein beliebiges Stück Eisen sein sollte. «Die Männer sehen in jedem neuen Kommandeur einen Anwärter auf das Ritterkreuz, das er sich mit ihrem Blut verdienen will», sagt ein Hauptmann bei Willi Heinrich.[517]

Dies ist die Kehrseite der Medaille. Dass Ehrgeiz, Ruhmsucht, Neid und Eitelkeit im Zivilleben nicht als besonders sympathisch empfunden werden, ändert indessen nichts an ihrem hohen Nutzen für die Heeresorganisation; es trifft sich ja überhaupt, dass militärische Tugenden nur selten zivile Tugenden sind. Der Drang, sich hervorzutun, und die kleinen Stücke verschiedenfarbigen Metalls, die der Staat mit höchst geringem Geldaufwand herzustellen vermag, sind eine fruchtbare Ehe eingegangen.

32 Mit buntem Tuch

> Er trug einen vom damaligen Kaiser entliehenen Rock
> und bekleidete denselben vom Jahr 1915 bis 1918.
>
> *Kurt Tucholsky*, Trauerrede auf Ignaz Wrobel

Fische von grellen Farben zeichnen sich durch extreme Angriffslust gegenüber ihren eigenen Artgenossen aus. Viele Fische leuchten nur dann in ihrem vollen Schmuck, wenn Liebe oder Kampfbegeisterung sie erfüllen; fürchten sie sich, so nehmen sie eine Tarnfarbe an. Fallen bei Vögeln die Männchen durch allzu bunte Federn und bizarre Formen auf, so ist dies ein Zeichen, dass sie um das Weibchen nicht mehr kämpfen, sondern es ihm überlassen, den Schöneren zu wählen.

Sonderbar ist, dass man statt Tier, Form und Farbe auch *Mensch und Uniform* setzen kann und die Beobachtungen immer noch stimmen. Denn so ist es ja nicht, dass die Uniform eine reine Zweckkleidung wäre. Sie soll wohl praktisch sein – aber keineswegs stand diese Erwägung immer im Vordergrund, und noch heute regiert sie nicht ausschließlich. Wie groß war denn der militärische Nutzen von Gold und Silber, Rot und Blau auf Kragenspiegeln, Achselklappen, Mützenbändern, Biesen, Tressen, Ärmelstreifen, mit denen fast alle Armeen der Welt die öden Tarnfarben der heutigen Uniformen im Kleinen durchkreuzen, mindestens beim Ausgehanzug?

Hier ging es nicht um Zweckmäßigkeit, sondern darum, dass der Hang zur Buntheit unter kriegerischen Männern unausrottbar ist und sich durch jedes schmutzige Grau und Olivgrün hindurch immer wieder Bahn brach. Sich wie ein Kampfhahn aufzuputzen gefällt den Hähnen (und den Hennen). Die Könige waren es zufrieden, denn grelle Farben hatten auch für sie manche Vorzüge – sie waren ein Zeichen von Aggressivität oder konnten sie sogar erzeugen helfen; sie erschreckten den Gegner, da er diesen

Zusammenhang instinktiv erkannte; und sie schmeichelten keineswegs nur der Eitelkeit der Soldaten, sondern auch der ihrer Arbeitgeber: Wie wohlgefällig ruhte das Auge des Königs auf den bunten Marionetten, deren Fäden er in den Händen hält, wie schmückten und putzten sie ihn! Noch heute verzichtet kein Monarch auf seine Palastwache in Papageienfarben.

Nein, die Kampftauglichkeit der Uniform war nur ein Grund unter anderen und noch dazu ein ziemlich junger. Selbst der militärische Nutzen scheint weniger in der Zweckmäßigkeit für den Kampf als in der psychologischen Wirkung zu liegen: Die Uniform macht jedem ihrer Träger deutlich, dass er aufgehört hat, ein Individuum zu sein. Sie ist ein weiteres Mittel der Einschmelzung, ein treffliches Werkzeug der Gleichmacherei – und zugleich das augenfälligste Abzeichen dieses Umformungsvorgangs.

Die älteste Spielart der Uniform war die Kriegsbemalung; zugleich ein Beweis dafür, dass oft Buntheit alles und Zweckmäßigkeit nichts galt. Nicht nur bei Indianern und Schwarzen war die Färbung von Gesicht und Körper üblich. «Alle Britannier bemalen sich mit Färberwaid, der eine blaue Farbe erzeugt und ihren Anblick im Kampf umso schrecklicher macht», berichtete Cäsar.[518]

In den frühen Hochkulturen kam die Bemalung außer Gebrauch, dafür zeigten sich Ansätze einer Uniformierung im heutigen Sinn. In der Spätzeit des assyrischen Reichs trugen die Soldaten eine kurze Tunika, die Arme und Beine überwiegend frei ließ, dazu hohe Schnürstiefel und einen kegelförmigen Helm. Die Griechen ergänzten ihre Rüstung oft durch einen purpurnen Umhang, die Römer trugen zu Sandalen und Helmen einheitliche «Kriegsmäntel». Bei Cannae kämpften die Gallier «bis zum Nabel nackt, die Spanier in Leinengewändern, die, am Rand mit Purpur verbrämt, in reinstem Weiß glänzten».[519] Die Hunnen waren in Leinen oder zusammengenähte Mäusefelle gekleidet, Attila so gut wie jeder seiner Krieger.

Auch die *Rüstungen* dienten selten nur dem Schutz, sie waren verziert und vergoldet: Die Skythen schmückten ihre Brustpanzer mit liegenden Hirschen in goldenem Relief; vom Gotenkönig Totila berichtete Prokop: «Er trug eine über und über golden ausgelegte Rüstung, von Helm und Speer hing purpurne Zier herab, wahrhaft königlich und wunderbar anzuschauen.» Und der goldene Kampfhahn demonstrierte, was er konnte: «Er ritt ein herrliches Pferd und zeigte nun zwischen den Heeren meisterliches Waffenspiel ... In vollem Galopp warf er den Speer in die Lüfte, fing ihn wieder und gab ihn so in geschicktem Wechsel fortwährend von einer Hand in die andere ..., als wenn er von Kind auf für die Schaubühne geübt hätte. Mit diesen Spielen brachte er den Vormittag hin.»[520] Das war vor der Schlacht bei Tadinae (552 n. Chr.), in der Totila fiel.

Die Kreuzritter trugen über der Rüstung weite Mäntel, auf die sie ein großes Kreuz von anderer Farbe nähten; ihre Schilde waren rot, grün oder vergoldet. Die Gefolgsleute zeigten die Wappenfarben ihres Ritters. In schwarze Felle waren die Mongolen Dschingis Khans gehüllt – bei ihnen also schlug sich der Angriffsgeist nicht in grellen Farben nieder.

Die Uniform im heutigen Sinn hat ihren Ursprung gar nicht im Militär, sondern im aufblühenden Städtewesen: Die Stadt gab ihren Ratsdienern und Landreitern Tuch für Wappenröcke, damit sie ihre Gemeinde würdig repräsentierten. Später wurde auch manche Bürgerwehr damit ausgestattet: 1365 zogen 1500 Bürger von Bern mit Hellebarden und weißen Röcken den Bürgern von Basel zu Hilfe.

Solche Einheitlichkeit blieb jedoch noch lange Zeit die Ausnahme. Unter den Söldnern des Dreißigjährigen Krieges war mehr die Mode der Zeit als eine Uniform erkennbar, nämlich Pumphosen und Pluderärmel. Wer es sich leisten konnte, trug dazu hohe Stulpenstiefel und, zumal bei der Reiterei, ein Lederwams. Die Zugehörigkeit zu einem Regiment wurde oft durch eine gemeinsame Hosen- oder Strumpffarbe, später durch einen Aufschlag an

Brust oder Ärmel gekennzeichnet – bei dem häufigen Wechsel des Soldherrn ein praktisches Verfahren.

Die Offiziere stachen nur durch vornehmere Tracht, oft durch eine Schärpe, später durch eine Allongeperücke ab. Rangabzeichen kannten um diese Zeit nur die pluderhosigen Janitscharen, deren Offiziere sich mit Rossschweifen schmückten, bis zu neun an der Zahl. Karl XII. bevorzugte einen Rock aus grobem blauen Tuch und schwere Stiefel, womit er nicht einmal wie ein Offizier aussah. Noch Friedrich Wilhelm I. trug den gleichen Rock wie seine Leutnants. Erst zu Beginn des 19. Jahrhunderts wurden die Standeskennzeichen der Offiziere durch abgestufte Rangabzeichen abgelöst.

Freund von Feind zu unterscheiden war bei der Uneinheitlichkeit der Kampfkleidung ein Problem, das von Fall zu Fall gelöst werden musste. Oft trug wenigstens eine Partei eine Armbinde. In der Schlacht bei Warschau (1656) steckten sich die verbündeten Schweden und Brandenburger einen Strohwisch an den Hut. Auch als sich im 18. Jahrhundert die Uniformierung der Heere durchgesetzt hatte, griff man immer wieder auf solche Erkennungszeichen zurück, teils wegen der Vielfalt der eigenen, teils wegen der Ähnlichkeit der eigenen mit den feindlichen Uniformen: 1762 erhielt die preußische Kavallerie weiße Federbüsche, um sich vom Gegner besser abzuheben. 1813 erkannten sich die Feinde Napoleons an einer weißen Binde um den linken Oberarm, ähnlich noch 1864 die Preußen und Österreicher im Deutsch-Dänischen Krieg. Im Russischen Bürgerkrieg (1918–1921), im Spanischen Bürgerkrieg und in anderen Kriegen, in denen Soldaten des gleichen Landes gegeneinander antraten, kam die Armbinde immer wieder in Gebrauch.

Ganz eindeutig ist die Uniform also nicht eingeführt worden, um die Unterscheidung von Freund und Feind zu ermöglichen; im Gegenteil, sie hat diese Unterscheidung mitunter noch erschwert. Betrachtet man das erste durchgängig uniformierte Heer der Neuzeit – das französische unter Ludwig XIV. –, so kann auch die Kampftauglichkeit nicht sehr hoch gewesen sein, denn die Röcke zeichneten sich durch reiche Verzierung und ungeheure Ärmelaufschläge, die Hüte durch unmäßigen Federschmuck aus.

Worum also ging es bei der konsequenten Uniformierung? Um die disziplinierende Wirkung der gleichen Tracht; um die Eitelkeit derer, die als Söldner gewonnen werden mussten; und um die Eitelkeit des Königs, dessen Auge überdies nicht durch Individualität beleidigt werden sollte, wo es ihm darauf ankam, ein Instrument seiner Macht zu besitzen. Welch königliche Freude, wenn die uniformierten Marionetten ihr Kriegsballett vorführten! (Auch die Parade entstand unter Ludwig XIV.) Und was war der preußische Stechschritt anders als ein Mittel, dem Kriegsherrn die Genugtuung zu verschaffen, dass seine Puppen tanzen konnten?

Der französische Adel machte die Uniformierung nur widerwillig mit. Nach Vigny hasste er die Uniform, «die allen das gleiche Aussehen gibt und die Geister dem Rock unterordnet statt dem Menschen».[521] Friedrich Wilhelm I. ließ die Uniformen knapper schneiden, aus Ersparnisgründen und wohl auch um der Eitelkeit weniger Spielraum zu lassen. Gleichzeitig löste sich die Uniform damit von der bürgerlichen Mode. Ganz wurde jedoch auch im sparsamen Preußen auf Kampfhahn-Zierrat nicht verzichtet: Die Grenadiere trugen hohe Spitzhelme und alle Soldaten seit 1713 einen Zopf. Der Helm mochte freilich zugleich der Einschüchterung des Feindes dienen, da er die Langen Kerls als noch länger erscheinen ließ, und der Zopf hatte angeblich den Vorzug, Säbelhiebe in den Nacken abzufangen (wie heute noch die «Ledernacken» der amerikanischen Marine-Infanterie).

Im Amerikanischen Unabhängigkeitskrieg entstanden improvisierte Uniformen aus den braunen Jagdhemden der Freiwilligen. An die Stelle der Kniehosen mit Strümpfen, Gamaschen oder Schaftstiefeln trat erstmals die saloppe lange Hose, ähnlich kurz darauf bei den französischen Revolutionsheeren.

Napoleon sorgte aufs Neue für korrekte und knallbunte Uniformen, zum Teil von hoher Unzweckmäßigkeit wie das überwiegend weiße Tuch und die turmartigen Bärenfellmützen der Alten Garde. Die Konsulargarde des Konsuls Bonaparte trug zu blauen Röcken gelbes Lederzeug, hellgelbe Hosen und an den Hüten hohe rote Federn. Stendhal sagt von seinem Julien Sorel, in der Kindheit habe ihn der Anblick von Dragonern für den Soldatenstand begeistert, «wenn er sie in ihren langen weißen Mänteln, ihren Helmen mit dem langen schwarzen Haarbusch ihre Pferde ans Fenstergitter seines Vaterhauses binden sah»[522].

Über des Kaisers Schwager, Marschall Murat, berichteten die Zeitgenossen: «Er sah wie ein Kunstreiter aus, wie der Mime eines Melodrams. Über seine eleganten gelben Stiefeletten zog er riesige gespornte Kanonenstiefel. Seinen weißen goldstrahlenden Waffenrock und seine goldbordierten roten Hosen umhüllte ein prachtvoller Pelzmantel. Da er sich von seinem hohen Federbusch nicht trennen wollte, so setzte er ihn auf seine viereckige polnische Samtmütze. Der reinste Tatarenkhan!»[523]

Napoleon wiederum machte sich über die Uniformbesessenheit des Zaren Alexander I. und Friedrich Wilhelms III. lustig: «In Tilsit waren Alexander und der König von Preußen oft damit beschäftigt, Dragoneruniformen zu entwerfen und darüber zu debattieren, an welchem Knopf die einzelnen Orden getragen werden müssten», erzählte er noch auf St. Helena.[524]

1813 traten die Preußen jedoch in höchst schlichten Uniformen gegen Napoleon an, einheitlich nur durch ein Blechkreuz an der Mütze gekennzeichnet, das die Aufschrift trug: «Mit Gott für König und Vaterland», im Übrigen meist in dunklem Tuch. Die Lützow'schen Jäger waren gar schwarz gekleidet wie die Krieger Dschingis Khans. Das schlichte Grau der amerikanischen Soldaten in ihrem zweiten Krieg gegen die Engländer (1812–1814) kam allerdings durch den Zufall zustande, dass in Philadelphia nur graues Tuch in auskömmlicher Menge vorhanden war; zur Ehrung der Helden der Schlacht am Chippewa (1814) haben die Kadetten von West Point noch heute eine graue Paradeuniform. Der argentinische Gauchohäuptling und Diktator Juan Manuel de Rosas wies, als er 1833 eine Truppe für einen Feldzug gegen die Indianer aufstellte, das reichlich vorhandene grüne Tuch entrüstet zurück und verlangte «fleischrotes».[525]

Wie gut hätte das Grün zur argentinischen Pampa gepasst! Aber Mimikry – vielen Tieren selbstverständlich und den Indianern seit jeher vertraut – kam unter Soldaten erst im 20. Jahrhundert in Mode, obwohl spätestens mit dem Aufkommen der Tirailleurtaktik die Tarnung zweckmäßig geworden wäre. Eitelkeit, Kampfhahnstolz und Zweikampfgesinnung verwiesen die militärische Zweckmäßigkeit noch lange in jenes Hinterstübchen, mit dem sie sich unter Militärs so oft hat begnügen müssen.

Rote Hosen und einen roten Fez trugen im Amerikanischen Bürgerkrieg die «Zuaven» der Nordstaaten, eine Einheit, die sich in Anlehnung an die französische Kolonialtruppe gleichen Namens in den Jahren vor dem Bürgerkrieg gebildet hatte. Sonst dominierte auf den Schlachtfeldern das Blau. Viele Soldaten der Südstaaten mussten barfuß kämpfen; die Schlacht von Gettysburg nahm ihren Anfang damit, dass ein Südgeneral auf der Suche nach Schuhen für seine Armee einen Vorstoß nach Norden unternahm. Die Nordgenerale Grant und Sherman waren, wie einst Karl XII. und Friedrich der Große, für ihre schäbige und schmuddlige Uniform berühmt. Dem Sieger Grant trat der Besiegte Lee 1865 geschniegelt in großer Uniform gegenüber – es scheint also, dass der Glanz des bunten Tuchs umso wichtiger wird, je geringer die Macht ist, über die sein Träger verfügt.

Rote Hosen und rote Mützen zu blauem Rock trugen die französischen Soldaten von 1870, ja mit roten Hosen zog die französische Infanterie noch 1914 in die Schlacht. John Pershing (1917

Oberbefehlshaber der amerikanischen Truppen in Frankreich) ärgerte sich 1906 als frischgebackener General so sehr über einen Hotelportier in glitzernder Generaluniform, dass er ihn verhaften ließ. Noch immer also waren die Offiziere so aufgeputzt, dass Portiers ihnen nacheiferten; die geschnürten Taillen, die pomadisierte Eitelkeit vieler Offiziere gab den Witzblättern unerschöpflichen Stoff.

Noch vor dem Ersten Weltkrieg aber setzte bei den meisten Großmächten die Wende ein. Dreierlei vor allem hatte der Einsicht den Boden bereitet, dass der Soldat nicht mehr wie ein Hahn gegen den Feind stolzieren, sondern versuchen sollte, sich ihm unsichtbar zu nähern: die vernichtende Wirkung der Artillerie im Deutsch-Französischen Krieg von 1870/71, die Erfahrungen aus dem Russisch-Japanischen Krieg von 1904/05 und die Zufriedenheit der englischen Kolonialtruppen mit ihrer Khaki-Uniform; sie bewährte sich schon im Burenkrieg, nachdem die Sonne Südafrikas den Schotten die Knie verbrannt hatte. Als erste Uniform von überwiegender Zweckmäßigkeit konnte, bereits ein Vierteljahrhundert vorher, die Ausrüstung der amerikanischen Soldaten für den großen Indianerkrieg gelten: Mit Mokassins und Büffelhäuten passten sie sich ihrem Gegner und der Landschaft an.

1914 also waren das deutsche, österreichische und italienische Heer schon in verschiedenen Abstufungen von Grüngrau, das englische, russische und japanische Heer in Erd- und Olivfarben gekleidet; nur die Franzosen blieben auch nach Abschaffung der roten Hosen bei blaugrauen Uniformen.

Die militärische Wirkung dieser Umwälzung beschränkte sich nicht auf die Kampftauglichkeit der neuen Farben. Die Ablösung von Rot, Blau und Weiß durch Gras- und Schmutztöne bedeutete darüber hinaus, dass das bunte Bild der verschiedenen Regimenter, Waffengattungen und Landesteile einer Einheitsfarbe wich und die größten Massenheere der Geschichte sich jedes vollständig in diese Einheitsfarbe gehüllt sahen.

So war die einschmelzende Kraft der Uniform aufs äußerste gestiegen, jeder Soldat in eine Ameise des Krieges verwandelt und zugleich der Feind durch andere Farbe, anderen Schnitt mit seiner Kleidung identifiziert wie selten seit Dschingis Khan. Noch mehr prägte sich die Silhouette des Stahlhelms ein (seit 1916): Seine Form variierte deutlich von Nation zu Nation, und oft war er ja das Einzige, was man vom Gegner sah im Schützengraben.

Die männliche Eitelkeit aber fand immer noch ihre Schlupf-löcher. Die deutschen Soldaten des Ersten Weltkriegs hassten mehr und mehr die schirmlose Rundmütze, das «Krätzchen», das zwischen den Gefechten statt Pickelhaube oder Stahlhelm zur Uniform der Unteroffiziere und Mannschaften gehörte. Einen Schirm an der Mütze zu haben wie die Offiziere – nicht etwa mit einer Offizierskordel, sondern durchaus mit deutlichem Rang-unterschied: Das war der Traum von Millionen Soldaten. Immer mehr erfüllten ihn sich, andere stießen auf den erbitterten Wider-stand von Offizieren. So wurde der Schirm an der Mütze 1918 zu einem Abzeichen der Revolutionäre. Umgekehrt waren die deut-schen Soldaten zwischen den Weltkriegen ein Gegenstand des Neides der französischen Unteroffiziere und Mannschaften, weil sie hohe Stiefel trugen, andere zwar als die Offiziere, aber eben doch Stiefel mit hohem Schaft.

Der nationalspanische General José Sanjurjo bestand 1936 darauf, zwei schwere Koffer in dem zweisitzigen Flugzeug zu ver-stauen, das ihn heimlich aus Portugal holte. Der Pilot erklärte, dieses Zusatzgewicht gefährde den Start auf der engen Waldlich-tung, auf der er gelandet war. Sanjurjo verbat sich seine Widerre-de, das Flugzeug streifte die Baumwipfel und verbrannte; mit ihm Sanjurjo – und seine Paradeuniformen, die die schweren Koffer füllten.

Heute tragen die konsequenteste Uniform die *Navy Seals*: in Kleidung, Ausrüstung, Bewaffnung Gramm für Gramm, Zenti-meter für Zentimeter auf Verderben optimiert. Die lumpigste trugen amerikanische Soldaten auf vorgeschobenem Posten in Afghanistan: kugelsichere Weste auf nacktem Oberkörper, Shorts, die Stiefel nicht zugeschnürt, eine Zigarette im Mundwinkel – so hat Sebastian Junger sie beschrieben.[526]

Das andere große Symbol der Zusammengehörigkeit neben der Uniform – und viel älter als diese – ist die Fahne; genauer: Es sind Fahnen, Banner und Feldzeichen. *Fahne* (oder Flagge) heißt ein meist dünnes Tuch an einer Stange oder Leine, *Banner* (oder Panier) ein dickes, für gewöhnlich quadratisches Tuch an einer waagerechten Stange, *Feldzeichen* ein Symbol auf einer langen Stange. (Unter *Standarte* verstand man früher ein Feldzeichen und später ein Banner.) Für alle drei gibt es die Erklärung, dass sie den Soldaten ein Richt- oder Sammelpunkt, ein Signal sein sollten; das *Fähnlein* der Landsknechte im 16. und 17. Jahrhundert war die Truppeneinheit, die sich um die Fahne scharte. Aber alle drei waren ungleich mehr: magisch, heilig, ein Götzenbild, ein Gegenstand des Glaubens und der Leidenschaft, ein Unterpfand des Sieges, ein ehrenvolles Leichentuch.

Die Feldzeichen der ägyptischen Pharaonen trugen heilige Symbole, und sie waren es, die dem Feind die Niederlage bringen sollten; die Soldaten führten nach ägyptischem Glauben nur das aus, was eigentlich die Feldzeichen bewirkten. In China sind seit dem 12. Jahrhundert v. Chr. Fahnen bezeugt, in die blaue Drachen, weiße Tiger oder rote Vögel eingestickt waren. Sie wurden dem König oder Feldherrn vorangetragen und mit dem gleichen Respekt behandelt wie dieser; auch nur den Fahnenträger zu berühren galt als Verbrechen und der Verlust der Fahne als verlorene Schlacht. Die Fahne war also nicht nur das Symbol des Sieges – sie war der Fetisch, der den Sieg herbeizwang.

Ein nüchterner Zweck lief stets nebenher. «Fahnen und Banner werden verwendet, da die Truppen sich in der Schlacht nicht klar erkennen können», schrieb Sun Tzu.[527] Die römischen Heere verwandten Signalfahnen für Angriff und Rückzug sowie seit der

Heeresreform des Marius einheitliche Feldzeichen für die Legion und jede ihrer Manipeln (Kompanien). Das Legionszeichen war ein plastischer silberner Adler auf einem Donnerkeil.

Die römischen Feldzeichen waren als Orientierungspunkte wichtiger als jedes andere Truppensymbol der Militärgeschichte, da sie inmitten der hohen Beweglichkeit der Manipeltaktik (Kapitel 14) den Zusammenhalt der Manipeln sichern sollten; ihre Bedeutung ging jedoch ebenfalls weit über den sichtbaren Zweck hinaus. Über seine Landung in Britannien schrieb Cäsar: «Als unsere Soldaten besonders wegen der Tiefe des Meeres noch zögerten, schrie der Adlerträger der zehnten Legion: ‹Springt herab, wenn ihr nicht den Adler den Feinden ausliefern wollt! Ich werde meine Pflicht gegen den Feldherrn und den Staat erfüllen!› Als er dies laut ausgerufen hatte, stürzte er sich vom Schiff hinab und stürmte mit dem Adler mitten unter die Feinde. Da sprangen unsere Männer, sich gegenseitig anspornend, eine solche Schande nicht zuzulassen, sämtlich vom Schiff hinab.»[528]

Eine weiße Fahne mit neun Zipfeln galt den Mongolen Dschingis Khans als Wohnsitz ihres Schutzgeistes, der sich und ihnen die halbe Erde unterworfen hatte. Die «Fahne des Propheten», Mohammeds heiliges Banner, wurde in der Schatzkammer des türkischen Sultans aufbewahrt. Die Janitscharen führten ein Banner von weißer Seide mit goldgestickten Koranversen.

Die erste *Trikolore* – eine Fahne, die drei Farbstreifen von gleicher Breite an Stelle der früher üblichen Symbole und Wappen oder einfarbigen Fläche zeigte – schufen die Niederlande 1574 in ihrem Freiheitskampf gegen die Spanier, und zwar in den Farben Orange, Weiß und Blau. Das Muster war also schon vorgebildet, ebenfalls von einer revolutionären Bewegung, als die Französische Revolution die Trikolore in aller Welt verbreitete. Beim Sturm auf die Bastille trug das Volk Kokarden in den Pariser Wappenfarben Rot und Blau; der Bürgermeister von Paris überreichte Ludwig XVI. eine solche Kokarde, der sie an seinem Hut neben der weißen Kokarde der Bourbonen befestigte – damit waren die drei Farben der Revolutionsfahne geboren.

Neben das ganz neue Symbol trat bald darauf das ganz alte: Napoleon griff auf die römischen Adler zurück und ließ sie seinen Truppen in der Schlacht vorantragen. Bei Jena (1806) befahl er eigens eine Frontveränderung, um die bedrohten Adler zu retten; kurz nach seiner Einschiffung nach Elba verbrannte die Garde die Adler, «und einige schluckten die Asche herunter, um sich nicht von ihren Feldzeichen trennen zu müssen».[529]

Friedrich Wilhelm III. veranschlagte den Wert einer feindlichen Fahne so hoch wie den einer Kanone oder eines Generals: Für die Erbeutung oder Gefangennahme eines von den dreien winkte die goldene Verdienstmedaille. Als die geschlagene Armee der amerikanischen Südstaaten 1865 ihre Fahnen niederlegte, «liefen einige Soldaten halb wahnsinnig aus ihren Reihen, knieten vor den Fahnen nieder und drückten sie mit heißen Tränen an die Lippen».[530]

Im Schützengraben gab es keine Fahnen mehr – sie wurden beim Tross nachgeführt oder hingen in der Garnison. Als 1942 der letzte Stützpunkt der Amerikaner auf den Philippinen, die Festung Corregidor, in japanische Hände fiel, verbrannte ein amerikanischer Oberst die Fahne der Festung, nachdem er ein Stück davon abgerissen und sich unters Hemd genäht hatte. Bevor er in japanischer Gefangenschaft starb, gab er das Stück Stoff an einen anderen amerikanischen Oberst weiter, der es in die Freiheit rettete. Heute liegt es im Museum von West Point.

Zynismus, unter Soldaten so häufig wie Durst, hat vor der Fahne meistens haltgemacht. Dass die Republikaner im Spanischen Bürgerkrieg die Farben beider Seiten (Rot und Gelb) «Blut und Eiter» nannten, ist eine der raren Ausnahmen. Das bunte Flattertuch war ein Wegweiser, ein Ruhepunkt in wogender Schlacht, ein Stück Hoffnung, eine Sonne über Qualm und Qualen; und warum sollte man sich – da man sich für so vieles schlug, was man weder begriff noch greifen konnte – nicht für eine Fahne schlagen, die man im Winde wehen sah?

Kleider machen Leute, Uniformen Soldaten, Fahnen manchmal brauchbare Soldaten. Die Magie des Stückes Stoff, das an einer Stange hängt. Zauber der Montur.

33 Mit Kameraden

> Das Beste, was man den Soldaten beibringen kann, ist
> Korpsgeist; das heißt, sie sollen ihr Regiment höher-
> stellen als alle anderen Truppen der Welt.
>
> *Friedrich der Große,*
> Politisches Testament von 1768

Viele Soldaten zeigten sich jeder Fanatisierung durch Religionen
oder Ideologien unzugänglich, mit anderen wurden gar nicht erst
Versuche in dieser Richtung unternommen – und tüchtige, todes-
mutige Soldaten waren sie doch. Die Rolle der Indoktrination, des
Einpflanzens einer religiösen oder profanen Doktrin, wird vermutlich überschätzt, einfach weil Kirche und Militärapparat so
viele Zeugnisse davon hinterlassen haben. Die Verbrämung der
Kriegsantriebe mit Religion, Weltanschauung, Begeisterung fürs
Vaterland, der Aufbau einer pompösen Fassade für Paradezwecke,
die Herrichtung eines hübschen Etiketts für das Fass der Kriegsursachen – dies alles ist von den Machthabern meist sehr wichtig
genommen worden; viele Soldaten haben sich in Briefen und
Memoiren solcher Etiketten freudig bedient, denn Zivilisten lesen dergleichen immer mit Vergnügen; und es war ja nicht immer
falsch.

Aber die Schweizergarden hatten kein Vaterland und kämpften nur für sich selber. Die Amerikaner waren verwundert, hinter
dem zähen Widerstand vieler deutscher Truppenteile in den Jahren 1944/45 sehr wenig von dem zu entdecken, was sie erwartet
hatten, nämlich Nazi-Fanatismus. Viele (der Autor zum Beispiel)
kämpften aus Angst, von der Feldgendarmerie am nächsten Baum
aufgehängt zu werden, wie dies seit Februar 1945 tausendfach geschah; und gewiss kämpfte keiner, weil er der Meinung des Horaz
gewesen wäre, dass es süß und ehrenvoll sei, fürs Vaterland zu
sterben.

Nein: «Für die Frontsoldaten ist die Kampfgruppe und sind die Vorgesetzten die sozialen Einheiten, denen sie sich fast ausschließlich verpflichtet fühlen», stellten Sönke Neitzel und Harald Welzer nach Auswertung der Abhörprotokolle deutscher Soldaten in britischer und amerikanischer Gefangenschaft fest, 150 000 Seiten lang. Familie und Freundin hätten kaum eine Rolle gespielt, politische Begründungen allenfalls am Rande – egal ob Nazi oder Anti-Nazi, Preuße oder Österreicher. «Bis auf eine verschwindend kleine Gruppe von wirklichen ‹Weltanschauungskriegern› ist das zentrale Merkmal des Soldaten seine Abgeklärtheit und Gleichgültigkeit gegenüber den Ursachen seiner Lage» und «die hohe Identifikation mit dem System ‹Wehrmacht›».[531]

Auch die israelische Armee hält nicht viel von der These, dass «die Herausbildung zu einem guten Staatsbürger und eine klare Einsicht des Soldaten in die Gründe seines Kampfes der beste Weg seien, den Soldaten einzuschmelzen und den Kampfgeist anzustacheln»[532]. Dennoch haben sich Schweizer, Deutsche und Israelis als hervorragende Soldaten erwiesen. Und in Bezug auf amerikanische Kampftruppen in Afghanistan sprach Sebastian Junger vom «nahezu narkotischen Effekt einer eng vernetzten Gruppe»[533], oft in einer Bindung, von der manche sagten, sie sei stärker als die zwischen Mann und Frau.

Gruppenkohäsion heißt das psychologisch, *Kameradschaft* im Rekrutenunterricht und in Sonntagsreden, *Korpsgeist* in der Militärführung, französisch wie englisch *esprit de corps*. Wie der Chemiker prophezeien kann, dass sich eine Verbindung so und nicht anders verhalten wird, wenn man sie isoliert und unter Druck und Hitze setzt, so lässt sich voraussagen, dass die erzwungene Verschmelzung von Individuen zu einer militärischen Masse unter dem Druck von Enge und Befehl und in der Hitze des Kampfes Korpsgeist erzeugt. «Je härter der Dienst, desto besser die Kameradschaft: Das ist durchgängige militärische Erfahrung.»[534] Das von seiner gewohnten Umgebung isolierte, in eine Einheitskluft gesteckte Individuum schloss sich an seinesgleichen an, an den Bruder im Leid. Die Kameraden waren sein Halt in Graben und Kaserne, in Schikane und Kugelregen, und nichts war schlimmer, als «in Kompanie-Verschiss» zu geraten.

Korpsgeist also ließ sich durch Drill erzwingen, im Kugelhagel stellte er sich von selber ein – und dies auch bei denen, die durchaus keine Kämpfernaturen, keine *robustiores* waren: Besser konnten das Militär und die Natur nicht zusammenwirken, wenn Krieg geführt werden sollte; Militärs und Soziologen haben es freudig registriert. Rolf Bigler (Schweiz): «Der beherzte Soldat kämpft für seine Truppe *(esprit de corps)*, für seine Kameraden («kleine Gruppe») und für den unteren Führer, sofern diesem der Aufstieg vom Vorgesetzten zum Führer gelungen ist ... Der Soldat kämpft entschlossen für das Fortbestehen dieser psychologischen Friedensinsel inmitten eines Meeres der Unsicherheit und Feindseligkeit.»[535]

Torsten Holm (Schweden): «Die Kameradschaft muss dem Soldaten Ersatz für das bieten, was er verloren hat, als er Heim und Gesellschaft verließ ... Fällt der Freund und Kamerad, so wird das schießende Kollektiv auf der anderen Seite zu seinem persönlichen Feind, und dieses Gefühl hilft ihm, auf es loszugehen. Soldaten sterben füreinander.»[536]

Ja, eifernd weist der amerikanische Oberst Dupuy die Annahme zurück, eine Armee könne etwa durch Vaterlandsliebe kampftüchtig gemacht werden: «Die Seele der amerikanischen Armee ist die unberührbare Flamme, die wir *esprit de corps* nennen: der Wille zu siegen, der ihr das Leben gibt. Eine Armee, der dieser Lebensfunken fehlt, ist ein bewaffneter Mob, der sich aus flüchtigem Patriotismus oder mit dem Mut der Dummheit kurzfristig versammelt ... Der Wille zum Sieg und der Teamgeist, die wir unter dem Begriff *esprit de corps* zusammenfassen, sind dagegen kein kurzes Auflodern. Korpsgeist besteht aus Führung und Disziplin, eingefärbt mit Tradition.»[537]

Am stärksten ausgeprägt war der Korpsgeist in den Elite-Verbänden, der *Garde*, und natürlich trug dies zu ihrer meist überlegenen Kampfkraft bei: Sie wetteiferte mit anderen herausgehobenen Truppenteilen, und gern demonstrierte sie den Trotteln der übrigen Armee, was sie ihnen voraushatte.

Zum Teil äußerte sich da schierer Hochmut – oft auch der Kavallerie gegenüber der Infanterie. Isaak Babel berichtete aus dem Russisch-Polnischen Krieg von 1920/21 über den Kommandeur eines sowjetischen Kosakenregiments: «Beim Anblick der Infanterie färbte sich sein Gesicht vor Vergnügen rot, und er winkte seinen Schwadronskommandeur zu sich heran ... Die beiden flüsterten eine Minute miteinander ... Die Kosaken spornten ihre Pferde hitzig an und flogen auf die Schützengräben zu, aus denen die Infanterie über dieses Schauspiel erfreut hervorblickte. Doch die Kosaken gingen zur Attacke über. Die armseligen Infanteristen liefen davon, aber zu spät. Die Kosakenpeitschen hieben schon auf ihre zerrissenen Röcke ein. ‹Wozu treibt ihr solche Possen?›, schrie ich Afonka zu. ‹Zum Vergnügen!›, rief er mir zurück. ‹Glotzt uns nicht an, ihr Infanteristen!›, schrie er. ‹Geht Flöhe suchen, ihr von der Infanterie!›»[538]

Hochmut auch bei den türkischen *Janitscharen*: Sie waren stolz auf ihre goldbestickte Mütze, ihren Krummsäbel, ihre gewaltige Basstrommel. Sie fügten sich gern den fast mönchischen Ordensregeln: keinen Bart zu tragen, nicht zu heiraten, keinen Handel zu treiben und im Frieden ihre Kaserne nicht zu verlassen. Ein Männerbund, der sich gegen Frauen abschirmt, ein Orden im alten Sinn des Wortes – solche Truppen kämpften allein für sich selbst. Und gerade im 20. Jahrhundert haben ähnliche Soldatenorden viel von sich reden gemacht.

«Jeder meiner Soldaten verteidigt in dieser Schlacht» (El Alamein) «nicht nur seine Heimat, sondern auch die Tradition der Panzerarmee Afrika», schrieb Rommel.[539] Die Waffen-SS war eine Art Orden, die Fallschirmjäger waren und sind es in den

meisten Armeen der Welt – am deutlichsten die berüchtigten Fallschirmjäger der französischen Fremdenlegion im Indochina- und
im Algerienkrieg. Alle anderen französischen Soldaten hießen
bei den «Paras» *cul-de-plomb* («Bleiarsch»), und im Algerienkrieg
pflegten sie die Tötung eines der Ihren durch einen Algerier mit
der Erschießung von 50 Algeriern zu rächen, während die Tötung
eines «Bleiarschs» die Algerier ungleich billiger kam.

«Eine eisern zusammengeschlossene Bande schwerbewaffneter Burschen, ... im leopardenhaften Tarnanzug, mit grimmig
steinernen Gesichtern durch den Zivilistenhaufen hindurchbli-
ckend, als wäre er aus Luft, an mürrischem Hochmut und kaltem
Blick hinter keinem Totenkopfverband der SS zurückbleibend – so
erschienen sie auf der Szene und genossen das angenehme Gru-
seln, das sie hervorriefen und dem so viel heimliche Hochachtung beigemischt war», schrieb Friedrich Sieburg über die Paras.
«Nichts wurde unterlassen, um das Selbstgefühl, ja den Hochmut
der Legionäre zu steigern. Überall wurden sie als die besten Soldaten der Armee bejubelt, und es machte den Franzosen nicht das
Geringste aus, dass sie gar keine Franzosen waren.»

Von General Georges Catroux, der 1938 Befehlshaber in Algerien war, berichtet Sieburg: «Was er bewunderte und als Offizier
in Rechnung stellte, war die Truppe als solche, ihre Geschlossen-
heit und ihr totaler Mangel an Bindungen. Diese Kerle jammerten
nicht, die kriegten keine Briefe von zu Hause, die hatten in Frankreich keine Frauen, die niederkamen, oder Mütter, die auf den Tod
lagen ... Sie standen für keine Sache und keine Idee, sie hatten eine
besondere Art von Ehrgefühl, das sonst nirgendwo in der Welt zu
finden war – mit einem Wort, ein General konnte sich für seine
Aufgaben nichts Besseres denken als diesen Haufen ohne Vaterland.»[540]

So würde die militärische Zweckmäßigkeit gebieten, mit allen
Mitteln das Elitebewusstsein zu fördern – wenn es nicht zwei
gewichtige Einwände gäbe, einen militärischen und einen politi-

schen. Das militärische Bedenken liegt darin, dass ein Heer nicht nur aus Gardetruppen bestehen kann, die Existenz einer Garde aber dem Kampfgeist der Nichtgarde meist abträglich ist.

Der politische Einwand ist, dass die Elitekorps mehr als andere Truppen dazu neigen, gegenüber den Zivilisten und der Staatsgewalt einen Kastengeist zu entwickeln und die Macht im Staat an sich zu reißen, wie die Prätorianer in der spätrömischen Zeit oder die Janitscharen im 17. Jahrhundert. Die Parteien in einem ritterlichen Zweikampf hassen sich nicht; wenn sie hassen oder verachten, dann die Gegner des Zweikampfs, die Nichtsoldaten. Man soll sich nicht dadurch verwirren lassen, dass zwei aufeinander schießen; möglicherweise empfinden sie füreinander mehr Hochachtung als für ihre jeweiligen Zahlmeister und Minister. «Die Armeen sollen den Hass der Zivilisten teilen. Aber», seufzt Jean Giraudoux, «du kennst sie. In dieser Hinsicht sind sie enttäuschend. Sich selbst überlassen, ergehen sie sich in gegenseitiger Hochschätzung»[541] – wie Smuts und Lettow-Vorbeck (Kapitel 8).

Das Gefährlichste an den Elitetruppen schließlich ist, dass sie den Krieg lieben und folglich dazu neigen, ihn vom Zaun zu brechen, wenn dies in ihrer Macht steht.

Seltsam genug, dass Soldaten bereit sind, dem Tod ins Auge zu sehen, nur weil ihre Kameraden das Gleiche tun; wenn keine Kameradschaft herrschte, so zöge jeder Einzelne es wahrscheinlich vor, dem Tod den Rücken zu kehren. Die Leichtigkeit, mit der sich Kameradschaft herstellen lässt – nämlich mit Druck, Enge und Gefahr –, steht in einem seltsamen Missverhältnis zu der Verklärung, die diesem oft kühl kalkulierten Produkt des Drucks zuteilgeworden ist.

«Die Regimenter sind Männerklöster, doch Klöster von Nomaden», heißt es bei Vigny. «Überall tragen sie ihr eigenes Leben hin, das von Ernst, Zurückhaltung, Schweigen durchdrungen ist; sie sind Gemeinschaften, darinnen man die Gelübde der Armut

und des Gehorsams erfüllt. Der Charakter dieser vom Leben Ab-
geschiedenen ist unwandelbar wie der der Mönche, und niemals
habe ich die Uniform eines der Regimenter, denen ich angehörte,
ohne Herzklopfen wiedererblickt.»[542]

34 Mit Posaunen

> Wenn mich beim Hören von Marschmusik ein heiliger
> Schauer überlaufen will, wehre ich der Verlockung,
> indem ich mir sage, dass auch die Schimpansen schon,
> wenn sie sich zum sozialen Angriff aufstacheln wol-
> len, rhythmische Geräusche hervorbringen. Mitsingen
> heißt dem Teufel den kleinen Finger reichen.
>
> *Konrad Lorenz*, Das sogenannte Böse

Wer mit Sicherheit und in der entscheidenden Minute Hemmun-
gen abbauen und Angriffslust erzeugen wollte, der nahm nicht
den Weg über das Gehirn, sondern über den Magen und das Rü-
ckenmark: über Rauschgift, Rhythmus und Lärm.

Der Kampf kann aus sich heraus eine Art Rauschzustand
produzieren – «in jener trunkenen Wut, die die Gefahr erzeugt»,
mit dem «blutigen Schleier», der dem Kämpfer vor Augen wallt
(Kapitel 26). In fast allen Heeren der Geschichte aber ist dem
Rausch planmäßig nachgeholfen worden. Die meisten primitiven
Stämme schlürften vor dem Kriegszug berauschende Getränke
und brachten sich durch ekstatische Tänze in Kriegsstimmung;
die Griechen tranken reichlich Wein, bevor sie sich zur Phalanx
aufstellten. Mit Schnaps und Bier wurden die Söldner des Dreißigjährigen Krieges abgefüllt, die russische Infanterie in allen
Kriegen des 19. und 20. Jahrhunderts mit Wodka, einen Koch-
geschirrdeckel voll Cognak vor dem Sturm erhielten die Engländer 1916 an der Somme, Ernst Jünger befand sich vor dem Angriff
«im Zwiegespräch mit einer Flasche Burgunder». Und der brave
Soldat Schwejk philosophierte: «Rum bewirkt, damit ich's so sag,
eine gute Laune. Für eine halbe Schale Wein und einen Viertelliter
Rum werden sich Ihnen die Leute mit jedem raufen.»[543]

Unmöglich können die Soldaten damit zu besseren Schützen
geworden sein. Dass sie überhaupt vorgingen und sich dabei durch

keine Feuerwand beirren ließen, dass sie, wenn schon nicht Jäger, so wenigstens Treiber waren und nicht zitterndes Wild, dass sie ihre Wunden weniger spürten und nur ein getrübter Verstand mit dem Grässlichen konfrontiert wurde – darin lag der militärische Wert des Alkohols.

Erst recht der von stärkeren Giften. Die Berserker unter den Wikingern sollen vor ihrem Amoklauf Fliegenpilze gegessen haben. Unter den amerikanischen Soldaten in Vietnam wurde Marihuana und Heroin zum Problem: nicht verabfolgt wie so oft der Alkohol, sondern heimlich hunderttausendfach genommen, trotz Androhung von Militärgericht und unehrenhafter Entlassung. Ein Sergeant, den der «Spiegel» zitierte, sagte dazu: «Es ist für einen Soldaten besser, wenn er vor einem Gefecht ein paar dieser Zigaretten qualmt, als wenn er sich an einer Flasche Whisky oder Bier besäuft. Mit Schnaps ist er fertig, und alles, was er sich wünscht, ist Schlaf. Mit dem Gift ist er hellwach, und er weiß, was los ist.»[544] Es kam auch vor, dass zu stark Bekiffte fröhlich auf einschlagende Granaten blickten, statt in den Unterstand zu rennen.

Solche GIs taten eben das Äußerste, um gegen ihre Natur brauchbare Soldaten zu werden. Der Staat verlangte von seinen Söhnen die Bereitschaft, zu töten und sich töten zu lassen; viele dieser Söhne aber waren dem grässlichen Handwerk des Tötens mit wachen Sinnen nicht gewachsen.

Ein ungleich verbreiteteres, wahrscheinlich wirksameres, stets kostenlos verfügbares Rauschmittel war der Lärm: der Kriegsgesang, das Kriegsgeschrei, das «Paian!» und «Hurra!» – jede Art von Geheul, das ein Mensch ausstößt, wenn er voranstürmt, um den Tod zu geben oder zu erleiden; ein spontanes Lärmen, das Wut ausdrückt und Angst, das dem Brüllenden «Mut» machen und dem Angeschrienen Furcht einjagen soll. Der gellende Schrei, mit dem Ratten den Angriff künden, das Gekläff, mit dem die Meute die Hetze beginnt, das Gebrüll, mit dem der Löwe das Zebra schlägt – sie zeigen, wie eng das lärmende Ausstoßen von

Luft mit dem Töten verbunden ist und in wie tiefen Schichten es seinen Ursprung hat. Tiere schreien, «Achilles sprang voll stürmender Kraft in die Troer mit graunvollem Geschrei».[545]

Die Heerführer konnten das Geschrei sich selbst überlassen oder es noch fördern – oder es reglementieren, um es taktisch optimal einzusetzen. «Josua aber gebot dem Volk: Ihr sollt kein Feldgeschrei machen, noch eure Stimme hören lassen ... bis auf den Tag, wann ich zu euch sagen werde: Macht ein Feldgeschrei!»[546] Vor der Schlacht bei Gaugamela wies Alexander der Große seine Hauptleute an, ihre Soldaten zu ermahnen, sie sollten schweigend anrücken, um beim Sturmangriff desto furchtbarer den Kampfgesang anzustimmen. Der griechische Kriegsgesang endete in dem Ruf «Paian! Paian!». So hieß bei Homer der Arzt der Götter, später wurde es ein Beiname mehrerer Götter, dann der Gesang (Päan), der an die Götter gerichtet war.

Das Kriegsgeschrei der Gallier begann mit einem Gemurmel, steigerte sich langsam und schwoll schließlich zu einem Getöse an, verstärkt durch den Widerhall ihrer Schilde, die sie dabei schräg vor den Mund hielten. Livius: «Bei der Vorliebe der Gallier für leeren Lärm erfüllten sie ihre ganze Umgebung mit wildem Gesang und allerlei Geschrei in schrecklichen Tönen.»[547] Cäsar: «Jetzt brüllten die Feinde nach ihrer Sitte laut ‹Sieg!›, stimmten ein Geheul an, fielen über die Römer her und brachten deren Reihen in Unordnung.»[548]

In den Kreuzzügen vermochten die Türken die weniger lauten christlichen Ritter mit ihrem Geheul zu erschrecken; mit dem Ruf «Allah ist groß!» feuerten sie sich gegenseitig an. In Timurs «Vorschriften für das Verhalten im Krieg» hieß es: «Die Vorhut soll stets mit wildem Geschrei angreifen, um die feindliche Vorhut in Unordnung zu bringen.»[549] Die Spanier bei Corneille:

Denn plötzlich brachen wir aus dem Versteck hervor,
Und bis zum Himmel stieg unser Geschrei empor![550]
Die Franzosen 1800 bei Marengo: «Hörner blasen, Trommeln

wirbeln Sturm. Alle stürzten vor. Sie schrien nicht, sie brüllten!»[551] Die Südstaatler am Bull Run: «Mit einem einzigen wilden, ohrenbetäubenden Geschrei, inmitten eines Hagels von Kanonenkugeln, trieben wir den Feind aus seinen Stellungen.»[552] Leutnant Jünger: «Ich riss eine Handgranate ab und schleuderte sie ihm mit einem Schrei entgegen … Der weithin hallende Kriegsruf, das dichte Feuer der Handwaffen, die dumpfe Wucht der Wurfgeschosse beflügelten die Angreifer und lähmten die Verteidiger.»[553]

Die amerikanische Marine-Infanterie befiehlt den Schrei in der Nahkampfausbildung. Die amtliche Begründung: Der Schrei ist ein Zeichen von Angriffslust und erschreckt dadurch den Gegner; er entleert den Magen von Luft, was eine Magenverletzung weniger gefährlich macht; und er veranlasst einen Adrenalinstoß. Adrenalin ist das Hormon der Nebenniere, das den Kreislauf und den Kohlehydratstoffwechsel regelt; durch Furcht und Wut oder durch das Geschrei, das diese Affekte anzeigt, erfolgt eine rasche zusätzliche Adrenalinausschüttung, die Herzschlag und Atem beschleunigt, die Blutgefäße verengt, die Darmbewegung hemmt – kurz, dem Soldaten die Verteidigung des Vaterlands auf allen Ebenen erleichtert.

Das Geschrei ließ sich durch künstliche Hilfsmittel noch steigern, sowohl zu größerer Lautstärke wie zu schrillerer Höhe, zu durchdringenden, aggressiven Frequenzen. Ob das lärmende Ausstoßen von Luft direkt oder auf dem Umweg über ein Blasinstrument geschieht: Es zeigte auch bei Flöten und Trompeten den Willen zum Töten an und förderte ihn.

Noch heute ist dieser Zusammenhang keineswegs verschüttet: Wenn die Jagdhörner erschallen, bricht der Mensch auf, um Tiere zu töten. Und was den aggressiven, provokanten Charakter des Jazz anlangt, so geht er nicht zuletzt darauf zurück, dass er sich der gleichen Instrumente wie die Militärmusik, nämlich allein der Blas- und Schlaginstrumente bedient (seiner Herkunft nach ist er ja ein Schabernack, den Amerikas Schwarze mit dem Militärmarsch getrieben haben). Zum Angriff wird nicht gefiedelt.

Die *Flöte*, das älteste und verbreitetste Blasinstrument, wurde anfänglich aus Rohr oder Knochen, erst später aus Holz hergestellt. Es fügte sich nicht schlecht, wenn es der Knochen eines toten Tieres war – oder eines toten Feindes, wie einst unter Kannibalen üblich –, der das Kriegsgeschrei noch überschrillen half. Auch die Römer verwandten eine Knochenflöte *(tibia)*.

Die anderen Blasinstrumente primitiver Völker und des Altertums waren das *Horn* (ursprünglich aus einem Tierhorn gefertigt) und verschieden geformte Instrumente von posaunenähnlichem Klang: geschwungene Bronzehörner wie die germanische *Lure* und die bis über drei Meter lange römische *bucina* (die bei unserem Wort «Posaune» Pate gestanden hat); im Übrigen meist gerade Rohre aus Bambus, Leder, Horn oder Metall, die bei den Römern *tuba* hießen und in der Bibel «Posaune» genannt werden. Nach Form, Spielweise und Toncharakter ließen sie sich am ehesten mit der heutigen *Fanfare* vergleichen (nämlich der ventillosen, auf die Naturtöne beschränkten Trompete).

Mit Hörnern und Fanfaren gaben Ägypter, Griechen, Römer, Hunnen und andere Völker das Zeichen zum Angriff. Die Fanfare diente als Signal und Verständigungsmittel (ein römischer Tubabläser musste 43 verschiedene Signale beherrschen); gleichzeitig aber war sie ein Kriegsgeschrei, das Angriffslust wecken und den Feind einschüchtern sollte – also ein ideales militärisches Gerät.

Und man glaubte überdies: dass die Instrumente, die vor ihrer militärischen Verwendung allesamt kultische Bedeutung hatten, geeignet seien, die Götter zu beschwören und den Sieg herbeizuzwingen wie die Fahnen.

So erklärt sich wohl auch, dass der Bibel zufolge Fanfaren nicht nur zur Unterstützung der Krieger, sondern als deren eigentliche Waffe eingesetzt wurden. Als um 1200 v. Chr. Josua mit dem Volk Israel die Festung Jericho belagerte, trug er sieben Priestern

auf, siebenmal posauneblasend um die Mauern der Stadt zu ziehen. «Denn als das Volk den Hall der Posaunen hörte, machte es
ein groß Feldgeschrei. Und die Mauern fielen um.»[554] Man hat das
Wunder von Jericho durch ein Erdbeben zu erklären versucht;
hier interessiert die Frage, ob der Fall der Stadt nicht doch auf
irgendeine Weise mit den Fanfaren zusammengehangen haben
könnte.

Zum einen physikalisch: Wie mancher Operntenor ein Glas
«zersingen» kann, so ist nicht völlig auszuschließen, dass der
Schall von Fanfaren und Kriegsgeschrei ein paar lockere Steine
der Stadtmauer in Bewegung setzte, was von der Überlieferung
zum Einsturz der Mauern fortgesponnen wurde. Zum anderen
psychologisch: Der grässliche Lärm, den die Angreifer veranstalteten, könnte auf sie so ermutigend und auf die Angegriffenen
so schrecklich gewirkt haben, dass die Angreifer die Mauern im
Sturm überwanden.

Noch an anderen Bibelstellen wird überliefert, dass der Lärm
allein schon eine Waffe sei: Gideon gab jedem seiner Krieger in
die linke Hand eine Fackel und in die rechte eine «Posaune», und
mit diesen dreihundert Fanfaren schlug das Volk Israel die weit
überlegenen Midianiter in die Flucht.[555] «Und so die Posaune einen undeutlichen Ton gibt, wer wird sich zum Streit rüsten?»,
fragte Paulus die Korinther.[556] Wenn also die Posaune deutlich
schallt, dann rüstet sie uns zum Krieg.

«Die *Trommel* ruft zum Streite», hieß es im Lied vom guten Kameraden. Sie war das andere klassische Kriegsinstrument neben
der Fanfare und das älteste Instrument überhaupt. Man lärmte
nicht nur mit dem Mund, sondern auch mit den Händen. Man
schrie nicht nur und blies auf Knochen, man schlug auch noch
auf die Haut von toten Tieren. Wie Hörner und Fanfaren dienten
Trommeln und Pauken zugleich der Nachrichtenübermittlung
und der Erhöhung des Kampfwillens. Und sie brachten noch ein
drittes Element aufs Schlachtfeld: den Rhythmus.

Die Absicht, den Lärm nicht allein dem Atem zu überlassen, ist älter als die Trommel. Viele primitive Völker, auch römische Legionäre schlugen die Schilde oder die Waffen zusammen, um damit Angst aus sich hinaus- und in den Gegner hineinzujagen oder seine Pferde scheu zu machen. Das Getöse der Schlacht, auch soweit es von Kanonen herrührt, scheint immer eine Art Rauschmittel zu sein, aufputschend und das Entsetzen lindernd zugleich wie Morphium. «Das ganze Heer griff unter lautem Geschrei gleichzeitig an», berichtete ein Augenzeuge über den Angriff Sultan Saladins auf Jaffa (1192). «Die Trommeln und Trompeten machten fürchterlichen Lärm, die Wurfmaschinen wurden eingesetzt, die Mineure untergruben den Wall; endlich stürzten die Mauern ein. Der Lärm war derart, dass man hätte glauben können, die Welt ginge unter. Mit lautem Geschrei liefen die Moslems Sturm.»[557]

Im alten China wurden Trommeln, Glocken und Becken in die Schlacht geführt, teils um Signale zu übermitteln, teils um durch ihren Lärm den Soldaten einfach anzuzeigen, wo Freund und wo Feind stand. In der Schlacht am Hydaspes stellten die Inder hinter ihren Elefanten Paukenschläger auf. Bei den Azteken trugen die Hauptleute eine kleine Trommel auf der Brust, mit deren Hilfe sie rhythmische Signale gaben; sie mussten damit die dröhnenden Muschelhörner und schrillen Knochenpfeifen übertönen, mit denen zum Angriff geblasen wurde.

Das Entscheidende an der Trommel aber, das Bedrohliche, Gewalttätige und Dämonische an ihr ist der Rhythmus. Sobald Hände, Fäuste oder Schlägel nicht in zufälligen Abständen, sondern in einförmigem Takt, in einer rhythmischen Figur oder im Wirbel auf das Fell schlagen, gewinnt es Macht über Menschen. «Wer besaß bis jetzt die überzeugendste Beredsamkeit?», fragte Nietzsche. «Der Trommelwirbel. Und solange die Könige diesen in der Gewalt haben, sind sie immer noch die besten Redner und Volksaufwiegler.»[558] Das Wirbeln der Stöcke auf dem Fell lässt die

Nerven vibrieren, es begleitet Proklamationen, Kriegserklärungen, Hinrichtungen und im Zirkus den Salto mortale, es kündet von Großartigkeit, Gefahr und Tod.

Die militärisch noch wichtigere Funktion der Trommel lag im langsamen Rhythmus, der die beiden Grundrhythmen unseres Körpers, den Herzschlag und den Schritt, akzentuiert, variiert, beschleunigt. Dem unterschiedlichen Puls- und Schritttempo eines Menschenhaufens zwang er seinen uniformen Takt auf und setzte die Aggressivität der Schreie, Flöten und Fanfaren in Bewegungsdrang und Stoßrichtung um.

Rhythmus wirkt *nicht* aufs Gehirn – aufs Gehirn ist im Gemetzel kein Verlass. Rhythmus fährt direkt vom Ohr, ja von der Haut in die Nerven und die Muskeln; die Luftschwingungen eines Paukenschlags kann man noch in einiger Entfernung von der Pauke mit den Fingern spüren. Hier ist es, wo «Begeisterung» ihren zuverlässigen Platz hat. Der Rhythmus erhöht den Spannungsgrad der Muskulatur, gibt ihr Bewegungsimpulse – und erfüllt den ganzen Körper mit dem Drang, in ihn einzuschwingen – umso stärker, je simpler und hartnäckiger er ist und je mehr anderen Menschen er gleichzeitig durch die Glieder zuckt.

Wenn zwanzig Mann, die gemeinsam eine Last bewegen wollen, «Hau-ruck!» rufen, so wäre es bloße Theorie, zu sagen, jeder der zwanzig habe noch die Freiheit, *nicht* oder in einem *anderen* Augenblick als auf «ruck» zu ziehen. Psychologisch und praktisch hat er diese Freiheit nicht. Die Verbindung und Durchtränkung von Rhythmus und Masse erzeugt einen unwiderstehlichen Sog. Wo die Pauken dröhnten und tausend Mann marschierten, brauchte der Einzelne keine Impulse mehr; und hätte er sie, sie nützten ihm nichts. Der Militärmarsch verband die einschmelzende Wirkung des Drills mit der Stoßkraft der Trommeln und dem Kriegsgeschrei der Fanfaren – wer Ohren hat zu hören, der hört ihm an, wie viel Mannszucht, Hass und Dynamik sich in ihm ballten und entluden, wie da die Brust geweitet, der Arm gespannt, Angst in Angriffslust verwandelt wurde, wie aus schmetternden Tönen zerschmetterte Schädel folgten.

Die große Zeit des Militärmarschs waren das 18. und das 19. Jahrhundert, und in seinen berühmtesten Exemplaren war er das, was Wien und Potsdam aus türkischem Erbe machten.

Die wichtigsten Instrumente der Militärmusik kamen ja aus dem Orient nach Europa. Fanfaren und Kesselpauken verkündeten das Nahen islamischer Fürsten, ihr Besitz war also ein Vorrecht des Hofstaats. Die Kreuzritter erbeuteten eine Reihe solcher Instrumente und übernahmen zugleich die Meinung, dass nur Fürsten sich solcher Musik bedienen sollten. Von den Rittern ging sie später auf die Kavallerie über. Dem Fußvolk wie der Bürgerschaft war bis ins 18. Jahrhundert das Spiel auf Fanfaren (dem einzigen damals bekannten Blechblasinstrument, meist «Trompete» genannt) sowie auf Kesselpauken untersagt: Die schmetterndsten, die kriegerischsten Töne reservierte der Kriegsherr für sich selbst. Die Rangordnung der Instrumente schlug sich in populären Sprüchen nieder wie diesem:

Wie kann es der Trommler wagen,
Die Tochter des Paukers anzufragen?

So bliesen die Stadtpfeifer den trompetenähnlichen hölzernen Zink und die Landsknechte die schrille Querpfeife oder Schweizerpfeife und schlugen dazu auf hohe Trommeln. Der Klang war eintönig, aber die militärisch entscheidende Mischung von Kriegsgeschrei und rhythmischem Bewegungsdrang war erreicht. Im Dreißigjährigen Krieg vervollkommnete sich aus Lärm und Signalmusik der *Marsch*, die Militärmusik im engeren Sinn. Hans Sachs (1494–1576) reimte:

Mit der Heertrummel das Herz ich weck
Den unsern und die Feind erschreck.[559]

In die Musik für marschierende Soldaten nahm zuerst Frankreich die Fanfare auf, wechselte sie jedoch gegen Ende des 17. Jahrhunderts gegen die meckernde *Oboe* aus, die sich bald darauf auch in Deutschland und England durchsetzte: Zum Klang von Trommeln und Oboen marschierten die Soldaten Friedrichs des Großen in die Schlacht.

Inzwischen war zweierlei geschehen, was der Marschmusik im heutigen Sinn zum Durchbruch verhalf: die Einführung des Gleichschritts im preußischen und in anderen europäischen Heeren, ihrerseits von der Marschmusik der Landsknechte gefördert – und die Belagerung Wiens durch die Türken im Jahre 1683. Die Wiener konnten bei der Jause hören, welchen schier unglaublichen Krach die Janitscharen zu produzieren verstanden. Neben den bekannten Fanfaren waren vor allem drei Instrumente für sie charakteristisch: die riesige, auf dem Bauch getragene *Pauke* (in der Fachsprache: Große Trommel), das *Becken* mit seinem scheppernden, durchdringenden Knall (ebenso wie die Pauke schon den Assyrern bekannt) und der *Schellenbaum*: Glöckchen und Schellen, die die höchsten dem menschlichen Ohr noch wahrnehmbaren Töne erzeugten, aufgehängt an einem Halbmond, von dem zu beiden Seiten je ein Rossschweif herabhing.

Über Wien fanden die Janitschareninstrumente allmählich Eingang in Deutschland und Westeuropa. Und da das ungeheure Knallen, Schlagen und Rasseln nach mehr Bläsern rief, und da zugleich die Massenheere entstanden, die mit entsprechendem Lärm bedient werden mussten, wuchsen die bis dahin kleinen Militärkapellen zu jenen mächtigen, über vierzigköpfigen Klang- und Krachkörpern an, wie wir sie noch heute kennen, wenn auch nur für Paradezwecke.

Noch in den napoleonischen Kriegen griffen die Heere unter dumpfem Trommelklang oder im Takt eines Avanciermarschs an, vereinzelt auch im Amerikanischen Bürgerkrieg. *Vor* dem Angriff oder während des Marschs blieb die Militärmusik bis ins 20. Jahrhundert ein Mittel, Müde wachzurütteln, Kampflust zu erzeugen und aus einem Haufen einen Block zu machen. Arturo Toscanini ließ sich 1917 von der Mailänder Scala beurlauben, wurde Militär-kapellmeister und spielte an der Front den Italienern zum Angriff auf: «Als die Kämpfe am heftigsten tobten und das österreichische Sperrfeuer hageldicht fiel, führte Toscanini seine Musiker an ei-nen vorgeschobenen Punkt, wo er im Schutz eines hohen Fels-blocks Militärmusik ertönen ließ, bis er die Meldung erhielt, dass die italienischen Truppen die österreichischen Gräben gestürmt und genommen hätten.»[560] Zu Hitlers öffentlichen Auftritten schmetterten Posaunen das durchdringende Kriegsgeschrei des Badenweiler Marschs.

Länger als die Marschmusik bewahrte das *Soldatenlied* seine militärische Bedeutung: das stets parate Mittel einer marschieren-den Truppe, muffige Gesichter aufzuheitern und müde Füße zu beflügeln; es schaffte auch Gemeinschaftsgefühl und machte dies jedermann hörbar, mehr noch als die Blasmusik, die nur von einer Minderheit der Soldaten erzeugt wird: Wir – das sind die, deren Echo wie *eine* Stimme von den Häusern widerhallt.

Wer die Marschmusik nicht schätzte (ihres militanten Ur-sprungs und Charakters wegen oder aus anderen Gründen), käme in Verlegenheit, falls er sich nicht gleichzeitig von der Wiener Klassik abwenden wollte. Denn der Marsch ist unlösbar in sie verwoben. Im doppelten Sinn: einmal, weil einige außereuropä-ische Völker – zumal die Chinesen – die rhythmische Dynamik der abendländischen Musik so auffallend und fremdartig finden, dass ihnen unsere Symphonien durchweg als eine Art Märsche erscheinen[561]; zum anderen, weil Märsche und Marschmotive in den Werken der großen Wiener in der Tat eine auffallende Rolle spielen.

Haydn schrieb eine Militärsymphonie und 1795 in London zwei Märsche für die Landwehr von Derbyshire. Mozart versah den 3. Satz seiner Klaviersonate in A-Dur (KV 331) mit der Be-

merkung *alla turca* – nach türkischer Art. Schubert hat mehrere
Militärmärsche für Klavier zu vier Händen komponiert. Haydn
und Beethoven hatten eine auffallende Vorliebe für den Pau-
kenknall: In seinem Charakterstück «Wellingtons Sieg oder die
Schlacht bei Vittoria» (Opus 91) lässt Beethoven Trommeln
wirbeln und Musketen krachen. Sein Zyklus «Die Ruinen von
Athen» (Opus 113) enthält einen «Türkischen Marsch» von fas-
zinierenden Klangfarben und gewalttätiger Dynamik. Im 1. Satz
des Klavierkonzerts Nr. 5 – 1809 während des Krieges zwischen
Frankreich und Österreich komponiert – kehrt das zarte Haupt-
motiv zweimal als stoßender Militärmarsch wieder. «Auch die
Eroica und die Egmont-Ouvertüre sind doch wohl echtester Militarismus», schrieb Werner Sombart 1915[562] – er meinte dies
lobend, war freilich als Musikkenner nicht so berühmt wie als Na-
tionalökonom. Mitten im Jubel des Finales der 9. Symphonie setzt
nach einer Generalpause eine friderizianische Holzbläsergruppe
in rhythmischem Kontrast mit drei Janitscharen-Schlaginstru-
menten zu einem Marsch an, der das Thema «Freude, schöner
Götterfunken» variiert.

Schließlich geht auf Beethoven der vielleicht großartigste Militärmarsch überhaupt zurück: Als «Marsch für die böhmische
Landwehr» 1809 geschrieben, wurde er von den preußischen
Truppen übernommen und 1813 als «Marsch des Yorck'schen
Korps» berühmt – in der Schlacht als Avanciermarsch gespielt,
später oft als Born vaterländischer Gefühle gepriesen; hörenswert
in jedem Fall deshalb, weil er in einem Prankenschlag ausformt
und zusammenballt, was in einem jahrtausendelangen Verfei-
nerungsprozess an Instinkt und Raffinement aufgeboten worden
ist, um in träge Körper Bewegungsdrang, Enthemmung und Zer-
störungslust zu pumpen.

«Je wichtiger ein Gegenstand ist», merkte Heine 1828 an, «desto lustiger muss man ihn behandeln. Das blutige Gemetzel der
Schlachten, das schaurige Sichelwetzen des Todes wäre nicht zu

ertragen, erklänge nicht dabei die betäubende türkische Musik.»[563] Da ist es fast ein Trost, dass Soldaten auch ein Herz und nicht nur Ohren haben. Was erklang allabendlich zum Zapfenstreich bei den Bundeswehrsoldaten in Afghanistan? Immer noch das Lied von der «Lili Marleen». Wie 1942 bei Rommels Wüstenkrieg beiderseits der Front.

35 Mit Angst

> Überhaupt muss der gemeine Soldat vor dem Offizier
> mehr Furcht als vor dem Feinde haben.
>
> *Friedrich der Große*,
> Instruktion vom 11. Mai 1763

Wenn nun aber alles nichts hilft? Wenn die langfristigen Investitionen von Drill, Uniform und Ideologie nichts helfen, wenn die Anreize für Habgier und Ruhmsucht versagen, wenn die Zwangsjacke des Korpsgeistes zu schwach ist, wenn der Rausch von Alkohol und Trommeln die Hirne nicht hinlänglich vernebelt – was bleibt dann noch, um widerwillige Soldaten gegen die Feuerwand des Feindes zu jagen? Der türkische Honig der Ideologie, das Gezeter der türkischen Musik lassen ja noch immer einen Rest von Wahl; der eine hat ein dickes Fell und will sich einfach nicht fügen, der andere so viel Selbsterhaltungstrieb, dass das Militär ihn den hoffnungslosen «Feiglingen» zuzählt. Auch Kriegernaturen sind Stimmungen unterworfen, kein Raubtier greift ohne Not einen überlegenen Gegner an; und seit Carnot werden überwiegend die geborenen Nichtkämpfer aufs Schlachtfeld gezerrt.

Das Militär besaß ein letztes Mittel: Es schaffte einen Zustand der totalen Ausweglosigkeit. Nein, der totalen nicht – es ließ eine Öffnung, und vor der stand der Feind. Nur der Angriff auf ihn bot die Chance, den schrecklichen Strafen und Vergeltungsaktionen zu entgehen, die das Militär für den Verweigerer ersonnen hatte. Den Rotarmisten des Zweiten Weltkriegs wurde von ihren Politoffizieren eingehämmert, «dass es für den Soldaten gefährlicher ist, stillzuliegen oder zu fliehen, als nach vorn durchzubrechen. Erst mit der Eroberung des Angriffsziels ist eine Hoffnung auf Leben verbunden».[564] Die Flucht nach vorn, von Montaigne verspottet (Kapitel 28), scheint ein treffendes, ja das schlechthin gültige Wort für das zu sein, was die Kriegsberichte «Angriff» nennen.

Das klingt überdreht und droht eine sowjetische Eigenheit unzulässig zu verallgemeinern. In Wahrheit haben sich Kriegsherren und Fachleute seit zweieinhalb Jahrtausenden unverblümt in diesem Sinn geäußert. Xenophon über den Spartaner Klearchos: «Er strafte aus Überzeugung, denn er hielt ein zuchtloses Heer für unbrauchbar und sagte immer, der Soldat müsse seinen Feldherrn mehr fürchten als den Feind.»[565] Polybios über das römische Heer: Gehorsamsverweigerung, Fahnenflucht und Feigheit werden mit dem Tod bestraft. Sind ganze Truppenteile schuldig, so werden sie dezimiert; das Los bestimmt jeden zehnten Mann zum Tode.[566]

Peter der Große befahl 1708 vor der Schlacht bei Ljesna den Kosaken seiner Nachhut, «auf jeden zu schießen, der flieht, und mich selbst totzuschlagen, wenn ich so feige sein sollte, davonzulaufen».[567] Friedrich der Große: Die Soldaten sollen «ihre Offiziere mehr fürchten als alle Gefahren. Sonst wird niemand imstande sein, sie gegen dreihundert Geschütze, die ihnen entgegendonnern, zum Angriff zu führen. Guter Wille wird den gemeinen Mann nie vermögen, solchen Gefahren Trotz zu bieten; so muss es denn die Furcht tun».[568] Der republikanische General Enrique Lister 1938 im Spanischen Bürgerkrieg: «Wenn ein Offizier auch nur einen Zoll Boden preisgibt, muss er ihn an der Spitze seiner Männer zurückerobern. Andernfalls wird er erschossen.» Den Unteroffizieren wurde befohlen, ihre eigenen Offiziere niederzuschießen, wenn diese zum Rückzug bliesen.[569] Ähnliche Befehle erließ im Februar 1945 Hitler.

So haben die Militärs selber eingesehen und den Beweis geliefert, dass die eigentliche soldatische Tugend, die in der Kriegsliteratur «Mut» genannt wird, die Angst ist. Wer auf diesen Instinkt baut, baut auf festen Boden. Dass das Militär es verstanden hat, seinen eigenen Gliedern fürchterlicher zu werden als der sogenannte Feind, und damit die Furcht zum eigentlichen Vehikel der Attacke zu machen, und die Furcht tollkühn auch noch «Mut» zu nennen, und mit diesem Taschenspielertrick die Augen von Millionen zum Leuchten zu bringen – das ist ein Geniestreich, dem man den Respekt nicht versagen sollte. Der Befehl, zumal der Befehl zum Angriff ist eine Art aufgeschobenes Todesurteil. Wer ihn nicht befolgt, muss gewärtig sein, das Leben zu verlieren.

Freilich, ganz geht die Rechnung mit der Todesangst nicht auf: Denn der Tod droht dem Soldaten auch vom Feind, während er andrerseits hoffen mag, dass der «Freund», die eigene Heeresorganisation, seine «Feigheit vor dem Feinde» nicht bemerkt oder gnädiger bestraft. Aber das Militär hat Mittel gefunden, auch diese Lücke zu schließen. Zum Teil führte es die Strafe gleich aufs Schlachtfeld mit: Im alten Persien wurden die Soldaten mit Peitschen gegen den Feind getrieben, auf die Rücken der preußischen Söldner klatschten die Knüppel der Korporale, der große Friedrich persönlich drosch im Zorn der Schlacht mit dem Krückstock auf seine Grenadiere ein.

Häufiger, fast immer hat sich das Militär gegen Lücken in seinem Apparat dadurch abgesichert, dass es gegen den «Feigling» – gegen den also, der zu viel Angst vor dem Feind und zu wenig vor seinen Freunden hatte – die *Schande* mobilisierte, «die Angst vor Schmach», wie sie Cäsar nannte, die Furcht vor dem Urteil der Kameraden und der Lieben daheim.

Jeder Kamerad ist von Natur zugleich ein Spitzel. Er wacht darüber, dass sein Leidensgenosse nicht etwa weniger leidet als er selber, dass der andere sich keinen Luxus gönnt, der ihm selbst versagt ist, sich keine Freiheit nimmt, die er selbst sich nicht zu nehmen traut. «Kamerad»: So hieß auch der, der stets bereit war, seinesgleichen mit Spießruten zu züchtigen.

Die Ächtung durch die Öffentlichkeit wog nicht minder schwer; sie setzte allerdings eine Gesellschaft von kriegerischer Gesinnung voraus. «Eine der bemerkenswertesten Leistungen des Lykurgos» (des sagenhaften Gesetzgebers von Sparta) «ist die, dass er erreicht hat, dass man in Sparta einen ehrenhaften Tod einem Leben in Schande vorzog», schrieb Xenophon. «Er sorgte dafür, indem er dem Tapferen ein sicheres Glück, dem Feigen aber ein sicheres Unglück verbürgte. Der Feigling muss auf der Straße und bei Tisch jedermann den Vortritt lassen ... Seine weiblichen Hausgenossen dürfen nicht auf die Straße gehen, und er muss ihre Vorwürfe wegen seines Mangels an Männlichkeit anhören ... So bin ich durchaus nicht überrascht, dass in einem Gemeinwesen, in dem Feigheit so schrecklich geahndet wird, der Tod wünschenswerter ist als ein Leben in solcher Schande».[570] Die spartanischen Mütter ermahnten ihre Söhne, wenn sie ins Feld zogen, entweder *mit* ihrem Schild oder *auf* ihm zurückzukehren, nie aber ohne ihn.

In der Frühzeit Roms bereitete die Bürgerschaft dem «Feigling», sollte er die Steinigung durch seine Kameraden überlebt haben, ein ähnliches Schicksal. Vercingetorix sprach zu den Galliern: «Durch den heiligsten Eid müsse man bekräftigen, dass keiner ein Obdach finde, keiner zu den Eltern, zu seiner Frau zurückkehren dürfe, wenn er nicht mindestens zweimal durchs feindliche Gewühl gesprengt sei.»[571]

So hart verfuhr man in der Neuzeit nicht; aber es war vom 18. bis ins 20. Jahrhundert auch in Preußen, Deutschland und anderen Staaten ein Makel im bürgerlichen Leben, durch das Urteil eines Kriegsgerichts oder auch nur durch das Fehlen der herkömmlichen Tapferkeitsauszeichnungen als «Feigling» gebrandmarkt zu sein. Der französische Oberst Charles Ardant du Picq, der im Krimkrieg kämpfte und als Vater der Wehrpsychologie bezeichnet wird, sagte es unverblümt: «Die Disziplin hat das Ziel, die Angst vor dem Tod durch eine noch größere Angst zu verdrängen: die Angst vor Strafe und vor Schande.»[572]

Einigen Feldherren ist noch eine Steigerung des Gefühls der Ausweglosigkeit, der Flucht nach vorn als einziger Rettung gelungen: Sie stellten die Unentrinnbarkeit auch technisch und körperlich her, sie schufen mit Bedacht eine Lage, die dem Soldaten eindringlich demonstrierte, dass in Kampf und Sieg seine einzige Hoffnung lag.

Sun Tzu lehrte, dass dies überhaupt das eigentliche und vorzügliche Mittel sei, Kampfgeist zu erzeugen: «Man bringe die Soldaten in eine Position, in der es kein Entkommen gibt ... In verzweifelter Lage fürchten sie nichts mehr; wenn es keinen Ausweg gibt, halten sie stand ... Der General verbrennt seine Schiffe und zerschlägt seine Kochkessel. Er schneidet den Rückzug ab, so, als ob er ihnen eine Leiter unter den Füßen wegzöge.»[573]

Nicht nur in China wurde solcher Rat befolgt. Hannibal sprach zu seinen Soldaten in Italien nach dem Alpenübergang: «Euch hat das Schicksal mit ebenso starken Fesseln umgeben wie eure Gefangenen: Zur Rechten und zur Linken sperren uns zwei Meere die Flucht, und dazu haben wir nicht ein einziges Schiff ... Im Rücken haben wir die Alpen, die ihr kaum habt übersteigen können. Soldaten! Wo ihr zum ersten Mal dem Feind begegnet, müsst ihr siegen oder sterben.»[574] Bei Zama stellte Hannibal die Hilfsvölker *vor* den karthagischen Linien auf, um ihnen jeden Gedanken an Flucht auszutreiben. Als die germanischen Helvetier auszogen, Gallien zu erobern, verbrannten sie ihre zwölf Städte, ihre vierhundert Dörfer und ihre Getreidespeicher, «um, wenn erst einmal die Hoffnung auf Rückkehr genommen sei, desto entschlossener alle Gefahr auf sich zu nehmen». Vor seinem Angriff auf die Helvetier ließ Cäsar seinerseits alle Pferde (auch sein eigenes) außer Sichtweite führen, um seinen Soldaten die Hoffnung auf Flucht zu rauben.[575]

Als Hernando Córtez 1519 an der Ostküste Mexikos gelandet war, um mit vierhundert Mann das Reich der Azteken zu erobern, ließ er die Schiffe zerstören; er machte seinem Häuflein damit klar, dass es zu siegen oder zu sterben habe. Am Abend vor der Schlacht bei Leuthen sprach Friedrich zu seinen Generalen: «Gegen alle Regeln der Kriegskunst werde ich einen zweimal stärkeren Feind angreifen, der auf Anhöhen verschanzt steht. Ich muss es tun, oder es ist alles verloren. Wir müssen den Feind schlagen oder uns alle vor seinen Batterien begraben lassen.»[576] Siegen oder sterben – die Besatzungen von Kriegsschiffen und Kampfflugzeugen waren ohne ausdrückliches Zutun des Militärs immer in einem Gehäuse vereint, das nur ihr Triumphwagen oder ihr Sarg sein konnte.

Wenn im Kanonenrohr die Pulverladung explodiert, wirkt der Druck der Explosion mit gleicher Kraft nach allen Seiten. Er würde sich nach rechts und links, nach oben und unten ausbreiten, wäre er nicht vom Stahl des Rohrs umschlossen. Er ginge nach hinten los, wäre dort nicht der schwere Verschluss eingelegt. Er würde den Verschluss sprengen oder das Rohr zerreißen, wenn ihm gar kein Ausweg bliebe. Aber eine Öffnung ist ihm geblieben: vorn. Sie zeigt auf den Feind, der Druck der Explosion schleudert die Granate auf ihn zu, sie hat keine Wahl.

Überdruck erzeugen und ihm nur einen einzigen Ausweg lassen – das trieb träge Kanonenkugeln und widerwillige Soldaten dem Feind entgegen. Man umschloss den Soldaten mit den Stahlmänteln von Drill, Uniform und Kumpanei; man versperrte ihm den Rückweg mit der Angst vor Strafe, Schmach und Tod; man setzte ihn unter den Druck des Befehls; man zündete mit Hass, Medaillen und Musik – und mit dem Paian! und dem Hurra!, die die gelungene Explosion verkündeten, stürmte der Soldat, allen kreatürlichen Instinkten entgegen, in die einzige Richtung, die ihm offen blieb, und dort stand der Feind.

«Feigheit vor dem Feind»

Angst (von Enge, Beklemmung): Gefühl des Bedrohtseins, laut Brockhaus ein «quälender, stets beunruhigender und bedrückender Gefühlszustand in vermeintlicher oder tatsächlicher Bedrohung».

angst: englisches Lehnwort aus dem Deutschen, unter Psychologen und Journalisten beliebt wegen seines umfassenden Charakters, den die englischen Wörter nicht haben:
ANGUISH: Qual, Pein, Angst, Schmerz
ANXIETY: Angst, Beklemmung, böse Ahnung
DREAD: schreckliche Angst, Entsetzen
FEAR: Angst, Furcht
ANGST-RIDDEN: von Angst geplagt

Furcht: im allgemeinen Sprachgebrauch ein gehobenes, eher schriftdeutsches, weniger beklemmendes Synonym für «Angst». In der Psychologie richtet sich die Furcht auf eine konkrete Bedrohung – die Angst ist diffus und hat kein bestimmtes Objekt.

Panik: übermächtige, verzweifelte Angst vor einer echten oder vermeintlichen Bedrohung, zumal wenn sie zur Lähmung führt oder zu kopfloser Flucht.

Mut: in Kapitel 28 definiert.

Feigheit: die Angst, wenn man sie zu schmähen wünscht – laut Duden «ohne Ehrgefühl vor jedem Risiko ängstlich zurückschreckend»; laut Brockhaus ein Ausweichen vor der Gefahr, «nicht von sittlicher Einsicht bestimmt, sondern von der Angst vor Schmerz, Zurückweisung, Versagen oder Strafe»; laut Meyer (1890): Scheu vor Gefahren oder Schmerzen «mit abgestumpftem Gefühl für Ehre und Schande». «Feigling» ist ein Schmähwort der Gruppe für den Einzelgänger, der sich von ihr abzusondern wagt – möglicherweise also für einen mutigen Mann; und «Feigheit» im landläufigen Sinn das Sammelwort, das die Militärgerichtsbarkeit braucht, um denjenigen bestrafen zu können, der sich im Angesicht des Feindes militärisch unzweckmäßig verhält:
FEIGHEIT VOR DEM FEIND – in vielen Nationen die Flucht oder die Verletzung der Dienstpflicht im Kampf, meist mit hohen Freiheitsstrafen, zum Teil mit dem Tod bedroht.
Im Schweizer Militärstrafgesetz stehen auf «Feigheit vor dem Feind» noch heute harte Strafen; die Bundeswehr hat die Feigheit begrifflich abgeschafft und durch «Ungehorsam aus Furcht vor persönlicher Gefahr» ersetzt (was genau dasselbe ist).

«Sogar ist ein gewisses Maß von Furchtsamkeit zu unserem Bestande in der Welt notwendig; die Feigheit ist bloß das Überschreiten desselben», sagt Schopenhauer.[577] Chinesische Spruchweisheit: «Von den 36 Möglichkeiten, einer Gefahr zu entrinnen, ist Davonlaufen die beste.»

VI. Wie sie verreckten

36 Sie litten erbärmlich

Leben ist die unangenehmere Todesart.

Gerd Gaiser, Die sterbende Jagd

Soldaten haben nicht nur mehr Leiden zugefügt als jede andere Menschengruppe – sie haben auch mehr gelitten.

Sie wurden in Wüsten geröstet und keuchten im glühenden Bauch der Kriegsschiffe; sie weinten vor Kälte und erfroren zu Zehntausenden in Russland, in den Alpen, im Himalaja. Der Hunger quälte sie, bis sie Leder oder Mäuse aßen, der Durst, bis sie die Lippen mit Jauche befeuchteten. Sie wimmerten im Heulen der Granaten, sie krümmten sich, sie kotzten, sie starrten entsetzt auf ihre klaffende Wunde, sie brüllten vor Schmerz, und zu Millionen verendeten sie. Es ist keine Tortur ausdenkbar, die Soldaten nicht tausendfach erduldet hätten, und nicht wenige Soldaten haben *alles* erlitten, was es an Plagen gibt, nacheinander und einiges auch zur selben Zeit.

«Der Krieg ist das Gebiet körperlicher Anstrengungen und Leiden; um dadurch nicht zugrunde gerichtet zu werden, bedarf es einer gewissen Kraft des Körpers und der Seele, die, angeboren oder eingeübt, gleichgültig dagegen macht.»[578] So Clausewitz. Aber das war zynisch untertrieben – für alle Kriege. Für die Weltkriege noch mehr.

Zu einer Hölle, wie es noch keine gegeben hatte, wurden von 1914 bis 1918 die Schützengräben in Nordostfrankreich und in Flandern. Millionen deutscher, französischer, britischer, schließlich amerikanischer Soldaten lebten und krepierten monatelang in Dreck und Schlamm, mit dem Jammern und Schreien der Verwundeten, tagelang im Gestank von Kot und verwesenden Leichen. Bei William Faulkner: «Sergeant Madden spürte Schlamm, Finsternis und Nässe und roch Essen, Schlaf und Exkremente unter einem Himmel, der zu weit fort war, um zwischen Krieg und Frieden einen Unterschied zu machen.»[579] Bei Remarque: «Einige Regenwochen liegen hinter uns – grauer Himmel, graue, zerfließende Erde, graues Sterben … Wer noch Stiefel trägt, bindet sie oben mit Sandsäcken zu, damit das Lehmwasser nicht so rasch hineinläuft. Die Gewehre verkrusten, die Uniformen verkrusten, alles ist fließend und aufgelöst, eine triefende, feuchte, ölige Masse Erde, in der die gelben Tümpel mit spiralig roten Blutlachen stehen und Tote, Verwundete und Überlebende langsam versinken.»[580]

Den vermutlich längsten Leidensweg der Kriegsgeschichte aber legten die 35 000 mazedonischen Soldaten zurück, mit denen *Alexander der Große* 334 v. Chr. aufbrach, um sich, so sein aberwitziges Ziel, die gesamte damals bekannte Welt zu unterwerfen – zunächst Asien. Achteinhalb Jahre lang zogen sie zwischen furchtbaren Schlachten bis nach Indien, die meisten zu Fuß. Im sechsten Jahr des Marsches, im Spätwinter des Jahres 329 v. Chr., überquerte das Heer den 3550 Meter hohen, schneebedeckten Chawak-Pass im Hindukusch und nährte sich zwei Wochen lang von Wurzeln und dem rohen Fleisch geschlachteter Zugtiere, denn das kahle Gebirge lieferte kein Brennholz.

326 v. Chr. überschritten die Mazedonier den Indus. «Den Pferden waren die Hufe abgenutzt, die Waffen der Krieger waren stumpf und zerbrochen», schrieb der griechische Historiker Kleitarchos, der noch mit Überlebenden gesprochen hatte. «Hellenische Kleider hatte niemand mehr; Lumpen aus barbarischer und indischer Beute deckten die benarbten Leiber der Welteroberer; seit siebzig Tagen waren die furchtbarsten Regengüsse unter Stürmen und Gewittern vom Himmel herabgeströmt.»[581] Der Verzweiflung nahe, verlangten sie von Alexander die Umkehr. Vergeblich beschwor er sie, mit ihm weiterzuziehen bis ans nahe Ende der Welt: «Die Grenzen unserer Herrschaft», sprach er, «werden mit den Grenzen zusammenfallen, die die Götter der Erde gegeben haben.»[582]

Eben der Rückzug aber war noch schrecklicher. 60 Tage brauchte die Armee, um die wasserlose Gedrosische Wüste (im Süden der heutigen Staaten Iran und Pakistan) zu durchqueren, und mehr als die Hälfte der Mazedonier kam in ihr um. «Man spannte das Zugvieh von den Wagen der Kranken und überließ diese ihrem Schicksal ... Glücklich, wer vor Tagesanbruch einen Brunnen erreichte, um zu rasten; aber oft musste man noch marschieren, wenn schon die Sonne durch die rötliche Glutluft herabbrannte und der Sand unter wunden Füßen glühte. Dann stürzten die Tiere röchelnd zusammen, und den hinsinkenden Menschen brach das Blut jählings aus Auge und Mund, oder sie kauerten sich todmatt nieder, während die Reihen aufgelöst in gespenstischer Stille an den sterbenden Kameraden vorüberwankten.»[583]

Nach zehnjährigem Gewaltmarsch über 18 000 Kilometer erreichten die 10 000 Überlebenden die Metropole Babylon. Alexander begann sofort für die nächsten Feldzüge zu rüsten: Zwei Flotten ließ er bauen, eine für den Persischen Golf, um die Routen nach Arabien und Indien zu sichern, eine noch größere am Mittelmeer, um Italien, Spanien und Nordafrika zu erobern. Ein halbes Jahr später war er tot – 32 Jahre alt, gestorben vermutlich an Malaria oder der Amöbenruhr, geschwächt durch Trunksucht und maßlose Selbstausbeutung.

Berühmter als der Marsch Alexanders über den Hindukusch ist der Zug Hannibals über die Alpen im September des Jahres 218 v. Chr. Ein früher Wintereinbruch hatte den vermutlich benutzten Pass (Kleiner Sankt Bernhard, 2157 Meter, oder Mont Cenis, 2098 Meter) trotz seiner mäßigen Höhe schon mit Schnee zugedeckt; durch Erfrierungen und Abstürze wurde das karthagische Heer halbiert. Als die eigentliche Todesfalle erwies sich erst der Abstieg nach Italien: «Sie hatten schreckliche Not mit dem schlüpfrigen Eis, auf dem kein Fußtritt haftete», heißt es in der Darstellung des Livius. «Wenn sie sich auf Händen oder Knien aufrichten wollten, verloren sie sogar diese Stützen und fielen von neuem hin … Die Lasttiere brachen oft durch …, und wenn sie nach dem Fall wieder aufstehen wollten, sackten sie völlig ein, sodass die meisten in dem harten, tiefen Eis stecken blieben wie in einem Fangeisen.»[584]

General Bonaparte ließ sich im Hospiz auf dem Großen Sankt Bernhard (2472 Meter) aus der Bibliothek der Mönche die klassische Beschreibung des Livius von Hannibals Alpenübergang vorlegen, als er im Mai 1800 mit 30 000 Mann gen Marengo zog. Auch die Franzosen stießen auf Frost und Eis, das ihre Stiefel zerschnitt. Hundert zerlegte Kanonen wurden von Maultieren und Soldaten getragen, die Geschützrohre waren in ausgehöhlten Baumstämmen verkeilt und wurden von je 20 Mann bergauf und bergab geschleift. Grausam litten die Soldaten Napoleons, die im Dezember 1808 in Spanien bei Schneesturm über die Sierra de Guadarrama zogen: «Als wir die halbe Höhe erreicht hatten, konnten die Marschälle und Generale, die schwere Reiterstiefel trugen, nicht mehr weiter. Napoleon setzte sich rittlings auf eine Kanone, die Generale desgleichen. Grenadiere, die der Strapaze nicht gewachsen waren und zurückbleiben mussten, erschossen sich, um nicht von den Spaniern gemartert zu werden.»[585]

Das Hochgebirge nicht zu überschreiten, sondern in ihm auszuharren und zu kämpfen, sommers wie winters, drei Jahre lang – und dies nicht in einem Guerillakrieg, sondern mit durchgehender Front und unter Einsatz der ganzen Vernichtungstechnik des 20. Jahrhunderts: Das war das lange Leiden Hunderttausender von italienischen, österreichischen, auch deutschen Soldaten an der Alpenfront des Ersten Weltkriegs. Mit unerhörter Erbitterung kämpften sie auf Gletschern und Graten, kilometerlange Stollen trieben sie ins Eis bis unter die Gipfel des Ortler und der Marmolada, hackend bis zum Umfallen, hausend in ewig feuchter Kälte. 1916 sprengten die Italiener den Gipfel des Col di Lana mit seiner österreichischen Besatzung in die Luft. 1918 kam es in der steilen Eiswand der Punta San Matteo und auf ihrem Gipfelgrat,

3678 Meter hoch, zum Nahkampf auf Steigeisen, und wer strauchelte, zerschellte in der Tiefe.

In fast allen Kriegen aber gehörten zum Alltag der Soldaten die Seuchen und das Ungeziefer, der Durchfall und der Dreck. Der Krieg von 1870/71 war der erste der neueren Zeit, wenn nicht der Weltgeschichte, bei dem mehr Soldaten *fielen* als an Seuchen starben; nimmt man alle Kriege zusammen, die die Menschheit sich zugemutet hat, so war der Tod durch Waffen, der Heldentod, von dem die Heldenepen handeln, erst mit weitem Abstand die zweithäufigste Todesursache nach dem elenden Seuchentod, den kein Epos verklärt.

Im Zweiten Schlesischen Krieg: «Kein Regiment gab es, wo nicht hundert Mann die Ruhr hatten.»[586] Im Krimkrieg: Auf je 10 Gefallene trafen 37 Seuchenopfer. Im Deutschen Krieg von 1866: Mehr Tote durch Cholera als durch Kampfhandlungen; nicht zuletzt aus Angst vor der weiteren Ausbreitung der Seuche sprach sich Bismarck gegen die Fortsetzung des Feldzugs in Ungarn aus. Noch in den Weltkriegen suchten Ruhr, Typhus und Malaria Millionen von Soldaten heim.

Wanzen und Läuse waren schlimm genug – noch im Zweiten Weltkrieg für alle Soldaten außer denen der westlichen Alliierten, die schon über DDT verfügten. Den kaiserlichen Dragoner Jakob Christoffel von Grimmelshausen hatte das Ungeziefer so geplagt, dass er den Harnisch auszog, um seinen Feinden «eine Schlacht zu liefern». Wäre sein Obrist-Leutnant «so stark an Reitern gewesen als an Läusen, so hätte er die ganze Welt erschreckt».[587]

«Der Krieg ist, wenn man mittendrin ist, scheußlich und öde», schrieb der amerikanische Bürgerkriegssoldat Oliver Wendell Holmes jr., der später Richter am Obersten Bundesgericht wurde. «Die Wirklichkeit bestand darin, eine Nacht im Regen mit Darmkatarrh auf der bloßen Erde zu verbringen und nach einem schwachen Frühstück den Feind anzugreifen.»[588] «Durchfall ist schlimmer als Feindberührung», hieß ein Spruch in der deutschen

Wehrmacht. In ihrem Bunker in Afghanistan harrten amerikanische Soldaten einmal 38 Tage lang aus ohne Dusche und Kleiderwechsel.

Und dann der Durst! «Die unsrigen litten dermaßen, dass sie den Pferden und Eseln die Adern öffneten, um das Blut zu trinken», heißt es über das Schicksal der Kreuzfahrer in der von den Türken belagerten Burg Xerigordon (1096); «andere warfen Schärpen und Lappen in die Latrinen und drückten die Flüssigkeit aus in ihren Mund».[589] Auf der öden, zerklüfteten Halbinsel Gallipoli an den Dardanellen leckten im Sommer 1915 britische Soldaten, die ihre Wasserzuteilung nicht erwarten konnten, die Feuchtigkeit von der Außenseite der Wassereimer, die von Maultieren vorübergetragen wurden; im November 1915 kamen auf Gallipoli Hunderte von Soldaten im Schneesturm um. In der Sumpf- und Fieberwildnis des Gran Chaco fand man noch Jahre nach dem Chaco-Krieg (1932–1935) die Skelette ganzer bolivianischer Kompanien, die sich verirrt hatten und verdurstet waren, von Dornen zerrissen, von Schlangen und Moskitos gepeinigt bis in den Tod.

Schließlich gab es einen Zustand, der alle Leiden der Soldaten einbegriff und sie oft noch potenzierte: die *Gefangenschaft*. Millionen haben sie glimpflich überstanden, Millionen sie als vermehrten Schrecken erlitten, Millionen sie nicht überlebt.

Gefangene machen, das hieß: im Zustand klarer Überlegenheit solche Soldaten des Feindes, die sich nicht mehr wehren konnten oder wehren wollten, entwaffnen und in Gewahrsam nehmen. Es setzte beim Sieger also zweierlei voraus: den Willen, den Besiegten leben zu lassen (Hunnen, Awaren, Mongolen hatten den nicht) – und ein Quantum Zeit. Stoßtrupps, Fallschirmjäger, Special Forces besaßen die selten, ähnlich zuvor die Kavallerie oder 1944 die erste Welle der Landungstruppen in der Normandie.

Wo aber Gefangene genommen wurden, da in der längsten Zeit der Kriegsgeschichte nur, um sie entweder umzubringen, oder zu foltern, oder in lebenslange Zwangsarbeit zu pressen. Viele wurden zum Gaudium der Sieger bei lebendigem Leibe verstümmelt oder enthäutet, andere zu Ehren eines verstorbenen Königs in dessen Grab mit eingemauert. Auch die Indianer Nordamerikas bedienten sich der Gefangenen überwiegend als Arbeitskräfte; nur einige starben am Marterpfahl, um die Toten zu rächen, den Göttern ein Opfer zu bringen und die Sieger zu amüsieren.

Die Azteken, die ihre Kriege überhaupt nur um der Gefangenen willen führten, ließen ihren Opfern eine Behandlung angedeihen, in der sich Grausamkeit und Fürsorglichkeit seltsam mischten: Sie putzten sie mit Federn auf, bemalten sie, schütteten ihnen Weihrauchpulver ins Gesicht, tanzten mit ihnen, stürzten sie in glühende Asche, zerrten sie wieder heraus, gaben ihnen Holzklötze zur Selbstverteidigung in die Hand und fielen mit Schwertern über sie her, ehe sie auf den Opferstein gepresst und von den Priestern mit Steinmessern aufgeschlitzt wurden.[590]

Zivilisierte Staaten haben die Kriegsgefangenen meist weniger grotesk, aber oft nicht minder grausam behandelt. Im Peloponnesischen Krieg wurden viele Gefangene erschlagen, die unterlegenen Athener zu Tausenden in die Steinbrüche von Syrakus geschickt. Die römischen Feldherrn führten Gefangene im Triumphzug mit und verkauften sie dann auf dem Sklavenmarkt. Cäsar nach seinem Sieg über die Veneter: «Ich ließ den ganzen Senat hinrichten und die Übrigen als Sklaven verkaufen.»[591]

Die Galeeren und Galeassen, die vom 11. bis 18. Jahrhundert das Mittelmeer beherrschten, brauchten für jedes ihrer dreißig bis fünfzig Ruder zwei bis acht Mann, also bis zu 400 Ruderer, die unter Deck oft in mörderischer Hitze härteste Arbeit zu leisten hatten. Söldner waren dafür nur schwer zu gewinnen; so wurden die Galeeren überwiegend von Sträflingen und Gefangenen bewegt. Die Schweden Karls XII. liefen 1713 angekettet hinter Janitscharen her oder wurden in Istanbul als Sklaven gehandelt.

In der Zeit der Söldnerheere konnte sich der Gefangene die Freiheit durch ein Lösegeld erkaufen. Im 16. bis 18. Jahrhundert hatte er meist dem Sieger als Soldat zu dienen: Friedrich der Große pflegte ja sein Heer so aufzufüllen, und schon Sun Tzu lehrte, dass man die Gefangenen gut behandeln solle, um sie alsdann als Soldaten zu verwenden.[592] Beim Freiheitskampf der Niederlande wurde es zur holländischen Übung, gefangenen Spaniern nichts von dem zu nehmen, «was der Gürtel beschließt». Ein genereller Fortschritt war damit noch nicht eingeleitet; auch in den meisten späteren Kriegen wurden unzählige Gefangene ausgeplündert.

Im Amerikanischen Bürgerkrieg kamen im großen Gefangenenlager der Südstaaten, Andersonville, an die 15000 Soldaten des Nordens durch Hunger und Krankheit um. Zwischen den Haager Friedenskonferenzen von 1899 und 1907 starben in den britischen Konzentrationslagern in Südafrika – ausdrücklich für «Nichtkombattanten» angelegt – mehr als 20000 Buren, überwiegend also Frauen und Kinder. Den Haager Beschlüssen zufolge sollte der Kriegsgefangene nun aufhören, das zu sein, was er in der gesamten historischen Zeit gewesen war: eine Beute des Siegers, ein Objekt der Willkür und der Repressalie. Er durfte sein Privateigentum behalten, war «auskömmlich und standesgemäß» zu ernähren und nach dem Friedensschluss binnen kürzester Frist zu entlassen.

Die Praxis sah auch in den Weltkriegen zumeist anders aus: bei den Unterlegenen, weil sie oft nicht einmal ihre eigenen Soldaten auskömmlich zu ernähren vermochten; bei den Siegern, weil sie es nach dem Sieg mit der Entlassung selten eilig haben: Deutschland entließ 1918 die 635000 Kriegsgefangenen sehr rasch aus seinem Gewahrsam; die 850000 deutschen Gefangenen in der Hand der Alliierten durften erst zwischen 1920 und 1922 heimkehren. Nach dem Zweiten Weltkrieg beendeten die Westmächte die Rückführung der deutschen Gefangenen 1948, die Sowjetunion gar erst 1955.

Dem aber waren deutsche Massenmorde vorangegangen: erst an polnischen, dann an sowjetischen Soldaten; dazu die 600 000 Einwohner von Leningrad, die bei der mehr als zweijährigen Einkesselung durch die Wehrmacht durch Hunger, Seuchen und Kälte umkamen. Polen wurde nach Hitlers Lesart nicht besiegt, sondern von der Landkarte getilgt, seine Soldaten wurden nicht einmal zum Schein als Kriegsgefangene, sondern, wie alle Polen, als Angehörige eines Sklavenvolks behandelt. Vor dem Überfall auf die Sowjetunion hatte Hitler seine Generale ermahnt, sich mit rücksichtsloser Härte über alle Sitten der Kriegführung hinwegzusetzen: Man habe es mit Untermenschen zu tun.

In den Kesselschlachten der ersten Kriegsmonate machte die Wehrmacht fünf Millionen Gefangene. Im Winter 1941/42 starben von ihnen fast die Hälfte – ein Massentod ohne Beispiel, gespeist aus Menschenverachtung und Desorganisation. Zu bessern begann sich die Lage der Überlebenden, als Fritz Sauckel, von Hitler zum «Generalbevollmächtigten für den Arbeitseinsatz» ernannt, in den Rotarmisten ein potenzielles Heer von Hilfsarbeitern erkannte – und sie demgemäß zu ernähren befahl. Am Überleben ihrer Sklaven waren die Sklavenhalter ja stets interessiert.

Von denen aber, die nach Kriegsende in die Sowjetunion zurückkehren konnten, wurden Zehntausende hingerichtet oder zu Zwangsarbeit verurteilt – wie es ihnen bei der Vereidigung angedroht worden war: Sich gefangen zu geben war Vaterlandsverrat.

Von den deutschen Soldaten gerieten etwa 3,1 Millionen in sowjetische Gefangenschaft; 1,1 Millionen von ihnen kamen in Zwangsarbeit, Hunger und Kälte um. Von den 100 000, die in Stalingrad kapitulierten, kehrten nur 5000 heim.[593] Nie zuvor in der Geschichte hatten so viele Menschen so Schreckliches erduldet wie die gefangenen deutschen und sowjetischen Soldaten in den vierziger Jahren des 20. Jahrhunderts.

Die aber nicht misshandelt oder eiskalt dem Sterben überlassen wurden – die 1,8 Millionen französischen Kriegsgefangenen in deutschem, die schließlich fast 7 Millionen Deutschen in britischem oder amerikanischem Gewahrsam: Sie erlitten immer noch die Demütigung, einem unberechenbaren Sieger ausgeliefert zu sein auf unbestimmte Zeit, ohne all die gewohnten militärischen und menschlichen Ordnungen, die auch in höchster Not noch ein bisschen Halt geboten hatten. Wer in ein Lager mit hunderttausend Geschlagenen getrieben wurde, der war in einer gestaltlosen Masse ein Nichts.

Die Amerikaner erduldeten das Schlimmste in japanischer Gefangenschaft. Als die Festung Bataan auf den Philippinen im April 1942 fiel, traten 35000 amerikanische und philippinische Soldaten einen 300 Kilometer langen Schreckensmarsch durch den Dschungel an, den 900 Amerikaner und eine nicht bekannte Zahl von Filipinos nicht überlebten. Eigene Not, asiatische Gleichgültigkeit gegenüber dem einzelnen Menschenleben und Lust an Quälerei und Demütigung trafen bei den Japanern zusammen. Von Reis und Sojabohnen zu leben war für GIs schlimm genug; aber Würmer tummelten sich zwischen den Körnern, Wurzeln mussten den gröbsten Hunger stillen, Hitze und Seuchen, Schläge und Folterungen machten die japanische Gefangenschaft zur Hölle. Die Amerikaner haben dann ihrerseits 2002 das Schlimmste erfunden, was Gefangenen je angetan worden ist: Guantánamo.

Wer aber den Krieg überlebt hatte, war und ist ihm keineswegs entronnen. Körperlich konnte er verkrüppelt sein und seelisch auch. Seit dem Vietnamkrieg ist die psychische Belastung *danach* unter amerikanischen Soldaten zu einem zentralen Problem geworden: Kam schon auf jeden Verwundeten in Afghanistan ein anderer, der zum Fall für den Psychiater wurde, so berichtete 2012 die «New York Times»: «Auf jeden Soldaten, der in Afghanistan gefallen ist, treffen 25 Heimgekehrte, die sich das Leben genommen haben.»[594]

Und das sind nur die tragischsten Folgen der *Posttraumati-*

schen Belastungsstörung, wie die Fachleute sie nennen. Da gibt es Kriegsteilnehmer, denen der Führerschein entzogen werden musste, weil jedes Hindernis am Straßenrand sie an die Sprengfallen in Afghanistan erinnerte, bei denen sie Kameraden hatten sterben sehen – sodass sie einen Unfall bauten. Da trug einer seiner Mutter auf, seinen Fußknöchel zu berühren und seinen Namen zu sagen, wenn sie ihn wecken wollte – denn so geweckt wurde er zur Wachablösung; jede andere Art konnte bedeuten: Alarm, Feind, Untergang.[595] Und 2013 hat sich ein *Navy Seal* eben deshalb erschossen, weil ihm die Diagnose «Posttraumatische Belastungsstörung» drohte.

Wie viele amerikanische Kriegsheimkehrer unter ihr wirklich leiden, ist umstritten: je nach Studie zwischen zwei und vierzehn Prozent. Dabei ist zu berücksichtigen: einerseits, dass viele Soldaten ihre Symptome lieber vertuschen, als sich der Verachtung durch Kameraden oder Nachbarn auszusetzen (und solche gibt es). Was andrerseits statistisch dadurch ausgeglichen werden könnte, dass der imposante Name der Krankheit, ihre halbwegs hergestellte Reputation und die mit ihr verbundene Fürsorge manchen einladen mag, eine leichte Irritation als schwere Störung einstufen zu lassen. Objektiv könnte die seelische Verletzlichkeit in den letzten hundert Jahren gestiegen sein: Ein Bauernbursche, der noch selbst ein Schwein abgestochen hatte, litt unter blutigem Gemetzel wahrscheinlich weniger als ein Stadtmensch unserer Tage.

Wie auch immer – es ist ein Fortschritt, dass das Kriegstrauma anerkannt wird als eine überwiegend echte Kriegsverletzung. Das rabiate Gegenteil davon hatte auf allen Seiten im Ersten Weltkrieg stattgefunden: Da galt jeder, der unter der Last der Schlachten zusammengebrochen war, zunächst als Simulant – allenfalls als «Hysteriker» oder «Nervenschwächling». Mit Beschimpfung, mit Stromstößen und Hungerkuren wurde er traktiert – nicht um ihn zu heilen natürlich, sondern um ihn «wiederverwendungsfähig» zu machen, ihn also an die Front zurückzuschicken. (Zugleich ersparten die Militärpsychiater dem Staat dadurch die lebenslange Rente, die der so Behandelte sonst hätte einklagen können.) Unter den Ärzten gab es sogar die Behauptung, mit Elektroschocks ließen sich die Willenskräfte stählen, und dazu die Hoffnung, der Behandelte werde solche Behandlung schlimmer finden als die Rückkehr an die Front.

Wollte man einen Preis für die übelsten Ausgeburten des Militarismus aussetzen: Diese Ärzte wären dabei. In dramatischem Gegensatz zu jenen Tausenden von *Chirurgen*, die in den Feldlazaretten und auf den Hauptverbandsplätzen dicht hinter der Front oft Ungeheures leisteten – mit «derselben Wissenschaft, die hier mit äußerstem technischen Raffinement versucht, Leben zu retten, das sechs Kilometer weiter mit äußerstem technischen Raffinement zu vernichten unternommen wird». Curt Emmrich schrieb das, Stabsarzt in Hitlers Russlandfeldzug (in dem Buch «Die unsichtbare Flagge» unter dem Pseudonym Peter Bamm). Ihn erbarmte jedes Mal «dieses zerschmetterte Stück schmutziger, blutiger Kreatur», das er zu retten versuchte, und das unermessliche Elend jeder jungen Seele, die da starb.[596]

Trauma – Stress – Neurose

Trauma: 1. Körperliche Verletzung durch Einwirkung von Gewalt. 2. Starke seelische Erschütterung, Schock.

Psychisches Trauma: seelische Verletzung durch ungewöhnliche Belastung, zum Beispiel durch Krieg, Überfall, schweren Unfall, Naturkatastrophe; zuerst definiert nach dem seelischen Zusammenbruch amerikanischer Heimkehrer aus dem Vietnamkrieg.

Posttraumatische Belastungsstörung, auch *Posttraumatisches Stress-Syndrom*: eine nachhaltige seelische Störung einige Zeit *nach* dem Trauma, eine verzögerte *Belastungsreaktion* – seit dem Vietnamkrieg das große Thema der Militärpsychologie.

Belastungsreaktion: die Reaktion auf ein psychisches Trauma, zum Beispiel durch Einengung des Bewusstseins, Schlafstörungen, Übererregbarkeit, auch Antriebslosigkeit oder Hyperaktivität – oft mit *flash-backs.*

flash-back: im Film «Rückblende», allgemein: Rückschau; als psychisches Trauma: zwanghaftes Nacherleben erlittener Schrecknisse.

Stress: 1. Druck, Anspannung, Belastung. 2. Überlastung, Überforderung, Bedrohung. 3. Alarmreaktion des Körpers auf diese durch Konzentration der Kräfte. DISSTRESS: Reaktion im Übermaß (Herzklopfen, Schweißausbrüche, Aggressivität).

Kriegsneurose: «Flucht aus der Lebensgefahr in die traumatische Neurose» – so definiert auf dem 5. Internationalen Psychoanalytischen Kongress in Budapest im September 1918 (!); unter Wehrpflichtigen grassiere sie.[597] Der Begriff *Neurose* (eine seelische Störung ohne nachweisbare körperliche Ursache, zum Beispiel die Depression) und noch mehr die *Flucht* gaben der «Kriegsneurose» den Beigeschmack von Drückebergerei. Zwischen den Weltkriegen war sie ein populäres Schlagwort; in Duden und Brockhaus taucht sie nicht mehr auf. Unverfänglich ist der GRANATENSCHOCK, im Ersten Weltkrieg aufgekommen (englisch *shell-shock*, auch *battle fatigue*).

37 Sie starben entsetzlich

> Gefallen auf dem Feld der Ehre, jawohl! Aber das Feld der
> Ehre war so schrecklich nass, und das änderte die Sache.
>
> *Ambrose Bierce*

Gefallenendenkmäler? Sie lügen. Sie stellen – ob im alten Griechenland, in Rom, in Frankreich, in Deutschland – den in Würde
sterbenden oder gestorbenen Soldaten dar, unverstümmelt, un-
verschmiert, ohne Löcher und herausquellende Gedärme. Die
meisten der Millionen Leichen der Kriege sahen anders aus. Und
den Höllenqualen dieser Männer, bevor sie starben, wurde schon
gar kein Denkmal gesetzt.

Auf den törichten Satz des Horaz, dass es süß und ehrenvoll sei,
fürs Vaterland zu sterben, gab es viele Varianten. Von Alexander
dem Großen: «Süß, wie das Leben des Tapferen, ist auch sein Tod,
da er unsterblichen Nachruhm hinterlässt.»[598] In der Edda: «Besitz
stirbt, Sippen sterben – aber ewig lebt der Toten Tatenruhm.»

Vollends penetrant bei Luther, wenn er in seiner «Heerpredigt
wider den Türken» den Kriegsmann aufruft, «gegen Gottes Feinde
und Christi Lästerer, ja gegen den Teufel selbst» zu streiten: «Du
weißt ja auch wohl, dass du ... einmal sterben wirst. Wie dann,
wenn dieser Streit gegen die Türken eben dein Stündlein sein sollte? Solltest du nicht lieber, ja mit Freuden dich da Gott ergeben in
einen solchen ehrenhaften, heiligen Tod, wo du ... sicher bist, dass
du nicht in deinen Sünden, sondern in Gottes Gebot und Gehorsam stirbst und vielleicht in einem Augenblick aus allem Jammer
herauskommst und gen Himmel zu Christus auffliegst, statt dass
du auf dem Bett liegen und dich lange mit deinen Sünden, mit Tod
und Teufel reißen, beißen, kämpfen und ringen musst?»[599]

«Aus allem Jammer heraus in einem Augenblick»? Sterben ist
anders. Sie starben elend, verlassen, brüllend, delirierend, wie in
allen Kriegen gestorben worden ist, millionenfach und in einer

Häufung von Leid, die keine Phantasie zu bewältigen vermag. Nicht erst die modernen Vernichtungswaffen haben das Sterben grässlich gemacht. So starb man im Trojanischen Krieg:

> Und es drang aus dem Nacken die eherne Lanze durchbohrend
> Unter dem Hirn ihm hervor und zerbrach die Gebeine des
>   Hauptes,
> Und ihm entstürzten die Zähn' und Blut erfüllte die Augen ...
> Bis vorn zum Nabel durchstürmt ihn die eherne Spitze,
> Heulend sank er aufs Knie, und Gewölk des Todes umhüllt ihn
> Schwarz, und er raffte heran das Gedärm mit den Händen, sich
>   krümmend.[600]

So starben die Griechen auf Sizilien (Thukydides): «Die Athener versuchten alles Erdenkliche, um das Ufer des Assinaros zu gewinnen ... Weil sie hier in dichten Haufen marschieren mussten, stürzten sie übereinander und traten sich mit Füßen. Mit ihren Spießen und den anderen Waffen stießen sie einander tot oder verfingen sich darin, sodass sie stürzten und vom Fluss mitgerissen wurden ... Die Spartaner stiegen herunter zu ihnen und veranstalteten unter den Männern im Fluss ein furchtbares Gemetzel.»[601]

So starben die Römer bei Cannae: «Da lagen so viele Tausende von Römern, Fußvolk und Reiter durcheinander, jeder, wie Zufall, Kampf oder Flucht ihn gebettet hatte. Einige versuchten sogar, blutüberströmt aufzustehen, als die Morgenkälte sie zu Bewusstsein brachte. Sie wurden aber von den Feinden niedergemacht. Andere, die mit abgehauenen Schenkeln und Kniekehlen dalagen, entblößten den Hals und forderten den Feind auf, auch noch ihr restliches Blut zu vergießen.»[602]

So starben Schweden und Kaiserliche bei Wittstock in Brandenburg (1636): In der Schlacht «suchte ein jeder seinem Tod mit Niedermachung des Nächsten, der ihm aufstieß, zuvorzukommen ... Köpf lagen dorten, welche ihre natürlichen Herren verloren hatten, und hingegen Leiber, die ihrer Köpf mangelten; etliche hatten grausam- und jämmerlicherweise das Ingeweid heraus, und andern war der Kopf zerschmettert, und das Hirn zerspritzt … Da lagen abgeschossene Arm, an welchen sich die Finger noch regten, gleichsam als ob sie wieder mit in das Gedräng wollten …»[603]

So starben französische Grenadiere 1808 in Spanien: Jeder, der seine Truppe verlor, wurde von den Spaniern überwältigt und zu Tode gemartert. «Die markerschütternden Schreie der Opfer und die barbarischen Gesänge der Wütenden belehrten uns, was hinter uns geschah.»[604] Wie hieß es 1815 im «Kriegslied» eines deutschen Professors aus Jena? «Kein schönrer Tod auf dieser Welt, als wer auf grüner Heide fällt.»

Die blutigsten Jahre der Weltgeschichte waren das Jahr 1916 mit den Schlachten um Verdun und an der Somme – und das Jahr 1943 mit dem Kampf um Stalingrad und der Panzerschlacht im Kursker Bogen. Den Sturm auf Verdun, Eckpfeiler des französischen Verteidigungssystems, begannen die Deutschen mit einem Trommelfeuer aus 540 schweren Geschützen. Verdun eroberten sie nicht. Die Absicht der Obersten Heeresleitung war auch nur, «dass sich Frankreichs Kräfte verbluten»[605]: Massentötung als Kriegsziel! Fast 30 Millionen Granaten feuerten die Gegner aufeinander ab, mehr als 300 000 Soldaten kamen um, fast zur Hälfte waren es deutsche.

Am 1. Juni 1916 traten an der Somme 100 000 *britische* Soldaten an; 20 000 von ihnen waren am ersten Tag gefallen, 40 000 verwundet. Die Offensive, die einen entscheidenden Durchbruch hätte bringen sollen, scheiterte total. «Das Gemetzel, das die Deutschen veranstalteten, ekelte sie schließlich an», schreibt John Keegan. «Als sie erkannten, dass ihr Leben nicht mehr in Gefahr war, stellten sie vielfach das Feuer ein, damit die Leichtverwundeten zurückkriechen konnten.» Für Großbritannien bedeutete das Desaster an der Somme «die größte militärische Tragödie seiner Geschichte»[606]. 1,2 Millionen Tote und Verwundete sah die Schlacht auf beiden Seiten – mehr als die Verluste der USA im Zweiten Weltkrieg.

Erich Ludendorff fand in der «Blutmühle» von 1916 den Trost: «Dem Bilde, das ich mir über die Verhältnisse bei Verdun und an der Somme gemacht hatte, musste ich auf Grund dessen, was ich zu hören bekam, ein noch erheblich düstereres Kolorit geben. Der einzige lichte Ton war die deutsche Heldengröße, die das Schwerste, was es zu erleiden gab, des Vaterlands wegen erlitt.»[607]

Und so starben sie denn. Bei Ernst Jünger: «Eine bis zum Gürtel entblößte Gestalt mit aufgerissenem Rücken lehnte an der Grabenwand. Ein anderer, dem die dreieckiger Lappen vom Hinterschädel herabhing, stieß fortwährend schrille Schreie aus … Weiter ging es durch einen knietiefen, von einer Kette riesiger Trichter gebildeten Graben, in dem ein Toter neben dem andern lag. Widerstrebend trat der Fuß auf die weichen, nachgebenden Körper, deren Form die Finsternis dem Auge entzog. Auch der in den Weg stürzende Verwundete verfiel dem Schicksal, unter die Stiefel der Weiterhastenden getreten zu werden.»[608]

Über das Schicksal, das T. E. Lawrence türkischen Verwundeten bereitete, schrieb er selbst: «Ein Brückenbogen war in die Luft geflogen und der erste mit Kranken voll besetzte Waggon in den Abgrund gestürzt. Der Aufprall hatte alle, bis auf drei oder vier, getötet und Sterbende und Tote an das zersplitterte Ende des Waggons zu einem blutenden Haufen zusammengerüttelt. Einer der noch Lebenden schrie im Delirium immer nur das eine Wort ‹Typhus›. Ich schloss die noch offen stehende Tür und überließ sie dort ihrem Schicksal.»[609]

Und als er auf das Schlachtfeld kam,
Kriegt' er den ersten Schuss (bum bum!).
Ei, da liegt er nun und schreit so sehr,
Weil er getroffen ist, weil er getroffen ist.

Auch so kann man die Verwundung betrachten. Es ist eine Strophe aus dem Lied «Lippe-Detmold, eine wunderschöne Stadt», das in Deutschland die Kinder sangen. Der Erste Weltkrieg tat ihrer Freude daran keinen Abbruch, erst mit dem Zweiten scheint das Lied gestorben zu sein.

Zweiter Weltkrieg: 17 Millionen gefallene Soldaten, die grässlichste Bilanz aller Kriege der Geschichte. So starben Japaner: «Die hingestreckten Arme und Rücken waren unter Missachtung aller menschlichen Proportionen so hoch angeschwollen, wie es die Haut erlaubte, sie schimmerte kupferrot ... Die Köpfe waren so aufgequollen, als hätten ganze Bienenschwärme hineingestochen.»[610]

So starben Amerikaner: «Schluchzend lag er in seinem Loch, entsetzt und mit dem Schicksal hadernd. Als eine neue Granate einschlug, schrie er wie ein Kind: ‹Das reicht, *das reicht!*› ... Der Verdacht stieg in ihm auf, dass die andern ihn alleingelassen hatten. ‹Korporal Toglio!›, rief er ... Keine Antwort ... Er war allein, und er hatte schreckliche Angst vor dem Alleinsein.» So rennt er zu seinen Kameraden; ein japanisches Schrapnell zerschmettert ihm den Schädel.[611]

So starben Russen: «Aus dem Schlaf in den warmen Katen gerissen ..., aufgeschreckt mitten in der Nacht durch den Alarm, schliefen sie noch in der gleichen Nacht ihren Schlaf auf dem Schnee zu Ende, den ewigen Schlaf unter dem Pfeifen des Schneegestöbers. Und der Wind heulte und heulte.»[612]

So starben Deutsche (in Russland 1944): «Die Hölle kam auf uns zu, brechend durch Gehölz und über kleine Bäume, da rollten olivgrüne Panzer uns entgegen, wir drehten und liefen zum Waldrand, der ganze Wald brannte plötzlich und schrie. Die Verwundeten taumelten hinter uns her. Mündungsfeuer flammte, Bäume begannen zu brennen, die Farne schossen zu Fackeln, und eine dürre Fichte hinauf kroch das Feuer blitzschnell empor zur Krone, dass sie prasselnd verbrannte. Ich sah einen jungen Gefreiten mit

dem Seitengewehr auf einen Russen zulaufen und sah einen riesigen Russen neben einem Granatwerfer knien und wie ohne Besinnung eine Granate nach der andern ins Rohr schieben. Es gab keine
Front, nur Verderben. Noch einmal hallte die Stimme des Majors:
‹Zu mir, her zu mir, wir brechen durch!› Dann fiel er zusammen.
Noch einmal sah ich Hauptmann Wildpret mit entsetzlich rotem
Gesicht, ohne Mütze mit wehenden grauen Haaren, da fiel er hin
auf brennenden Waldboden. Die Motoren der Panzer brummten
hinter uns her, sie rückten langsam durch den Wald wie Elefanten,
sie trieben uns vor sich her bis zum Rand.»[613]

Den vergleichsweise milden Tod, den jähen, starb nur eine
Minderheit. Als im Mai 1941 die «Bismarck» das größte Schlachtschiff der Welt, die «Hood», vernichtete, hatte sie mit der fünften
Salve die Hauptmunitionskammer getroffen, die «Hood» barst in
zwei Teile, sank binnen zwei Minuten und riss 1415 Seeleute in
die Tiefe; es überlebten drei. Von den 26 000 Männern aber, die
mit deutschen U-Booten untergingen (fast zwei Drittel aller Besatzungen), starben, wenn das Boot durch Wasserbomben gelähmt worden war, viele den langen Tod des Erstickens.

Flieger starben schnell. T. E. Lawrence: «Wenn ein Flugzeug
steuerlos zur Erde rast, klammert sich die Besatzung in jahrelangen
Minuten an ihre Sitze und erwartet den Aufprall. Aber die Sanftheit dieses langen Falls dauert bis in ihr Grab. Nur Überlebende haben Nachwehen.»[614] Saint-Exupéry: «Furcht vor dem Tode bildet
man sich ein. Man fürchtet das Unerwartete, die Explosion, man
fürchtet sich selbst. Den Tod? Nein. Er ist kein Tod mehr, wenn
man ihm begegnet.»[615] Gerd Gaiser, Jagdflieger des Zweiten Weltkriegs, sah das Sterben so: «Es schmetterte von schräg hinten in
seine Kabine, beutelte ihm den Kopf und bog ihn. O Leben, alles
das Dröhnen und Bellen ging in ein hohes Sirren über wie von
Zikaden, betäubend, den Atem zerstörend … Jetzt sah man das
Sirren farbig, Ringe von irisierendem Licht… und dann rotierende
Scheiben, und das Sirren wie unter seidenen Kissen erstickt.»[616]

Heute, da wir lesen, wie schnell die Amerikaner mit ihrer Hubschrauberflotte die meisten Verwundeten bergen, haben wir kaum noch einen Begriff davon, welch entsetzlichem Leid die Blessierten in früheren Kriegen ausgeliefert waren, stunden- oder tagelang. Wie bis weit ins 19. Jahrhundert mehr Soldaten den Tod durch Seuchen als durch Waffen fanden, so starb auch unter denen, die der Feind getroffen hatte, die Mehrzahl an solchen Wunden, die nach heutigen Maßstäben nicht hätten tödlich sein müssen. Dass es in den meisten Kriegen keinen organisierten Abtransport der Verwundeten vom Schlachtfeld gab und dass selbst harmlose und rechtzeitig behandelte Wunden durch Wundrose oder Eiterungen oft zum Tode führten – dies war nächst den Seuchen unter Soldaten die häufigste Todesursache.

Die Griechen nahmen auf ihre Feldzüge Wundärzte und «Pfeilzieher» mit, Sanitäter also, die sich auf das Entfernen von Pfeil- und Lanzenspitzen und das Anlegen von Verbänden verstanden. Augustus richtete den ersten Feldsanitätsdienst ein, indem er den Legionen außer Ärzten auch Krankenträger mitgab. Jedes Landsknechtsfähnlein hatte seinen Feldscher. Der französische Generalarzt Baron Pierre-François Percy schuf um 1800 eine Sanitätsorganisation, die für Erste Hilfe auf dem Schlachtfeld und für eine rasche Rückschaffung der Verwundeten sorgte, womit er die Verlustziffern wesentlich senken konnte.

Nach der Schlacht bei Heilsberg (1807) fielen den Franzosen zwei russische Soldaten auf, von denen der eine einen Arm, der andere ein Bein verloren hatte, «und sie halfen sich gegenseitig, mit einem Säbel ihre Nahrung aus dem Bauch eines Pferdes zu gewinnen. Sie waren, wie viele andere, vergessen worden. Neben ihnen stand ein Eimer mit Wasser, woraus sie tranken wie die Tiere – es war die kostbare Hilfe eines menschlich fühlenden Bauern».[617]

Medizinische Unkenntnis und schlechte Organisation verbreiteten ihr ganzes Unheil erst dadurch, dass sie in den meisten Kriegen mit einem erschreckend geringen Interesse der militärischen und politischen Führung an den untauglich gewordenen Soldaten einhergingen. Auch darin trat erst in der zweiten Hälfte des 19. Jahrhunderts ein Wandel ein – vor allem durch *Florence Nightingale* und *Henri Dunant.*

Miss Nightingale (1820–1910) hatte in England die Krankenpflege durch Frauen organisiert, ehe sie im Krimkrieg (1853–1856) freiwillig die Leitung eines englischen Lazaretts übernahm, wobei sie sich mit Nachdruck und Erfolg gegen die Unzulänglichkeit und Lieblosigkeit der Verwundetenfürsorge empörte. Ein Teilnehmer des Krimkriegs, Tolstoi, schrieb über ein russisches Lazarett in Sewastopol:

«Die Ärzte sind mit der widerlichen, aber segensreichen Arbeit des Amputierens beschäftigt. Man sieht, wie ihr scharfes, krummes Messer in den weißen, gesunden Körper fährt; wie der Verwundete auf einmal mit einem markerschütternden Schrei fluchend zu sich kommt; wie der Feldscher den abgeschnittenen Arm in die Ecke wirft; wie ein anderer Verwundeter, der im selben Zimmer auf einer Bahre liegt, der Amputation seines Kameraden zusieht, sich windet und stöhnt – nicht so sehr aus körperlichem Schmerz wie infolge der seelischen Qualen der Erwartung... Man sieht den Krieg nicht in der gewohnten glänzenden und schönen Form... sondern in seiner wahren Gestalt: im Blut, im Leiden, im Tod.»[618]

Drei Jahre nach dem Ende des Krimkriegs, 1859, schlugen Franzosen unter Napoleon III. und Italiener die Österreicher bei *Solferino,* der Genfer Bürger Henri Dunant war Augenzeuge und veröffentlichte 1862 seine Schrift «Un souvenir de Solferino», in der er das Elend der Verwundeten drastisch beschrieb: «Österreicher und Alliierte bedrängen einander, schlagen sich tot über blutenden Leichnamen, erschlagen einander mit Kolbenhieben, hauen sich die Schädel ein, schlitzen sich mit dem Säbel oder dem Bajonett den Bauch auf; es gibt kein Pardon mehr, es ist eine Schlächterei, ein Kampf wilder Tiere, die rasen und trunken sind von Blut.»[619] Auf dem Schlachtfeld lagen 40000 Tote und Verwundete.

Der blutigen Schlacht am Flüsschen *Chickamauga* im Amerikanischen Bürgerkrieg (34000 Tote und Verwundete) hat der Kriegsteilnehmer Ambrose Bierce in seiner gleichnamigen Erzählung ein grausiges Denkmal gesetzt: Ein kleiner Junge, der weder die Schüsse noch die Schreie hört, weil er taubstumm ist, hüpft fröhlich zwischen den Sterbenden umher. Einer krabbelnden Gestalt schwingt er sich auf den Rücken, der Verwundete schleudert ihn wütend ab. «Dann wandte er ihm ein Gesicht zu, dem der Unterkiefer fehlte – von den oberen Zähnen bis zur Kehle war ein großes rotes Loch, befranst mit hängenden Fleischfetzen und Knochensplittern.»[620]

Im Jahr nach Chickamauga, 1864, beschloss eine von Dunant einberufene Konferenz die Genfer Konvention zum Schutz von Verwundeten und Kriegsgefangenen; gleichzeitig trat das *Rote Kreuz* ins Leben. Wenigstens in der Theorie erkannten nun alle zivilisierten Staaten an, dass der Verwundete des Schutzes und der Pflege durch Freund und Feind würdig war.

Im Amerikanischen Bürgerkrieg wurde zum ersten Mal die Eisenbahn für den Transport von Verwundeten in Heimatlazarette verwendet. Im Bewegungskrieg stieß die Verwundetenfürsorge indessen bald auf Grenzen, die Rückzug und Flucht hießen. «Das Schlachtfeld zu behaupten» war auch bei unklarem Kampfausgang deshalb so wichtig, weil es bedeutete, dass die eigenen Verwundeten verbunden und zum großen Teil gerettet werden konnten. Fielen sie in die Hand des Feindes, so überließ er sie entweder dem Schicksal, in tagelanger Pein zu verbluten oder zu verdursten, oder er tötete sie.

Noch im Ersten Weltkrieg ging es Hunderttausenden nicht besser. Deutsche Sanitäter bei Remarque: Sie versuchen, die Verwundeten aus dem Trichterfeld zwischen den Gräben zu bergen. «Manche müssen lange liegen, und wir hören sie sterben. Einen suchen wir vergeblich zwei Tage hindurch. Er muss auf dem Bauche liegen und sich nicht umdrehen können. Anders ist es nicht zu erklären, dass wir ihn nicht finden; denn nur wenn man mit dem Munde dicht auf dem Boden schreit, ist die Richtung so schwer festzustellen ... Am zweiten Tag wird der Mann leiser; man merkt, dass die Lippen und der Mund vertrocknet sind. Zuerst hat er immer nur um Hilfe geschrien – in der zweiten Nacht muss er etwas Fieber haben, er spricht mit seiner Frau und seinen Kindern ... Heute weint er nur noch. Abends erlischt die Stimme zu einem Krächzen. Aber er stöhnt noch die ganze Nacht leise ... Morgens dringt noch einmal ein gurgelndes Röcheln herüber. Die Tage sind heiß, und die Toten liegen unbeerdigt ... Wenn der Wind zu uns herüberweht, bringt er den Blutdunst mit.»[621]

Wer aber das Lazarett erreicht hatte, für den galt bis zur Mitte des 19. Jahrhunderts als Faustregel: Der hatte auch nur eine Chance von 50 Prozent. Es war der Wundbrand, der die meisten tötete. Über die russischen Armeen in den napoleonischen Kriegen schrieb Tolstoi sogar: «Wer ins Spital eingeliefert wurde, dem war der Tod sicher. Und so zogen die Soldaten es vor, wenn sie Fieber hatten oder geschwollene Beine von der schlechten Ernährung, weiter Dienst zu machen.»[622]

Wer amputiert wurde, dessen Überlebenschance lag meist unter 50 Prozent. Durchschlagend änderte sich das erst, als der englische Arzt Joseph Lister die antiseptische Wundbehandlung einführte und nun endlich die Wundheilung ohne Entzündung, Eiterung und Fieber der Regelfall wurde.

Auch der grässliche Schmerz der Amputation konnte dem Opfer zuverlässig erst seit der Mitte des 19. Jahrhunderts erspart werden, seit nämlich in den Jahren 1846 bis 1848 die betäubende Wirkung von Chloroform und Äther erkannt worden war. Bei hochzivilisierten Völkern wie den alten Ägyptern, Chinesen, Griechen und Römern wurde vor einer Operation durch Haschisch oder Opium ein Rauschzustand hergestellt, aber im

Mittelalter geriet diese Kunst in Vergessenheit, man begnügte sich mit einem Alkoholrausch, ja es kam vor, dass der Patient ein wenig gewürgt wurde, um durch seine Todesangst von seinem Schmerz abgelenkt zu werden.

Allerdings: Verwundungen schmerzten die Soldaten nicht immer so, wie sie einen Bürger im Frieden schmerzen würden – denn sie trafen Männer, die in der Strapaze oder im Rausch lebten, die rannten, schrien, kämpften, deren Bewusstsein eingeengt war. «Wenn man mitten im Boxkampf ganz in Anspruch genommen ist von der Taktik des Kampfes», schrieb Saint-Exupéry, «so spürt man den Schmerz der Faustschläge nicht. Als ich bei einem Unfall mit einem Wasserflugzeug fast zu ertrinken drohte, kam mir das eisige Wasser lauwarm vor. Genauer gesagt, mein Bewusstsein hatte die Wassertemperatur nicht zur Kenntnis genommen.»[623]

Und oft galten Verwundungen als ehrenvoll: Die Haudegen trugen ihre Narben als eine Art Trophäe spazieren, ähnlich wie Korpsstudenten ihre Schmisse, und das Verwundetenabzeichen wurde als Orden an die Brust geheftet. Leutnant Jünger registrierte sorgfältig, dass er von vierzehn Verwundungen 20 Narben zurückbehalten habe und siebenmal von Gewehrkugeln und sechsmal von Granatsplittern getroffen worden sei.[624]

Viele Krieger mussten ihre Wunden ohne Schmerzenslaut ertragen, die Indianer Nordamerikas zum Beispiel und die Wikinger, von denen die Edda singt:

Stöhnen durfte
Ein Streiter nie,
Dem geschlagen ward
schwere Wunde,
Noch blutigen Hieb
Verbinden lassen
Vor des nächsten Tags
nämlicher Stunde.[625]

Und willkommene Verwundungen gab es auch. Unzählige Soldaten beider Weltkriege träumten vom «Heimatschuss», vorzugsweise einer Fleischwunde ohne bleibende Folgen, die ihnen das Schlamassel der Front vom Halse schaffen und damit sogar ihre Überlebenschance erhöhen sollte. Die Kriegsgerichtsakten aller kriegführenden Länder enthalten Fälle der Selbstverstümmelung, des Heimatschusses also von eigener Hand. Hemingway schilderte in seinem Roman aus dem Zweiten Weltkrieg, «Über den Fluss und in die Wälder», detailliert, wie amerikanische Soldaten sich Gelbsucht, Geschlechtskrankheiten und steife Knie zuzogen, um sich vor der Front zu retten.[626]

Auch wo die Verletzung keine Wunscherfüllung war, bewirkte sie nicht selten Seelenfrieden; Georges Duhamel sah englische Verwundete auf ihren Krankenwagen «mit hellen Haaren, erstaunten Blicken und der sanften Miene von Reisenden der Firma Cook.»[627]

An der Somme war es anders, damals, an dem schrecklichen 1. Juli 1916. Die Briten, durchweg junge Männer, meist Freiwillige, viele begeistert, alle mit 27 Kilo Gepäck beladen, um auf der deutschen Seite durchzuhalten – sie stürmten, fast Schulter an Schulter, in die Salven der deutschen MGs. Vier Wochen später, erzählte ein britischer Offizier, fand er die Leichen von Verwundeten, die in einen Granattrichter gekrochen waren: «Sie hatten sich in ihre Zeltplanen gehüllt, ihre Bibeln hervorgeholt und waren so gestorben.»[628]

Bei den Kriegerdenkmälern wenigstens ist ein Fortschnitt zu verzeichnen. Henry Moore hat 1954 die Bronze «Krieger mit Schild» geschaffen, sie steht in der Kunsthalle Mannheim. Dem Krieger fehlen der linke Arm, das linke Bein und beide Augen. Ja: *So* ist er, der Krieg.

38 Für Napoleon und für Hitler

> Mit dem Scheiß-Russland, da ging es bergab. Es haben
> zwei Leute nicht gewusst, dass es in Russland kalt wird
> im Winter. Der eine war Napoleon Bonaparte, der ande-
> re der Führer. Dilettantengeneral.
>
> *Oberst Reimann*, abgehört in britischer
> Gefangenschaft am 20. Juni 1943

Mit 160 000 Zugpferden und mehr als 400 000 Mann – zur Hälfte Söldnern und Gepressten aus Holland, Italien, Kroatien, Polen,
Portugal und Spanien, aus Preußen, Bayern, Hessen, Sachsen,
Westfalen, Württemberg, Österreich und der Schweiz, dem bis
dahin größten Heerhaufen der Geschichte – überschritt der Kaiser der Franzosen am 24. Juni 1812 die Memel (den Njemen) östlich von Ostpreußen, um Russland in die Knie zu zwingen. Mit
noch 110 000 Mann erreichte er Moskau; die anderen waren an
Typhus oder an Fleckfieber gestorben, gefallen, verwundet, verdurstet, desertiert. 40 000 konnten sich Ende November über die
Beresina retten; die anderen waren erfroren, verhungert, nieder-
gemetzelt, verschollen. An der Memel, wo das Desaster begonnen
hatte, kamen am 10. Dezember noch 5000 an – einer der schrecklichsten Kriegszüge der Geschichte, eine unglaubliche Blamage
für das Feldherrn-Genie, ein beispielloses Herumtrampeln auf
dem Leben der eigenen Soldaten.

Warum diese Wahnsinnstat? Weil Alexander I., der Zar, sich
weigerte, die Kontinentalsperre mitzutragen, die Napoleon 1806
gegen *England* verhängt hatte – denn das war der Erzfeind. (Im
Hundertjährigen Krieg hatte es sich halb Frankreich unterworfen,
1763 das französische Kanada besetzt, 1805 mit Nelsons Sieg
bei Trafalgar Napoleons Pläne für eine Invasion zuschanden gemacht.) Auch weil der Zar seit 1811 Truppen an der Grenze zum
Großherzogtum Warschau aufmarschieren ließ, das Napoleon

1807 im Frieden von Tilsit als Bollwerk gegen Russland durchgesetzt hatte. Und schließlich: weil der Kaiser es offensichtlich nicht ertrug, dass es auf dem Kontinent eine Großmacht gab, die sich ihm nicht beugte.

«Der Frieden, den wir schließen werden», proklamierte er am Tag des Losschlagens, «wird dem unheilvollen Einfluss ein Ende machen, den Russland seit 150 Jahren auf Europa ausübt.» Im Gespräch mit Vertrauten hatte er versichert: «Nie war ein Sieg so sicher» und «Ein vernichtender Schlag ins Herz des Reichs, ins heilige Moskau, wird ausreichen, mir diese ganze blinde Masse auszuliefern».[629]

Und mit was für einer glänzenden Armee trat er an! Aber nicht erst der Rückzug aus Moskau – schon der Weg dorthin war die Hölle. Im Juli in Hitze und Staub mit Qualen des Durstes, dann in Regen und Schlamm mit Ungeziefer, für die meisten ohne Zelte und kaum je mit einem Dach über dem Kopf: zu weit verstreut und zu armselig waren die Dörfer, in die sie sich hätten einquartieren können, und viele hatte der Zar vorsorglich niederbrennen lassen. So gab es auch kaum Lebensmittel zu erbeuten, der Nachschub versagte, der Hunger ging um. Dabei galt es, zumeist 40 Kilometer pro Tag zu marschieren, immer häufiger mit zerschlissenen Stiefeln, barfuß sogar. «Ich freue mich auf den Tod», schrieb ein Soldat nach Hause – «durch das Marschieren krepiere ich.»[630]

In Borodino, 120 Kilometer vor Moskau, kam es am 7. September endlich zu jener Schlacht, auf die Napoleon fast verzweifelt gewartet hatte: Marschall Kutusow stellte sich ihm entgegen, die Russen kämpften mit unerhörter Erbitterung, «sie strecken nicht die Waffen – man muss sie in Stücke hauen», sagten die Franzosen.[631] Kutusow zog sich geordnet zurück und gab so Napoleon zwar den Weg nach Moskau frei – aber 30 000 Franzosen waren tot und verwundet, ein Viertel der Streitmacht, die dem Kaiser bis dahin noch geblieben waren.

Moskau stand in Flammen, und es erschien nicht die Delegation, die ihm den Schlüssel der Stadt überreichte, wie Napoleon dies selbstverständlich gewöhnt war. Aller Wahrscheinlichkeit nach hatte Graf Rostoptschin, der Generalgouverneur, das Niederbrennen der alten Hauptstadt Russlands mit ihren prächtigen Kuppeln und Türmen und ihren «sechshundert Palästen, wie es keinen einzigen gibt in Paris»[632], befohlen. Von den dominierenden Holzhäusern waren die meisten eingeäschert, zwei Drittel der 270 000 Einwohner geflohen.

Am Morgen des 15. September 1812, dem Tag nach dem Einmarsch, ritt Napoleon an der Spitze der kaiserlichen Garde mit Musik festlich in den Kreml ein; vielleicht hielt er sich nun vollends für den Herrn der Welt.

Und er wartete. Auf ein Friedensangebot des Zaren nämlich aus der neuen Hauptstadt Sankt Petersburg – wenigstens auf irgendeine Aktion von dort. Aber die kam nicht, und dem, der bis dahin der Herr der schnellen, triumphalen Siege gewesen war, fiel nichts Besseres ein, als in Moskau zu bleiben, fünf Wochen lang; lang genug, um seine Soldaten zu demoralisieren – und auf dem Rückmarsch in den russischen Winter zu geraten, der die Mehrzahl von ihnen umbringen würde.

Das Verbot, zu plündern, hielt nur ein paar Tage lang. Dann begannen die Soldaten die Keller leer zu räumen und vor allem leer zu trinken. Napoleon erwog mal den raschen Abzug, mal das Überwintern in Moskau, dann einen Marsch auf Sankt Petersburg. Dem Zaren dortselbst schickte er am 20. September einen Brief: Welche Barbarei, diese Stadt niederzubrennen! Er sei es nicht gewesen, Alexander könne es unmöglich gewesen sein – und er bat «um einige Zeilen».[633] Die kamen nie.

Zum Essen fanden die Soldaten in den Kellern noch genug, wenn auch mehr Delikatessen als Brot. Hungern mussten die Pferde: Alle Getreidespeicher waren niedergebrannt; beim Rückzug trug das entscheidend zum Verhängnis bei. Die Organisation der Armee blieb unbegreiflich schlaff – kaum Nachschub aus dem

Westen, der Heimtransport der Verwundeten begann erst am 10. Oktober. Freilich, es waren tausend Kilometer Niemandsland zu überwinden, mit feindseligen Bauern, streunenden Kosaken und marodierenden Deserteuren der eigenen Armee.

Der Kaiser hielt Paraden ab, amüsierte sich bei einer französischen Schauspieltruppe, die in Moskau gastiert hatte, und verlieh Kreuze der Ehrenlegion. Henri Beyle, ein 29-jähriger Inspizient der Heeresverwaltung, der mit Kutsche und zwei Dienern nach Moskau gereist war, schrieb am 4. Oktober: «Der heftige Durchfall ließ alle befürchten, es könnte an Wein fehlen. Man sagte uns, wir könnten welchen im Keller holen … Ein kleiner Herr von der Generalintendantur, der gekommen war, um, so wie wir, ein wenig herumzuplündern, machte uns alles, was wir mitnahmen, zum Geschenk.»[634] Das schrieb jener Henri Beyle, der sich später *Stendhal* nannte und 1830 mit dem Roman «Rot und Schwarz» Weltruhm erwarb.

Am 19. Oktober endlich begann die einstige Grande Armee aus Moskau abzuziehen – in einer Verfassung, die es offensichtlich machte, dass ihr der Untergang bevorstand. Napoleon besaß entweder keine Autorität mehr, oder er unterließ es, sie auszuüben: Es gab keine klare Weisung, dass und wie die Soldaten sich auf den Marsch in den Winter vorzubereiten hätten. Viele fahndeten in den Kellern auf eigene Faust nach Pelzstiefeln, Pelzmützen, Schaffellmänteln, die meisten aber nach Gold und Silber, nach Seide und Brokat – damit, statt mit Marschverpflegung, füllten sie die Tornister, und was nicht hineinpasste, schoben viele auf Karren vor sich her, auch Wein, Likör, edles Porzellan, Reitsättel und russische Paradeuniformen.

Zunächst ging es dabei fröhlich zu an den milden Oktobertagen. Nur an den Brücken gab es Ärger und Gedränge in der endlosen Kolonne, kein General setzte irgendeine Marschordnung durch. Schon hängten sich die ersten Kosaken an die Schlange, Gepäckwagen plünderten sie, Nachzügler und Versprengte ritten

sie nieder. Es bleibt ein Rätsel, wie ein Kaiser und an die fünfzig Generale nicht imstande waren, die Katastrophe zu wittern,
jedenfalls nichts unternahmen, um sie abzuwenden. Napoleon
selbst leistete sich noch am 31. Oktober den Übermut, die «Wet-
terpropheten» zu verspotten, die ihm Frost verheißen hatten.

Der setzte am 5. November ein: Regen, Eisregen, Sturm von
Norden, Schnee. Als Erste erfroren viele der Verwundeten, die
auf den Pferdewagen lagen – dann die längst abgemagerten Pferde. Wagen blieben stehen, Pferdefleisch wurde zum wichtigsten
Nahrungsmittel. Da ein Pferdekadaver, wenn er am Morgen steif
gefroren war, nur noch mühsam zerlegt werden konnte, gingen
die Hungernden dazu über, die Pferde lebend auszuweiden, sobald sie umgesunken waren. Längst galten Hunde und Katzen als
Delikatessen. Immer mehr Soldaten standen morgens nicht mehr
auf, viele noch in den Plunder gewickelt, den sie in Moskau hatten
mitgehen lassen. «Ich habe Dinge gesehen», schrieb Stendhal am
9. November in Smolensk, «von denen ein sesshafter Schriftsteller auch in tausend Jahren keine Ahnung haben wird.»[635] Die Tem-
peraturen sanken auf bis zu minus 20 Grad.

Am 26. November, in der sechsten Woche des Rückzugs
aus Moskau, erreichte die Spitze des Heerwurms – noch etwa
15 000 Mann kampfbereiter Truppen – den Fluss *Beresina* östlich von Minsk; hinter ihnen, auf zwanzig, dreißig Kilometer, die
Hinkenden, die Hohläugigen, die Verwundeten, die Zerlumpten.
Tausend blieben täglich sterbend liegen oder wurden von Kosaken
ausgeplündert und zersäbelt.

Die an der Spitze lebten noch einmal auf und Napoleon mit
ihnen, weil an der Beresina etwas zu leisten war: zwei Brücken
schlagen – zwischen Eisschollen in strömendem Eiswasser stehend, viele Pioniere ertrunken oder erfroren. Aber am 28. November konnten die meisten Gesunden in leidlicher Ordnung die
Beresina passieren, an die 40 000 Mann, und jene russische Armee, die nach zwei Tagen die Brücken immerhin gefunden hatte,

28 War er ein «Held», der US-Soldat, der 1967 in Vietnam ein Opfer zum Helikopter schlepp-te? 58 000 Amerikaner fielen, 540 000 wurden von Partisanen in die Knie gezwungen.

29 Bagdad, 2003: US-Soldaten spazieren durch die Stadt, damals noch offensichtlich gut gelaunt. Eine Leiche mehr oder weniger durfte da keine Rolle spielen.

30 Kunduz in Afghanistan: Oberst Georg Klein ließ im September 2009 zwei von Taliban entführte Tanklastzüge bombardieren. 142 Menschen kamen um. Empörung in Deutschland.

31 O, was sind wir für gewaltige Krieger! Diese stellten sich 2013 in der Zentralafrikanischen Republik in Pose: Regierungssoldaten im Kampf gegen Söldner aus den Nachbarstaaten Tschad und Sudan, gegen radikale Islamisten und marodierende Banden in einem der hoffnungslosesten Winkel der Erde; eine Zeitlang von 1200 französischen Soldaten unterstützt. Hier war es, wo der Häuptling Bokassa sich 1977 zum «Kaiser» krönen ließ.

32 Kinder zum Schießen anzuleiten: die übelste aller Perversionen – beliebt in den Wirren Afrikas (hier in Liberia). «Die Fähigkeit zum Mitleiden», sagt Sigmund Freud, bilde sich im Kind verhältnismäßig spät heraus. 9 sein und sich als Mann fühlen – welche Versuchung!

33 Navy Seals heißen sie, Amerikas Hightech-Kampfmaschinen, die Übersoldaten für den letzten Kampf – berühmt, seit sie im Mai 2011 in Pakistan Osama bin Laden hingerichtet haben. Mit Elektronik vollgestopft, sind sie freilich gerade im Cyberwar besonders verletzlich.

34 Ein Blick in die drohende Zukunft unserer Städte? Alle Kraftwerke durch feindliche Computer ruiniert, alles öffentliche Leben stillgelegt, Chaos total? Nein: Es ist das von der Polizei

gestürmte Lager der Anhänger des gestürzten Präsidenten Mursi, Kairo, im August 2013. Aber vielleicht eine Vorschau auf das, was uns erwartet im Krieg ohne Soldaten, dem Cyberwar.

35 Durchs All treibt sie in unendlicher Einsamkeit, die Erde. Wie gut könnten wir eine zweite brauchen! Diese ist von sieben Milliarden Menschen längst besiedelt, ausgebeutet, aufgeheizt. Raum und Ressourcen werden knapp. Gerangel wird es geben. Kriege, ohne Soldaten.

wurde klar geschlagen, noch einmal mit dem Schlachtruf «Vive l'Empereur!»

Das Chaos begann erst, als die russische Artillerie auf das Lager der 20 000 Nachzügler schoss, die noch östlich der Beresina auf ihre Chance gewartet hatten: Nun Panik auf den Brücken, umgestürzte Wagen, zertrampelte Leiber, Geschubste und Ertrunkene. Schließlich: Verbrennen der Brücken auf Napoleons Befehl.

Denen, die es geschafft hatten, standen noch einmal 400 Kilometer bevor – bis zur Memel, an der das Unheil begonnen hatte. Am 29. November Schneesturm, tags darauf minus 30 Grad. Und jetzt erst wurde der Hunger am schrecklichsten: Die meisten Pferde waren erfroren oder hinter der Beresina geblieben, und der Kannibalismus, bis dahin nur vereinzelt betrieben, ist nun hundertfach bezeugt.

Am 5. Dezember schließlich geschah das Ungeheure: Napoleon verließ die traurigen Reste seiner Armee! Seine letzten Getreuen waren entrüstet und verzweifelt. Er wollte heim nach Paris, ehe ein Staatsstreich drohte, und eine neue Armee musste er aufbauen, ehe die Katastrophe sich in Europa herumsprach. Er reiste in einer Wohnkutsche mit Schreibtisch, Bett und Nachtgeschirr. In Warschau machte er am 10. Dezember dem polnischen Minister Graf Potocki seine Aufwartung – und sprach (wie sein Gesandter in Warschau überliefert hat): «Gefahren? Durchaus nicht! Ich lebe in Aufregung. Nur faule Könige werden in ihren Schlössern fett... Meine Armee ist herrlich, ich habe noch 120 000 Mann! Es war ein Unglück, die Wirkung des Klimas. Der Feind hat damit nichts zu tun, ich habe ihn überall geschlagen.»[636]

Am 17. Dezember ließ er in Paris das «29. Bulletin der Grande Armée» veröffentlichen, das er schon am 3. Dezember, kurz nach dem Beresina-Übergang, formuliert hatte. Es schildert seitenlang «die Unbilden der Witterung», lobt die Tapferen unter seinen Soldaten, tadelt die Kosaken, «diese verächtliche Kavallerie», die in jeder regulären Schlacht unterliegen würde. Napoleon spricht von sich selbst als «l'Empereur» oder «Sa Majesté», rühmt den Übergang über die Beresina, behauptet, immer inmitten seiner Soldaten marschiert zu sein, und schließt mit einem Satz, der an schamlosem Zynismus nie übertroffen worden ist: *La santé de Sa Majesté n'a jamais été meilleure* – «das Befinden Seiner Majestät ist nie ein besseres gewesen». Eine Jubelrede zum Leichenschmaus. Und ebendieser Napoleon ist für die Lexika des Abendlands bis heute der wichtigste Mensch der Weltgeschichte – gemessen an der Zahl der Spalten, die die führenden Enzyklopädien Deutschlands, Englands, Frankreichs und Italiens ihm zugebilligt haben (vor Shakespeare und Goethe).[637]

Stalingrad. Nicht erst mit ihrem verhängnisvollen Vorstoß auf die Wolga demonstrierte die deutsche Wehrmacht, dass sie auch verlieren konnte: Schon im Winter 1941/42 hatte die Rote Armee sie in vielen Frontabschnitten um Hunderte von Kilometern zurückgeworfen. Ja im November 1941 hatte das deutsche Volk erfahren, wie überrascht die Führung war, dass Russland kalte Winter hat – in allen Zeitungen, über alle Radiosender wurden die Deutschen aufgerufen: Spendet warme Sachen für unsere Soldaten, aus Wolle *alles* und Pelze sowieso! In Stalingrad erfroren sie dann zu Zehntausenden, die deutschen Soldaten – wobei sich oft nicht unterscheiden ließ, wann und wie der Hungertod dem Kältetod zuvorgekommen war.

Dem Verhängnis hatte Hitler schon mit seiner Entscheidung vom 23. Juli 1942 den Weg gebahnt: gegen den Rat seiner Generale nämlich zwei Offensiven gleichzeitig zu starten. So überdehnte er die Front – die eine nach Stalingrad, um Moskau östlich zu überflügeln und Russlands Lebensader, die Wolga, zu blockieren; die andere in den Kaukasus, um Deutschlands gefährlichsten Mangel zu beheben, den an Erdöl.

Nach mächtigen Luftangriffen, die Tausende von Einwohnern töteten und Zehntausende verjagten, drangen am 22. August die ersten deutschen Einheiten in die riesige Industriestadt diesseits der Wolga vor, die sich vierzig Kilometer lang am Strom hinzog. Im September begann dann jene besonders ekelhafte Art von Krieg, auf die die deutschen Soldaten, an raumgreifende Offensiven gewöhnt, kampftechnisch nicht vorbereitet waren: Straßenschlachten, Kämpfe um jedes Haus, um Keller, Treppenhäuser, Hallen, Schuppen und Ruinen – erst mit Granatwerfern, dann mit Maschinengewehren und Handgranaten, schließlich mit Bajonetten und Pistolen, Mann gegen Mann. Einmal lagen mehr als 50 Leichen auf den Treppen *eines* Hauses. (Speziell den Häuserkampf zu trainieren, die *urban operations*, raten heute die Militärstrategen: Die Menschheit ballt sich mehr und mehr in Riesenstädten, und große Armeen für den Kampf in der Fläche gibt es nicht mehr.)

Doch in Stalingrad kam die Wehrmacht zunächst voran. Mehr als drei Viertel der Stadtregion kämpfte sie nieder, und Hitler verkündete am 8. November, dem Vorabend des 20. Jahrestages seines «Sturms auf die Feldherrnhalle»: Stalingrad sei fast besetzt, Stoßtrupps würden den Rest erledigen. In der Tat: «Häuserblocks» wurden am 12. November zum Gegenstand des täglichen Berichts des Oberkommandos der Wehrmacht, «in erbitterten Angriffsgefechten» hätten die Stoßtrupps den Feind aus weiteren zurückgeworfen.

Am 19. November aber holte die Rote Armee zur Gegenoffensive aus, mit 900 Panzern und einer Million Mann, dem Vierfachen der 6. Armee in Stalingrad – und nicht die Stadt zurückzuerobern war ihr erstes Ziel, sondern sie einzukesseln. Schon am 23. November war das gelungen: Zwei sowjetische Panzerkeile trafen sich am Don, 250 000 deutsche Soldaten saßen in der Falle. Noch am Abend dieses Tages erbat ihr Kommandeur, Generaloberst Paulus, von Hitler per Funkspruch «Handlungsfreiheit» für einen Ausbruchsversuch. Ohne diesen würde die Armee «in kürzester Zeit der Vernichtung entgegengehen», eine ausreichende Versorgung aus der Luft sei ausgeschlossen. Die Freiheit bekam Paulus nicht: «Einigeln!», hieß Hitlers Weisung.

An Munition, Treibstoff und Lebensmitteln hätte die 6. Armee für eine erträgliche Überwinterung wahrscheinlich 1000 Tonnen *täglich* gebraucht; auf 300 Tonnen ließ Paulus sich herunterrechnen; auf durchschnittlich 100 Tonnen brachte es Görings Luftwaffe – oft im Schneesturm, immer häufiger von Pannen und Panik begleitet.

Der Stalingrad-Kämpfer Heinrich Gerlach beschreibt in seinem Roman «Die verratene Armee», wie ein angeschossenes deutsches Versorgungsflugzeug in Stalingrad eine Bauchlandung macht und zu brennen beginnt. Soldaten laufen herbei und stürzen sich auf die Ladung: Erbsmehl. Da entdecken sie, dass in der brennenden Kanzel die Besatzung eingeschlossen ist. Einige Soldaten holen Beile und versuchen, die schreienden Piloten zu befreien – vergeblich. Die Flammen prasseln und die Sterbenden brüllen, «ein paar Schritte davon aber sind sie über dem Erbsmehl. Sie lärmen und prügeln sich und reißen sich Mäntel und Jacken vom Leibe, sie scharren Mehl und Schnee und Schmutz zusammen und schleppen fort in Kesseln und Kisten und Zeltbahnen und Mützen und sie keuchen, und der Schweiß rinnt ihnen über die geschwärzten Gesichter...»[638]

Ausgeflogen wurden Verwundete (noch nie war ein «Heimatschuss» so wertvoll) und sogenannte Spezialisten: Soldaten, die im Krieg noch gebraucht wurden, aber in Stalingrad nutzlos geworden waren (Panzerbesatzungen, Kfz-Schlosser); dazu, als Belohnung, jene wenigen, die einen Sowjetpanzer als Einzelkämpfer «erledigt» hatten. Dem Kessel entkamen so insgesamt 34 000 Glückliche.

Am 8. Dezember wurde die Brotration pro Kopf und Tag auf 200 Gramm gesenkt; dazu gab es eine wässrige Suppe aus Erbsmehl mit ein paar Brocken Pferdefleisch. Hungerödeme breiteten sich aus; das Erfrieren bei minus 20 Grad machten sie wahrscheinlicher. Der überwiegende Teil der 6. Armee kämpfte nicht mehr.

Zu Weihnachten aber hatte die Wehrmacht sich noch einmal etwas ausgedacht: Wurst, Kuchen, Kaffee, Zigaretten, Schnaps – und ein paar Weihnachtsbäumchen aus Kunststoff. Der Großdeutsche Rundfunk organisierte, mit Übertragungswagen am Nordkap, an den Pyrenäen, in Afrika, eine «Weihnachts-Ringsendung», jeweils ein Soldat übersandte einen Gruß. «Hier spricht Kreta», hörten wir, und «Hier ist Stalingrad! Hier ist die Front an der Wolga». Ich hatte den Gestellungsbefehl schon in der Tasche und hörte es mit Schaudern.

Vom 27. Dezember an gab es für die Eingekesselten nur noch 50 Gramm Brot am Tag (heute das Gewicht eines Brötchens von leicht überdurchschnittlicher Größe). Tod durch Verhungern oder Tod durch Erfrieren? Meist verzichteten die Ärzte auf die Diagnose. Apathisch lagen die Sterbenden in Kellern und Ruinen, viele auf der Straße, und wimmernde, schreiende Verwundete auch. Noch gab es Sanitäter, die nach ihnen suchten, sie auf Autos luden und zum Flugfeld brachten. Aber wie ging es dabei zu!

«Die Träger stapeln die blassgrauen Menschenleiber, fünfzig auf jeden Wagen. Decken und Zeltplanen werfen sie auf die Haufen. Es sind 28 Grad Kälte ... Die Fahrer drängen, ihnen dauert das hier schon viel zu lange. Knallend fliegen die Klappen zu, Motoren heulen auf, und die schweren Räder mahlen sich in den Schnee. Das ist ein Alarmzeichen. Von allen Seiten stürmen sie auf die Wagen los, die Leichtverwundeten und Versprengten, hängen sich an Kühler und Kotflügel und an die Türen des Führerhauses und versuchen, sich an den Seitenwänden hochzuziehen. Die Begleiter oben aber tappen auf den Verwundetenbergen herum, schlagen fluchend auf die Köpfe ein und klopfen Arme und Hände von den Wänden los. In dem Stall aber liegen noch Hunderte. Sie hören das Geschrei und die Geräusche der abfahrenden Wagen. Und niemand mehr kommt, um sie zu holen.»[639]

Am 8. Januar forderte die Rote Armee die Deutschen zur Kapitulation auf; am 10. Januar begann sie mit der zweiten, der tödlichen Großoffensive, und die letzten drei Wochen des viehischen

Sterbens setzten ein. Verwundete und Verhungernde bekamen kein Brot mehr, es musste für die noch Kampfbereiten reichen. Am 14. Januar sprach der Wehrmachtsbericht zum ersten Mal von «heldenhaften» Kämpfen, am 16. Januar von «heldenmütigen», am 23. von «heroischen» – den klassischen Vokabeln für den Untergang. Ganz Deutschland verstand es.

Am selben 23. Januar konnte in Stalingrad das letzte deutsche Flugzeug starten, mit 19 Verwundeten und sieben Postsäcken an Bord: Die Kommandeure hatten ihre Soldaten aufgefordert, einen letzten Brief nach Hause zu schreiben. Das letzte Zeichen von Leben! Die Zehntausende, die 1812 der Beresina entgegengetorkelt waren, konnten ja noch aufs Überleben hoffen; denen an der Wolga war das so oder so schreckliche Ende gewiss.

Der OKW-Bericht vom 24. Januar würdigte die Verteidiger «als leuchtendes Beispiel besten deutschen Soldatentums». In Berlin gab Reichspropagandaminister Goebbels die Parole aus, das «Heldenepos von Stalingrad» zur Stärkung der Kampfbereitschaft, ja der «Siegesentschlossenheit» des deutschen Volkes zu nutzen. Am 29. Januar durchstieß die Rote Armee den deutschen Kessel und spaltete ihn in zwei Teile. Das OKW sprach zum letzten Mal vom «heroischen» Widerstand, den die Luftwaffe «nach Kräften» unterstütze.

Generaloberst Paulus fühlte sich an diesem 29. Januar aufgerufen, Hitler zum bevorstehenden zehnten Jahrestag der «Machtergreifung» zu gratulieren. «Noch weht die Hakenkreuzfahne über Stalingrad!», funkte er, und «Heil mein Führer» hieß der Schluss. Zum Jubiläum selbst ergriff nur Reichsmarschall Göring öffentlich das Wort; die Verteidiger von Stalingrad verglich er mit den Griechen von Leonidas an den Thermopylen.» Und Hitler ernannte Paulus zum Feldmarschall.

Der erklärte tags darauf, am 31. Januar, für den größeren, den südlichen Kessel die Kapitulation. Von der Roten Armee ließ er sich in einem Auto abholen. Der Nordkessel kapitulierte am 2. Februar. Das Oberkommando der Wehrmacht zog am 3. Februar die Bilanz: Unter härtesten Entbehrungen habe die 6. Armee «starke Kräfte des Gegners gebunden» und damit der Führung die Zeit und die Möglichkeit zu Gegenmaßnahmen gegeben, «von deren Durchführung das Schicksal der gesamten Ostfront abhing».

Das war nicht einmal falsch. «Falls die Front zwischen Don und Wolga nicht standhielt», schreibt Churchill in seiner Geschichte des Zweiten Weltkriegs, «waren die Armeen im Kaukasus gefährdet»[640], und die Encyclopaedia Britannica resümiert eiskalt: Hätte die 6. Armee ihr Opfer nicht gebracht, so wäre der Rückzug der Armeen Manstein und Kleist aus dem Kaukasus mit einer Million Soldaten – ohnehin «eine verblüffende Leistung» – nicht möglich gewesen.[641] So lässt sich die Katastrophe von Stalingrad militärisch in der Tat halbwegs rational erklären – im Rahmen des großen Wahnsinns, den Hitler entfesselt hatte.

In Stalingrad starben an die 100 000 deutsche Soldaten (60 000 nach deutscher Schätzung, 140 000 nach sowjetischen Angaben) – und vermutlich annähernd eine Million sowjetische: ein Maßstab für die unerhörte Verbissenheit des Kampfes und für den rücksichtslosen Einsatz von Menschenmassen in der Roten Armee. «Es war ja leichter, hemmungslos Menschen zu opfern, als den Zorn Stalins zu riskieren», schreibt Liddell Hart.[642] Angeblich wurden in Stalingrad 13 000 sowjetische Soldaten hingerichtet wegen Feigheit, Plünderung, Selbstverstümmelung oder Desertion, und Marschall Tschuikow, der Oberbefehlshaber der 62. Sowjetarmee, berichtete selber, drei Kommandeure und drei Kommissare habe er erschossen.

110 000 deutsche Stalingrad-Überlebende zogen in sowjetische Gefangenschaft. Zwei Drittel von ihnen sind binnen weniger Wochen gestorben, viele ohnehin entkräftet, viele an Typhus und Ruhr. 5000 kehrten heim – ähnlich wenige wie die, die 1812 die rettende Memel erreicht hatten. Zwei der größten Soldaten-Verheizer der Geschichte hatten ihr Werk vollbracht.

39 Und «Helden» gab es auch?

«Wir sind verloren!», rief ich in Todesbegeisterung.
«Wir sind verloren, Väterchen.»

Isaak Babel, Budjonnys Reiterarmee

«Mit blutüberströmtem Kopf galoppierte ein Adjutant auf Napoleon zu. ‹Sie sind verwundet?›, fragte der Kaiser. ‹Ich bitte um Verzeihung, Sire›, erwiderte der Adjutant, ‹ich bin tot.› Und er fiel vom Pferd und starb.»[643] Tolstoi erzählt diese Anekdote, und wer, der sie liest, höbe die Hand zum Schwur, dass sie ihn nicht angerührt habe? Es gibt eine Art zu sterben, vor der der Verstand verstummt.

Müssen Helden sterben, damit Legenden, Dramen, vaterländische Gedichte sie als solche feiern? Ach, das Wort schillert wie kaum ein anderes. *Heros, hero, Held*: Das war ursprünglich ein Halbgott im griechischen Mythos, wie Achilles, ein Urenkel des Zeus. Dann ging das Wort über auf eine historische Person, der göttliche Ehren erwiesen wurden wie Alexander dem Großen und vor ihm Lysander, dem spartanischen Feldherrn, der den Peloponnesischen Krieg siegreich beendete. Der Philosoph Friedrich Schleiermacher nannte 1826 die großen Männer «die Heroen der Gattung, das dämonische Geschlecht, königlich und herrschend seiner Natur nach».[644]

Im Theater aber ist der Held einfach ein Rollenfach, das auch von Angsthasen ausgefüllt werden kann. In der Bibel ist Gott «wie ein starker Held» (Jeremia 20,11). In der DDR war der *Held der Arbeit* ein Meister des verbissenen Übersolls. Im Grimm'schen Wörterbuch (bei «H» war es bereits 1877 angelangt) ist der Held «der durch Tapferkeit und Gewandtheit herausragende Krieger». 1977 waren die *heroes* für David Bowie nur Junkies, die sich rühmten, einen Tag lang könnten sie die Helden sein. Beim *America's Cup* 2013 wurden die amerikanischen Segler als Helden gefeiert, weil sie nach scheinbar hoffnungslosem Rückstand doch noch den Sieg erbeuteten.

Soldaten «Helden» zu nennen (was immer sie geleistet haben mögen) ist nicht dringend, im Grenzfall aber auch nicht falsch. Es gibt eine Übersteigerung des Soldatseins, die die meisten Völker gefeiert und besungen haben, und viele tun es heute noch: Engländer und Franzosen, Spanier und Russen, Amerikaner und Japaner. Unter der Oberfläche des Zweckdenkens besitzt die Mehrzahl der Zivilisationsmenschen einen Vorrat an Begeisterungsfähigkeit für den Verächter des Todes, für den Mann, der lebend durch keine Macht der Welt von dem Platz vertrieben, auf dem er steht, von dem Ziel abgelenkt werden kann, das er sich gesteckt hat – für den Mann, der *standhält*.

Was ist denn «Der alte Mann und das Meer», das Buch, das Ernest Hemingway 1954 den Nobelpreis eintrug – wenn nicht ein Hymnus auf das Durchhalten um seiner selbst willen? Dem alten Fischer haben die Haie die Beute zerrissen, aber mit letzter Kraft verteidigt er gegen die Räuber das längst wertlose Skelett. «Der Mensch darf nicht aufgeben», spricht er. «Man kann vernichtet werden, aber aufgeben darf man nicht.»[645]

Selbst eiskalte Zweckdenker wussten, dass Helden die Gemüter bewegen, und haben das in ihr Kalkül einbezogen. Der englische Kommunistenführer Harry Pollitt sagte 1936 zu dem Dichter Stephen Spender: «Geh nach Spanien und falle, Genosse, wir brauchen einen Byron für die Partei.»[646] Und die Schweiz brauchte einen Winkelried; dass er vermutlich nie gelebt hat (Kapitel 14), störte da nicht weiter.

Zum wahren Helden, den die Historiker lieben und der die Gemüter bewegt, gehört, dass er kämpfend untergeht – wie *Leonidas*, König von Sparta, Vorbild aller Hoffnungslosen über die Jahrtausende. Mit 7000 Mann verteidigte er 480 v. Chr. den Pass Thermopylae gegen die Übermacht der Perser. Als es denen gelang, den Pass zu umgehen und den Griechen in den Rücken zu fallen, rettete Leonidas das Gros seiner Truppen, indem er den Pass mit seinen 300 Spartiaten und mit 700 Thespiern hielt, bis der letzte Mann gefallen war.

«In sich selber», schreibt Delbrück in seiner Geschichte der Kriegskunst, «hatte die Verteidigung von Thermopylae so gut wie keine Aussichten ... Formal, man könnte auch sagen, materialistisch-militärisch war es ein Fehler, aber es war ein moralisches Postulat und in seiner Erfüllung von unermesslichem Wert, dass den Barbaren der Eintritt in das eigentliche Hellas nicht kampflos preisgegeben wurde. Leonidas war ein Mann, diese Natur seiner Aufgabe zu begreifen und zu erfüllen ... So war Thermopylae von vornherein ein so gut wie verlorener Posten und dem Leonidas die Aufgabe gestellt, mit Ehren zu sterben, um den Griechen ein Beispiel zu sein.»[647]

Mutwillig suchte 778 n. Chr. der bretonische Markgraf *Hruotland* den Tod, ein Paladin Karls des Großen: Bei Roncesvalles in den Pyrenäen in höchste Bedrängnis geraten, weigerte er sich, in sein Signalhorn zu stoßen, das die Hauptmacht Karls des Großen hätte herbeirufen können; denn er wollte für sich und seine Sippe das Äußerste an Ruhm – und fand es: im französischen Heldenepos sowie in dessen zahlreichen Nachdichtungen in Spanien, Italien und Deutschland, dem Rolandslied.

Amerikas Epos vom Standhalten spielt in *Fort Alamo*, einer mexikanischen Garnison in Texas, die 1835 von den Texanern erobert worden war. Mexiko schickte eine Strafexpedition von 7000 Mann; die Armee von Texas zog sich zurück. In Alamo verschanzten sich jedoch auf eigene Faust 187 Männer, um den Vormarsch der Mexikaner aufzuhalten. Nach dreizehntägiger Belagerung, am 6. März 1836, stürmte der Feind das Fort und machte die Besatzung Mann für Mann im Nahkampf nieder. Als Letzter fiel, angeblich, Davy Crockett aus Tennessee, populärer Kongressabgeordneter, Bären- und Indianer-Jäger und alsbald «eine legendäre Figur von ziemlich phantastischen Dimensionen»[648] –

sein Schicksal zwischen 1915 und 2004 sechsmal verfilmt (1960 mit John Wayne), 1968 von Präsident Johnson als Vorbild für den Vietnamkrieg beschworen, mit einer Behauptung, die dem Präsidenten keiner glaubte: Sein eigener Ur-Ur-Großvater sei in Alamo gefallen.[649] Neuere Historiker meinen gar, Crockett sei gar nicht kämpfend gestorben, sondern überwältigt und tags darauf erschossen worden. Doch Legenden sind stärker.

Das größere, das weltberühmte Epos vom Durchhalten war der Kampf der Südstaaten im Bürgerkrieg; und wenn die Sympathien der meisten Romanleser und Kinogänger dem Süden gehören, so kann dies nicht ohne Zusammenhang damit sein, dass der Süden sich unter entsetzlichen Entbehrungen bis zur letzten Patrone wehrte – und verlor. Lee kapitulierte nicht eher, bis seine Armee auf 8000 bewaffnete und 20 000 unbewaffnete Soldaten zusammengeschmolzen war.

Weitab von Hollywood (und daher kaum bekannt außerhalb von Südamerika) vollzog sich von 1865 bis 1870 die Katastrophe von *Paraguay*: der verbissene, fast bis zum letzten Mann geführte Kampf des seit 1810 unabhängigen Staates gegen Brasilien, Argentinien und Uruguay, angezettelt von dem größenwahnsinnigen Diktator Francisco Solano López, der seinem Land einen Zugang zum Meer erkämpfen wollte. Als 70 Prozent aller Paraguayer umgekommen waren, kämpfte und fiel López zusammen mit seinen letzten 500 Soldaten im äußersten Zipfel seines blutenden Reichs.

Was feiert die französische Fremdenlegion am Tag von *Camerone*, an dem die Offiziere den Soldaten das Frühstück ans Bett bringen? Sie feiert die Niederlage, die sie am 30. April 1863 in Mexiko erlitt. Damals hielten 65 Legionäre einem Angriff von über 2000 Mexikanern zehn Stunden lang stand; als 45 gefallen und 16 verwundet waren und die letzten vier die letzte Patrone verschossen hatten, unternahmen diese vier einen Bajonettangriff und fielen.

Tolstoi berichtete 1863 aus dem Kaukasus: «Die Tschetschenen wussten, dass sie nicht entkommen konnten, und um nicht der Versuchung zur Flucht zu erliegen, hatten sie sich Knie an Knie mit Riemen zusammengebunden, ihre Flinten schussbereit gemacht und den Todesgesang angestimmt.»[650] Bei Königgrätz (1866) erhielt ein österreichischer Hauptmann den Befehl, seine Stellung um jeden Preis zu halten; der Hauptmann zog um jeden seiner Männer einen Kreis in den Sand und sprach: «‹Hier stirbst du!› Am Schluss zog er um seine eigene Stellung einen Kreis. Und so sind sie alle gefallen.»[651]

Englands Held des Standhaltens war der General Charles George Gordon, der 1884/85 in *Khartum* am Nil elf Monate lang von den Truppen des Mahdi belagert wurde. In den ersten Monaten wäre ein Ausbruch aussichtsreich gewesen, aber Gordon weigerte sich, den Platz zu verlassen, auf den er gestellt war. «Ich möchte das nicht tun, denn ich wünsche ausdrücklich zu zeigen, dass ich nicht die Hand zur Preisgabe der Garnison reiche», schrieb er in sein Tagebuch.[652] Am 26. Januar 1885 stürmten die Mahdisten Khartum, Gordon fiel. England feierte einen Helden und Märtyrer, verschlang Bücher über ihn und schrie nach Rache – Kitchener nahm sie in Omdurman, Churchill war dabei (Kapitel 13).

Die *Buren* klammerten sich in ihrem Krieg gegen England (1899–1902) nicht an ein Stück Boden, sie setzten den Rückzug taktisch ein, wichen überlegenen Truppen aus und verletzten insoweit ein klassisches Erfordernis des Heldentums; die Zähigkeit ihres schon bald aussichtslosen Kampfes reiht sie jedoch den unglücklichen und vielbewunderten Männern ein, die sich weigern zu kapitulieren. «Das steinerne Gesicht war von erschreckender Ruhe», schrieb Churchill aus dem Burenkrieg über einen gefallenen Greis, «aber es trug den Stempel unerschütterlicher Entschlossenheit. Er sah aus wie ein Mann, der alles überdacht hatte und völlig sicher war, die gerechte Sache zu vertreten, für die er als nüchterner Bürger sein Leben einsetzen musste. So war ich nicht überrascht, als die gefangenen Buren mir sagten, Mentz habe alle Vorschläge zur Übergabe abgelehnt, und als sein linkes Bein von einer Kugel zerschmettert wurde, habe er weiter geladen und geschossen, bis er verblutet war.»[653]

Am 20. Juli 1936 verschanzte sich der nationalspanische Oberst Ituarte Moscardó mit 1300 Soldaten, 550 Frauen und 50 Kindern im Alcázar (der Zitadelle) von *Toledo* gegen die republikanische Übermacht. Am 23. Juli rief der Führer der republikanischen Miliz über eine intakte Telefonleitung den Obersten an und forderte ihn auf, binnen zehn Minuten zu kapitulieren; andernfalls werde er den Sohn Moscardós erschießen lassen, der soeben gefangen genommen worden sei. Vater und Sohn verabschiedeten sich am Telefon voneinander, der Sohn wurde erschossen. Die Verteidiger nährten sich von den mitgenommenen Pferden. Am 18. September sprengten die Republikaner einen Turm der Festung, den sie unterminiert hatten. Die Trümmer bespritzten sie mit Benzin und warfen Handgranaten dazwischen. Am 28. September eroberten Francos Truppen Toledo, und Moscardó meldete: «Keine besonderen Vorkommnisse» *(Sin novedad!).*

Nicht durchzuhalten kann im Krieg teuer werden: Marschall François Bazaine übergab am 27. Oktober 1870 die ausgehungerte Festung Metz mit 170000 Mann den Deutschen – acht Wochen nachdem Napoleon III. in Sedan in Gefangenschaft geraten und der Krieg so gut wie verloren war. Aber 1872 wurde Bazaine von einem französischen Kriegsgericht wegen «Verrats» zum Tode verurteilt, später zu 20 Jahren Haft begnadigt.

Haben wir uns wenigstens genug gewehrt, ehe wir verloren haben? So scheinen sie zu fragen, die Politiker des besiegten Volkes, die Historiker, vielleicht sogar die Bürger selbst. Über Frankreichs jähe Niederlage von 1940 räsonierte Antoine de Saint-Exupéry, selbst Kampfpilot, zwei Jahre später: Den Widerstand, den Frankreich leistete, fand er, so kurz die Kämpfe dauerten, immer noch zu lang – aber er fürchtete, dass die Welt ihn zu kurz finden werde, da sie das Durchhalten liebe. «Ich höre schon, wie Ausländer später Frankreich ein paar Brücken vorhalten werden, die nicht gesprengt wurden, ein paar Dörfer, die nicht verbrannt, und Menschen, die nicht gefallen sind. Doch das genaue Gegenteil davon beeindruckt mich so stark ... Obwohl alles völlig zwecklos ist, sprengen wir dennoch die Brücken in die Luft, um die Spielregeln zu wahren ... 150 000 Männer sind in den letzten vierzehn Tagen zum Sterben bereit gewesen. Es gibt aber Starrköpfe, die verlangen, dass man ihnen einen guten Grund nennt ... Es gibt nur eine richtige Antwort ... Ich fordere jeden heraus, eine andere zu finden: ‹Dein Tod ändert nichts. Die Niederlage ist vollkommen. *Es gehört sich aber, dass eine Niederlage sich durch Tote ausweist.* Dein Dienst verpflichtet dich, diese Rolle zu übernehmen.› ... Ich glaube ganz einfach, dass die Gefallenen den anderen als Bürgschaft dienen.»[654]

Und wie war das in Deutschland, 1945, als die Wehrmacht im Zustand totaler Aussichtslosigkeit noch vier Monate lang unter ungeheuren Verlusten weiterkämpfte? Der britische Historiker Ian Kershaw hat dieser «Selbstzerstörung» der Deutschen 2011 ein ganzes Buch gewidmet. Eindeutig ist für ihn nur, woran es *nicht*, mindestens nicht allein gelegen haben kann: an den noch intakten Herrschaftsstrukturen des Nazi-Systems. Aus der Literatur insgesamt bieten sich (vor dem Hintergrund der eigenen Erfahrung) vier Erklärungen an:

1. Das Durchhalten als solches stand in Deutschland in noch höherem Ansehen als bei anderen Völkern. Wer galt von 1763, als er den Siebenjährigen Krieg gewonnen hatte, bis 1945 in preußischen Schulen, in bürgerlichen Familien, ja in deutschen Kinderzimmern als die großartigste Gestalt der Weltgeschichte? *Friedrich der Große*, «der Alte Fritz». Was war seine Leistung, die in der Tat das Abendland jahrzehntelang bewegte? Sieben Jahre lang durchgehalten zu haben gegen eine ungeheure Übermacht – und als Sieger vom Schlachtfeld zu gehen. Welche Begeisterung für ihn 1915 bei Thomas Mann!

«Sieben Jahre lang zog König Friedrich umher und batail-
lierte, schlug hier den einen Feind und dort den anderen, ward
auch geschlagen, geschlagen bis zur Vernichtung, richtete sich
zitternd wieder empor, weil ihm etwas einfiel, was vielleicht
noch versucht werden konnte, versuchte es mit unerhörtem,
ganz unwahrscheinlichem Glück und kam noch einmal davon... Er trug Gift bei sich für den äußersten Fall, aber obgleich
der äußerste Fall mehr als einmal eingetreten schien, nahm er
das Gift doch nicht, sondern es fiel ihm noch etwas ein, und
der äußerste Fall ging vorüber ... Ja, seine Niederlagen nicht
weniger als seine Siege beschäftigten nah und fern die Herzen
der Menschen, sein Bild mit dem hinuntergezogenen Mund,
den glanzblauen Augen und dem dreieckigen Hut, mit Krückstock, Stern, Fangschnur und Kanonenstiefeln hing in Hütte
und Haus; er wurde legendär bei lebendigem Leibe.»[655]

2. Viele deutsche Soldaten neigten dazu, sich für die einfach besseren zu halten, beflügelt 1940 von dem Blitzsieg über das
deutlich höher gerüstete Frankreich, der die Militärs in aller
Welt verblüffte – also vielleicht doch noch wundersam zu siegen, mindestens aber den eigenen Idealen gerecht zu werden
und den anderen, also «minderen» Soldaten den Triumph um
keinen Preis zu gönnen.

Seltsam nur, dass der hochmütige deutsche Soldat zugleich ein vom Feind weithin bewunderter war: Die Wehrmacht wurde 2003 in New York als eine der «Greatest Armies»
gewürdigt.[656] Der Israeli Martin van Creveld bezeichnete die
deutsche Armee beider Weltkriege als «die vermutlich am
besten organisierte und am besten ausgebildete von allen»;
fast immer habe sie dem Gegner größere Verluste zugefügt als
selbst erlitten.[657]

Und es war Winston Churchill, der in seiner Geschichte des
Ersten Weltkriegs das Lob deutscher militärischer Tüchtigkeit
am weitesten trieb: «Die Geschichte», schrieb er 1931, «ver-

zeichnet keine Kundgabe von Gewalt, die dem Ausbruch des deutschen Vulkans vergleichbar wäre. Vier Jahre lang kämpfte Deutschland zu Lande, zu Wasser und in der Luft gegen die fünf Kontinente der Erde. Deutsche Armeen hielten die wankenden Verbündeten aufrecht, intervenierten auf jedem Kriegsschauplatz mit Erfolg, standen überall auf erobertem Boden und brachten ihren Gegnern Blutverluste bei, die doppelt so schwer waren wie ihre eigenen. Um die Macht ihrer Wissenschaft und ihrer Wut zu brechen, war es notwendig, alle großen Nationen der Menschheit gegen sie ins Feld zu führen. Überwältigende Bevölkerungszahlen, unbegrenzte Hilfsmittel, unerhörte Opfer, die Blockade zur See konnten fünfzig Monate lang sie nicht bezwingen ... Nahezu zwanzig Millionen starben oder vergossen ihr Blut, bevor dieser furchtbaren Hand das Schwert entwunden war.»[658]

3. Und wie kam es, dass der für Deutschland nun wirklich hoffnungslose Krieg noch im April 1945 in der Schlacht um Berlin blutig durchgefochten wurde? Gegen 6000 sowjetische Panzer, 40000 Geschütze und 2,5 Millionen Mann? Weil Hitler den Wahnsinn befohlen hatte, gewiss. Vermutlich aber auch, weil gerade dieser Kampf vor der Haustür den Urtrieb aller Krieger weckte: Weib und Kind zu schützen. Hier sahen sich Männer auf den Anfang aller Kriege zurückgeworfen. Ein Volk, das in seiner Mehrheit danach strebte, sich fremden Soldaten auszuliefern, gibt es nicht – und *diesen* Soldaten zweimal nicht. Berechtigt war auch ihre Angst, die Gefangenschaft könnte eine Quälerei zum Tode werden. So fielen in den letzten zwei Wochen des fürchterlichen Kampfes auf den Straßen von Berlin noch einmal 80000 sowjetische Soldaten (die amtliche Zahl) und 90000 deutsche (geschätzt).

Dass die bis zuletzt verzweifelt kämpfenden deutschen Soldaten einem mörderischen Unrechtsregime de facto noch zwei Wochen des Weitermordens ermöglichten (und es fand statt), ist historisch richtig. Es gibt jedoch kein Indiz, dass ein Gefühl dafür oder gar die Einsicht darein unter ihnen verbreitet gewesen wäre. Auch ließe sich zu ihren Gunsten ein mildernder Umstand geltend machen – die Erklärung:

4. Bis zuletzt war keiner sicher vor den fliegenden Hinrichtungskommandos der Feldgendarmerie, ja dem wachsenden Furor der letzten Kämpfer der Waffen-SS, die mit dem Überleben ohnehin nicht rechnen konnten.

Also: «Helden» waren sie nicht, die letzten Verteidiger von Berlin – aber nicht ohne Größe in ihrem Durchhalten bis zur letzten möglichen Minute. In vielen von uns rumort nun einmal der standhafte Zinnsoldat, und der möchte der verschrobenen Großartigkeit der militärischen Existenz einen gewissen Respekt nicht versagen. Es gibt diese tiefe Schicht in unserer Seele, die im Misserfolg, im Untergang, in der «Götterdämmerung» keine Widerlegung sieht. «Was unsterblich im Gesang soll leben», sagt Schiller, «muss im Leben untergehen.»[659]

So oder so: Die «Ära der Helden» ist vorüber. Gebraucht werden sie nicht mehr im Zeitalter der Drohnen und des kommenden Cyberkriegs, und wo noch Soldaten kämpfen wie in Afghanistan, ist für Helden sowieso kein Platz: Dort «zielt ein großer Teil der militärischen Taktik darauf ab, den Feind in eine Lage zu manövrieren, in der er aus einer Position der Sicherheit heraus massakriert werden kann. Ehrlos klingt das nur, wenn man glaubt, im modernen Krieg gehe es um Ehre; tut es nicht. Es geht ums Gewinnen, und das heißt: den Feind töten unter den bestmöglichen ungleichen Bedingungen».[660]

Die in ihrer Umwelt noch am ehesten als Helden gelten, sind die islamistischen Selbstmordattentäter. Begraben wir es also, das vieldeutige, verführerische, anrüchige Wort. Es liegt auch nicht jedem, mit dem Tod so leichthändig umzugehen wie Heinrich Heine, als er 1828 das Schlachtfeld von Marengo besuchte, auf dem Napoleon gesiegt und getötet hatte: «Ich liebe Schlachtfelder; denn so furchtbar auch der Krieg ist, so bekundet er doch die geistige Größe des Menschen, der seinem mächtigsten Erbfeind, dem Tode, zu trotzen vermag.»[661]

VII. Wie man vielleicht überleben kann

40 Soldaten: durch Verweigerung?

> Ich bin schon dreimal nach der Desertion wieder hier,
> und wenn ich nicht das ärztliche Zeugnis hätt, dass ich
> vor fünfzehn Jahren aus Schwachsinn meine Tante er-
> schlagen hab, wär ich vielleicht schon zum dritten Mal
> erschossen worn.
>
> *Jaroslav Hašek,* Der brave Soldat Schwejk

Männer, die sehenden Auges dem sicheren Tod entgegengingen, waren selten. Die Armeen stützten sich überwiegend auf solche Soldaten, die dem Tod zwar widerstrebten, die ihn aber als Schicksal hinnahmen, wenn er sie traf; dies zu erreichen, war die überhaupt wichtigste und schwierigste Aufgabe des Militärs.

Es blieb ein Rest von Männern, bei dem die Anstrengungen des Militärs versagten – von Soldaten, die weder Kämpfer noch Jäger waren, noch auch nur als Treiber mitlaufen wollten wie 85 Prozent der amerikanischen Infanteristen im Zweiten Weltkrieg (Kapitel 28), sondern die sich zu dem Entschluss aufrafften, die militärische Zwangsjacke zu zerreißen. Das konnte in mannigfacher Form geschehen: Desertion, Meuterei, Verweigerung.

Am schwersten greifbar waren solche Soldaten, die die Grenzen zwischen Gehorsam und Fahnenflucht verwischten, der Truppe also nicht direkt den Rücken kehrten, aber beim Angriff ein wenig später aus dem Graben sprangen, sich den Fuß verstauchten oder andere Gelegenheiten fanden, im Hintergrund zu bleiben – etwa nach Ludendorffs Klage von 1917: «Es gab bereits viele Drückeberger. Sie fanden sich wieder ein, sobald der Kampf beendet war. Es war zur Regel geworden, dass Divisionen, die mit verzweiflungsvoll geringen Kräften aus der Schlacht kamen, nach wenigen Tagen an Kopfzahl wieder sehr erheblich günstiger standen.»[662]

Leichter abzugrenzen und mithin zu bestrafen war die *Fahnen-*

flucht, der Entschluss, seiner Truppe auf Nimmerwiedersehen zu sagen. Die Motive der Deserteure und der Schaden, den sie anrichteten, hatten jedoch einen höchst unterschiedlichen Charakter, je nachdem, ob sie sich dem Kriegsdienst schlechthin entziehen, oder ob sie in den Dienst des Feindes treten, oder ob sie dem Feind nicht nur ihre Kampfkraft, sondern auch ihr Wissen zur Verfügung stellen, also Verrat üben wollten. Auch innerhalb der Gruppe der *Überläufer* wird man unterscheiden müssen: ob es ihre Absicht war, sich in Gefangenschaft zu begeben (ob sie also die von der Heeresorganisation angestrebte «Flucht nach vorn» zu wörtlich nahmen), oder ihr Wunsch, mit dem Feind gegen den bisherigen Freund zu kämpfen, oder ob sie zu ihrem Ärger in die feindliche Armee gepresst wurden. Kurz: Das Wort «Fahnenflucht» wurde über ein höchst kompliziertes Gewebe von Antrieben und Wirkungen geworfen, zu dem Zweck, Abscheu auf sich zu ziehen und Bestrafung zu ermöglichen.

Das musste eine Armee wohl tun, wenn sie ihren Auftrag erfüllen sollte: Der Deserteur traf sie im Kern ihrer Kampfkraft und ihres Zusammenhalts, dem Korpsgeist (Kapitel 33). Auch konnte es geschehen, dass ein Fahnenflüchtiger den Tod von Kameraden verschuldete, die sich auf ihn verlassen hatten.

Von seinen Motiven her aber handelte jeder Deserteur so verwerflich wie ein Vogel, der dem Käfig entflattert. Millionen von Soldaten, Dutzende von Feldherrn und sogar der preußische Kronprinz, der später Friedrich der Große hieß, haben es getan. Im amerikanischen Unabhängigkeitskrieg verriet der hochgeehrte, zwei Mal verwundete amerikanische General Benedict Arnold militärische Geheimnisse an die Engländer und kämpfte auf ihrer Seite gegen Washington. «Desertieren wie Benedict Arnold» heißt noch heute die Redensart in der *US Army*.

Der Fall Arnold war nun allerdings etwas ganz Neues und wirklich Schmähliches. Arnold hatte ja das erste *Volksheer* der Neuzeit verlassen, den ersten Staat verraten, der mit dem Anspruch auftrat, seinen Bürgern ein Vaterland zu sein, wie es bald darauf mit breiterer Wirkung Frankreich tat. Nicht, dass die Söldnerheere der Fahnenflucht gleichgültig gegenübergestanden hätten: Die Einbuße an Soldaten, der Verlust der Handgelder und sonstigen Investitionen war immer schmerzlich, der eingefangene Deserteur wurde mit Sold-Entzug, Prügeln oder dem Spießrutenlaufen bestraft.

Aber es gab nicht das Vorurteil, dass Deserteure schlechte Menschen wären. Friedrich schliff die Überläufer des Feindes zu den besten Soldaten der Welt, wobei er gleichzeitig aus seinen Husaren eine Spezialtruppe zur Verhinderung der Fahnenflucht und zum Einfangen der Davongelaufenen machte: Wie Schäferhunde die Schafherde, so umschwärmten sie die Infanterie auf dem Marsch und im Biwak.

Juristisch konnte man dem Deserteur Vertragsbruch und Eidbruch vorwerfen, da er nach amtlicher Lesart freiwillig zur Armee gekommen war, jedenfalls eine Verpflichtungserklärung unterschrieben hatte; aber wie es mit der Freiwilligkeit stand, ist ja beschrieben worden: Ein großer Teil der Söldner war übertölpelt, erpresst oder gewaltsam entführt worden. Schiller desertierte 1782 aus dem württembergischen Heer. Oft war die Fahnenflucht der einzige Akt der Freiheit, den ein Söldner überhaupt unternehmen konnte, und außerhalb des Militärs schlug ihm weithin Sympathie entgegen wie in unserem Jahrhundert den Deserteuren der Fremdenlegion.

Gegen diese begreifliche Einstellung kamen die Volksheere zunächst nur mühsam an. Bonaparte zahlte als Erster Konsul den Gendarmen eine Prämie für jeden Deserteur, den sie schnappten. Bei der Vorbereitung des Feldzugs von 1805 schleppte die Gendarmerie bis zu 10000 Deserteure *täglich* an. 1810 ging Napoleon dazu über, hartnäckige Fahnenflucht mit dem Tod zu bestrafen. 1812 lief ihm schon beim Marsch auf Moskau ein erheblicher Teil der Großen Armee davon, 1813 (nach der Schlacht bei Leipzig) schickte er fliegende Kolonnen zum Einsammeln der Deserteure aus.

Das kleine Stehende Heer, das die Vereinigten Staaten nach dem Unabhängigkeitskrieg unterhielten, wurde von Deserteuren mehrfach an den Rand des Zusammenbruchs gebracht. Beim Krieg gegen die Indianer von Florida (Seminolen-Aufstand, 1835–1842) nahm die Fahnenflucht dermaßen überhand, dass eingefangene Deserteure 100 Peitschenhiebe bezogen oder mit einem Brandmal geschändet wurden; auf die, die sich nicht fangen ließen, veranstaltete der nichtdesertierte Teil der Armee schließlich eine Treibjagd und knallte sie ab wie tollwütige Hunde. Im Bürgerkrieg machten dem Norden sogenannte Handgeld-Springer *(bounty-jumpers)* zu schaffen: Freiwillige, die sich ihr Handgeld auszahlen ließen, desertierten, sich bei einer anderen Einheit freiwillig meldeten, wieder kassierten und zuweilen wieder desertierten. In der Südarmee erschoss General «Stonewall» Jackson mehrere Deserteure mit eigener Hand.

Die durchgehenden Frontlinien und Grabensysteme der Weltkriege erschwerten die Fahnenflucht, und das Nationalbewusstsein war inzwischen so gewachsen, dass es den meisten Soldaten ohnehin fernlag, ans Überlaufen zu denken. Wo sich Soldaten weigerten, ihren Staat als ihr Vaterland anzusehen, wie die aus den Slawischen Völkern Österreich-Ungarns, oder wo verworrene Verhältnisse das Desertieren erleichterten, wie auf dem türkischen Kriegsschauplatz des Ersten Weltkriegs, fand es statt wie eh und je: 1917 traf auf jeden türkischen Soldaten ein Deserteur. Von den indischen Soldaten, den französischen Kolonialtruppen, der russischen Division, die in Frankreich kämpften, wären gewiss viele desertiert, hätte nicht die Unmöglichkeit, im fremden Land unterzutauchen, ihr Vorhaben hoffnungslos gemacht.

Wer immer gegenüber dem Fahnenflüchtigen einen heiligen Zorn empfindet, der lese Stefan Zweigs «Episode am Genfer See»: die Geschichte des Soldaten Boris aus Sibirien, der, durch den

Weltkrieg in seiner Weltkenntnis überfordert, den Genfer See für den heimischen Baikalsee hält, ihn durchschwimmt, um endlich wieder bei Frau und Kindern zu sein, am Schweizer Ufer mühsam begreift, dass ihn Tausende von Kilometern und eine ungewisse Zahl von Jahren von der Heimat trennen – und sich im Genfer Baikalsee ertränkt.

Was den Eidbruch angeht, den die Fahnenflüchtigen sich zuschulden kommen ließen, so sollte man, zumal bei eingezogenen Wehrpflichtigen, mit dem Urteil nicht zu rasch zur Hand sein. Nachdem das Militär sie ohne Rücksicht auf ihren Willen in Uniform gezwungen hatte, verlangte es ihnen, wiederum ohne Rücksicht auf ihren Willen, einen Treueid ab; das eine war sittlich so viel wert wie das andere.

Wollte eine ganze Truppeneinheit oder ein größerer Teil von ihr auf eigene Faust den Kampf beenden, so bot sich ihr neben der Fahnenflucht noch ein anderer Weg: die *Meuterei*. Meutereien haben Weltgeschichte gemacht, zumal im Ersten Weltkrieg. Die russische Meuterei von 1917 öffnete dem Bolschewismus die Tür und beendete damit den Krieg an der Ostfront, die französische Meuterei desselben Jahres brachte Deutschland dem Sieg nahe, die deutsche Meuterei von 1918 führte den Zusammenbruch des wilhelminischen Regimes herbei – wenn sie auch an Filmruhm nicht mit den Meutereien auf der *Bounty* und auf dem Panzerkreuzer *Potemkin* wetteifern können.

Der Grund zur Meuterei wurde schon in dem Augenblick gelegt, da ein unfreiwilliger Soldat den ersten Befehl erhielt. Wer gegen seinen Willen in eine Umwelt verpflanzt wurde, die ihn mit den Stacheln der Befehle quälte, sammelte in sich Bereitschaft an, *heimzuzahlen*. Wurde er befördert, so hatte er Gelegenheit, seine Stacheln bei Untergebenen loszuwerden (Kapitel 29); blieb er Untergebener, so neigte er dazu, mit Neid oder Hass auf die Offiziere zu blicken – zumindest auf diejenigen unter seinen Vorgesetzten, die mehr als die anderen ihn malträtierten, sich abkapselten oder sich Blößen gaben. Selbst in solchen Soldaten, die mit ihren Vorgesetzten zufrieden sein konnten oder die nach ihrem Naturell unter Befehlen wenig litten, pflegte eine Saite mitzuschwingen, wenn einer schrie (wie der Obergefreite Krüger bei Willi Heinrich): «Im Führerhauptquartier saufen sie Mokka und gurgeln mit Champagner! Wir werden mit Scheiße gurgeln, wenn sie uns da oben steht.»[663]

Siegte das Heer und war dementsprechend der Militärapparat intakt, so fehlte der ständig schwelenden Bereitschaft zur Meuterei der zündende Funke und ebenso die Aussicht des Gelingens; Erfolg, Ruhm, Beute vermochten zudem auch den Soldaten wider Willen eine Zeitlang mit seinem Schicksal zu versöhnen. Der Durchbruch von Neid und Hass auf die Vorgesetzten wurde hingegen in dem Grade wahrscheinlicher, wie durch Entbehrungen und Niederlagen der Unmut wuchs und der Sieg des Feindes über den eigenen Militärapparat dessen Schwäche offenbarte, sodass potenzielle Meuterer den Anreiz empfingen, ihn durch eigene Schläge vollends zu zertrümmern.

Im März 1917 meuterte die geschlagene russische Armee, und die republikanische Regierung erklärte alle Offiziere für abgesetzt – Soldatenräte traten an ihre Stelle, ein Traum der ewigen Untergebenen ging in Erfüllung. Einen Monat später scheiterte die französische Großoffensive am Chemin-des-Dames; in sechzehn leer gepumpten, ausgebluteten französischen Armeekorps kam es zur Meuterei, in Frankreich herrschte Panik, nach dem Urteil zahlreicher Historiker verschenkte Deutschland, indem es nicht nachstieß, eine Chance, den Krieg zu gewinnen. Im Mai 1917 wurde Ferdinand Foch französischer Generalstabschef, und mit einer Entschlossenheit und Rücksichtslosigkeit sondergleichen schlug der eisenharte Mann im Zusammenwirken mit dem ebenso eisernen Clémenceau die Meutereien nieder.

So begünstigt die verlorene Schlacht das Aufbegehren gegen die Vorgesetzten in doppelter Hinsicht: Zum einen entblößt sie die Schwäche der eigenen Heeresorganisation und verschiebt das Gleichgewicht der Angst; mit der Niederlage ist der Feind furchtbarer, der eigene Militärapparat weniger furchtbar geworden. Zum andern versetzt der Sieg des Feindes den Kriegsantrieben oder der passiven Kampfbereitschaft der Soldaten einen schweren Stoß; Katzenjammer ist der beste Nährboden der Friedensliebe.

Wem's gelang, der handelte konsequenter, schützte sein Leben wirksamer und konnte mit besseren Gründen von sich behaupten, den Frieden gefördert zu haben – wenn er dem Militär nicht davonlief und nicht in ihm revoltierte, sondern wenn er sich weigerte, sich überhaupt in Uniform stecken zu lassen. Ob er dies in der redlichen Absicht tat, einen Beitrag zum Frieden zu leisten, oder in dem schlichteren Wunsch, seine Haut zu retten, ließ sich nicht immer bestimmen und sollte für die Bewertung nicht einmal entscheidend sein; denn *beide* Antriebe hatten – vom Individuum aus betrachtet – etwas unvergleichlich Einleuchtendes.

Die karolingischen Kaiser drohten dem, der beim Einfall eines Feindes nicht zur Landwehr einrückte, die Todesstrafe an. Karl der Große hatte sich immer wieder mit solchen Rittern auseinanderzusetzen, die den Preis für ihr Lehen – die Teilnahme an der Heerfahrt – unter einer Vielfalt von Vorwänden verweigerten, wobei der Übertritt in den geistlichen Stand zu den beliebtesten gehörte.[664]

Die Söldnerheere machten die Verweigerung des Kriegsdienstes überflüssig; in den frühen Massenheeren dagegen war sie ein ähnlich ernstes Problem wie die Fahnenflucht. Napoleon veranstaltete 1811 eine Treibjagd auf 60000 Wehrpflichtige, die nicht zu den Fahnen geeilt waren, obwohl diese sie gerufen hatten. Von den Rekruten, die Amerika im Ersten Weltkrieg aushob, unterließen es nicht weniger als 338000 (oder 13 Prozent), sich jemals bei der Truppe zu melden.

Im Zweiten Weltkrieg war die Zahl der sich Weigernden verhältnismäßig gering: 61000 in England, 30000 in den USA.

Und bescheiden war sie auch in der deutschen Bundeswehr, in der keiner zu dienen brauchte, der sich aus Gewissensgründen der Beteiligung an jeder Waffenanwendung zwischen den Staaten widersetzte. Seit 2011 gibt es in Deutschland nun keine Wehrpflicht mehr: Freiwillige werden gesucht, 13 000 Mann pro Jahr gebraucht, 40 000 Bewerber dafür gewünscht, damit genügend schlecht Geeignete abgelehnt werden können (und das sind viele: 18-Jährige zum Beispiel, die schon bei dem kleinen Test «zwanzigmal aufstehen in vierzig Sekunden» versagen) – ein Problem bei nur noch 340 000 deutschen Männern pro Geburtsjahrgang. Aus den zunächst Angenommenen scheiden 25 bis 30 Prozent während des Grundwehrdienstes wieder aus.

Die «Kreiswehrersatzämter» der Bundeswehr haben sich in *Karriere-Center* verwandelt, die «Musterung» heißt nicht mehr so, sondern findet im *Assessment Center* statt. Geworben wird mit Inseraten, in Schulen, auf Messen, mit Abenteuer-Camps und mit «Sofortmaßnahmen zur Verbesserung der Grundausbildung» wie dieser: «Die nächtliche Ruhe beträgt grundsätzlich acht Stunden. Eine Überschreitung hat die Ausnahme zu bleiben.»[665]

Österreich hat im Januar 2013 das Volk befragt, ob die Wehrpflicht abgeschafft werden solle, und das Volk sagte nein – ebenso die Schweizer im September, schon zum dritten Mal. Da gilt die Landesverteidigung noch als eine so elementare und jeden Bürger unmittelbar angehende Sache, wie sie die Verteidigung eines Blockhauses gegen anstürmende Indianer war: Selbstverständlich konnte kein Hausbewohner es ablehnen, auf die Indianer zu schießen. In den USA hat Präsident Nixon die Wehrpflicht 1973 abgeschafft, in der Katerstimmung des Vietnam-Abenteuers. Präsident George W. Bush, der Vater der Kriege im Irak und in Afghanistan, erwog sie wieder einzuführen, wagte es indessen nicht.

In Israel ist seit 2012 ein Grundsatzstreit zwischen den beiden geheiligten Institutionen des Landes im Gange: dem Militär und den ultraorthodoxen Hütern des Glaubens, für die das Studium von Thora und Talmud der Beruf und der Lebensinhalt ist. Zum Militärdienst waren sie nicht verpflichtet, und überwiegend entzogen sie sich ihm, rund 70 000 Männer im Jahr. Sie nennen sich «die wirklichen Soldaten des jüdischen Volkes», und ein Rabbi sprach: «Unsere Gebete, nicht eure Waffen schützen das Land.»

Darüber ließe sich streiten. Vielleicht braucht ein von Feinden umringter winziger Staat wie Israel (kleiner als Mecklenburg, bei Jerusalem kaum 40 Kilometer breit) sogar noch viele Soldaten, die Wehrpflicht also – obwohl er mit Atomwaffen gerüstet und im Cyberkrieg an der Weltspitze ist.

Für den Rest der Menschheit aber bleibt die Allgemeine Wehrpflicht eine Verirrung von vorgestern. Millionen von Todgeweihten hat sie zusätzlich auf die Schlachtfelder geschaufelt, und «auf einem fundamentalen Missverständnis menschlicher Natur» beruhte sie sowieso, sagt John Keegan in seiner «Kulturgeschichte des Krieges»[666]; wo nur noch Drohnen-Piloten, Hacker und Navy Seals gebraucht werden, hat sie ohnehin nichts mehr verloren.

Gegen die kleinen Berufsarmeen, die allenfalls noch gebraucht werden, gibt es freilich Bedenken: Sie neigen dazu, sich von der Gesellschaft abzukapseln – ein alter Einwand, den der amerikanische Verteidigungsminister Robert Gates 2010 ausdrücklich erneuerte; und gleichzeitig, sagte er, neige die Gesellschaft dazu, sich für die dann noch notwendigen Kampfeinsätze nicht zu interessieren.[667] In der US Army finden sich dreizehnmal mehr Texaner als New Yorker.[668] In die Bundeswehr drängten großenteils Rechtsextreme, sagte 2013 Michael Wolffsohn von der Bundeswehr-Universität.[669] Vor allem melden sich aber natürlich die Kämpfernaturen – die also, die das Militär eigentlich braucht und denen das Kämpfen am ehesten zugemutet werden kann.

Machen denn Berufsarmeen künftige Kriege unwahrscheinlicher? Leider nicht – so wenig, wie Partisanen, Drohnen und Navy Seals dies tun. Umgekehrt: Dass er die Masse seiner Wähler verschonen kann, könnte dem Chef eines demokratischen Staates den Befehl zum Einsatz erleichtern. Die Berufsarmee ist eindeutig *kein* Beitrag zum ewigen Frieden.

Was aber dann? Der Siegeszug einer pazifistischen Gesinnung? Die Einsicht in die selbstmörderische Unsinnigkeit künftiger Kriege? Oder etwa die Blauhelme der Vereinten Nationen?

Stufen der Unfreiwilligkeit

Bürgerwehr: Zusammenschluss «freier» Stadtbürger, die eine Waffe besaßen, zum Selbstschutz bei Unruhen oder gegen feindliche Soldaten und Marodeure, zumal im 13. bis 18. Jahrhundert.

Landwehr: (1) Oberbegriff für das Aufgebot aller wehrfähigen Männer eines Landes, auch bei Allgemeiner Wehrpflicht (so in Deutschland bis 1945). (2) Das Aufgebot aller männlichen Nichtsoldaten von 17 bis 40, wie in Preußen 1813.

Landsturm: das Aufgebot aller männlichen Nichtsoldaten bis 50, also auch älterer Männer – «das letzte Aufgebot» (in Preußen 1813 bis 1845, berühmt in Tirol beim Aufstand gegen Napoleon).

Volkssturm: jene Form des *Landsturms,* die Hitler im Oktober 1944 für 14- bis 60-Jährige ausrief. Dem «Reichsführer SS» unterstellt. In den letzten Kriegsmonaten an der Ostfront unter großen Verlusten eingesetzt.

Miliz: (1) historisch: das Heer, das Militär allgemein. (2) eine *Bürgerwehr.* (3) ein Heer mit kurzem Grundwehrdienst und vielen späteren Übungen – in der Schweiz auf der Basis der Wehrpflicht, in den USA freiwillig *(National Guard).*

National Guard: in den USA eine *Miliz* (3), die von den Bundesstaaten bei Unruhen und Katastrophen eingesetzt, im Fall des nationalen Notstands aber auch vom Präsidenten einberufen werden kann – sogar fürs Ausland (Irak, Afghanistan). Die Freiwilligen verpflichten sich auf mehrere Jahre, müssen zwei Tage pro Monat und zwei Wochen pro Jahr zu Übungen einrücken und erhalten 200 Dollar Sold im Monat.

Volksheer: historischer, nicht definierter Oberbegriff für Landwehr, Landsturm, Miliz, meist zur polemischen Abgrenzung gegen die Berufsarmee.

Stehendes Heer: das Heer, das auch in Friedenszeiten unter Waffen steht – in Preußen unter Friedrich Wilhelm I. 80 000 Mann, in Frankreich unter Ludwig XIV. 220 000 Mann, in Deutschland bei Ausbruch des Zweiten Weltkriegs 1 Million (vgl. Kapitel 10). Stehende Heere heute: Deutschland 180 000, USA 560 000, Russland 900 000, China 2,5 Millionen, Iran 550 000, Nordkorea 1,1 Millionen Mann.

Reichswehr: die Berufsarmee von 100 000 Mann, die der Versailler Vertrag dem Deutschen Reich zugestand (1919–1935). Mannschaften mussten sich auf 12 Jahre, Offiziere auf 25 Jahre verpflichten.

Berufsarmee: eine Armee von durchweg langdienenden Soldaten wie einst die *Reichswehr*. Die Bundeswehr nennt sich seit der «Aussetzung» der Wehrpflicht am 1. Juli 2011 ausdrücklich nicht so, da 70 Prozent der Soldaten maximal 23 Monate dienen sollen – sondern «Freiwilligenarmee».

41 Wir alle: mit Blauhelmen?

> Die Sicherheit der UNO-Truppen geht der Ausführung
> ihres Auftrags vor.
> *Rupert Smith*, UNO-Kommandeur in Bosnien,
> am 29. Mai 1995 (vor dem Massaker von Srebrenica)

Den Friedensnobelpreis hatten sie 1988 bekommen, die *Blauhelme*, die bewaffneten «Friedenstruppen» der Vereinten Nationen, die in Krisenregionen als Beobachter, Ordnungsstifter, Friedenswahrer agieren sollen. Ja, manche Schießerei haben sie unterbunden. Manchen Ärger aber haben sie erst hervorgerufen. In Srebrenica haben sie Schande auf sich geladen. Im Kongo stiefeln sie hilflos herum. Und einen Krieg beendet oder gar verhindert haben sie nie.

Der UNO-Sicherheitsrat kann seit 1948 die Entsendung solcher Truppen beschließen, wenn drei Bedingungen erfüllt sind: Seine Mitglieder müssen sich einig sein (Russland und China also eingeschlossen) – die Konfliktparteien müssen zustimmen (in wirklichen Kriegen kann das kaum gelingen) – und die UNO-Mitglieder müssen bereit sein, die Soldaten zu stellen.

Die letzte Bedingung ist am leichtesten zu erfüllen: Da gibt es eifrige Entsender wie Indien, Pakistan und Bangladesch, deren Soldaten im Einsatz erheblich besser als zu Hause leben; und als im Juli 2013 Österreich nach 39-jähriger Präsenz seine letzten Blauhelme von den Golanhöhen in Syrien abzog, rückten Soldaten aus Nepal und von den Fidschi-Inseln freudig nach.

Natürlich erleichtert es den Einsatz der UNO-Truppen nicht, dass sie Sprachprobleme haben, untereinander und mit den Einheimischen sowieso; dass sie die Sitten der Region mutwillig oder ahnungslos verletzen; dass es zu Übergriffen, ja Vergewaltigungen kommt; dass Prostituierte und Drogenhändler ihnen nachstellen. Aber nicht deshalb sind die Österreicher abgezogen – sondern weil der seit Jahren anhaltende Bürgerkrieg in Syrien ihre Versorgung und ihre Sicherheit gefährdete. Sicherheit? Das ist demnach etwas, was Blauhelme nicht herstellen, sondern einklagen. In *Srebrenica* haben sie das 1995 bis zur Groteske betrieben.

Die Stadt in Bosnien war 1993 eine muslimische Enklave in serbisch besetztem Land – und wurde deshalb vom UNO-Sicherheitsrat zur Schutzzone erklärt: Die Weltorganisation wacht über euch! 500 holländische Blauhelme wurden hineinverlegt. 1995 blockierten serbische Truppen die Stadt, um sie durch Hunger zur Kapitulation zu zwingen, und besetzten sie schließlich mit Gewalt. Nicht einen Schuss gaben die Holländer ab – auch nicht, als die Serben die 25 000 muslimischen Bewohner in rollendem Einsatz in 60 Omnibusse stopften und sie auf bosnisches Territorium karrten: eine rabiate «ethnische Säuberung».

Zuvor hatten die Serben etwa tausend Männer zwischen 16 und 60 ausgesondert, vermutlich wurden sie ermordet – so wie weitere 7000 Wehrfähige, die zuvor aus Srebrenica geflohen waren. Ein Hetzen und Morden, als hätte Alfred Hitchcock die letzten Tage der Menschheit inszeniert. Die Blauhelme sahen zu, ließen sich von den Serben ohne Widerstand entwaffnen, und ihr Kommandeur ließ sich beim Zuprosten mit dem serbischen General fotografieren. «Es war nur Wasser», versicherte er später.[670] 2013 entschied Hollands oberstes Gericht, die Regierung schulde den Hinterbliebenen von genau drei bosnischen Männern Schadenersatz: denen nämlich, die ausdrücklich Schutz gesucht hatten im Lager der Blauhelme, aber den Serben auf Verlangen ausgeliefert wurden.

Im *Kongo* waren 2013 rund 18 000 Blauhelme stationiert, mit dem Auftrag, dem Chaos entgegenzutreten, das Rebellen, Milizen, Söldner, Marodeure zumal im rohstofffreien Osten des Kongostaates anrichten – eines Landes, das sechseinhalb mal so groß wie Deutschland, überwiegend von Dschungel bedeckt und von Dutzenden von Völkern und Stämmen verschiedener Sprache bewohnt ist. Seit 1996 tobt dort der Bürgerkrieg, mehr als drei Millionen Menschen sind in ihm durch Mord und Hunger umgekommen. Und die Blauhelme, obwohl von der UNO mit einem «robusten» Mandat versehen, das heißt ausdrücklich zum Waffengebrauch aufgefordert, um die Zivilisten vor der zynischen Meute zu schützen: Sie sahen zu und erstatteten Bericht.

Unter solchem Druck beschloss der UNO-Sicherheitsrat im März 2013, für den Kongo eine «Interventionsbrigade» von 2500 Mann aufzustellen, mit der ausdrücklichen Freiheit, Gewalt anzuwenden, um die Rebellen zu entwaffnen, mindestens zu neutralisieren. Im September griff die Brigade in der Tat mit Artillerie und Kampfhubschraubern in den Kampf gegen die Rebellen ein – an der Seite der Regierungstruppen, die ihrerseits oft plündern, morden, vergewaltigen, jedenfalls den Einheimischen ebenso verhasst sind wie die Rebellen.

Noch ein Indiz dafür, dass die Blauhelme, schon regional weit überfordert, absolut keine Chance haben, den Frieden auf Erden zu sichern oder gar zu mehren. Wie erst, wenn zwei Großmächte einander ins Gehege kämen? Das friedliebende Schweizervolk war nicht schlecht beraten, als es 1993 – schon vor dem Srebrenica-Wahnsinn und den Kongo-Gräueln – das Parlament überstimmte und eine Beteiligung an UNO-Einsätzen verwarf. Blauhelme: ein gutgemeinter, aber eher peinlicher Abgesang auf das Soldatentum.

Privatarmeen. Natürlich, es gibt Schlimmeres als Blauhelme. Die sogenannten *Sicherheitsfirmen* nämlich, die sich seit 2003 eine goldene Nase verdienen, zumal im Irak und in Afghanistan. *Blackwater* hieß die größte und berüchtigtste unter ihnen (2009 umgetauft in «Xe Services», 2011 in «Academi»), gegründet 1998 von *Erik Prince*, nachdem er bei den Navy Seals ausgeschieden war – und ein Auffangbecken für solche wie ihn.

Aus einem öden Landstrich im US-Staat North Carolina machte er 1996 ein *Lodge and Training Center*, «um die zu erwartende staatliche Nachfrage nach Ausbildung im Gebrauch von Schusswaffen und anderen Sicherheitsleistungen» zu befriedigen[671] – eine gute Geschäftsidee, da das US-Verteidigungsministerium den offiziellen Militär-Etat drastisch gesenkt hatte. Auch Polizisten und Navy Seals wurden zum Trainieren hingeschickt.

2002, nach der amerikanischen Invasion in Afghanistan, erkannte Prince (ein Erzrepublikaner und militanter Christ) die Chance seines Lebens: den USA eine mobile, disziplinierte Söldnertruppe anzubieten, die alles konnte, alles durfte und der US Army weithin die Dreckarbeit abnahm. 2003 im Irak wurde das zum Riesengeschäft. Der amerikanische Botschafter Paul Bremer, «Vizekönig des Irak» genannt, übertrug Blackwater den Schutz seiner Person, und Prince setzte das sogleich in große Werbung um: «Wenn wir den meistgehassten Mann im Irak beschützen können, können wir jeden beschützen, überall.»[672] Und die Aufträge kamen – Personenschutz für alle Botschafter, für Generale, Geschäftsleute, durchreisende Minister, dazu Schutz von Transporten, Tanklagern, Munitionsdepots. Und eine einschüchternde Allgegenwart.

An Bewerbern mangelte es nicht, Blackwater konnte sich die am zweckmäßigsten Ausgebildeten aussuchen: gerade entlassene Angehörige der Marines, der Special Forces, der Navy Seals zum Beispiel, altgediente Soldaten vorzugsweise aus englischsprachigen Ländern, Weiße aus Südafrika, Ghurkas aus Nepal, ehemalige Polizisten Pinochets. Sie kamen gern, viele quittierten dafür sogar den aktiven Dienst. Denn sie verdienten mindestens 300 Dollar pro Tag, 2013 vielfach 1000 Dollar oder noch mehr. Soldaten haben so üppig nie gelebt.

«Die Schlägertrupps von Blackwater knüppeln jeden Iraker nieder, der sich ihnen in den Weg stellt», schrieb der englische «Independent» 2004. «Auf Bagdads Straßen wimmelt es nur so von diesen Cowboy-Gestalten mit ihren Schießeisen, die herumbrüllen, Passanten beleidigen und sich in den Hotels der Stadt vollaufen lassen. Für die Iraker verkörpern sie all das, was sie am Westen abstoßend finden. Es häufen sich die Berichte, dass sie unschuldige Iraker niederschießen, und dafür belangt werden können sie nicht.»[673]

Ja, das hatte Erik Prince gleich bei Botschafter Bremer ausgehandelt: Die irakische Justiz darf nicht nach ihnen greifen, und der amerikanischen Militärgerichtsbarkeit unterliegen sie auch nicht, denn sie sind ja keine «Soldaten». 2006 erschoss ein betrunkener Blackwater-Söldner einen Leibwächter des irakischen Vizepräsidenten; von der US Air Force wurde er aus dem Irak ausgeflogen und blieb ein freier Mann.

Unglaubliches aber geschah in Bagdad im September 2007. Ein Konvoi mit hohen Beamten des amerikanischen Außenministeriums raste durch die Straßen. Ihre Blackwater-Beschützer befanden, dass ein Auto ihnen im Wege stehe, erschossen seinen Fahrer, setzten es mit einer Handgranate in Flammen, erzeugten Panik auf der belebten Straße und mähten mit ihren Maschinengewehren 41 Iraker nieder: 17 tot, 24 schwer verletzt. Blackwater: Amerikanisches Leben heldenhaft verteidigt! US-Militär: Stirnrunzeln. Iraks Premierminister: Blackwater wird des Landes verwiesen! Sagen konnte er das – bewirken konnte er nichts.

Aus *Afghanistan* berichtete die «New York Times», 2011 seien im dortigen Guerillakrieg 418 US-Soldaten und 430 Blackwater-Männer gefallen – von denen wahrscheinlich noch mehr, denn einer Meldepflicht unterliegen sie nicht.[674] Die Söldner zahlen also durchaus ihren Preis. Aber noch im Tod dienen sie den Interessen der US Army: In deren Statistik tauchen sie nicht auf, Staatsbegräbnisse für sie gibt es nicht, kein Journalist berichtet von der Trauer der Hinterbliebenen.

Das ist die schreckliche Neuigkeit in 3000 Jahren Kriegsgeschichte: Ein Staat, der Krieg führen will oder führen zu müssen glaubt, kann sich eine effiziente Armee des Todes mieten, mit Männern, die durchweg kampferprobter sind als das eigene Berufs- oder gar Wehrpflichtheer, oft sogar höher motiviert – Drauf-gänger eben, «robustiores» (Kapitel 25). Weder muss sich dieser Staat ein Söldnerheer mühsam zusammenklauben wie einst Wal-lenstein, noch muss er das Parlament fürs Kriegführen gewinnen, noch seine Bürger mit den Zumutungen des Soldatseins belästi-gen; auch haftet er nicht für die Übergriffe der Privatarmee, und völkerrechtlich ist er nicht einmal in einen Krieg verwickelt.

Bedenkt man das Ungestüm, mit dem Präsident George W. Bush die Invasionen in Afghanistan und im Irak betrieb, ob-wohl er diese bequeme Option noch nicht besaß – so bleibt nur der Schluss: Blackwater und ihresgleichen machen künftige Kriege wahrscheinlicher. Wenn es nicht die Atomraketen und die Selbstmordattentäter gäbe, wären die Miet-Rambos schon die Schlimmsten.

42 Durch Pazifismus?

> Wenn man mich reiten gesehen hat, dann versteht man,
> was das ist: Pazifismus.
>
> *Kurt Tucholsky*, Der schiefe Hut (1930)

Zweierlei, das den Namen «Frieden» führt, trägt zu dessen Bewahrung leider wenig bei: der Pazifismus – und die Taten, Absichten, Motive der Träger des *Friedensnobelpreises*. In diesem Preis sind zwei kardinale Irrtümer feierlich institutionalisiert: erstens, dass aus noblen Absichten zwangsläufig günstige Wirkungen folgten, «Frieden» also aus purer Friedensliebe; zweitens, dass das Nobelkomitee in Oslo diese Wirkungen auch überschauen, auf Jahre und Jahrzehnte voraussehen könnte, wenn es die Friedensarbeit «des vergangenen Jahres» würdigt – obwohl es nicht ungewöhnlich wäre, wenn die Wirkungen erst in fünf, in fünfzig Jahren erkennbar würden.

Durch unübertroffene Friedensliebe ausgezeichnet war *Neville Chamberlain*, der britische Premierminister, der Hitler auf dem Obersalzberg seine Aufwartung machte und ihm 1938 half, das Sudetenland friedlich zu besetzen. Bei der Rückkehr nach London schwenkte Chamberlain auf dem Flughafen den Vertrag von München und sprach die berühmten Worte: «Frieden in unserer Zeit» – *peace in our time.* In Wahrheit hatte Chamberlain nur den Appetit des Ungeheuers gesteigert, und elf Monate nach dem Münchner Abkommen war der Zweite Weltkrieg da. Gerade, dass Chamberlain nicht den Friedensnobelpreis bekam! Das Nobelkomitee erkannte, dass der Krieg heraufzog, und verzichtete 1939 auf die Verleihung.

Henri Dunant, der 1863 das Rote Kreuz ins Leben rief und den Abschluss der Genfer Konvention betrieb, hatte ohne Zweifel den guten Willen, die Grausamkeit des Krieges zu mildern, und so ging 1901 der erste Friedensnobelpreis an ihn. Aber Tolstoi warf

Dunant in «Krieg und Frieden» vor: Durch den Versuch, die Grausamkeit des Krieges zu mildern, habe er ihn de facto wieder salonfähig gemacht, also künftige Kriege begünstigt.[675]

1973 fiel der Preis auf die beiden Verhandlungsführer für den Waffenstillstand in Vietnam, *Henry Kissinger* und *Le Duc Tho*. Aber ist es preiswürdig, wenn zwei Parteien einen unsinnigen Krieg beenden, den sie selber angezettelt hatten? Ob Le Duc Tho sich das auch gefragt hat oder ob er, strammer Kommunist, den Frieden durchaus nicht als höchsten Wert betrachtete – jedenfalls verweigerte er die Annahme. *Menachem Begin*, Preisträger von 1978 zusammen mit Anwar as-Sadat, war von 1942 bis 1948 Führer der terroristischen Untergrundorganisation Irgun Zwai Leumi, auf deren Konto viele Morde gehen – in der selbstverständlichen Meinung, dass Krieg gegen einen Unterdrücker, ja jedes Gemetzel im Dienst der guten Sache besser sei als Frieden.

Michail Gorbatschow (Friedensnobelpreis 1990) war eher eine Ausnahme – aber auch dies in einem merkwürdigen Kausalgeflecht. Er hatte mit Präsident Reagan die seit 1981 laufenden Verhandlungen über die Reduzierung der Langstreckenraketen fortgeführt, 1987 in Washington den Vertrag über die Verschrottung von zusammen 3000 Mittelstreckenraketen unterzeichnet und 1990 die DDR in die Freiheit entlassen; der Kalte Krieg, der eine Weltkatastrophe hätte werden können, wenn er ein heißer geworden wäre, war beendet.

Welcher Grad von Friedensliebe auch immer Gorbatschow angetrieben hatte – mindestens zusätzlich leitete ihn die Einsicht, dass die Sowjetunion den Rüstungswettlauf gegen die USA unrettbar verlieren würde. Zähneknirschend hat er kapituliert. Zu dieser Niederlage gehörte ein Sieger, und der hieß *Ronald Reagan*. Die Sowjetunion «kaputt zu rüsten» war sein erklärtes Ziel – und er hat es erreicht. Erreicht im Endstadium gerade durch jenen Plan, der von der deutschen Friedensbewegung teils als lächerlich, teils als teuflisch bezeichnet wurde: SDI, die Strategische Verteidigungs-Initiative, volkstümlich «Krieg der Sterne» genannt. Es war der Versuch, mit Satelliten und Raketen einen Schutzschild über die USA zu legen, der die sowjetischen Atomraketen abfangen, also sinnlos machen würde.

Folglich: Es war der Weltmeister der Aufrüstung, der Amerikas Wirtschaftsmacht so lange ausspielte, bis das Sowjetimperium zusammengebrochen und die Gefahr des dritten Weltkriegs dramatisch vermindert war – und das alles, ohne einen Schuss abzugeben. Warum also sollte Reagan des Friedensnobelpreises in geringerem Maße würdig gewesen sein als Gorbatschow – nur weil Friedensliebe nicht sein Motiv war? Absichten zählen nicht in der Politik, nur Wirkungen. Die Wirkung «Frieden», und wäre sie den übelsten Absichten entsprungen, ist uns allemal lieber als die Wirkung «Krieg».

Welche Wirkungen werden noch die acht Jahre der Präsidentschaft des *Barack Obama* haben – war es nicht töricht, tollkühn, mindestens vorschnell, ihm den Friedensnobelpreis für 2009 anzuhängen nach zwei Jahren im Amt? Warum hat der große, der wahrhaft bewundernswerte Friedensapostel *Gandhi* den Preis nicht bekommen? Und dürfen wir auf sicheren Frieden hoffen, weil 2011 nicht weniger als 241 Kandidaten einer Nominierung in Oslo für würdig befunden worden sind? (Es bekamen ihn drei Frauenrechtlerinnen aus Liberia und dem Jemen.)

Eines der drei Auswahlkriterien des Nobelkomitees weist zudem auf die Krux des *Pazifismus* hin: Neben dem Hinwirken auf die Verbrüderung der Völker (erstrebenswert) und auf die Abschaffung oder Verkleinerung der Stehenden Heere (erzvernünftig) zählt in Oslo auch «das Veranstalten oder Fördern von Friedenskongressen». Ja. Die sind immer gut gemeint. Doch es ist weltfremd, anzunehmen, dass sie etwas bewirken könnten.

Um den Pazifismus ist es ohnehin still geworden – seit dem 11. September 2001 und unserer Angst vor dem Terroristen, der in der U-Bahn auf uns lauern könnte. Pazifismus, das war ein Leitbegriff des 20. Jahrhunderts. Die ihn verfochten, erhoben zwei sympathische Forderungen: jeden Krieg ablehnen und ihn folglich auch nicht durch eigene Rüstung vorbereiten. Aber realistisch war das nie.

Es ist wirklichkeitsfremd, weil zu viele Menschen in aller Welt den Krieg lieben – nicht nur Generale und Rüstungsfabrikanten. Millionen arme Teufel hoffen auf den Krieg, der ihnen Freiheit oder Beute bringen soll. Ein wachsendes Heer von Söldnern wird ihn nicht sterben lassen. «Mutter Courage» liebte den Krieg, weil er ihr, nach Brecht, «die Höhe ihrer geschäftlichen Laufbahn»[676] brachte, und noch nie hat es an Menschen gemangelt, die durch Kriege reich geworden sind.

Auch leben Pazifisten im Abendland in einer Seelenspaltung: Ihre angenehme Umwelt ist ja fast durchweg das Produkt blutiger Eroberung. Es war das mörderische Wüten der Römer unter fast allen Völkern der damals bekannten Welt, das uns das vielgerühmte lateinische Erbe hinterlassen hat. Alle weißen Bewohner der USA sind Nutznießer des Ausrottungskriegs gegen die Indianer. Und wer heute mit der einen Sprache Englisch um die Erde reisen kann, der profitiert vom Machtrausch der englischen Kolonialherren.

Die größte Schwäche des klassischen Pazifismus jedoch lag in dem naiven Glauben, die Bekundung von Friedenswillen habe die Kraft, den Frieden auch zu wahren. Nein: So ist die Welt nicht eingerichtet, dass sie sich noblen Begriffen fügt. Pazifist sein, schrieb der linksliberale Kurt Tucholsky 1935, heiße ungefähr so viel wie gegen Pickel sein – «damit heilt man nicht!»[677] Es führt kein Weg an dem schneidenden Urteil vorbei, das Arnold Toynbee gefällt hat: Staaten, in denen der Pazifismus gesiegt habe, wären denen, wo dies nicht der Fall sei, hilflos ausgeliefert, und das hieße, «dass die gewissenlosesten Regierungen und die rückständigsten Militärstaaten sich zu Herren der Welt machen könnten».[678]

Vollends zwecklos wäre es, gegen den islamistischen Terror

den Frieden zu predigen. George Orwell hatte leider recht, als er 1942 den Pazifismus einen Luxus nannte, den sich nur Leute leisten könnten, deren Sicherheit garantiert sei – «entweder durch genügend Kanonen oder durch genügende Entfernung vom Kriegsschauplatz».[679] Gegen den Terror helfen Kanonen nichts, und die Entfernung von ihm ist auf null geschrumpft.

Die meisten Pazifisten haben es stets unterlassen, sich nüchtern mit der Frage auseinanderzusetzen: *Wodurch* kann ich den Frieden am besten sichern? Sie sind dem Irrtum erlegen, dass die Bekundung von Friedensliebe der sicherste Weg zum Frieden wäre. Er kann der unsicherste sein. Was hat denn die Schweiz im Zweiten Weltkrieg unternommen, um sich vor Hitler zu schützen? Kriegsbereitschaft hat sie bekundet. Früher als Deutschland hat sie die allgemeine Mobilmachung befohlen und während des gesamten Krieges prozentual mehr Männer unter Waffen gehalten als das Großdeutsche Reich. Natürlich, niemand kann beweisen, dass Hitler andernfalls in die Schweiz eingefallen wäre. Nur kann ein Volk, das überleben will, den Beweis nicht abwarten. Und hätte sich Hitler der Schweiz nicht vielleicht recht gern bemächtigt, wenn er sie sich ohne einen Schuss hätte einverleiben können wie 1939 die Tschechoslowakei?

Im Pazifismus schwingt noch ein anderer, ein besonders trauriger Irrtum mit: Frieden sei für alle Völker, alle Religionen, für die Menschheit schlechthin das höchste Gut. Er ist es nicht für den Islam, nicht für Juden und Christen, nicht für die UNO und seit 1995 nicht einmal für Europas größte bis dahin pazifistische Bewegung, die deutschen Grünen.

Der Heilige Krieg, den der Islam predigt, ist in aller Munde. Buddha hat zwar den Frieden beschworen, aber in buddhistischen Ländern fanden zwei der schrecklichsten Massenmorde nach 1945 statt: die chinesische Kulturrevolution und die Vernichtung von 1,7 Millionen Kambodschanern durch die Roten Khmer. In der Bibel spricht Gott zu seinem auserwählten Volk: «Du wirst

alle Völker vertilgen, die der Herr, dein Gott, dir geben wird.»
(5. Mose 7) Jesus sagt: «Ich bin nicht gekommen, Frieden zu bringen, sondern das Schwert.» (Matthäus 10,34) Der Kirchenvater
Augustinus schrieb 426 n. Chr.: «Was ist am Krieg zu tadeln?»
Auch wenn beim Endkampf der «Erdenbürger» mit den «Gottes-
bürgern» Menschen getötet würden – müssten sie nicht ohnehin
eines Tages sterben?[680] Die *Kreuzzüge* waren schiere Angriffskriege. Luther hielt es für «streng genug bewiesen, dass Kriegführen
und Umbringen von Gott eingesetzt ist ... Was ist Krieg anders als
Unrecht und Böses bestrafen?»[681]

Von der Vollversammlung der Vereinten Nationen wäre Luther
damit niedergeschrien worden. Die UNO fragt nicht nach Gut
und Böse. 1974, nach 24-jährigem Hin und Her, definierte sie
den Begriff *Aggression* verbindlich so: Sie ist der bewaffnete Angriff eines Staates «auf die Souveränität, territoriale Integrität und
politische Unabhängigkeit eines anderen Staates» – und das heißt
eindeutig: Die territoriale Integrität geht den inneren Zuständen
eines Staates vor. Auch die Nato verstieß gegen den UNO-Be-
schluss. Vom Bürgerkrieg im jugoslawischen Kosovo provoziert,
flog sie 1999 Bombenangriffe auf das jugoslawische Serbien – eine
klare Verletzung des bis dahin akzeptierten Völkerrechts; noch
dazu in der selbstherrlichen Form, dass nichts geschah, als dass
die Nato bombardierte und die Serben sich bombardieren ließen.

Schon 1995, nach dem Massenmord von Srebrenica, hatte die
blutige Selbstzerstörung Jugoslawiens eine merkwürdige Koalition ins Leben gerufen: Papst Johannes Paul II. ermutigte den Westen zum militärischen Eingreifen in Bosnien, indem er von einem
gerechten Krieg sprach, wie die Kirche ihn immer für zulässig
gehalten habe. Günter Grass plädierte für Krieg, und Joschka Fischer, Fraktionsvorsitzender der Grünen im Bundestag, fragte
seine Partei: «Kann eine Position der Gewaltfreiheit den Sieg der
nackten Gewalt in Bosnien einfach hinnehmen? Droht unserer
Generation jetzt ein ähnliches Versagen wie der Generation unse-

rer Eltern in den dreißiger Jahren, wenn wir dem Schrecken nicht entgegentreten?»

Die UNO, die eine Verletzung der territorialen Integrität in ihrer Resolution von 1974 zu den «Verbrechen gegen den internationalen Frieden» zählte, hat ihrerseits zwei andere Kriegsgründe anerkannt: das Recht unterdrückter Völker, für ihre Freiheit zu kämpfen, und, kurioserweise, das Recht des Weltsicherheitsrats, von seiner eigenen Definition eigenmächtig abzuweichen. Wer als Erster bewaffnete Gewalt anwende, gelte als der Aggressor – «es sei denn, dass der Sicherheitsrat zu einer anderen Auffassung gelangt».

Die Gründe für künftige Kriege sind also nicht aus der Welt. Dass sie sich sogar vermehren werden, wird das traurige Thema des nächsten, des letzten Kapitels sein. Ein besonders trauriges in der Geschichte des Soldatentums ist in den letzten dreißig, vierzig Jahren sogar dazugekommen:

Kindersoldaten. Der Ajatollah Khomeini hat sie 1984 zu Zehntausenden in den Krieg geschickt; in Syrien, im Sudan, im Irak, in Afghanistan, am übelsten im Kongo schießen sie und sterben sie. Und wir müssen den Gedanken ertragen, dass es zwar pervers, aber nicht schwierig ist, Kinder zu Soldaten zu erziehen. «Grausamkeit liegt dem kindlichen Charakter überhaupt nahe», schreibt Freud, «da das Hemmnis, welches den Bemächtigungstrieb vor dem Schmerz des anderen haltmachen lässt – die Fähigkeit zum Mitleiden –, sich verhältnismäßig spät ausbildet.»[682] Völlig arglos vergnügen sich kleine Kinder ja mit dem Quälen kleiner Tiere, und im Kindergarten wie in der Schule ist es Kinderart, den starken Max herauszukehren – und Underdogs zu hänseln.

William Golding, Literaturnobelpreisträger 1983, hat 1954 in seinem berühmten Roman «Der Herr der Fliegen» ein Schreckensgemälde kindlicher Amoral entworfen: Eine Gruppe englischer Schulkinder, sechs bis 12 Jahre alt, wird durch einen Flugzeugabsturz auf einer unbewohnten Insel isoliert und verwandelt sich, nach einem kurzen Versuch der sozialen Organisation, in eine blutgierige Horde, die einen der Ihren vom Fels stürzt, einen Zweiten zerfleischt und den Dritten nur deshalb nicht mehr ermorden kann, weil ein britisches Kriegsschiff naht.

Dies auch ohne Anleitung durch Erwachsene. Umso schrecklicher, wenn eine solche ausdrücklich erfolgt. Das kennen wir schon aus diesem Buch erstaunlicher Grausamkeiten, dem Alten Testament: Bevor die Knechte Davids, des Königs von Juda, und die Knechte Is-Boseths, des Königs von Israel, übereinander herfielen, schickten sie je zwölf Knaben vor, «und ein jeglicher ergriff den andern bei dem Kopf und stieß ihm sein Schwert in die Seite, und fielen miteinander» (2. Samuel 2,16).

Bei der Belagerung von Jerusalem (1099) wie bei der von Akka (1189) lieferten sich arabische und christliche Kinder unter lebhafter Zustimmung ihrer Eltern blutige Gefechte: «Oft belebten diese Vorspiele den Mut der reifen Männer und forderten neue Kämpfe heraus.»[683] Von den jüngsten Kindern des großen Sultans Saladin berichtet ein arabischer Chronist, sie hätten einen gefangenen Christen gesehen, «und es gelüstete sie, ihm den Kopf abzuschlagen; sie beauftragten mich, zu ihrem Vater zu gehen und ihn um seine Erlaubnis zu bitten».[684]

Die Verwandtschaft zwischen dem Kindlichen und dem Soldatischen ist oft betont worden, etwa von Balzac: «Das Kind erstirbt nie im wahren Soldaten»[685], von T. E. Lawrence: «Ein guter Soldat ist ebenso inkonsequent wie ein Kind»[686], und er lebt auch oft für den Augenblick wie ein Kind, ist grausam wie ein Kind und hat Spaß am Zertrümmern wie ein Kind.

Kinder planmäßig zu Soldaten zu formen, hatten sich die *Kadettenanstalten* vorgenommen. Den Anfang machte Gustav Adolf, indem er ein *Gymnasium illustre* für Söhne des schwedischen Adels einrichtete. Dies wurde, wie die anderen Militärreformen des Schwedenkönigs, zunächst in Frankreich und Preußen aufgegriffen. Kurfürst Friedrich Wilhelm von Brandenburg gründete 1645 eine Kadettenanstalt in Berlin. Die amerikanische Militärschule West Point besteht seit 1802. (In Deutschland sind Kadettenschulen seit dem Ersten Weltkrieg verboten, die DDR hatte jedoch nach dem Zweiten Weltkrieg in Naumburg eine Anstalt eingerichtet.)

Auf zwei der berühmtesten Kadetten der Geschichte hatte die Militärschule eine höchst unterschiedliche Wirkung. Der eine war der zehnjährige *Napolione Buonaparte*, der 1780 die königliche Militärschule in Brienne (Champagne) bezog, der andere der dreizehnjährige *Friedrich Schiller*, der eigentlich Pfarrer werden wollte, von Herzog Karl Eugen von Württemberg jedoch gezwungen wurde, die Karlsschule zu besuchen, die gerade gegründete herzogliche Militärakademie. Der Zwang, dem Schiller hier unterworfen war, kann nicht ohne Einfluss auf die Hymnen gewesen sei, die er später der Freiheit und der Menschenwürde dichtete.

Merkwürdig, dass auch anderen deutschen Dichtern die Kadettenerziehung zum Schicksal geworden ist: *August von Platen* besuchte die Münchener Kadettenschule und war bayerischer Leutnant, ehe er einen Urlaub auf unbegrenzte Zeit erwirkte. *Rilke* (von seiner exzentrischen Mutter fünf Jahre lang als Mädchen gekleidet und erzogen!) wurde als Elfjähriger auf sechs Jahre in österreichische Militärschulen gepresst – eine Zeit, die er in einem Brief an einen früheren Lehrer «einen Abgrund unverschuldeter Not», «ein unübersehliches Leidwesen, so völlig grausam, ohne eine einzige Milderung», «eine einzige fürchterliche Verdammnis» nannte.[687] *Robert Edler von Musil* war im Gegensatz dazu ein perfekter Kadett und wurde ohne Zwang Offizier, stellte allerdings der Kadettenausbildung 1906 in seinem Roman «Die Verwirrungen des Zöglings Törleß» ein vernichtendes Zeugnis aus.

Kindersoldaten gab es auch außerhalb von Militärschulen: Der spätere französische Marschall Graf Moritz von Sachsen kämpfte als Dreizehnjähriger in der Schlacht von Malplaquet (1709), Nelson nahm als Zwölfjähriger auf einem Kriegsschiff Dienst, Kleist trat vierzehnjährig als «Gefreiterkorporal» ins Garderegiment zu Potsdam ein. Mit den Kadetten hatten sie gemeinsam, dass ihre militärischen Kenntnisse sich früher ausbildeten als ihre Urteilskraft, dass sie also den Soldatenberuf «freiwillig» ausübten, ohne ihn eigentlich gewählt zu haben.

Und 1982 kam *Khomeini*. Nach dem Sturz des Schahs hatte er 1976 die «Islamische Republik Iran» und sich zu deren Führer ausgerufen. Gegen die irakische Invasion von 1980 rief er Zehntausende von Zwölf- bis Sechzehnjährigen zu den Waffen – zunächst nur mit Einwilligung der Eltern; die bekamen dafür einmalig den Monatslohn eines Arbeiters und im Fall des Todes den «Märtyrer-Ausweis», der Ansehen verschaffte und verbilligte Einkäufe ermöglichte. Zwei Wochen lang wurden die Jugendlichen im Umgang mit Handgranaten und Maschinengewehren ausgebildet, dann mit einem Bild Khomeinis und einem Schlüssel um den Hals (fürs Paradies, Märtyrer würden sie ja sein) Welle um Welle in den Kampf geschickt; auch über ein Minenfeld, um den nachrückenden erwachsenen Soldaten den Tod auf diesem zu ersparen. Nach der Schlacht bei Kerbala zählte ein libanesischer Journalist 21 000 Kinderleichen.[688]

Die Selbstmordattentate in *Afghanistan* (431 im Jahr 2011) werden nach einem Bericht der UNO immer öfter von Kindern verübt. Schusswaffen begünstigen sie ja: Ein Schwert zu führen, einen Spieß zu schleudern erforderte den ganzen Mann, und jede Phalanx hätte die Kinder überrannt. Heute lässt sich das Töten mit weniger Kraftaufwand und weniger Mordlust betreiben, als zum Erschlagen einer Mücke nötig sind.

Im *Kongo*, seit Jahren dem Weltzentrum blutigen Wahnsinns, kämpfen Kindersoldaten zu Zehntausenden für jede Partei, zum Plündern und Morden ausdrücklich angehalten, oft mit Drogen vollgepumpt und mittags schon von Bier betrunken.

«Geringes Risikobewusstsein in Verbindung mit der Bereitschaft, Erwachsenen blindlings zu folgen, machen die Kinder so begehrt», schreibt Andreas Herberg-Rothe in seinem Buch vom Krieg. «Ihre Kämpfe sind besonders erbittert und blutrünstig, weil sie häufig ... die Todesgefahr nicht begreifen, in der sie sich befinden ... Sie sind Täter und Opfer zugleich: Opfer, die häufig selbst als Erwachsene nicht aus dem Gefängnis ihrer Traumatisierungen ausbrechen können. Besonders deutlich wird die Täter-Opfer-Konstellation bei weiblichen Kindersoldaten, die nicht nur kämpfen und töten, sondern zugleich der sexuellen Befriedigung der Kämpfenden beider Seiten dienen.»[689]

Tiefer ist die Menschheit nie gesunken. Wenn Pazifismus etwas bewirken könnte: Hier müsste er ansetzen.

Ein Beitrag deutscher Pazifisten zum Weltfrieden besteht inzwischen darin, dass sie zwei Kultusministerien dafür gewonnen haben, der Bundeswehr das «Werben fürs Sterben», also Informationsveranstaltungen in den Schulen, zu untersagen. «In den Geschichtsbüchern», schrieb dazu Henryk M. Broder 2012, werde man «lange und vergeblich nach einem Krieg suchen, der von der Friedensbewegung beendet oder auch nur verhindert worden ist».[690]

Sie kann es nicht. Kann es irgendwer?

43 Durch Einsicht?

> Der Krieg hat eine heimtückische Art, *nicht* als unerträglich zu erscheinen, bis er die in ihn Verwickelten so fest in der Gewalt hat, dass sie nicht mehr fähig sind, sich von ihm freizumachen, wenn sie erkannt haben, dass er zur Vernichtung führt.
>
> *Arnold Toynbee*, Krieg und Kultur

Zur Erinnerung: Frieden ist *nicht* der Naturzustand des Menschen (Kapitel 7), der Mensch ist *kein* primär friedliebendes Wesen (Kapitel 27), Frieden ist *nicht* der oberste Wert für den Koran, nicht für die Bibel, nicht für die UNO (Kapitel 4 und 42). Eine Weltregierung, die den Frieden überall auf Erden erzwingen könnte, ist *nicht* in Sicht, und sie wäre auch *nicht* erstrebenswert. Für Rüstung gibt die Menschheit mehr aus als je zuvor: 1,4 Billionen Dollar im Jahr, 200 Dollar pro Erdenbürger (so 2012 das Schwedische Friedensforschungsinstitut). Die Gründe, aus denen die Menschheit Krieg führt seit Jahrtausenden, gelten weiter: Raum, Ruhm, Rache, Not, Beute, Abenteuer (Kapitel 17 bis 27). Aber neue, schlimmere Anstöße, Nöte, Versuchungen kommen hinzu.

Welche? Was sind die wahrscheinlichsten Konfliktstoffe der Zukunft? Welcher Waffen, welcher Mittel würde ein Aggressor sich bedienen? Welchen Versuchungen könnte er erliegen? Und welche Rezepte hätten wir dagegen?

Sechs Konfliktherde

1. Der *Raum* wird knapp. Die Erde ist ein begrenzter Planet, bewohnt von einer sich dramatisch vermehrenden Zahl von Menschen mit unbegrenzten Ansprüchen. Heute muss sie

viermal so viele Menschen ernähren wie vor hundert Jahren, und fünf- oder sechsmal so viel werden es noch werden.

Gewiss, eine mutwillige Eroberung ganzer Reiche, wie Alexander, Cäsar, Napoleon, Hitler und die Kolonialherren sie betrieben, werden wir vermutlich nicht noch einmal erleben, auch nicht einen kühl kalkulierten begrenzten Landraub, wie Friedrich der Große ihn mit Schlesien begangen hat – dazu sind heute die Grenzen zu klar abgesteckt, die Widerstände zu gefährlich. Land aber, Land im Sinne von Siedlungsraum, Ackerfläche, Wasserzugang ist so kostbar wie noch nie, im Sudan wird seit Jahrzehnten blutig darum gerungen. Da werden die regionalen Kriege in der Dritten Welt sich mehren, und gegen das Abendland wird eine Welle von Hungerleidern branden.

2. Das *Ackerland* verringert sich überproportional: Der Klimawandel bedroht große Teile Afrikas, zumal nördlich und südlich der Sahara, mit Austrocknung. Der Mangel an fruchtbarem Land stand schon am Anfang der germanischen Völkerwanderung. Europas Geheimdienste und Generalstäbe sind dabei, die Risiken einer gewaltsamen Massenzuwanderung aus Nordafrika durchzuspielen.

3. Großenteils in dieser Region liegt die *arabische Welt*. Sie ist in besonders starker Vermehrung begriffen. Ägypten hatte 1885: 7 Millionen Einwohner, 1960: 25 Millionen, 2013: 83 Millionen. Sie ist zudem zerrissen zwischen Sunniten und Schiiten, zwischen Islamisten und Säkularen, erschüttert von Revolten und Bürgerkriegen und die Brutstätte der Al-Quaida.

Al-Quaida predigt und praktiziert die Rache für die tausendjährige Demütigung der arabisch-islamischen Welt. Im 9. Jahrhundert hatte das Reich der Kalifen die Macht über den gesamten Nahen Osten, Nordafrika, den Balkan und Spanien, und auch in den Wissenschaften waren die Araber führend. Dann gelang es von 1096 bis 1291 in sieben Kreuzzügen kleinen Ritterheeren, sich eines Herzstücks der islamischen Welt

zu bemächtigen; dann kam die ein halbes Jahrtausend währen-
de Herrschaft Europas fast über die gesamte Erde, auch danach
noch die hoffnungslose Überlegenheit des Westens in Wirtschaft, Technik, Wissenschaft und militärischer Macht. Nun
zahlen sie es uns heim.

4. *Luft und Wasser* werden, bei rücksichtsloser Industrialisie-
rung, immer stärker vergiftet und vermüllt. Der Zugang zu
genügend sauberem Trinkwasser ist längst ein Weltproblem.
Schon heute haben mehr als eine Milliarde Menschen auf der
Erde nicht genug zu trinken, jedenfalls kein sauberes Wasser,
und in vielen Ländern der Welt stehen ihnen zum Trinken,
Kochen und Waschen pro Tag nur 10 Liter zur Verfügung. Die
Deutschen brauchen im Durchschnitt 130 Liter, die Ame-
rikaner 300. An die drei Milliarden Menschen kennen keine
Wasserspülung: Sie benutzen ein Plumpsklo, das Feld, die
Gasse, den Bach. Die meisten der jährlich drei Millionen Toten
durch verschmutztes Wasser sind Kinder unter fünf (Umwelt-
bericht der UNO). Noch schneller als in Afrika breitet sich in
Australien die Dürre aus: Schon werden Farmen aufgegeben,
Farmtowns entvölkern sich, in Australiens Städten domi-
nieren braune Gärten. Im Jahr 2025 könnten 1,8 Milliarden
Menschen in Regionen mit so wenig Wasser leben, warnte
die UNO 2007, dass die Verzweiflung sie zur Massenauswan-
derung treiben würde *(desperate enough for mass migrations)*.

5. Die nicht nachwachsenden *Rohstoffe* werden knapp. Ihr Ver-
brauch hat sich im 20. Jahrhundert verzehnfacht, und die Zu-
wachsrate steigt. Zu einem brisanten Problem werden die *Sel-
tenen Erden*: Metalle, die unerlässlich für Computer, Handys,
Flachbildschirme, Glasfaserkabel, Elektromotoren sind, «der
Treibstoff der Moderne» – aber zu 95 Prozent aus China kommen, das die Preise bestimmt und den Export beschränkt.

6. Die *Energie* wird knapp – gleichgültig, ob aus Erdöl, Erdgas,
Kohle, Fracking gespeist oder aus den natürlichen (und oft

naturzerstörenden) Energiequellen Sonne, Wind und Wasser. Der Energieverbrauch der Menschheit hat sich in den letzten 80 Jahren versechzehnfacht, und er wächst weiter überproportional.

Summe: Die Menschheit verhält sich, als bewohnte sie einen weithin unbewohnten, noch zu erschließenden Planeten (aber das ist seit hundert Jahren vorbei) – oder als hätte sie einen Zweitplaneten in Reichweite. Hat sie nicht. Ein mörderischer Kampf um die letzten Räume und Ressourcen droht uns allen.

Vier Versuchungen

1. Die *Drohnen* (Kapitel 2) erlauben es, Krieg ohne Soldaten zu führen – also auch ohne die Rechtfertigungsgründe, die in demokratischen Staaten dafür angeboten werden müssten.
2. Die *Privatarmeen* wie Blackwater (Kapitel 41) haben einen ähnlichen Vorzug – und dazu den, dass sie aus dem Stand zuschlagen können, also nicht jene Mobilisierungsphase durchlaufen müssen, die den Freund beunruhigt und den Feind warnt.
3. Ein *Cyberwar* (Kapitel 6) fordert keinen Tropfen Blut, kostet fast nichts und gestattet dem Angreifer das totale Inkognito.
4. Und ganz unabhängig vom Stand der Waffentechnik wie von der Verfügbarkeit kampfbereiter Männer: An der Spitze einer Weltmacht zu stehen, die sich für allmächtig und unbesiegbar hält wie die USA unter George W. Bush, kann zu der unsinnigsten militärischen Entscheidung des 21. Jahrhunderts verführen – der Invasion im Irak.

Fünf Mittel

1. Das altmodische, das seit Jahrtausenden angewandte, das vermutlich aus der Weltgeschichte verschwindende Mittel: der militärische Überfall, wie im Irak.

2. *Die Stille Invasion.* Wie, wenn auf Lampedusa (vielleicht auf Mallorca, auf Sizilien) an einem Tag nicht 500 junge Männer aus Nordafrika landen, sondern 10000 – junge, hungrige, kriegstaugliche? (Konfliktherde 1 bis 3). Der alternde Erdteil wird dann vor der Frage stehen, inwieweit er das gewaltsam verhindern könnte und verhindern will. Die Stadt Byzanz hatte 800 Jahre lang die Kraft, sich mit ihren überlegenen Waffen gegen den Ansturm von Persern, Arabern, Bulgaren, Normannen zu verteidigen, bis schließlich 1453 die Türken sie stürmten – aber kann das, soll das ein Vorbild sein?

3. *Der Terror*: Die Zerstörung der beiden Türme des World Trade Center hat die USA auf den Kopf gestellt. Mit Sicherheit gibt es arabische Extremisten, die sich fragen, mit wie vielen zerstörten Wolkenkratzern Washington zum Nachgeben in einer entscheidenden Frage gezwungen werden könnte.

4. *Der Atomkrieg*: Solange nur die USA und die Sowjetunion Atomwaffen besaßen, regierte die Einsicht in das Gleichgewicht des Schreckens, eine gewisse Rationalität, und durch England und Frankreich wurde die nicht zerstört; in der Kuba-Krise von 1962 lief zwischen Kennedy und Chruschtschow das Meisterstück der Kriegsvermeidung. Inzwischen aber sind China, Indien, Pakistan, Israel und vermutlich Nordkorea dazugekommen. Indien und Pakistan, hartnäckig verfeindet, «sind so stolz auf ihr Atomwaffenarsenal, dass sie jeden Abrüstungsvorschlag als unpatriotisch betrachten».[691]

Für China sagte einst Mao Tse-tung zum indischen Staatschef Nehru: «Wenn die Hälfte der Menschheit vernichtet würde, so bliebe doch die andere Hälfte übrig. Dadurch würde der Imperialismus bis auf den Grund vertilgt, auf der ganzen Welt würde es nur noch den Sozialismus geben, und nach einem halben oder ganzen Jahrhundert würden wieder ebenso viele Menschen leben wie zuvor.» Die «Peking-Rundschau» hat das am 18. November 1957 zitiert; eine chinesische Delegation wiederholte es 1974 bei einem Besuch in der «Welt» mit breitem Grinsen und fügte fröhlich hinzu: «Wenn ein paar hundert Millionen Chinesen sterben, bleiben immer noch ein paar hundert Millionen Chinesen übrig.»

Der einst berühmte amerikanische Futurologe Herman Kahn sah es nicht anders: In seinem Buch über den Atomkrieg plädierte er 1959 dafür, dass die USA glaubhaft machen müssten, sie wären durchaus bereit, ihn wirklich zu führen und dabei Millionen Tote in Kauf zu nehmen – nur so könne die Strategie der Abschreckung funktionieren. Und Hillary Clinton sagte 2008 als Präsidentschaftsbewerberin: Sollte der Iran einen Atomangriff auf Israel erwägen, so würden wir in der Lage sein, «den Iran völlig zu vernichten» (*obliterate*, sagte sie: total zerstören, vom Erdboden tilgen, auslöschen, ausradieren – das letzte ein Lieblingswort von Hitler).

Mit der Atombombe hat die Spezies Mensch die in ihrer Art grandiose Leistung vollbracht, dass sie sich, ihrer Milliardenzahl zum Trotz, vollständig beseitigen könnte; die 25 000 Atomsprengköpfe im Besitz Russlands und der USA würden dafür vermutlich genügen, und die Liebe zur Atombombe, wie einige der anderen sie pflegen, erhöht das Risiko, dass der Wahnsinn einen Durchschlupf findet. In den Stäben der Nato, so geht die Rede, wird das Szenario «Atomweltkrieg um die Mitte des 21. Jahrhunderts» durchgespielt.

5. *Cyberwar*, der Endkampf der Computer. Dass er kommt in irgendeiner Form, kann als sicher gelten. Ein ganzes Land ins Chaos zu stürzen gehört zu seinen Möglichkeiten.

Sieben Rezepte

1. Das älteste ist die *Abrüstung*. Sie kann dem Besiegten aufgezwungen oder zwischen Partnern vereinbart werden. Die erste Methode hat selten funktioniert, die zweite fast nie.

Die Abrüstung, die Deutschland nach dem Ersten Weltkrieg aufgezwungen wurde, hinderte Hitler nicht, binnen sechs Jahren die bis dahin größte Angriffsmaschine der Kriegsgeschichte aufzubauen. Die Abrüstung, die Deutschland nach dem Zweiten Weltkrieg aufgezwungen wurde, hinderte die westlichen Siegermächte nicht, elf Jahre später die Wiedereinführung der Wehrpflicht zu begrüßen. Wenn die aufgezwungene Abrüstung dauernd wirksam bleiben soll, muss der Zwang offenbar mit der Gründlichkeit ausgeübt werden, die das alte Rom gegenüber Karthago an den Tag legte: der völligen Auslöschung der besiegten Nation.

Eine zwischen Partnern freiwillig vereinbarte Abrüstung oder Rüstungsbegrenzung hat meist nicht lange funktioniert: nicht das französisch-englische Seerüstungsabkommen von 1787, nicht das deutsch-englische Flottenabkommen von 1936 und auch nicht der *Briand-Kellogg-Pakt*, in dem neun Staaten beschlossen, «einen offenen Verzicht auf den Krieg als Werkzeug nationaler Politik auszusprechen». Das war 1928. Deutschland war dabei.

Die erstaunlichste Abrüstung der Weltgeschichte, ein militärisches Wunder, vollzog sich am 3. Oktober 1990, elf Monate nach dem Fall der Berliner Mauer, mit der förmlichen Wiedervereinigung Deutschlands: Die *Nationale Volksarmee* der DDR, 170 000 Mann stark und bis an die Zähne bewaffnet, sah zu, wie der Staat, den bis in den Tod zu verteidigen sie geschworen hatte, zusammenkrachte – und nicht einen Schuss feuerte sie ab, sondern sie ergab sich, zum Hass auf den Klassenfeind gedrillt, ebendiesem kollektiv, mit Waffen und

Munition im Wert von 100 Milliarden DM (West). Während der gesamte Auswärtige Dienst der DDR sofort entlassen wurde, blieb die NVA formell zunächst bestehen, nun unter dem Oberbefehl des Bundesverteidigungsministers, und am ⸌15. Oktober wurde sie sogar in die Bundeswehr eingegliedert. Da mussten ja 767 Flugzeuge, 2760 Panzer, 134 000 Personen- und Lastkraftwagen geschützt werden vor Missbrauch und Plünderung, dazu fast 1,4 Millionen Pistolen, Maschinenpistolen und Gewehre und mehr als 300 000 Tonnen Munition – die riesigen Vorräte der desolaten Sowjettruppen noch gar nicht gerechnet.

Von den gewaltigen Rüstungsvorräten der DDR übernahm die Bundeswehr nur 24 Kampfflugzeuge vom Typ MIG-29; was sich ins Ausland verkaufen ließ, verkaufte sie; das meiste wurde verschrottet. Das dauerte sieben Jahre und kostete 1,4 Milliarden Mark. Nicht nur Rüstung – auch Abrüstung ist eben teuer. Die Bundeswehr bekam es beim Abzug aus Afghanistan wieder zu spüren.

1991 schlossen die Präsidenten Reagan und Gorbatschow ein Abkommen über die Verschrottung von insgesamt 2700 Mittelstreckenraketen – es trat sogar in Kraft. Alle folgenden Vereinbarungen zwischen Washington und Moskau, ebenso der «Verhaltenskodex», den 90 Staaten 2002 in Den Haag beschlossen, wurden entweder nicht ratifiziert oder nicht kontrolliert oder beides nicht.

Es bleibt also dabei: Für das auf Erden nach wie vor verfügbare Atompotenzial wäre die Vernichtung der Menschheit kein Problem. Biologische Kampfmittel (Kapitel 16) würden sich sogar in einem Keller herstellen lassen. Und konventionell wird weiter gerüstet. Auch China und Indien bauen nun Flugzeugträger, Japan beschloss 2013, gegen China endlich aufzurüsten, und die USA geben für ihre Rüstung mehr aus als die folgenden 17 Staaten der Erde zusammen.

2. Die *Pax Americana*. Dass er nun beginnen würde, der von den USA erzwungene und beschützte Weltfriede, glaubten viele 1991 nach dem Zusammenbruch der Sowjetunion, und George W. Bush, Präsident von 2001 bis 2009, versuchte die Chance wahrzunehmen: Unter dem Eindruck des 11. September verkündete er die Doktrin, die USA würden ihre Position als die Weltmacht Nummer 1 mit allen ihnen geeignet scheinenden Mitteln verteidigen, einen Präventivkrieg eingeschlossen gegen den, der sie ihnen streitig machen wolle.

Doch dann stellte er selber die Weichen so, dass die USA ihre militärische Macht und ihr Ansehen zwischen Afghanistan und dem Irak zerrieben, und längst ist China ein Rivale, gegen den Amerika einen Präventivkrieg vermutlich nicht mehr riskieren würde.

Ob eine Pax Americana – gesetzt, sie wäre herstellbar gewesen – der Menschheit wirklich behagt hätte, ist eine andere Frage. Ihre beiden historischen Vorbilder sind nicht ermutigend: Nicht die *Pax Romana*, zu Ehren des Kaisers Augustus ausgerufen, mit Hilfe barbarischer Eroberungen herbeigeführt und weiter durch Kleinkriege an den Grenzen des Imperiums bedroht; ja im Jahr 9 n. Chr. wurde im Teutoburger Wald ein Heer der Weltmacht Rom vernichtet. Auch nicht die *Pax Britannica*, oft so genannt in der Höhezeit der britischen Weltherrschaft im späten 19. Jahrhundert: Die Kolonien erlebten den britischen Frieden um den Preis der Unterdrückung, und mit dem brutalen Krieg gegen die Buren (1899–1902) war die Pax vollends dahin.

3. Eine *UNO-Friedenstruppe*. Sie müsste sich vom Odium der «Blauhelme» befreien, von deren trauriger Rolle im Kongo und der schändlichen in Srebrenica. Stattdessen müsste sie ausgebildet, ermächtigt und willens sein, «hartnäckigen Kräften von Krieg und Gewalt» mit dem ausdrücklichen Mandat zur Ausübung von Gewalt entgegenzutreten. So steht es im

Brahimi-Report aus dem Jahr 2000, den die UNO bei dem ehemaligen algerischen Außenminister Lakhdar Brahimi in Auftrag gegeben hatte. Es wäre also eine *Weltpolizei*, die er fordert. Welches Gremium über Ort und Art ihres Einsatzes entscheiden solle, sagte Brahimi nicht; den politischen Willen zur vollen Unterstützung dieser Friedenstruppe müssten «die Mitgliedstaaten» aufbringen.

Würden die sich auf ein solches Mandat jemals einigen? Nach 68 Jahren UNO kann das als ausgeschlossen gelten. Bei bloßen Mehrheitsentscheidungen aber: Ist es denkbar, dass die USA sich einer mutmaßlichen asiatisch-afrikanischen Mehrheit beugen würden? Und wenn nicht – würden sie wieder selber die Weltpolizei sein wollen, wie unter George W. Bush?

4. *Hass abbauen.* Wenn das gelänge! Hass war der Antrieb und die Begleitmusik zur Menschenjagd (Kapitel 7). Noch die Weltkriege hat er begleitet und sie noch widerlicher gemacht. Unter Führung von Präsident Wilson, schreibt Max Lerner, «wurde der Erste Weltkrieg in den ersten modernen ideologischen Krieg verwandelt».[692] Am Tag bevor er den Kongress um die Kriegserklärung an Deutschland bat, sagte Wilson zu einem amerikanischen Journalisten: «Führen Sie dieses Volk in den Krieg, und es wird vergessen, dass es jemals so etwas wie Toleranz gegeben hat ... Der Geist der rücksichtslosen Brutalität wird in jede Faser unseres nationalen Lebens eindringen.»[693] Das amerikanische Repräsentantenhaus betete: «Du weißt, o Herr, dass nie eine so infame, lasterhafte, habgierige, lüsterne, blutdürstige Nation das Buch der Geschichte geschändet hat wie Deutschland.»[694] Bei John Dos Passos ruft ein Soldat, dem 1917 vor der Einschiffung nach Frankreich ein Propagandafilm gezeigt worden ist, worin die deutschen Hunnen belgische Bäuerinnen niederstechen: «Ich hasse sie – Männer, Frauen, Kinder und Ungeborene.»[695]

Wie der Zweite Weltkrieg alles noch schlimmer machte, ist im Kapitel über die Menschenjagd nachzulesen. Im Abendland hat seitdem ein dramatischer Abbau von Hass stattgefunden, bis zu dem Grade, dass wir uns einen Krieg zwischen westlichen Ländern kaum noch vorstellen können – eine Wendung zum Besseren, wie die Weltgeschichte sie nie zuvor verzeichnet hat.

Doch Hass herrscht weiter: In Afrika, im Nahen Osten, zwischen Indien und Pakistan, zwischen Nord- und Südkorea, zwischen Japan und China. Und der Hass der radikalen Islamisten auf den Westen hat nicht seinesgleichen in der Weltgeschichte. Dabei habe doch «mancher Hass keine andere Quelle als die Hochachtung», und die komme durch Einsicht in die Vorzüge des Fremden zustande, sagt Schopenhauer. «Wenn man alle erbärmlichen Wichte hassen wollte, da hätte man viel zu tun.»[696] Sehr aussichtsreich klingen sie also nicht, die Rezepte **1** bis **4**. Die letzten drei stimmen nicht viel hoffnungsfroher.

5. *Die Übermacht bremsen.* In falschem Vertrauen auf diese haben sich die USA in *Afghanistan* gleich zwei verhängnisvolle Irrtümer aufgeladen: Der Terror habe einen geographischen Ort und lasse sich dort ausrotten, und die Armee sei den Partisanen überlegen (Kapitel 5). Der schiere Übermut schließlich trieb die Übermacht 2003 in den *Irak* – noch ein Argument gegen die Erwünschtheit einer *Pax Americana.* Aber welche Macht könnte die Übermacht in die Schranken weisen?

6. *Ferne Kriege geschehen lassen,* nicht jeden Brand auf Erden löschen wollen. Dies ist das einzige Rezept, nach welchem Regierungen handeln könnten, ohne ihre Kraft zu überdehnen und ohne das ihren Völkern nicht Zumutbare zu riskieren. «Wenn hinten, weit, in der Türkei, die Völker aufeinanderschlagen», so soll uns das natürlich nicht erheitern wie den «Bürger» im Faust.[697] Doch es sollte uns belehren über den of-

fenbar unabänderlichen Lauf der Welt. «Der Friede auf Erden», den bei Lukas 2,14 der Engel uns wünscht, bleibt ein Wunsch.

Mit Waffengewalt eingegriffen hat der Westen zwar nicht im Kaukasus mit seinen ewigen blutigen Wirren (das hätte Moskau nicht geduldet) und nicht in Kolumbien mit seinem seit 1948 andauernden, anscheinend hoffnungslosen Bürgerkrieg zwischen Drogen-Guerilla und Todesschwadronen mit einer halben Million Toten und 25 000 Verschollenen. Wohl aber 1999 in Serbien und 2011 in Libyen. Das hatte mindestens drei Nachteile:

1. Es verstieß gegen die UNO-Charta, die jedem Staat seine «territoriale Integrität» garantiert, unabhängig von den Zuständen, die in ihm herrschen.
2. Es setzte kühn dreierlei voraus: Wer sich gegen eine Diktatur erhebt, wolle eine Demokratie errichten (und nicht eine neue Diktatur); wenn aber eine Demokratie nach westlichem Muster, so sei sie dort erwünscht und könne dort funktionieren; und künftige Mehrheitsentscheidungen würden dem Westen gefallen. Vielleicht müsste er sie ja fürchten?
3. Es verlängert, verschlimmert, erzeugt das schlimmste aller Übel: den Krieg.

In *Syrien* habe der Westen schwere Schuld auf sich geladen, schrieb der Rechtsphilosoph Reinhard Merkel 2013 in der «Frankfurter Allgemeinen» – indem er «die Wandlung des Widerstands in einen mörderischen Bürgerkrieg ermöglicht, befördert, betrieben hat ... Regime wie das Assads sind eine Geißel der Menschheit. Aber Bürgerkriege sind eine schlimmere ... 100 000 Tote sind ein viel zu hoher Preis für eine erfolgreiche demokratische Revolution – für eine erfolglose sind sie eine Katastrophe».[698] Und nur unter dem Druck Russlands, traurig zu sagen, verzichtete Präsident *Obama* auf die absurde Idee, den USA und der Welt den nächsten Irak einzuhandeln.

Jürgen Todenhöfer, langjähriger Bundestagsabgeordneter der CDU und vielgereister Nahost-Experte, sagte es so: «In Syrien morden und verstümmeln auch Rebellen … Anarchie ist schlimmer als Diktatur … Eine Intervention des Westens würde alles noch schlimmer machen.»[699]

Der deutsche Verteidigungsminister de Maizière sagte es ähnlich: «Wir brauchen realistische Ziele – und nicht zu viel menschenrechtlichen Überschwang bei der Entscheidung, Soldaten in ein anderes Land zu schicken … Wir müssen nicht zwingend Verantwortung übernehmen, wenn es einen bitteren Bürgerkrieg irgendwo auf der Welt gibt.»[700] Nietzsche sagte es allgemeiner: Es könne den Glücklichen auf Erden nicht zugemutet werden, sich alles Unglück auf Erden «ins Gewissen zu schieben».[701] Und der deutsche Politikwissenschaftler Stephan Bierling gab 2013 dem jeweiligen amerikanischen Präsidenten einen präzisen Rat. «Frage dich: Wie hat die Regierung Bush das 2003 im Irak gemacht? Dann mache das Gegenteil.»[702]

7. *Proportionen würdigen.* Wenn die Logik regierte, wäre das wenigstens ein Trost. Er sähe so aus: Was sind die 2800 Toten vom World Trade Center, die die Weltpolitik verändert haben? Eine kleine Zahl – gemessen

- an den Toten von Dresden oder Hiroshima
- an den 40 000 Menschen, die in den USA alljährlich durch *Verkehrsunfälle* sterben
- an den fast 100 000 *Ermordeten* in den ersten sechs Jahren nach dem 11. September – ein Aufschrei der «New York Times» am 20. August 2007: «Die Medien und die meisten Politiker haben dieses Abschlachten kaum zur Kenntnis genommen. In derselben Zeit haben wir bei Flugpassagieren emsig Zahnpasta-Tuben konfisziert und Gangstern ganze Zugladungen von Waffen und Munition überlassen.»

Auch und gerade in den hochzivilisierten Ländern ist es um ein Vielfaches wahrscheinlicher, überfahren, ja ermordet zu werden, als einem Terroranschlag zum Opfer zu fallen, und selbst das Heimtückische der Attentate ist im alltäglichen Mord vorgeprägt. Um unser Leben fürchten wir keineswegs dort am meisten, wo es am stärksten bedroht ist. So ist es. Aber Angst ist irrational.

Mehr als die Toten vom 11. September waren es womöglich die Bilder von den zusammenrauschenden Riesentürmen, die den Schock bewirkten – eine auf dem Fernsehschirm immer wiederkehrende Bekundung schamloser Übermacht, eine Demütigung des Riesen durch ein paar mörderische Zwerge. Da half es nicht viel, dass gerade der New Yorker Bürgermeister Michael Bloomberg 2007 öffentlich vorrechnete, es sei viel wahrscheinlicher, vom Blitz erschlagen zu werden, als einem Terroranschlag zum Opfer zu fallen.[703]

Und welcher Umgang mit tödlichen Gefahren wäre rational? Zum Ersten die Einsicht, dass wir vom Leben nicht zu viel erwarten sollten. Alle Lebewesen auf unserer Erde sind von der Evolution aufs Fressen und Gefressenwerden gezüchtet worden, auf einen *Kampf* ums Dasein auch innerhalb der biologischen Art. «Der Mensch will Eintracht», schrieb Immanuel Kant, «aber die Natur weiß es besser, was für seine Gattung gut ist: Sie will Zwietracht. Er will gemächlich und vergnügt leben; die Natur will aber, er soll aus der Lässigkeit und untätigen Genügsamkeit hinaus sich in Arbeit und Mühseligkeiten stürzen.»[704] Rational wäre zum Zweiten eine gewisse Genugtuung, ja Dankbarkeit, dass wir uns, falls es nicht zum dritten Weltkrieg kommt, gegen dramatisch viel weniger Gefahren wappnen müssen als unsere steinzeitlichen Ahnen: Mit 50 Jahren noch nicht verhungert, erfroren, von Raubtieren zerfleischt oder von der Nachbarhorde erschlagen worden zu sein war bei denen ziemlich selten. Ein Leben ohne Angst vor solchem Tod blieb ein paar Begüterten vorbehalten in ein paar günstigen Phasen der Geschichte.

Das Fazit? Einsicht wird den Frieden nicht erzwingen; das Absterben des Soldatenstandes macht Kriege *nicht* unwahrscheinlicher. Eine wirkliche Weltregierung mit einer allgegenwärtigen Polizei aber – und nur mit ihr könnte es einen garantierten Frieden geben – wäre am Ende ein noch größeres Übel. Zunächst, weil sie wahrscheinlich nur durch einen Endkampf zwischen den Weltmächten zustande kommen könnte, den dritten Weltkrieg also. Und dann, weil sie eine erdumspannende «Agentur der Repression» wäre, ein gigantischer Militär- und Polizeiapparat, dem kein Mensch auf Erden mehr entrinnen könnte – letzte Zuflucht: der Mond! (Wolfgang Sofsky[705]). Der Weltfriede, sagte der Physiker und Philosoph Carl Friedrich von Weizsäcker, als er 1963 den Friedenspreis des Deutschen Buchhandels entgegennahm – der Weltfriede könnte sogar «eine der düstersten Epochen der Menschheitsgeschichte werden».

So fiele denn auf die grausige dreitausendjährige Geschichte des Soldaten zuletzt doch noch ein kleiner Sonnenstrahl.

Nachwort

Das Thema dieses Buches bewegt mich, seit ich 1945 als deutscher Unteroffizier in amerikanischer Kriegsgefangenschaft anfing, über die Verwirrungen des Soldatseins nachzudenken. Ein paar Jahre später begann ich mit planmäßiger Lektüre, von Remarque bis Clausewitz. Als der Econ-Verlag mich 1960 einlud, eine Weltgeschichte des Soldaten zu schreiben, weil die Wiederaufrüstung Deutschlands von wütendem Protest begleitet wurde (und weil «Überall ist Babylon», meine Weltgeschichte der Städte, gerade ein Bestseller geworden war), sagte ich zu – mit der klaren Absicht, die Gestalt des Soldaten nicht mit diesem Hass allein zu lassen.

Das Econ-Buch erschien 1964 unter dem etwas unglücklichen Titel «Das Buch vom Soldaten» – mit glänzenden Kritiken und einem Glückwunsch von Elias Canetti. Aber wer wollte damals etwas von Soldaten wissen!

Mich ließ das Thema nicht los, ich verfolgte die missratenen Kriege in Vietnam, Irak, Afghanistan und füllte einen halben Archivschrank mit weiteren Lesefrüchten, von Thukydides bis John Keegan und Sebastian Junger.

Dann kamen die Drohnen und die Selbstmordattentäter, und uns droht eine neue Art von Schrecken: der *Cyberwar*! Krieg ohne Soldaten. Dreitausend Jahre lang hat sie Weltgeschichte gemacht, diese quälende und gequälte Kreatur. Ein Denkmal, dachte ich – kein Heldendenkmal! –, hat sie verdient. Das alte Buch als Steinbruch benutzend, habe ich dieses Denkmal zu errichten versucht.

Wolf Schneider

Literaturverzeichnis

Grundlegende Literatur

Aron, Raymond: Paix et guerre entre les nations. Paris 1962. Deutsch: Frieden und Krieg. Eine Theorie der Staatenwelt. Frankfurt 1963
Clausewitz, Carl von: Vom Kriege (1830)
Creveld, Martin van: The Changing Face of War. Lessons of Combat from the Marne to Iraq. New York 2007. Deutsch: Die Gesichter des Krieges. Der Wandel bewaffneter Konflikte von 1900 bis heute. München 2009
Delbrück, Hans: Geschichte der Kriegskunst im Rahmen der politischen Geschichte, 7 Bände. Berlin 1920 bis 1936. Neu: 4 Bände. Berlin 2000
Frobenius, Leo: Weltgeschichte des Krieges. Jena 1903
Keegan, John: A History of Warfare. London 1993. Deutsch: Die Kultur des Krieges. Berlin 1995
Sun Tzu: The Art of War (4. Jahrhundert v. Chr). Hrsg. von Samuel Griffith. Oxford 1963
Toynbee, Arnold: War and Civilization (From «A Study of History» selected by Albert Fowler). Oxford 1950. Deutsch: Krieg und Kultur. Frankfurt 1958
Wright, Quincy: A Study of War, 2 Bände. Chicago 1942

Spezialliteratur

Afflerbach, Holger: Die Kunst der Niederlage. Eine Geschichte der Kapitulation. München 2013
Altheim, Franz: Attila und die Hunnen. Baden-Baden 1951
    Reich gegen Mitternacht. Asiens Weg nach Europa. Hamburg 1955
Andreski, Stanislaw: Military Organization and Society. London 1908

484   Literaturverzeichnis

Ardant du Picq, Charles: Etudes sur le combat. Paris 1904

Arthurs, Ted G.: Land with no Sun. A Year in Vietnam with the 173rd Airborne. Mechanicsburg, PA, 2006

Aspray, R. A.: War in the Shadows. The Guerrilla in History. New York 1994

Atkinson, Rick: An Army at Dawn. New York 2002
The Day of Battle. 2007
The Guns at Last Night. 2013

Austin, Victor (Hrsg.): La Guerre de Sécession. Paris 1961. Deutsch: Der Amerikanische Bürgerkrieg in Augenzeugenberichten. Düsseldorf 1963

Baldwin, Hanson: Great Mistakes of the War. New York 1949

Baumann/Langeder u. a. (Hrsg.): Feldpostbriefe deutscher Soldaten aus Afghanistan. Reinbek 2011

Benedict, Ruth: The Chrysanthemum and the Sword. Boston 1946

Bischof/Karner u. a. (Hrsg.): Kriegsgefangene des Zweiten Weltkriegs. Gefangennahme – Lagerleben – Rückkehr. München 2005

Bourne, Peter G. (Hrsg.): The Psychology and Physiology of Stress, with Reference to the Vietnam War. New York 1969

Bröckling, Ulrich: Disziplin. Soziologie und Geschichte militärischer Gehorsamsproduktion. München 1997

Buchanan, Patrick J.: Churchill, Hitler, and «the Unnecessary War». New York 2008

Buchheit, Gert: Soldatentum und Rebellion. Die Tragödie der deutschen Wehrmacht. Rastatt 1961

Buss, David M.: Der Mörder in uns. Warum wir zum Töten programmiert sind. Heidelberg 2007

Butler, Judith: Raster des Krieges. Warum wir nicht jedes Leid beklagen. Frankfurt 2010

Canetti, Elias: Masse und Macht. Hamburg 1960

Carroll, Andrew: Operation Homecoming: Iraq, Afghanistan and the Home Front, in the Words of US Troops and Their Families. New York 2000

Chandessais, Charles: La psychologie dans l'armée. Paris 1959

Chickering/Förster u. a. (Hrsg.): A World at Total War. Global Conflict and the Politics of Destruction 1937–1945. Cambridge 2005

Churchill, Winston: The River War. A Historical Account of the Reconquest of the Sudan. London 1899

London to Ladysmith via Pretoria. New York 1900

The Second World War, 6 Bände. London 1948 ff. Deutsch: Der Zweite Weltkrieg. Bern 1948 ff.

A History of the Englisch-Speaking Peoples, 4 Bände. 1956–1958. Deutsch: Geschichte. Bern 1956–1958

Clair, Johannes: Vier Tage im November. Mein Kampfeinsatz in Afghanistan. Berlin 2012

Clark, Christopher: The Sleepwalkers. How Europe Went to War in 1914. London 2012

Clark, Wesley: Waging Modern War. New York 2001

Clarke, Richard A.: Cyber War. The Next Threat to National Security and what to do about it. New York 2010

Clemens, Björn: Der Begriff des Angriffskrieges und die Funktion seiner Strafbarkeit. Berlin 2005

Coker, Christopher: Warrior Geeks. How 21st Century Technology is Changing the Way We Fight and Think about War. London 2013

Constant, Benjamin: De l'esprit de conquête et de l'usurpation dans leurs rapports avec la civilisation Européenne. Paris 1814. Deutsch: Vom Geist der Eroberung und der Anmaßung der Macht. Stuttgart 1948

Craig, Gordon A.: The Politics of the Prussian Army. Deutsch: Die preußisch-deutsche Armee 1640–1945. Düsseldorf 1960

Creveld, Martin van: Frauen und Krieg. München 2001.

Kampfkraft. Militärische Organisation und Leistung der deutschen und amerikanischen Armee 1939–1945. Graz 2005

Crozier, Brian: The Rebels. A Study of Postwar Insurrections. London 1960. Deutsch: Die Rebellen. Anatomie des Aufstands. München 1961

Daniel, Ute (Hrsg.): Augenzeugen. Kriegsberichterstattung vom 18. zum 21. Jahrhundert. Göttingen 2006

Demeter, Karl: Das deutsche Offizierskorps in Gesellschaft und Staat 1650–1945. Frankfurt 1962

Dickinson, G. L.: War. Its Nature, Cause and Cure. New York 1923

Diessenbacher, Hartmut: Kriege der Zukunft. Die Bevölkerungsexplosion gefährdet den Frieden. München 1998

Diwald, Hellmut: Der Kampf um die Weltmeere. München 1980

Dülfer/Kröger u. a.: Vermiedene Kriege. Deeskalation von Konflikten der Großmächte zwischen Krimkrieg und Erstem Weltkrieg. München 1997

Dupuy, Ernest: The Compact History of the United States Army. New York 1961

The Compact History of the Civil War. New York 1960

Ehrenreich, Barbara: Blutrituale. Ursprung und Geschichte der Lust am Krieg. München 1997

Eibl-Eibesfeldt, Irenäus: Krieg und Frieden aus der Sicht der Verhaltensforschung. München 1975

Eich, Hermann: Die misshandelte Geschichte. Historische Schuld- und Freisprüche. Düsseldorf 1983

Eis, Egon: Illusion der Sicherheit. Das Schicksal der großen Bollwerke. Düsseldorf 1958

Eisenhower, Dwight: Crusade in Europe. 1948. Deutsch: Kreuzzug in Europa. Amsterdam 1948

Epkenhans/Groß (Hrsg.): Das Militär und der Aufbruch in die Moderne 1860–1890. München 2003

Fallaci, Oriana: Wir, Engel und Bestien. München 1978

Falls, Cyril: The Art of War. Oxford 1961

Ferdinandy, Michael de: Dschingis Khan. Der Einbruch des Steppenmenschen. Hamburg 1958

Ferguson, Niall: The Pity of War. London 1998. Deutsch: Der falsche Krieg. Stuttgart 1999

Figes, Orlando: Krimkrieg. Der letzte Kreuzzug. Berlin 2011

Fischer, Fritz: Griff nach der Weltmacht. Die Kriegszielpolitik des kaiserlichen Deutschland 1914/18. Düsseldorf 1961

Foch, Ferdinand: De la conduite de la guerre. Paris 1897

Mémoires pour servir à l'histoire de la guerre de 1914–1918, 2 Bände. Paris 1930

Förster/Jansen u. a. (Hrsg.): Rückkehr der Condottieri? Krieg und Militär zwischen staatlichem Monopol und Privatisierung. Paderborn 2010

Förster/Pöhlmann u. a. (Hrsg.): Schlachten der Weltgeschichte. Von Salamis bis Sinai. München 2001

Freud, Sigmund: Zeitgemäßes über Krieg und Tod (1915). In: Werke, Band 10. London 1946

Hemmung, Symptom und Angst. In: Werke, Band 14. London 1948

Warum Krieg? In: Werke, Band 16. London 1948

Friedrich der Große: Histoire de mon temps (1746). Histoire de la guerre de sept ans (1763). Beide deutsch: Mein Leben und meine Zeit. Berlin 1937

Die politischen Testamente von 1752 und 1768. Berlin 1922

Friedrich, Jörg: Das Gesetz des Krieges. Das deutsche Heer in Russland 1941 bis 1945. München 1993
Der Brand. Deutschland im Bombenkrieg 1940–1945. München 2002

Fritz, Stephen G.: Ostkrieg. Hitler's War of Extermination in the East. Lexington 2011

Fuller, J. F. C.: A Military History of the Western World. New York 1954
The Generalship of Alexander the Great. London 1958. Deutsch: Alexander der Große als Feldherr. Stuttgart 1961
The Conduct of War, 1789–1961. Deutsch: Die entartete Kunst, Krieg zu führen. Köln 1964

Gallus, A.: The Horse-Riding Nomads in Human Developments. Buenos Aires 1953

Gavin, Francis J.: Nuclear Statecraft. History and Strategy in America's Atomic Age. Ithaka 2012

Gaycken, Sandro: Cyber War. Das Wettrüsten hat längst begonnen. München 2012

Geiss, Immanuel: Der lange Weg in die Katastrophe. Die Vorgeschichte des Ersten Weltkriegs, 1815 bis 1914. München 1990

Gellhorn, Martha: Das Gesicht des Krieges. Reportagen 1937 bis 1987. Zürich 2012

Gillain, Nick: Le Mercenaire. Lille 1937

Gray, J. Glenn: The Warriors. Reflections on Men in Battle. Lincoln 1959

Greiner, Bernd: Krieg ohne Fronten. Hamburg 2007

Greiner/Müller u.a. (Hrsg.): Heiße Kriege im Kalten Krieg. Hamburg 2006

Grossman, Dave: On Killing. The Psychological Costs of Learning to Kill in War and Society. Boston 1995
On Combat: The Psychology and Physiology of Deadly Conflict in War and Peace. Millstadt, Ill., 2004

Guderian, Heinz: Erinnerungen eines Soldaten. Heidelberg 1951

Haenisch, Erich (Hrsg.): Die Geheime Geschichte der Mongolen. Leipzig 1948

Hahlweg, Werner (Hrsg.): Klassiker der Kriegskunst. Darmstadt 1960

Hellbeck, Jochen: Die Stalingrad-Protokolle. Sowjetische Augenzeugen berichten aus der Schlacht. Frankfurt 2012

Herberg-Rothe, Andreas: Der Krieg. Geschichte und Gegenwart. Frankfurt 2003

Herr, Michael: Dispatches. New York 1977

Herring, G. C.: Americas Longest War. Boston 2002

Herzfeld, Hans: Das Problem des deutschen Heeres 1919–1945. Laupheim 1952

Herzog, Bodo: Die deutschen U-Boote 1906–1945. München 1961

Heuser, Beatrice: Rebellen, Partisanen, Guerilleros. Asymmetrische Kriege von der Antike bis heute. Paderborn 2013

Hillgruber, Andreas: Der Zweite Weltkrieg. Kriegsziele und Strategie der großen Mächte. Stuttgart 1996

Höhn, Reinhart: Sozialismus und Heer, 2 Bände. Bad Homburg 1959 Die Armee als Erziehungsschule der Nation – Das Ende einer Idee. Bad Harzburg 1962

Holmes, Richard (Hrsg.): The Oxford Companion to Military History. Oxford 2001

Hondrich, Karl Otto: Lehrmeister Krieg. Reinbek 1992

Hossbach, Friedrich: Zwischen Wehrmacht und Hitler 1934–1938. Wolfenbüttel 1949

Huntington, S. P.: The Soldier and the State. The Theory and Politics of Civil-Military Relations. Cambridge/Mass. 1957

Inenaga, Saburo: World War II and the Japanese 1931–1945. New York 1978

Inoguchi/Nakajima: The Divine Wind. Washington 1958. Deutsch: Der göttliche Wind. München o. J.

Iriye/Osterhammel (Hrsg.): Geschichte der Welt. Weltmärkte und Weltkriege 1870–1945. München 2012

Jacobs, J. R.: The Beginning of the U.S. Army 1783–1812. Princeton 1947

Jacobsen/Rohwer (Hrsg.): Entscheidungsschlachten des Zweiten Weltkriegs. Frankfurt 1960

Jandl, Ernst: Briefe aus dem Krieg, 1943–1946. München 2005

Jasper, Andreas: Zweierlei Weltkriege? Kriegserfahrungen deutscher Soldaten in Ost und West 1939–1945. Paderborn 2011

Jessen, Hans (Hrsg.): Der Dreißigjährige Krieg in Augenzeugenberichten. Düsseldorf 1963

Johann, Ernst (Hrsg.): Innenansicht eines Krieges. Deutsche Dokumente 1914–1918. Frankfurt 1968

Junger, Sebastian: War. London 2010. Deutsch: War. Ein Jahr im Krieg. München 2012

Jünger, Ernst: In Stahlgewittern (1920). Stuttgart 1961
Kriegstagebuch 1914–1918. Stuttgart 2010
Der Kampf als inneres Erlebnis. Berlin 1922
Der Friede. Ein Wort an die Jugend Europas. Amsterdam 1946

Kant, Immanuel: Zum ewigen Frieden (1795)

Kardelj, Edvard: Vermeidbarkeit oder Unvermeidbarkeit des Krieges. Hamburg 1961

Karst, Heinz: Das Bild des Soldaten. Versuch eines Umrisses. Boppard 1964

Kasperski, Eugen: Malware. Von Viren, Würmern, Hackern und Trojanern. München 2008

Kayser-Eichberg, Ulrich: Geist und Ungeist des Militärs. Versuch über ein Missverständnis. Stuttgart 1958

Keegan, John: Der Erste Weltkrieg. Eine europäische Tragödie. London 1998 (deutsch 2001)
Der Zweite Weltkrieg. London 1989 (deutsch 2004)

Keeley, Lawrence H.: War before Civilization: The Myth of the Peaceful Savage. Oxford 1996

Kennedy, Sir John: The Business of War. London 1957

Kennedy, Paul: Aufstieg und Fall der großen Mächte. Ökonomischer Wandel und militärischer Konflikt von 1500 bis 2000. Frankfurt 1991
Die Casablanca-Strategie. Wie die Alliierten den Zweiten Weltkrieg gewannen. München 2012

Kershaw, Sir Ian: Das Ende. Kampf bis in den Untergang. München 2011

Klein/Schumacher (Hrsg): Kolonialkriege. Hamburg 2006

Klein/Stiglegger u. a. (Hrsg.): Kriegsfilm. Stuttgart 2006

Kleßmann, Eckart: Die Verlorenen. Die Soldaten in Napoleons Russlandfeldzug. Berlin 2012

Klonovsky, Michael: Der Held. Ein Nachruf. München 2011

Knötel, Richard: Handbuch der Uniformkunde. Die militärische Tracht in ihrer Entwicklung bis zur Gegenwart. Hamburg 1937

Krishnan, Armin: Gezielte Tötung. Die Individualisierung des Krieges. Berlin 2012

Kröber, Hans-Ludwig: Töten ist menschlich. In: *Die Zeit*, 11.10.2012

Krusenstjern/Medick (Hrsg.): Zwischen Alltag und Katastrophe. Der Dreißigjährige Krieg aus der Nähe. Göttingen 1999

Kühl, Hans H.: How to Protect against Chemical, Biological, Radiological and Nuclear Threats in a Changing Security Environment. Frankfurt 2012

Kunde, Martin: Der Präventionskrieg. Geschichtliche Entwicklung und gegenwärtige Bedeutung. Frankfurt 2007

Langewiesche, William: Der Scharfschütze. In: Lettre International, Frühjahr 2010

Lawrence, Thomas Edward: Seven Pillars of Wisdom. A Triumph. London 1935. Deutsch: Die sieben Säulen der Weisheit. München 1963
The Mint. Deutsch: Unter dem Prägestock. München 1955

Le Bohec, Yann: Die römische Armee. Von Augustus zu Konstantin. Stuttgart 1993

Lerner, Max: America as a Civilization. 1957. Deutsch: Amerika, Wesen und Werden einer Kultur. Frankfurt 1960

Lévy, Bernard-Henry: Réflexions sur la guerre, le mal et la fin de l'histoire. Paris 2001

Liddell Hart, Basil: The Other Side of the Hill. Germany's Generals, their Rise and Fall. London 1948
The Soviet Army. London 1956. Deutsch: Die Rote Armee. Bonn 1957
History of the Second World War. London 1970. Deutsch: Geschichte des Zweiten Weltkriegs, 2 Bände. Düsseldorf 1972

Lindemann, Marc: Kann Töten erlaubt sein? Ein Soldat auf der Suche nach Antworten. Berlin 2013

Lorenz, Konrad: Das sogenannte Böse. Zur Naturgeschichte der Aggression. Wien 1963

Ludendorff, Erich: Meine Kriegserinnerungen 1914–1918. Berlin 1919
Der totale Krieg. München 1935

Lusar, Rudolf: Die deutschen Waffen und Geheimwaffen des 2. Weltkriegs und ihre Weiterentwicklung. München 1961

Luttwak, Edward: Strategie: Die Logik von Krieg und Frieden. Lüneburg 2003

Machiavelli, Niccolò: Libro della arte della guerra (1521). Deutsch: Kriegskunst. Karlsruhe 1833

Mann, Thomas: Friedrich und die große Koalition. München 1915; in: Gesammelte Werke, Band 10. Frankfurt 1960

Manstein, Erich von: Verlorene Siege. Frankfurt 1955

Marshall, S. L. A.: Men against Fire. 1947. Deutsch: Soldaten im Feuer. Frauenfeld 1951

Sinai Victory. New York 1958

Martin, Paul: Der bunte Rock. Uniformen im Wandel der Zeit. Stuttgart 1963

Masur, Gerhard: Simon Bolívar und die Befreiung Südamerikas. Konstanz 1949

Maurienne: Le Déserteur – provocation à la désobéissance. Deutsch: Der Deserteur und sein Prozess. Hamburg 1962

Mayer, Karl J.: Napoleons Soldaten. Darmstadt 2011

McNeill, William H.: Krieg und Macht. Militär, Wirtschaft und Gesellschaft vom Altertum bis heute. München 1987

Millis, Walter: Arms and Men. A Study in American Military History. London 1956. Deutsch: Amerikanische Militärgeschichte in ihren politischen, wirtschaftlichen und sozialen Zusammenhängen. Köln 1958

Montbrial/Klein (Hrsg.): Dictionnaire de Stratégie. Paris 2000

Montecuccoli, Raimund Graf von: Memoire della guerra ed istruzione d'un generale (1703). Deutsch: Kriegsnachrichten des Fürsten Raymundi Montecuccoli (1736)

Montesquieu: Considération sur les causes de la grandeur des Romains et de leur décadence (1734). Deutsch: Betrachtungen über die Ursachen von Größe und Niedergang der Römer. Bremen 1957

Moran, Lord John; The Anatomy of Courage. London 1945

Mordal, Jacques: Vingt-cinq siècles de guerre sur mer. Deutsch: 25 Jahrhunderte Seekrieg. München 1962

Mosse, George L.: «Gefallen für das Vaterland». Nationales Heldentum und namenloses Sterben. Stuttgart 1993

Müller/Volkmann (Hrsg.): Die Wehrmacht. Mythos und Realität. München 1999

Münkler, Herfried: Gewalt und Ordnung. Das Bild des Krieges im politischen Denken. Frankfurt 1992

Die neuen Kriege. Reinbek 2002

Der neue Golfkrieg. Reinbek 2003

Murawski, Erich: Der deutsche Wehrmachtsbericht. Ein Beitrag zur psychologischen Kriegführung. Boppard 1963

Murray/Scales: The Irak War. Cambridge 2004

Muth, Jürg: Command Culture. Officer Education in the US Army and the German Armed Forces 1901–1940. Denver 2011

Napoleon I.: Mémoires pour servir à l'histoire de France sous Napoléon (Le mémorial de Sainte-Helène), 8 Bände, 1823–1825. Deutsch: Napoleon, die Memoiren seines Lebens. Hrsg. Friedrich Wencker-Wildberg, 7 Bände. Hamburg o. J.

Neitzel/Hohrath (Hrsg.): Kriegsgreuel. Die Entgrenzung der Gewalt in kriegerischen Konflikten vom Mittelalter bis ins 20. Jahrhundert. Paderborn 2008

Neitzel/Welzer: Soldaten. Protokolle vom Kämpfen, Töten und Sterben. Frankfurt 2011

Neu, C. E.: Americas Lost War. Vietnam 1945–1975. Wheeling 2005

Obermann, Emil: Soldaten, Bürger, Militaristen. Militär und Demokratie in Deutschland. Stuttgart 1958

Oetting, Dirk W.: Auftragstaktik. Geschichte und Gegenwart einer Führungs-Konzeption. Frankfurt 1993

Oman, C. W. C.: The Art of War in the Middle Ages (378–1515). London 1953

Orwell, George: Homage to Catalonia. London 1928. Deutsch: Mein Katalonien. München 1963

Overmans/Hilger (Hrsg.): Rotarmisten in deutscher Hand. Dokumente zu Gefangenschaft, Repatriierung und Rehabilitierung sowjetischer Soldaten des Zweiten Weltkriegs. Paderborn 2012

Panoff, Peter: Militärmusik in Geschichte und Gegenwart. Berlin 1938

Paret, Peter: Understanding War. Essays on Clausewitz and the History of Military Power. Princeton 1992

Pearce, Fred: Land Grabbing. Der globale Kampf um Grund und Boden. München 2012

Pernoud, Régine (Hrsg.): Les Croisades. Paris 1960. Deutsch: Die Kreuzzüge in Augenzeugenberichten. Düsseldorf 1961

Perrault, Gilles: Les parachutistes. Paris 1961

Picht, Werner: Vom Wesen des Krieges und vom Kriegswesen der Deutschen. Stuttgart 1952

Platthaus, Andreas: 1813. Die Völkerschlacht bei Leipzig und das Ende der Alten Welt. Berlin 2013

Polk, William R.: Aufstand. Widerstand gegen Fremdherrschaft – vom Amerikanischen Unabhängigkeitskrieg bis zum Irak. Hamburg 2009

Pompe, C. A.: Aggressive War – an International Crime. Den Haag 1953

Proudhon, Pierre-Joseph: La guerre et la paix. Recherches sur le principe et la constitution du droit des gens. Paris 1927

Pruck, Erich: Der rote Soldat. München 1961

Puzicha/Hansen u. a. (Hrsg.): Psychologie für Einsatz und Notfall. Truppenpsychologische Erfahrungen mit Auslandseinsätzen, Unglücksfällen, Katastrophen. Bonn 2001

Rademacher, Cay: Blutige Pilgerfahrt. Der Erste Kreuzzug ins Heilige Land. München 2012

Ranan, David: Ist es noch gut, für unser Land zu sterben? Junge Israelis über ihren Dienst in der Armee. Berlin 2011

Rauchensteiner, Manfried: Der Tod des Doppeladlers. Österreich-Ungarn und der Erste Weltkrieg. Graz 1993

Raumer, Kurt von: Ewiger Friede. Friedensrufe und Friedenspläne seit der Renaissance. Freiburg 1953

Regan, Geoffrey: Narren, Nulpen, Niedermacher. Militärische Blindgänger und ihre größten Schlachten. Lüneburg 1998

Reichherzer, Frank: «Alles ist Front!» Die Bellifizierung der Gesellschaft vom Ersten Weltkrieg bis in den Kalten Krieg. Paderborn 2012

Renn, Ludwig: Der spanische Krieg. Berlin 1955

Reuter, Christoph: Mein Leben ist eine Waffe. Selbstmordattentäter – Psychogramm eines Phänomens. München 2002

Ridgway, Matthew: Soldier. New York 1956

Rinke/Schwägerl: 11 drohende Kriege. Künftige Konflikte um Technologie, Rohstoffe, Territorien und Nahrung. München 2012

Ripley, Tim: The Great Armies. The Wehrmacht. The German Army of World War II. New York 2003

Ritter, Gerhard: Staatskunst und Kriegshandwerk. Das Problem des «Militarismus» in Deutschland, 4 Bände. München 1954–1968

Ritter, Henning: Die Schreie der Verwundeten. Versuch über die Grausamkeit. München 2013

Rolland, Romain: Journal des années de guerre, 1914–1919. Notes et documents pour servir à l'histoire morale de l'Europe de ce temps. Paris 1952

Römer, Felix: Kameraden. Die Wehrmacht von innen. München 2012

Rommel, Erwin: Krieg ohne Hass. Heidenheim 1950

Roy, Jules: La guerre d'Algerie. Paris 1960. Deutsch: Schicksal Algerien. Hamburg 1961

Russell, Bertrand: Why Men Fight. New York 1930

Russell, W. H.: «Meine sieben Kriege». Die ersten Reportagen von den Schlachtfeldern des 19. Jahrhunderts. Frankfurt 2000

Ryan, Cornelius: The Longest Day. Deutsch: Der längste Tag. Gütersloh 1960

Scahill, Jeremy: Blackwater. The Rise of the World's Most Powerful Mercenary Army. New York 2007. Deutsch: Blackwater. Der Aufstieg der mächtigsten Privatarmee der Welt. Reinbek 2009

Schaufelberger, Walter: Der Alte Schweizer und sein Krieg. Zürich 1952

Schild/Schindling (Hrsg.): Kriegserfahrungen – Krieg und Gesellschaft in der Neuzeit. Neue Horizonte der Forschung. Paderborn 2009

Schilling, René: «Kriegshelden». Deutungsmuster heroischer Männlichkeit in Deutschland 1813–1945. Paderborn 2002

Schivelbusch, Wolfgang: Die Kultur der Niederlage: der amerikanische Süden 1865, Frankreich 1871, Deutschland 1918. Berlin 2001

Schlabrendorff, Fabian von: Offiziere gegen Hitler. Zürich 1947

Schmitt, Carl: Der Begriff des Politischen. Tübingen 1927

Schramm, Wilhelm von: Rommel. Schicksal eines Deutschen. München 1949

Schulz, Raimund: Feldherren, Krieger und Strategen. Krieg in der Antike von Achill bis Attila. Stuttgart 2012

Sedlatzek-Müller, Robert: Soldatenglück. Mein Leben nach dem Überleben. Hamburg 2012

Seidler, Franz W.: Fahnenflucht. Der Soldat zwischen Eid und Gewissen. Berlin 1993

Skirth, Ronald: The Reluctant Tommy. London 2010. Deutsch: Soldat wider Willen. Wie ich den Ersten Weltkrieg sabotierte. Reinbek 2013

Sofsky, Wolfgang: Traktat über die Gewalt. Frankfurt 1996
Zeiten des Schreckens. Amok, Terror, Krieg. Frankfurt 2002

Soustelle, Jacques: La vie quotidienne des Aztèques. Paris 1955. Deutsch: So lebten die Azteken. Stuttgart 1957

Spector, Ronald H.: Eagle against the Sun. The American War with Japan. New York 1985

Speidel, Hans: Invasion 1944. Tübingen 1949

Spengler, Oswald: Der Untergang des Abendlandes, 2 Bände. München 1923
Der Streitwagen und seine Bedeutung für den Gang der Weltgeschichte (1934). Zur Weltgeschichte des zweiten vorchristlichen Jahrtausends (1935). In: Reden und Aufsätze. München 1937

Stamps/Esposito: World War II., 3 Bände. West Point 1950
Operations in Korea. West Point 1952

Stegemann, Hermann: Der Krieg. Sein Wesen und seine Wandlung, 2 Bände. Stuttgart 1939

Stietencron/Rüpke (Hrsg.): Töten im Krieg. Freiburg 1995

Stouffer, Samuel u. a.: The American Soldier: Combat and its Aftermath, 2 Bände. Princeton 1949/50

Suttner, Bertha von: Der Krieg und seine Bekämpfung. Wien 1904 Rüstung und Überrüstung. Wien 1909

Swofford, Anthony: Jarhead. A Marine's Chronicle of the Gulf War and other Battles. New York 2003

Taylor, Maxwell: The Uncertain Trumpet. Deutsch: Und so die Posaune einen undeutlichen Ton gibt. Gütersloh 1961

Teller, Jan: Krieg. Stell dir vor, er wäre hier. München 2012

Telpuchowski, Boris: Die sowjetische Geschichte des Großen Vaterländischen Krieges 1941–1945. Moskau 1959. Deutsch: Frankfurt 1961

Thomas/Casebeer: Violent Systems. Defeating Terrorists, Insurgents, and other Non-State-Adversaries. Colorado Springs 2004

Thomas, Hugh: The Spanish Civil War. London 1961. Deutsch: Der Spanische Bürgerkrieg. Berlin 1962

Thompson, E. A.: A History of Attila and the Huns. Oxford 1948

Thukydides: Der Peloponnesische Krieg (411 v. Chr). Düsseldorf 2002

Todd/Kredel: Soldiers of the American Army 1775–1954. Chicago 1954

Todenhöfer, Jürgen: Du sollst nicht töten. Mein Traum vom Frieden. München 2013

Togo, Shigenori: Japan im Zweiten Weltkrieg. Deutsch: Frankfurt 1958

Treece/Oakeshott: Fighting Men. How Men Have Fought through the Ages. Leicester 1963

Trotzki, Leo: Die Balkankriege 1912/13. Essen 1996

Ullrich, Johann: Das Kriegswesen im Laufe der Zeiten. Leipzig 1940

Ulrich, Bernd: Krieg als Nervensache. Skizzierung einer verhängnisvollen Beziehung. In: Die Zeit, 22. 11. 1991

Vagts, Alfred: A History of Militarism. New York 1937

Vigny, Alfred Comte de: Servitude et grandeur militaires (1835). Deutsch: Glanz und Elend des Militärs. Hamburg 1957

Wacker, Peter (Hrsg.): Deutsche Uniformen aus zwei Jahrhunderten. Bad Godesberg 1961

Waldman, Eric: Soldat im Staat. Der Staatsbürger in Uniform, Vorstellung und Wirklichkeit. Boppard 1963

Walzer, Michael: Erklärte Kriege – Kriegserklärungen. Hamburg 2003

Webster/Frankland: The Strategic Air Offensive against Germany 1939 to 1945, 4 Bände. London 1961

Wedemeyer, Albert: Wedemeyer Reports! Deutsch: Der verwaltete Krieg. Gütersloh 1958

Weisz, Leo: Die alten Eidgenossen. Geist und Tat der Innerschweizer in Zeugnissen aus dem 14. und 15. Jahrhundert. Zürich 1940

Welzer, Harald: Klimakriege. Wofür im 21. Jahrhundert getötet wird. Frankfurt 2012

Wheeler-Bennett, John: The Nemesis of Power. The German Army in Politics 1918–1945. Deutsch: Die Nemesis der Macht. Düsseldorf 1954

Willbanks, J. H.: Abandoning Vietnam. How America left and South Vietnam lost its war. Lawrence 2004

Witkop, Philipp (Hrsg.): Kriegsbriefe gefallener Studenten. München 1928

Witt, Jann M.: Piraten. Eine Geschichte von der Antike bis heute. Darmstadt 2011

Wüst, René: La guerre psychologique. Lausanne 1954

Zamoyski, Adam und Ruth Keen: 1812 – Napoleons Feldzug in Russland. München 2012

Zimmermann, John: Pflicht zum Untergang. Die deutsche Kriegführung im Westen des Reiches 1944/45. Paderborn 2009

Quellennachweis

Personennamen plus Jahreszahl verweisen auf das vorstehende *Literaturverzeichnis*.

Sechs der etwa 700 Fundstellen sind mit dem Wort «Vorbemerkung» gekennzeichnet (zum Hinweis auf diesen Text): Sie verweisen auf Funde aus den frühen Jahren meiner Materialsammlung, als ich ein Buch noch nicht plante und Quellenangaben für entbehrlich hielt. Die Mühe des nochmaligen Durchforstens dicker Bücher habe ich mir erspart.

I. Der Krieg braucht keine Soldaten mehr

Kapitel 2
1 *New York Times* Int., 22.3.2013

Kapitel 3
2 Creveld 2007, S. 318
3 Lerner 1957, S. 838
4 nach Liddell Hart 1956, S. 860 f.
5 Creveld 2007, S. 228
6 Creveld 2007, S. 213
7 Keegan 1989, S. 635
8 Keegan 1989, S. 634
9 Liddell Hart 1956, S. 762
10 Keegan 1989, S. 841
11 Shaw, Everybody's Political What's What, deutsch: Politik für jedermann, Zürich 1945, S. 193

12 Reuter 2002, S. 61
13 Galileo's Finger, Oxford 2003, deutsch: Stuttgart 2006, S. 46

Kapitel 4
14 C. R. Brown in Inoguchi 1958, S. 13
15 Inoguchi 1958, S. 16
16 Inoguchi 1958, S. 241
17 Reuter 2002, S. 133

Kapitel 5
18 Napoleon 1823, Band 6, S. 190
19 dpa Washington, 4. 7. 1962
20 Herr 1977, S. 96
21 Herr 1977, S. 96
22 *New York Times*, 6. 5. 1965
23 Wolf Schneider in *Süddeutsche Zeitung*, 22. 6. 1965
24 Creveld 2007, S. 275
25 *Frankfurter Allgemeine*, 30. 5. 2012
26 *New York Times* Int., 7. 5. 2010
27 Brian Humphrey, in Carroll 2000
28 *Washington Post*, 4. 12. 2004
29 Junger 2010, S. 47
30 Junger 2010, S. 134
31 Joachim Käppner, 2. 7. 2012
32 Baumann/Langeder 2011, S. 40, 107, 127
33 *Frankfurter Allgemeine*, 4. 12. 2012
34 *New York Times* Int., 31. 10. 2012
35 *Frankfurter Allgemeine*, 4. 10. 2012
36 *Süddeutsche Zeitung*, 9. 4. 2013
37 *Frankfurter Allgemeine*, 28. 5. 2013
38 *Süddeutsche Zeitung*, 14. 11. 2012
39 *Süddeutsche Zeitung*, 8. 12. 2012
40 *Süddeutsche Zeitung*, 8. 12. 2012
41 *Spiegel*-Gespräch, 17/2004
42 Rede zum Ludwig-Börne-Preis, 16. 6. 2013
43 *New York Times* Int., 31. 5. 2013
44 BBC, 23. 1. 2013

Kapitel 6
45 *New York Times* Int., 10.5.2013
46 *New York Times* Int., 1.6.2012
47 *New York Times* Int., 11.6.2012
48 *Süddeutsche Zeitung*, 29.10.2012
49 Gaycken 2012, S. 209–215
50 Gaycken 2012, S. 212 f.
51 Herr 1977, S. 39
52 Clarke 2010, S. 227
53 Clarke 2010, S. 105
54 Clarke 2010, S. 275
55 Gaycken 2012, S. 164, 212, 236
56 *Süddeutsche Zeitung*, 21.6.2013
57 Clarke 2010, S. 279

II. Wie alles anfing

Kapitel 7
58 «Evolution and Human Behavior»
59 Sigmund Freud, Ges.Werke, London 1941, Band 5, S. 250
60 Ruth Benedict, Patterns of Culture, deutsch: Urformen der Kultur, Reinbek 1955, S. 28
61 Frobenius 1903, S. 85
62 Ferdinandy 1958, S. 89
63 Bernardino de Sahagún, Historia universal de las cosas de Nueva España (1569). Deutsche Auswahl: Aztekentexte, Köln 1962, S. 43, 73, 77, 269
64 Essays II, 11
65 Frobenius 1903, S. 3
66 Edda, Düsseldorf 1963, Band 1, S. 51
67 Ilias, 22, 346 f.
68 Gullivers Reisen IV., S. 10
69 Swift, Ein bescheidener Vorschlag …, wie Kinder armer Leute am besten benutzt werden können
70 Der Gallische Krieg, VII, 77
71 5. Mose 7 (6, 14, 16, 24)

72 Eine Heerpredigt wider den Türken
73 Napoleon 1823, Band 3, S. 479
74 Werke und Briefe, München 1961, Band 1, S. 715, 912
75 Zeitgemäßes über Krieg und Tod, Band 10, S. 324
76 Dreißig Kriegsartikel für das deutsche Volk (1943)
77 US State Department, 16.3.1955, laut *Süddeutsche Zeitung*, 18.3.1955
78 *Spiegel* 40/2011
79 Cpt. C.S. Baines: Selbstdarstellung in «Private Papers Lt. Col. Baines», 15.4.1972
80 Jünger 1920, S. 80

Kapitel 8
81 Vom Kriege, I, 1
82 Germania, 16
83 Ilias, 4, 471
84 Sewastopol, in: Frühe Erzählungen, München 1960, S. 167 f.
85 My Early Life, London 1949, S. 66
86 Gregorius von Tours, Zehn Bücher der fränkischen Geschichte, X, II, 30
87 Keegan 1995, S. 551
88 Jünger 1920, S. 235
89 Mein Fliegerleben, Berlin 1935, S. 40, 60
90 Der rote Kampfflieger, Berlin 1933, S. 108, 137, 186
91 Austin 1961, S. 318 f.
92 Max W. Clauss, Rommels letzter Angriff in Nordafrika, in *Süddeutsche Zeitung*, 15.9.1962
93 Homo ludens (1938), S. 5

Kapitel 9
94 Mutmaßlicher Anfang der Menschengeschichte (1786)
95 Krieg und Frieden, 2. Band, I, 1
96 Toynbee 1950, Vorwort
97 Keegan 1995, S. 388 f.
98 Jünger 1920, S. 64 f.
99 Vom Kriege, VI, 19
100 Vom Kriege, I, 1
101 The Art of War, III, 1 und III, 3

102 Vorwort zur Oxford-Ausgabe
103 Creveld 2007, S. 119
104 Gregorius von Tours, X, III, 21 f.
105 Der Fall Wagner, Aph. 11
106 Krieg und Frieden, 2. Band, VI, 1
107 Keegan 1989, S. 861
108 in der *New York Times*, 25. 4. 1937
109 Toynbee 1950, I
110 Eugen Sorg, Unbesiegbar, Zürich 2007, S. 194
111 Politisches Wörterbuch, Ostberlin 1973

Kapitel 10
112 *Neue Zürcher Zeitung*, 19. 2. 1995
113 Churchill 1956, IV, 9
114 Austin 1961, S. 233
115 Seeteufel, Berlin 1926, S. 182
116 Krieg und Kultur, IV
117 Der Peloponnesische Krieg, II, 13
118 Der Peloponnesische Krieg, VII, 77
119 Arrianos, Anabasis, VII, 8

Kapitel 11
120 Politisches Testament von 1768, Berlin 1922, S. 148, 150
121 Mein Leben und meine Zeit (1746), Berlin 1937, S. 152, 291
122 Brief an Johann Frank, 4. 7. 1779, in: Briefe zur Weltgeschichte, Stuttgart 1961, S. 236
123 Präambel zum Memorandum Carnots vom 16. 8. 1793
124 Napoleon 1823, Band 5, S. 378 f.
125 Die Demokratie in Amerika, II, 3, 26
126 Napoleon 1823, Band 5, S. 85
127 Zum ewigen Frieden, I, 3
128 Gordon A. Craig 1960, S. 66
129 Friedrich Thimme, Staatsschriften und politische Briefe, Leipzig 1921, S. 57
130 Hitlers zweites Buch, Stuttgart 1961, S. 107 f.
131 Vom Kriege, VI, 19
132 Tagebuch eines Schriftstellers, Mai 1877, deutsch: München 1963, S. 361

133 Geschichte des Deutsch-Französischen Krieges (1891), Einleitung
134 Torsten Holm: Allgemeine Wehrpflicht, München 1953, S. 62

III. Womit sie kämpfen

Kapitel 12

135 Tao-te-King, IV, 31
136 The Art of War, I, 17
137 Livius, XII, 16
138 Ebenda.
139 Churchill 1956, I, 6
140 Ilias, 16, 738 f.
141 Ilias, 14, 25 f.
142 Ilias, 16, 860 f.
143 Ilias, 3, 330 f.
144 Spengler 1935, S. 149
145 Odyssee, 21,405 und 22,15
146 Der Bürgerkrieg, III, 44
147 Der Gallische Krieg, VII, 73, 82

Kapitel 13

148 Spengler 1934, S. 149
149 The Art of War, II, 1
150 Ilias, 20, 493 ff.
151 Anabasis, III, 2
152 Politisches Testament von 1768, S. 161
153 Richter 7,12
154 Band 1, S. 608
155 Friedrich und die große Koalition, Werke 19, S. 86
156 «Die Doppelheerschau in Großlausa und in Kauzen»
157 Dupuy 1961, S. 154
158 Churchill 1899, S. 354 f.
159 Churchill 1956, XII, 6
160 My Early Life, London 1969, S. 170

Kapitel 14

161 Delbrück 1936, Band 1, S. 32 f., 36
162 Polybios, Historien, XXIX, 17
163 Ebenda.
164 Livius, 5, 27
165 Delbrück, Band 1, S. 294
166 Ammianus Marcellinus, Res Gestae, XXXI, 11 f.
167 Considérations, XVIII
168 Churchill, 1956, II, 11
169 Bernardino de Sahagún, Historia universal de las cosas de Nueva España (1569). Deutsche Auswahl: Aztekentexte, Köln 1962, S. 306
170 «A Yeoman, in a coat and hood of green»
171 Pernoud 1960, S. 230
172 Pernoud 1960, S. 60
173 Livius, XXIV, 34
174 Johann Heinrich Wyss
175 *Luzerner Neueste Nachrichten*, 3. 7. 1986
176 Die historische Größe, in: Weltgeschichtliche Betrachtungen (1873), Tübingen 1949, S. 297 f.

Kapitel 15

177 Kampagne in Frankreich, 30. 8. 1792
178 Bernardino de Sahagún, S. 268
179 Kampagne in Frankreich, 30. 8. 1792
180 Kampagne in Frankreich, 19. 9. 1792
181 Civilisation 1914–1917, S. 34
182 Jünger 1920, S. 247
183 *Allgemeine Schweizerische Militärzeitschrift*, 1952, S. 594
184 Der rasende Roland
185 Simplicissimus III, 12
186 Simplicissimus III, 9
187 Simplicissimus IV, 14
188 Delbrück, Band 4, S. 473 f.
189 Zitiert nach Delbrück, Band 4, S. 469
190 Das Gefecht in Coulters Schlucht, in: Mein Lieblingsmord, deutsch, Frankfurt 1963, S. 59

Kapitel 16
191   Lawrence 1935, S. 373
192   Karst 1964, S. 147
193   Grigorij Baklanow, Die Toten schämen sich nicht, deutsch: München 1962, S. 122
194   Willi Heinrich, Das geduldige Fleisch, München 1961, S. 275
195   Jünger 1920, S. 47 f.
196   Remarque, Im Westen nichts Neues, IV, Berlin 1963, S. 54
197   Remarque, Im Westen nichts Neues, IX, S. 196
198   The Art of War, XI, 29
199   Dupuy 1961, S. 114
200   Saint-Exupéry, Pilot de guerre, 13, deutsch, Flug nach Arras, Hamburg 1956, S. 58
201   Jünger 1920, S. 281
202   Herr 1977, S. 9
203   Walter Dornberger, V2 – Der Schuss ins Weltall, Esslingen 1952
204   s. Vorbemerkung
205   Vigny 1835, II, 3
206   Grabbe, Napoleon, I, 1
207   Jünger 1920, S. 15
208   Die Toten schämen sich nicht, S. 72
209   *Frankfurter Allgemeine*, 25. 11. 2009

IV. Wofür sie starben

Kapitel 17
210   Churchill 1948, S. 171
211   Krieg und Frieden, XIV, 8
212   Keegan 1998, S. 591
213   Keegan 1998, S. 614
214   Enc.Brit. 1963, S. 19/259
215   Creveld 2007, S. 48, 317
216   Creveld 2007, S. 40
217   Keegan 1998, S. 93
218   im Gespräch mit der *Frankfurter Allgemeinen*, 24. 9. 2013

219 Buchanan 2008, S. 25; *Spiegel* 3/1999
220 Churchill, My Early Life
221 Summa Historica der Propyläen-Weltgeschichte, S. 493
222 El Cid, IV, 13
223 Wallenstein, Prolog
224 Zum ewigen Frieden, I
225 Ferguson 1998, S. 133
226 Ferguson 1998, S. 138
227 im *Spiegel*-Gespräch, 28/2009
228 Mein Kampf, II, 5 und II, 13
229 Alan Bullock, Hitler, a Study in Tyranny, London 1952, S. 840
230 Churchill 1948, S. 171 f.
231 Churchill 1948, S. 172
232 Bullock, S. 847
233 Buchanan 2008, S. 325
234 in Buchanan, S. 415
235 *New York Times* Int., 11.6.2007
236 Churchill 1948, S. 567
237 Enc.Brit. 1963, 14/143
238 Propyläen-Weltgeschichte, Band 8, S. 518
239 Brockhaus 2006, 6, 704
240 Enc.Brit. 1963, 10/269 f.
241 Zeitgemäßes über Krieg und Tod, 1915, in: Werke 10, S. 340
242 Arthur Schopenhauer, Parerga, II, 19
243 Junger 2010, S. 25

Kapitel 18
244 Zum ewigen Frieden, 1. Zusatz
245 Livius, V, 34
246 Mein Leben und meine Zeit, S. 9
247 Keegan 1993, S. 103
248 Sophistes, IX
249 Parerga, II, 19
250 Dickinson 1923, S. 50
251 Considérations, I
252 Toynbee 1950, VI
253 Spengler 1923, Band 2, S. 570
254 nach Proudhon 1927, S. 484

255 Livius, I, 9
256 Considérations, XIII
257 La guerre de Troie n'aura pas lieu, I, 6
258 Spengler 1923, Band 2, S. 194

Kapitel 19
259 Seeteufel, S. 210
260 *Frankfurter Zeitung* 2. 8. 1914
261 nach *Frankfurter Allgemeine*, 22. 9. 1993
262 Jaroslaw Hašek, I, 1
263 Mein Kampf, I, 5
264 Journal des années de guerre, 5. August 1914
265 s. Vorbemerkung
266 Heinrich V., V, 2
267 Ferguson 1998, S. 218
268 Deutsche Geschichte des 19. und 20. Jahrhunderts, Frankfurt
     1958, S. 590
269 wie 268, S. 590–592
270 Keegan 1993, S. 507, 591
271 Creveld 2007, S. 55
272 Krieg und Frieden, Band 2, I, 1

Kapitel 20
273 Tagesbefehl vom 1. 12. 1805
274 Napoleon 1823, Band 7, S. 428
275 Vigny 1835, III, 4
276 Die Grenadiere («Nach Frankreich zogen ...»)
277 Churchill 1948, S. 653
278 Joseph Bidez, Le vie de l'Empereur Julien, deutsch: Kaiser Julian,
     Hamburg 1956, S. 127
279 Voltaire, Histoire de Charles XII (1731), I
280 Friedrich der Große 1746, S. 20
281 Voltaire 1731, III
282 Napoleon 1823, Band 4, S. 15
283 Vom Kriege, I, 3
284 Die fröhliche Wissenschaft, Aph. 325

Kapitel 21
285 Huizinga, Homo ludens, 5
286 Vom Kriege, I, 3
287 Plutarch, Themistokles, 3
288 Der Gallische Krieg, IV, 19
289 Constant 1814, I, 12
290 Toynbee 1950, I
291 Brief an Feldmarschall Schwerin, 19.12.1756
292 Brief an Wilhelmine, 5.11.1757
293 Enc.Brit. 1963, 16/203
294 Italienische Reisebilder, XXIX
295 Mein Leben und meine Zeit, S. 98
296 Vigny 1835, I, 1
297 Soldier's Pay, I, 4
298 Lawrence 1935, Einleitung
299 Der rote Kampfflieger, S. 117, 120, 141, 174
300 Inoguchi 1958, S. 44, 239, 242, 248
301 Kampagne in Frankreich, 27.9.1792
302 Churchill, My Early Life, S. 74
303 Napoleon 1823, Band 1, S. 240
304 Austin 1961, S. 98
305 *The Dayly News*, 26.5.1871
306 Essays II, 16
307 Der Gallische Krieg, I, 12
308 Keegan 1993, S. 167
309 Bulletin vom 15.10.1806
310 Vom Kriege, II, 2
311 Jünger 1920, S. 249
312 Canetti 1960, S. 156
313 Zum ewigen Frieden, II, 2

Kapitel 22
314 Krieg und Frieden, 2. Band, II, 25
315 *New York Times*, 9.9.1945
316 Die Albigenser, 1775 f.
317 Fulcher von Chartres, in: Pernoud 1960, S. 22
318 Considérations, XXIII
319 Pernoud 1960, S. 263 f.
320 Zamoyski 2012, S. 266

Kapitel 23

321 Germania, 19
322 Ob Kriegsleute auch in seligem Stande sein können (1526)
323 Kampagne in Frankreich, 19.9.1792
324 Schwejk III, 3
325 Constant 1814, I, 4
326 1. Samuel 17, 51 ff.
327 Vgl. Canetti 1960, S. 76
328 Pernoud 1960, S. 107 f.
329 Bulletin vom 25. Okt. 1806
330 The Art of War, VII, 13 und II, 17
331 Der Peloponnesische Krieg, I, 5
332 Livius, V, 21 f.
333 Pernoud, 1960, S. 351 f.
334 Sahagún, S. 278
335 Simplicissimus, I, 4
336 Essener Stadtchronik, 1637
337 Der verfochtene Krieg («Mars braucht...»)
338 Napoleon 1823, Band 3, S. 48 (11.7.1817)
339 Weisz 1940, S. 149
340 Pernoud 1960, S. 112
341 Voltaire, Karl XII., VII
342 Mein Leben und meine Zeit, S. 206
343 Politisches Testament 1752, S. 164
344 Politisches Testament 1768, S. 312
345 Lawrence 1935, V, 66
346 Jünger 1920, S. 245
347 Jünger 1920, S. 141
348 Norman Mailer, The Naked and the Dead, II, 7

Kapitel 24

349 Mutter Courage, VI
350 Vom Kriege, III, 16
351 Hugh Thomas 1961, S. 373 f.
352 Im Westen nicht Neues, V
353 Lawrence 1955, S. 21, 31
354 Lady Chatterley, 4
355 Dupuy 1961, S. 188

356 Baumann/Langeder 2011, S. 63 ff., 162 ff.
357 Austin 1961, S. 64 f.
358 Simplicissimus I, 19
359 Die traurige Geschichte von Friedrich dem Großen, 1
360 Candide, 2
361 Austin 1961, S. 76 f.
362 Krieg und Frieden, 1. Band, VII
363 Der Mann ohne Eigenschaften, I, 80
364 Junger 2010, S. 176
365 Bonaparte, Tagesbefehl vom 11.5.1796
366 *New York Times* Int., 31.5.2013
367 Seeteufel, S. 110
368 Three Soldiers, I, 4
369 Thomas 1961, S. 235

Kapitel 25
370 Junger 2010, S. 34 f., 135
371 Montesquieu 1734, XIX
372 nach Altheim 1951, S. 33 f.
373 Der Gallische Krieg, VI, 21
374 Germania, 19
375 Churchill 1956, I, 6
376 Der Bürgerkrieg, I, 72
377 Cassiodorius, Variae, I, 24
378 Gregorius von Tours, X, IV, 14
379 Napoleon 1823, Band 5, S. 298 f.
380 Ilias 13, 636 ff.
381 My Early Life, S. 80
382 Jünger 1920, S. 11
383 Clair 2012, S. 361
384 Thomas 1961, S. 216
385 A. Roy Brown in Richthofen, S. 249
386 Enc.Brit. 1963, 16/203
387 Wahlverwandtschaften, I, 18
388 Wright 1942, Band 2, S. 726 f.
389 Kampagne in Frankreich, 11. Oktober 1792
390 Kampagne in Frankreich, 19. September 1792
391 Brief an Charles Hancock, 5. Februar 1824

392 zu Eckermann, 18.5.1824 und 24.2.1825
393 Die fröhliche Wissenschaft, Aph. 338
394 Robert Musil, Die Amsel, in: Sämtliche Erzählungen, Hamburg 1957, S. 319
395 Lawrence 1935, VI, 80
396 Gerd Gaiser, Die sterbende Jagd, München 1955, S. 169

Kapitel 26
397 Ilias, 20, 383 ff., 455 ff.
398 Josua 6,1
399 Anabasis III, 4
400 Der Gallische Krieg, VII, 28
401 Altheim 1951, S. 50 f.
402 Edda, Das Lied von der Hunnenschlacht
403 Zehn Bücher fränkischer Geschichte, X, VIII, 30
404 Pernoud 1960, S. 100, 102
405 Edgar Prestage, Die portugiesischen Entdecker, S. 11
406 Ferdinandy 1958, S. 49
407 Geschichte des Dreißigjährigen Krieges, I, 2
408 Churchill 1956, VI, 1
409 Napoleon 1823, Band 5, S. 400
410 *Life International*, 20. April 1964
411 Jünger 1920, S. 250 f., 258
412 Im Westen nichts Neues, S. 85
413 The Naked and the Dead, II, 7
414 Das geduldige Fleisch, S. 131, 222
415 Canetti 1960, S. 259–264, 276
416 The Red Badge of Courage, XI
417 Jünger 1920, S. 29 f., 155
418 The Naked and the Dead, I, 2
419 Feuer im Grasland, Stuttgart 1959, S. 53
420 Henri Barbusse, Le feu, Lausanne 1960, S. 75
421 Jünger 1920, S. 301
422 Neitzel/Welzer 2011, S. 395, 399 f., 421

Kapitel 27
423 Napoleon 1823, Band 6, S. 178
424 Thomas 1961, S. 120

425 Der Staat, V, 6
426 Creveld 2001, S. 322
427 nach *Süddeutsche Zeitung*, 26.1.2013
428 Baumann/Langeder 2011, S. 173
429 Creveld 2001, 5, 322
430 *Time*, 12.2.2013
431 Elementa philosophia: De Cive
432 Zum ewigen Frieden, II
433 Parerga II, 8
434 Zeitgemäßes über Krieg und Tod, Werke Band 10, S. 345
435 Lawrence 1935, VI, 69
436 Freud, Band 10, S. 345
437 Pernoud 1960, S. 29 f., 35
438 *Frankfurter Allgemeine Sonntagszeitung*, 19.6.2011
439 Aron 1962, S. 340–354
440 Austin 1961, S. 307 f.
441 Freud, Band 10, S. 329
442 Thomas 1961, S. 121 f.
443 *Die Zeit*, 11. Oktober 2012
444 Sebastian Haffner, Anmerkungen zu Hitler, München 1958, S. 164 f.

Kapitel 28
445 *Frankfurter Allgemeine*, 15. September 2001
446 Sören Kierkegaard, Der Begriff Angst, V, II, 2
447 The Ineffective Soldier, New York 1959, Band 1, S. 60 f.
448 Hemmung, Symptom und Angst, Band 14, S. 160 ff.
449 La grande misère de la France
450 Krieg und Frieden, 1. Band, II, 18
451 The Naked and the Dead, II, 5
452 Mailer, II, 5
453 Jünger 1920
454 Austin 1961, S. 106–109
455 Marshall 1947, S. 59
456 Heinrich V., II, 1
457 Der Gallische Krieg, I, 1
458 Mailer, II, 6
459 Vom Kriege I, 1

460 Parerga, VI, 4
461 Essays, II, 11
462 *Times* (London), 17.9.1963
463 Dialog über die Frauen
464 Jünger 1920, S. 188
465 Vigny 1835, I, 1
466 Vom Kriege, IV, 11

V. Womit man sie zwang oder überlistete

Kapitel 29

467 Politische Testamente, S. 90, 155
468 Der Fürst, XVII
469 Napoleon 1823, Band 7, S. 60
470 Krieg und Frieden, Band 2, I, 5
471 Norman Mailer, II, 6
472 Lerner 1957, S. 842
473 The Art of War, VII, 18
474 Der Gallische Krieg, VII, 52
475 K. H. Krause, Mein Vaterland unter den Hohenzollerischen Regenten, Halle 1803, S. 184
476 Prinz Friedrich vom Homburg, V, 7
477 Brief an C. E. Martini, 19. März 1799
478 Canetti 1960, S. 60
479 *Frankfurter Allgemeine*, 14. Oktober 1997
480 Napoleon 1823, Band 1, S. 226
481 Vigny 1835, III, 2
482 Enc. Brit. 1963, 14/470
483 Vom Kriege, I, 7
484 Spengler 1923, Band 2, S. 550
485 Grischa II, 6
486 Krieg und Frieden, Band 2, V, 18

Kapitel 30

487 Erinnerungen an Sokrates, III, 5
488 Anabasis, I, 3

489 Thukydides, Der Peloponnesische Krieg, II, 39
490 Toynbee 1950, VII
491 Frontinus, Strategemata, I, 11
492 nach Karst 1964, S. 230
493 Politisches Testament von 1952, S. 84
494 Freiherr vom Stein: Bemerkungen zu Scharnhorsts Entwurf der Kriegsartikel (1808)
495 Dupuy 1961, S. 33
496 Dupuy 1961, S. 34 f.
497 Der Mann ohne Eigenschaften, I, 85
498 Schwejk I, 1 und III, 3
499 Lawrence 1935, X, 117
500 Lawrence 1935, Einleitung, I
501 Lawrence 1955, S. 121
502 Marshall 1947, S. 63 f.
503 Im Westen nichts Neues, II

Kapitel 31
504 Arrianos, Anabasis, VII, 9
505 Verordnung für die höheren Truppenführer, 2
506 nach Spengler 1923, Band 2, S. 615
507 Considérations, XIII
508 Napoleon 1823, Band 6, S. 253
509 Hitlers zweites Buch, S. 105
510 Napoleon 1823, Band 4, S. 213 (vor dem Staatsrat, 4. Mai 1802)
511 Neitzel/Welzer 2011, S. 346–354
512 *International Herald Tribune*, 13. November 2012
513 Schach von Wuthenow, S. 46
514 Sewastopol (1855), XV
515 Winteraufzeichnungen über Sommereindrücke, VIII
516 Schwejk, II, 2
517 Das geduldige Fleisch, S. 38

Kapitel 32
518 Der Gallische Krieg, V, 14
519 Tacitus, Germania, 13
520 De bello gothico, IV, 31
521 Vigny 1835, I, 2

522 Rot und Schwarz, I, 5
523 Napoleon 1823, Band 5, S. 440
524 Napoleon 1823, Band 5, S. 435
525 Dionisio Schoo Lastra, Der Indio der Pampa, Leipzig 1939, S. 90
526 Junger 2010, S. 22
527 The Art of War, VII, 17
528 Der Gallische Krieg, IV, 25
529 Napoleon 1823, Band 7, S. 399
530 Austin 1961, S. 324

Kapitel 33
531 Neitzel/Welzer 2011, S. 300, 393, 415
532 Marshall 1958, S. 246 f.
533 Junger 2010, S. 129, 210
534 Karst 1964, S. 350
535 Rolf Bigler, Der einsame Soldat, Frauenfeld 1963, S. 51, 249
536 Torsten Holm, Allgemeine Wehrpflicht, München 1953, S. 62
537 Dupuy 1961, S. 7
538 Budjonnys Reiterarmee, München 1961, S. 99
539 Erwin Rommel, Krieg ohne Hass, Heidenheim 1950, S. 283
540 *Frankfurter Allgemeine*, 10. Juni 1961
541 La guerre de Troie n'aura pas lieu, II, 4
542 Vigny 1835, II, 1

Kapitel 34
543 Schwejk, III, 1
544 *Spiegel* 47/1968
545 Ilias, 20, 381
546 Josua 6,10
547 Livius, V, 37
548 Der Gallische Krieg, V, 37
549 Frobenius 1903, S. 462
550 El Cid, IV, 3
551 Napoleon 1823, Band 3, S. 491
552 Austin 1961, S. 103
553 Jünger 1920, S. 161
554 Josua 6,20
555 Richter 7,8–22

556 1. Korinther 14,8
557 Pernoud 1960, S. 240
558 Die fröhliche Wissenschaft, Aph.175
559 Allgemeine Enzyklopädie der Musik, Kassel o. J., 80, 306
560 *New York Times*, 3. September 1917
561 nach Spengler 1923, Band 1, S. 294
562 Händler und Helden (1915)
563 Englische Fragmente

Kapitel 35
564 nach Torsten Holm, Allgemeine Wehrpflicht, München 1953,
    S. 268
565 Anabasis II, 6
566 Historien VI, 37 f.
567 Voltaire, Geschichte Karls XII., S. 137
568 Politisches Testament von 1768
569 Thomas 1961, S. 422
570 Res publica Lacedaemoniorum, IX
571 Der Gallische Krieg, VII, 66
572 Ardant du Picq 1904, S. 78
573 The Art of War, XI, 33, 49
574 Livius, XXI, 43
575 Der Gallische Krieg, I, 5, 25
576 Mein Leben und meine Zeit, S. 381
577 Aphorismen zur Lebensweisheit, V

VI. Wie sie verreckten

Kapitel 36
578 Vom Kriege, I, 3
579 Soldatenlohn, V, 1
580 Im Westen nichts Neues, XI
581 nach J. G. Droysen, Geschichte Alexanders des Großen (1833),
    Berlin 1917, S. 442
582 Arrianos, Anabasis, V, 26 f.
583 Droysen, S. 492

584 Livius, XXI, 35 f.
585 Napoleon 1823, Band 6, S. 217
586 Friedrich der Große, Mein Leben und meine Zeit, S. 215
587 Simplicissimus II, 28
588 nach Lerner 1957, S. 842
589 Pernoud 1960, S. 36
590 Sahagún, S. 44 ff., 85, 169
591 Der Gallische Krieg, III, 16
592 The Art of War, II, 19
593 Brockhaus 2006, 15/571
594 New York Times, 23. April 2012
595 Junger 2010, S. 19
596 Die unsichtbare Flagge, S. 17
597 Sigmund Freud, Werke 12, S. 321

Kapitel 37
598 Arrianos, Anabasis, V, 25
599 Luther 1529, in: Die Hauptschriften, Berlin o. J., S. 320–323
600 Ilias, 5, 291; 16, 346; 20, 416
601 Der Peloponnesische Krieg, VII, 84
602 Livius, XXII, 51
603 Simplicissimus II, 27
604 Napoleon 1823, Band 6, S. 178
605 Brockhaus 2006, 28/678
606 Keegan 1998, S. 416
607 Meine Kriegserinnerungen 1914–1918, Berlin 1919, S. 209
608 Jünger 1920, S. 37, 108
609 Lawrence 1935, V, 66
610 Shohei Ooka, Feuer im Grasland, S. 97
611 The Naked and the Dead, I, 2
612 Grigorij Baklanow, Die Toten schämen sich nicht, S. 100
613 Curt Hohoff, Woina-Woina, Düsseldorf 1951, S. 381
614 Lawrence 1955, S. 28
615 Flug nach Arras, XXI
616 Die sterbende Jagd, S. 132
617 Napoleon 1823, Band 5, S. 402
618 Sewastopol, in: Frühe Erzählungen, S. 157
619 s. Vorbemerkung

620 Chickamauga, in: Mein Lieblingsmord, Frankfurt 1963, S. 23 f.
621 Im Westen nichts Neues, VI
622 Krieg und Frieden, 1. Band, V, 15
623 Flug nach Arras, IX
624 Jünger 1920, S. 309
625 Edda, Das Hroklied
626 Über den Fluss und in die Wälder, VII
627 Civilisation 1914–1917, S. 24
628 Keegan 1998, S. 413

Kapitel 38
629 nach Zamoyski 2012, S. 173
630 Zamoyski, S. 171
631 Zamoyski, S. 266
632 Stendhal, Brief vom 18. Oktober 1812
633 Zamoisky, S. 348
634 Stendhal, Brief vom 4. Oktober 1812
635 Stendhal, Brief vom 9. November 1812
636 Napoleon 1823, Band 7, S. 162–166
637 Berechnung in: Wolf Schneider, Die Sieger, Hamburg 1993, S. 496–501
638 Die verratene Armee, S. 150 f.
639 Die verratene Armee, S. 182 f.
640 Churchill 1948, S. 759
641 Enc.Brit. 1963, 23/791
642 Liddell Hart, II, S. 609

Kapitel 39
643 Sewastopol, in: Frühe Erzählungen, S. 191
644 Über den Begriff des großen Mannes
645 Hamburg 1963, S. 118
646 nach Thomas 1961, S. 271
647 Delbrück 1920, Band 1, S. 79 f.
648 Enc.Brit. 1963, 6/787
649 *Life*, 31. Mai 1968
650 Die Kosaken, 41, in: Frühe Erzählungen, S. 825
651 nach Karst 1964, S. 193 f.
652 Journals at Khartum, 5. Oktober 1884

653 Churchill 1900, S. 291
654 Flug nach Arras, XIII
655 Friedrich und die große Koalition, Werke 10, S. 130–132
656 Tim Ripley nach *Frankfurter Allgemeine*, 23. Oktober 2005
657 Creveld 2007, S. 316 f.
658 Churchill, The World Crisis 1914–1918 (Revised Edition 1959), New York 2005, S. 841
659 Die Götter Griechenlands («Da ihr noch die schöne Welt...»)
660 Junger 2010, S. 140
661 Italienische Reisebilder, XXV

VII. Wie man vielleicht überleben kann

Kapitel 40

662 Meine Kriegserinnerungen, S. 434
663 Das geduldige Fleisch, S. 18
664 nach Werner Picht, Vom Wesen des Krieges und vom Kriegswesen der Deutschen, Stuttgart 1952
665 *Süddeutsche Zeitung*, 9. Januar 2013
666 Keegan 1993, S. 514
667 *Frankfurter Allgemeine*, 1. Oktober 2010
668 *Weltwoche* (Zürich) 36/2006
669 *Süddeutsche Zeitung*, 3. Januar 2013

Kapitel 41

670 Wolf Schneider, Srebrenica, in *Geo* 7/1997
671 Scahill 2007, S. 31, 57, 95
672 Scahill 2007, S. 107
673 *Independent*, 4. Juli 2004
674 *New York Times*, 5. März 2012

Kapitel 42

675 s. Vorbemerkung
676 Mutter Courage, Vorwort des Autors, Szene 7
677 Q-Tagebuch, 16. Februar 1935
678 Toynbee 1950, Vorwort

679 s. Vorbemerkung
680 s. Vorbemerkung
681 Ob Kriegsleute auch in seligem Stande sein können (1526)
682 Drei Abhandlungen zur Sexualtheorie, II, Werke Band 5, S. 93
683 Pernoud 1960, S. 104 f., 222
684 Pernoud 1960, S. 232
685 Colonel Chabert
686 Lawrence 1955, S. 151
687 Rilke an General Sedlakowitz, 9. Dezember 1920
688 Reuter 2002, S. 60 f., 72–87
689 Herberg-Rothe 2003, S. 76
690 in *Die Zeit*, 14. Oktober 2012

Kapitel 43
691 Alan Robock in *Die Zeit*, 14. Juni 2012
692 Lerner 1957, S. 837
693 zu Frank Cobb, nach *Life* Int., 15. Juni 1964
694 nach *Life* Int., 15. Juni 1964
695 Drei Soldaten, I, 3
696 Parerga, II, 323
697 «Vor dem Tor»
698 *Frankfurter Allgemeine*, 1. August 2013
699 im *Stern*, 29. August 2013
700 in der *Frankfurter Allgemeinen*, 14. Januar 2013
701 Zur Genealogie der Moral, III, 14
702 *Süddeutsche Zeitung*, 18. März 2013
703 nach *Süddeutsche Zeitung*, 27. Juni 2013
704 Ideen zu einer allgemeinen Geschichte in weltbürgerlicher Absicht, 4
705 Sofsky 2002, S. 73

Bildnachweis

Namen- und Sachregister

Namen von Schlachten und Kriegen sind kursiv gesetzt

Bücher von Wolf Schneider

ÜBERALL IST BABYLON – Weltgeschichte der Städte (Econ 1960). *Zeit*-Bestseller. 12 Übersetzungen. «There's stimulating reading» *(The New York Times)*

WÖRTER MACHEN LEUTE – Magie und Macht der Sprache (Piper 1976, Serie Piper 1986, 20. Auflage 2013)

UNSERE TÄGLICHE DESINFORMATION – Wie die Massenmedien uns in die Irre führen (*Stern*-Buch 1984, 5. Auflage 1992), zusammen mit fünf Absolventen der *Henri-Nannen-Schule*

DEUTSCH FÜR KENNER (*Stern*-Buch 1987, Serie Piper 1996, 21. Auflage 2001)

DIE SIEGER – Wodurch Genies, Phantasten und Verbrecher berühmt geworden sind (*Stern*-Buch 1992, Serie Piper 1996, 8. Auflage 2001)

GROSSE VERLIERER von Goliath bis Gorbatschow (Rowohlt 2004, 7. Auflage 2008). «Elegant geschrieben, bis ins Detail recherchiert und durch ungewöhnliche Wertungen immer anregend – ein wunderbares Buch» *(Die Welt)*

WÖRTER WASCHEN – 26 gute Gründe, politischen Begriffen zu misstrauen (NZZ-Verlag 2005, Rowohlt-TB 2006, 3. Auflage 2010)

DEUTSCH! Das Handbuch für attraktive Texte (Rowohlt 2005, 8. Auflage 2013)

GLÜCK! – Eine etwas andere Gebrauchsanweisung (Rowohlt 2007. *Spiegel*-Bestseller. 5. Auflage 2008)

DER MENSCH – Eine Karriere (Rowohlt 2008, 3. Auflage 2012). «Ein grandioses, mit gewaltigem Wissen und immensem Sachverstand geschriebenes historisches Panorama» *(Neue Zürcher Zeitung)*

DIE WAHRHEIT ÜBER DIE LÜGE – Warum wir den Irrtum brauchen und die Lüge lieben (Rowohlt 2012)